EL PENSAMIENTO ECONÓMICO
DE ERNESTO CHE GUEVARA

Carlos Tablada (La Habana, 1948). Licenciado en Sociología, Licenciado en Filosofía y Doctor en Ciencias Económicas. Instructor, Profesor Asistente y Auxiliar de Filosofía de la Universidad de La Habana (1967-1973). Profesor Titular adjunto de la Universidad de La Habana desde 1988. Miembro del Centro de Investigaciones de la Economía Mundial (CIEM), La Habana, desde 1991. Investigador Titular del Centro Tricontinental (CETRI) y redactor (febrero, 1996-marzo, 2004) de su revista en francés *Alternatives Sud*, Louvain-la-Neuve, Bélgica. Miembro de la dirección de la misma revista en la edición italiana, Milán. Fundador de "El Otro Davos" y del Foro Mundial de Alternativas (FMA), y responsable de publicaciones del mismo. Como Profesor Invitado, ha impartido cursos, seminarios, clases y conferencias en 155 universidades de 31 países. Ha escrito y publicado varios libros y decenas de artículos y ensayos en revistas especializadas. Trabajó por 17 años como director económico de una empresa nacional cubana (EMPROVA). Ha participado en múltiples eventos internacionales académicos y de la ONU. Ha sido invitado de gobiernos y parlamentos latinoamericanos, británico, europeo e instituciones culturales, sociales, sindicales y religiosas. Sus publicaciones más recientes son: "Globalizzazione e crisi globale"*,* en *Globalizzazione e transizione*, Edizioni Punto Rosso, Milano, 1998 (escrito junto a Samir Amin, Elmar Altvater, Bruno Bosco, Giovanna Ricoveri, Giovanni Arrighi, Bruno Amoroso e István Mészáros); "Le istituzioni dell'ordine economico mondiale capitalistico", en *L'orizzonte delle Alternative*, Edizioni Punto Rosso, Milano, 2000, (escrito junto a José Saramago, Ricardo Petrella, Susan George, François Houtart, Samir Amin, Bruno Amoroso y otros); *Cuba Transición… ¿hacia dónde?,* Editorial Popular, Madrid, España, 2001; "Produire et nourrir. Fondements et perspectives de l'agriculture", en *Alternatives Sud*, L'Harmattan, Louvain-la-Neuve (Bélgica) y Paris (Francia), diciembre del 2002; *Cultura, comunità umane e folklore latinoamericano*, Editorial Libreria di Comunicazione Cuesp/IULM, Milano, octubre del 2003; *Guerra global, resistencia mundial y alternativas* (en coautoría con Wim Dierckxsens), Editorial de Ciencias Sociales, La Habana, 2003; *Petróleo, Poder y Civilización* (en coautoría con Gladys Hernández), Editorial de Ciencias Sociales, La Habana, 2003. De estos dos libros, han visto la luz tres ediciones de cada uno en menos de un año en Cuba, Latinoamérica y Europa.

Premio Casa de las Américas 1987 con este libro; de él se han hecho 29 ediciones y dos reimpresiones en 13 países y en 9 idiomas, editándose más de medio millón de ejemplares hasta la fecha.

EL PENSAMIENTO ECONÓMICO
DE ERNESTO CHE GUEVARA

Carlos Tablada

NUESTRA AMERICA

NUESTRA AMERICA
www.nuestramerica.com.ar

> Tablada, Carlos
> El pensamiento económico de Ernesto Che Guevara.-1° ed.-Buenos Aires: Nuestra América, 2005.
> 400 pp.; 23x15 cm.
> ISBN 987-1158-29-7
> 1. Economía. I. Título
> CDD 335

El pensamiento económico de Ernesto Che Guevara
Carlos Tablada

© Carlos Tablada
Para esta edición:
© Nuestra América, Editorial
Treinta y Tres Orientales 160/2
Ciudad Autónoma de Buenos Aires
Tel/Fax: (54)(11)4983-6043
editorial@nuestramerica.com.ar
www.nuestramerica.com.ar

ISBN 987-1158-29-7

Edición y diseño interior: Ingry González
Tomado de la edición de Martin Kooppel, Pathfinder Press, 1997
Diseño de cubierta: Eddy Herrera
Corrección: Alejandro Sean García Mena

Libro de edición Argentina
Queda hecho el depósito que indica la ley 11.723

Todos los derechos reservados. Ninguna parte de esta publicación puede ser reproducida, conservada en un sistema reproductor o transmitirse en cualquier forma o por cualquier medio electrónico, mecánico, fotocopia, grabación o cualquier otro, sin previa autorización del editor.

Amig@ lect@r, estaremos agradecidos si nos hace llegar su opinión acerca de este libro y de nuestras ediciones a:

editorial@nuestramerica.com.ar

DEDICATORIA

Dedico esta vigésima novena edición príncipe, por corresponder a la versión original que concluí en julio de 1984, y que ha estado inédita hasta hoy:

A Fidel, Maestro del Che en la Revolución cubana de 1959.

A Ricardo Masetti y a sus compañeros de guerrilla.

A los compañeros de Ernesto en el Ejército Rebelde, en la guerrilla del Congo y en la gesta boliviana.

A mis familiares que participaron en las guerras por la independencia de 1868 y 1995, y en particular a Gonzalo, mi abuelo paterno mambí, a él le debo la enseñanza práctica que es mejor dejar de respirar que vivir sin dignidad, y que "sobre la cabeza sólo el sombrero y el cielo que nos inspira".

A mis padres Rebeca Luz Pérez Mena y Carlos Tablada García, que siguieron la senda de sus padres y abuelos, padres que que me inculcaron una ética y una apertura de pensamiento, creyeron en mí y me apoyaron a pesar de vivir siempre a contracorriente.

A mi hermana Rebeca (Becky).

A mis hijos Johanna Ruth, Abel Ernesto y a la pequeña María Laura que arribó para reafirmar que uno siempre puede ser joven en amor.

A mis nietos Carlos Eugenio (Cango) y Daniel.

AGRADECIMIENTOS

Deseo agradecer a Luis Álvarez Rom –que me adentró en el tema-, Fagíd Alí Cordoví, Orlando Borrego Díaz y Haydée Santamaría, por darme acceso a parte de los materiales inéditos de Ernesto Che Guevara.

A Raúl Roa García, Orlando Borrego, Elena Gil Izquierdo, Haydée Santamaría, Oscar Pino Santos, María Julia Garaitonandia, Jacinto Valdés Dapena, Ricardo Alarcón de Quesada, Osvaldo Martínez y José Luis Rodríguez, por las críticas oportunas que hicieron en distintos momentos a algunas de las más de veinte versiones que tiene mi labor a lo largo de los quince años que me llevó investigar y escribir la presente obra.

A los soviéticos del Instituto de América Latina de la Academia de Ciencias de la URSS –donde defendí el Doctorado en Ciencias Económicas con la presente obra-, por el diálogo y discusiones constantes que mantuvimos por más de seis años, lo que permitió en la contradicción más profunda, superarme, reflexionar desde otros puntos de vista, aprender más en el tema y en los aspectos metodológicos; les agradezco mucho que a pesar que pensaban diametralmente opuesto a mi modo de ver la transición, dejaran que defendiera mi tesis en la Academia, respetaran mis puntos de vista, y no me censuraran, y me otorgaran el doctorado en buena lid. Particularmente deseo recordar a Victor Vatslavovich Volsky –Héroe de la Unión Soviética en la defensa de Moscú ante las tropas nazis- y Anatoli Danilovich Bekarevich, mi tutor.

A Hermes Herrera, Efrén Díaz Acosta, Arelis Gaviño, Gilda Pérez, Josefina Lamber Sánchez, Sonnia Torres, Magaly Curbelo (Nuria), Josie Diago y Girge Salazar.

A José Miyar Barrueco, cuyo apoyo tuve en la Universidad de La Habana en 1970, y a lo largo de toda mi vida intelectual posterior.

Este libro no hubiese finalizado en julio de 1984 si no hubiera contado con la ayuda inigualable y competencia de Aracely Sánchez Valdés (Nenita), con la que tuve el privilegio de trabajar desde 1973 a 1990. Sin ella, aún estuviera pasando en limpio en mi vieja *Underwood* las más de 27 versiones que tuvo mi obra. Su apoyo y profesionalidad en nuestra labor cotidiana en la EMPROVA, me permitió dedicar parte de mis pensamientos a la labor del libro por saber que ella me alertaría de cualquier detalle mínimo que pudiera desviarnos de la excelencia conque se trabaja en esa empresa.

A Fidel, por todo.

Milano-Habana,
11 de diciembre de 2004.

Índice

Ernesto Guevara: Una reflexión de largo aliento
                                NÉSTOR KOHAN / 1

    Las anticipaciones del Che / 1

    Los estudios sistemáticos sobre el pensamiento de Guevara / 2

    La pista argentina / 6

    Ernesto Guevara: una reflexión de largo aliento / 9

    ¿Empirismo improvisado? / 11

    El Che Guevara y *El capital* / 13

    Para repensar el mundo contemporáneo / 15

Del debate de ayer al debate de mañana
                                AURELIO ALONSO / 19

El marxismo del Che
    CARLOS TABLADA / 31

    I. Che Guevara como autor marxista crítico / 32

    II. El pensamiento económico de Che Guevara / 36

    III. El socialismo y el hombre / 47

    IV. El socialismo: hecho de conciencia y de organización de la producción / 54

    V. Economía, ética y conciencia / 61

    VI. Ernesto Che Guevara y el futuro del socialismo / 68

Las ideas del Che son de una vigencia absoluta y total
                                        FIDEL CASTRO / 77

Prólogo
    FERNANDO MARTÍNEZ / 105

Introducción / 115

PRIMERA PARTE

El sistema de dirección de la economía en el socialismo: cuestiones teóricas y metodológicas en el pensamiento del Che

CAPÍTULO 1: El sistema de dirección económica y sus categorías / 123

CAPÍTULO 2: El concepto marxista de la política como la expresión concentrada de la economía y su importancia para la dirección de la economía en el socialismo / 148

CAPÍTULO 3: La correlación entre el Sistema Presupuestario de Financiamiento y el cálculo económico en la dirección de la economía socialista / 154

SEGUNDA PARTE

El sistema de dirección de la economía en la primera etapa de la construcción del socialismo en Cuba

CAPÍTULO 4: El surgimiento del Sistema Presupuestario de Financiamiento / 175

CAPÍTULO 5: La planificación como función principal de dirección en la economía socialista / 188

CAPÍTULO 6: El papel del dinero, la banca y los precios / 206

CAPÍTULO 7: El intercambio desigual / 231

CAPÍTULO 8: Che y el trabajo voluntario / 247

Capítulo 9: El sistema de incentivación / 254

    I. El sistema salarial / 255

        La implantación general del sistema salarial: etapas / 270

        La transformación posterior del sistema salarial / 271

    II. Los estímulos / 273

    III. La emulación / 283

Capítulo 10: Los problemas de dirección, organización y gestión de la producción social en el Sistema Presupuestario de Financiamiento / 290

Capítulo 11: La política de cuadros: la dirección política y el desarrollo del personal administrativo y técnico / 297

    I. El administrador, un cuadro político: necesidad permanente de superarse ideológica y políticamente / 303

Conclusiones / 305

Apéndice: Manual para los administradores / 321

Bibliografía / 327

Índice temático / 361

Ernesto Guevara
Una reflexión de largo aliento

Néstor Kohan*

Las anticipaciones del Che

Hoy todo está más claro. Cuando el Che Guevara advertía, hace ya varias décadas, que por el callejón sin salida del mercado y las "armas melladas" del cálculo económico los países del Este europeo terminarían regresando al capitalismo, el asunto no era tan evidente. Había que invertir una dosis tremenda de pensamiento crítico para comprenderlo y asimilarlo. Cuarenta años después, aquellos juicios premonitorios se han vuelto más que transparentes para quien no tenga anteojeras.

¿Cómo pudo darse cuenta y anticiparlo hace tantos años? ¿Era el Che un adivino? ¿Tenía la bola de cristal oculta en su mochila guerrillera? ¿Quizás era un brujo disfrazado de comunista? En la explicación

---

* Argentina, 1967. Docente e investigador de la Universidad de Buenos Aires (UBA). Ha publicado numerosos libros de teoría marxista, así como compilado y prologado escritos de importantes investigadores. Es responsable de la sección permanente "Cátedra Che Guevara" en el periódico de información alternativa REBELIÓN (www.rebelion.org). En la Universidad Popular Madres de Plaza de Mayo (UPMPM) coordina el "Seminario anual de Lectura metodológica de *El Capital* de Karl Marx" y, junto con Claudia Korol, la Cátedra de Formación Política Ernesto Che Guevara. También participa en los cursos de formación política de diversos movimientos piqueteros.

En Cuba ha sido jurado en el Concurso Internacional Casa de las Américas [género ensayo], La Habana, 2001 y ha sido invitado varias veces a dar conferencias por el Centro de Investigación y Desarrollo de la Cultura Cubana Juan Marinello, la Cátedra Antonio Gramsci y el Centro Martín Luther King.

del pensamiento del Che que nos proporciona el libro de Carlos Tablada Pérez —escrito antes de la caída de la URSS— encontraremos las pistas para hallar la respuesta.

Guevara no se conformó con desnudar la pobreza teórica —él la llamaba simplemente "apologética"— que envolvía la creencia fetichista en supuestas leyes de hierro, invariablemente mercantiles, que regirían durante la transición al socialismo. No se limitó a la crítica, de por sí necesaria e imprescindible. Avanzó en la elaboración de una alternativa viable y plenamente realizable. Lo hizo hasta en sus más mínimos detalles, al límite de la obsesión.

Por esta razón la crítica al modelo del socialismo mercantil es aquí apenas la punta del iceberg. La reflexión teórica y la experiencia práctica del Che no se agotan en una simple crítica, aguda y previsora, pero únicamente negativa. El Che aporta además una alternativa que permite eludir el pantano. No nos alerta ante el inminente peligro que había vaticinado en aquellos años sesenta, para permanecer luego cruzado de brazos en señal expectante. Esa pasividad no cuadra con el estilo del Che. Además de advertirnos del precipicio que por entonces no todos vislumbraban, Guevara nos señala otro camino distinto. Un sendero viable, posible y perfectamente realizable para comenzar a construir la sociedad comunista del mañana a partir de la suciedad que el capitalismo le deja como pesada herencia a cualquier revolución que se precie de tal. El pensamiento del Che no opera con almas bellas, ángeles puros ni vírgenes imaginarias. Sabe perfectamente en donde está pisando y desde qué grado de putrefacción social —individualismo, egoísmo, competencia, etc.— hay que comenzar a crear el hombre nuevo y la mujer nueva.

Profundizando en esa perspectiva, este libro permite al lector y a la lectora encontrar puntos de apoyo tanto en la crítica guevarista de lo existente —en su época el llamado "socialismo real"— como en la alternativa para la sociedad del mañana —la transición revolucionaria hacia el comunismo—, empezada a construir hoy mismo, no con lo que nos gustaría imaginariamente contar sino con lo que efectivamente contamos.

Los estudios sistemáticos sobre el pensamiento de Guevara

El pensamiento económico de Ernesto Che Guevara de Carlos Tablada Pérez constituye un excelente libro. Por lo sistemático, por lo riguroso y por lo precursor. Punto y aparte.

Históricamente, no fue el primero en abordar esta problemática. Hubo un estudio anterior, publicado en francés en 1970 y en castellano en 1971, que no merece olvidarse: *El pensamiento del Che Guevara* de Michael Löwy (Carlos Tablada lo incluye en su bibliografía). Este estudio clásico, traducido a numerosos idiomas y reeditado muchísimas veces, tenía una virtud fundamental: tomaba el pensamiento del Che como un todo armonioso y orgánico. Abordaba tanto el pensamiento político y la concepción político-militar del Che como sus ideas sociológicas, su concepción del marxismo en tanto filosofía de la praxis, sus posiciones económicas y sus debates con otras corrientes de izquierda. Según tenemos noticias, fue la primera tentativa, incluyendo las realizadas en Cuba, de reconstrucción teórica del pensamiento del Che en sus múltiples dimensiones.

Pero en esa época Löwy no conocía todos los escritos económicos del Che ni podía acceder fuera de Cuba a todos sus materiales y manuscritos (una gran parte compilados en 1966 en el Ministerio del Azúcar por el colaborador del Che, Orlando Borrego —ayudado por Enrique Oltusky— en una edición cubana de siete tomos; aunque otra parte de sus textos, menor pero altamente significativa, aún hoy permanece inédita). En el tema específico de las discusiones económicas y las intervenciones orales del Che en el Ministerio de Industrias, fundamentales para conocer su punto de vista, Löwy sólo pudo conocer una mínima parte, publicada con el título "El plan y los hombres" por la revista italiana *Il Manifesto* en diciembre de 1969. Pero su investigación no contó con la incomparable compilación de Borrego.

Carlos Tablada Pérez sí tuvo acceso a esta exhaustiva compilación, cuyo sexto tomo contiene la trascripción de todas las intervenciones del Che en el Ministerio de Industrias. La utiliza ampliamente en su análisis. Aunque su libro no es tan abarcativo ni panorámico como el de Löwy, tiene sobre este último la ventaja de que delimita y focaliza con mayor profundidad uno de los aspectos menos conocidos de Guevara: allí donde el Che no sólo polemiza sobre los estímulos morales y materiales y la ley del valor en la transición socialista sino que además propone un conjunto de políticas económicas que se conocen con el nombre de Sistema Presupuestario de Financiamiento (SPF).

Seguramente por la profundidad y rigurosidad con que Tablada Pérez reconstruye ese aspecto "olvidado" o directamente desconocido del Che es que su texto tuvo tanta repercusión en Cuba y fuera de Cuba. A ello contribuyó, sin duda, el momento político en que el libro vio la luz dentro de la isla. Por entonces, la dirección de la Revolución cubana iniciaba el denominado "proceso de rectificación de errores y tendencias negativas". Una expresión bastante larga empleada para designar la crítica de muchas políticas económicas (y culturales) que habían sido adoptadas en Cuba, aproximadamente entre 1971-72 y 1975-76, a partir del modelo de los países del Este europeo sin el previo y necesario beneficio de inventario.

Quien encabezó ese proceso de autocrítica pública fue el mismo Fidel. Una muestra más de su inagotable dinamismo y su característica capacidad de mantener la iniciativa política. Algunos observadores internacionales, como siempre superficiales, se confundieron y trazaron una tosca analogía. "Si Fidel", fantasearon, "realiza críticas al modelo económico implementado durante aproximadamente quince años en Cuba, entonces lo que estaría haciendo es una aplicación tropical de la perestroika soviética". Gravísimo error de apreciación. Porque si Gorbachov y sus amigos de la dirección del PCUS (Partido Comunista de la URSS), cuestionaban por entonces toda idea de planificación socialista (así, en general, sin distinguir la planificación burocrática de la planificación democrática, como si en la claridad del mediodía todos los gatos fueran pardos) y enaltecían los instrumentos de regulación monetarios-mercantiles como la panacea que dinamizaría la sociedad soviética; Fidel, en cambio, recurría al pensamiento del Che Guevara para cuestionar los métodos inservibles.

Para formularlo en términos claros y sencillos. La crítica realizada desde la Revolución cubana, a diferencia del punto de vista "perestroiko", era una crítica de izquierda. Resultaba natural, entonces, que Fidel apelara a la autoridad moral y al pensamiento teórico de Ernesto Guevara para fundamentarla. No casualmente en los discursos de esos años el máximo dirigente de la Revolución cubana recomendó una y otra vez volver a leer al Che. Pero no volver a leer únicamente lo que ya todo el mundo conocía. Sino, además, volver a leer y estudiar lo desconocido: las ideas del Che acerca de la transición socialista, sus críticas al socialismo mercantil y a todo encandilamiento fetichista que asignara al mercado la varita mágica para llegar al comunismo. En medio de esa formidable capacidad de mantener intacta la iniciativa política, Fidel elogia públicamente la investigación de Carlos Tablada Pérez y la recomienda como material de estudio de aquello que debía recuperarse. Fue una ayuda muy grande. El libro, realmente valioso, se la merece.

A partir de allí fueron apareciendo numerosos estudios sistemáticos sobre el Che, algunos de ellos elaborados por compañeros que ayudaron a Carlos Tablada Pérez en su prolongada investigación, otros por investigadores marxistas de Cuba o de otros países.

Algunos de esos textos —la enumeración no es, obviamente, exhaustiva— son el de María del Carmen Ariet García: *Ernesto Che Guevara: El pensamiento político* [La Habana, 1988]; el folleto de Orlando Borrego Díaz: "El estilo de trabajo del Che" [La Habana, 1988; luego reelaborado en *Che: El camino del fuego*, La Habana, 2001]; el de Fernando Martínez Heredia: *Che, el socialismo y el comunismo* [La Habana, 1989]; los dos gruesos volúmenes colectivos del Centro de Estudios sobre América (CEA) presentados por Luis Suárez Salazar y prologados por Armando Hart Dávalos: *Pensar al Che* [La Habana, 1989]; el de Pedro Vuskovic y Belarmino Elgueta: *Che Guevara en el presente de América Latina* [La Habana, 1987]; el de Roberto Massari: *Che Guevara: Pensamiento y política de la utopía* [editado en Italia en 1987, reeditado en el País Vasco, 2004], etc. En Cuba la revista *Casa de las Américas* le dedicó en 1987 un número especial a los veinte años de la caída del Che, donde publicó fragmentos de los libros de Carlos Tablada y Pedro Vuskovic.

Durante la segunda mitad de los años ochenta, además de estos materiales de investigación, en Argentina comenzó a circular una compilación cubana de textos del Che titulada *Temas económicos* [La Habana, 1988]. También aparecieron en las librerías de Buenos Aires algunas ediciones antológicas que habían sido publicadas en México —durante el exilio— por José Aricó, cuando todavía se autodefinía como marxista revolucionario, como por ejemplo *El socialismo y el hombre nuevo* [México, primera edición, 1977; segunda edición, 1987]. Era un volumen que reunía gran parte de las intervenciones del Che y sus oponentes en el debate cubano de 1963 y 1964 sobre la ley del valor y la transición socialista. En esa antología del exilio mexicano Aricó incorporó casi todos los textos del volumen No. 5 de *Pasado y Presente*, también compilado por él, que llevaba por título *Ernesto Che Guevara: Escritos económicos* [Córdoba, primera edición, febrero de 1969; segunda edición, agosto de 1971].

Como parte de ese intento colectivo por recuperar las ideas teóricas del Che, sacándolo de la trivialización despolitizadora en la que el mercado lo recluyó como ícono pop para neutralizarlo, en 1988 se realizó en Buenos Aires un seminario internacional dedicado a estudiar su pensamiento. Participaron militantes políticos e investigadores de cuatro continentes. Fue un momento importante para volver a poner en la agenda de discusión los conceptos políticos, económicos y filosóficos del

Che, más allá de las camisetas y los posters. Las intervenciones se publicaron con el título *El pensamiento revolucionario del Che: Seminario científico internacional* [Buenos Aires, 1988, dos volúmenes].

Luego, ya en los años noventa, para contrarrestar la euforia neoliberal y dar la batalla por la hegemonía socialista, surgieron las Cátedras Libres Che Guevara, en Cuba y en muchos otros países de nuestra América, como Bolivia y Argentina. En sus primeros pasos recibieron ayuda y asesoramiento del Centro Che Guevara de La Habana (dirigido por Aleida March) y en particular de María del Carmen Ariet. Nacieron en 1997, en el treinta aniversario de su asesinato. En Argentina hubo muchas, en la capital federal y en numerosas provincias. Algunas fueron efímeras, otras perduraron, pero todas tuvieron idéntica voluntad de contribuir al debate, al estudio y a la difusión de sus ideas. Entre las que siguen existiendo actualmente se encuentra la Cátedra de Formación Política Ernesto Che Guevara. De ella surgió nuestro libro *Ernesto Che Guevara: Otro mundo es posible* [Buenos Aires, 2003], entre otros materiales de estudio y formación.

Dentro de ese poblado abanico de textos, investigaciones sistemáticas, ensayos e iniciativas de estudios dedicados específicamente al pensamiento teórico del Che, tanto el libro de Michael Löwy en los setenta como el de Carlos Tablada Pérez en los ochenta fueron precursores. Abrieron un camino para la investigación colectiva. Es obligación reconocerlo.

La pista argentina

En Argentina, el trabajo de Tablada no sólo fue precursor sino que además cumplió un rol muy importante.

El Che, siempre amado, siempre admirado, había sido hecho "desaparecer" como tantos otros compañeros y compañeras durante los años oscuros y sangrientos de la última dictadura militar (1976-1983). Su nombre sintetizaba todo aquello que los torturadores y asesinos querían destruir y borrar literalmente del mapa. No obstante, a pesar de ellos, sus textos circulaban de mano en mano, siempre como algo clandestino.

Todavía nos acordamos con gran cariño de aquel compañero de la escuela, militante del centro de estudiantes, que durante el último periodo de la dictadura militar nos regaló como si fuera un valioso tesoro —lo era— las fotocopias oscuras, gastadas y renegridas del libro de Michael Löwy sobre el Che. Era una joya que quemaba. Leer y estudiar las ideas del Che bajo la dictadura militar resumía todo lo prohibido.

Las leímos y estudiamos y luego se las pasamos a su vez a otros compañeros con idéntico entusiasmo. Esos materiales iban de mano en mano entre diversas agrupaciones de izquierda. Cada una batallando con sus propios fantasmas, pero unidos por el ejemplo del Che. En ese tiempo, cuando conseguimos algunos libros de Guevara, lo primero que devoramos y estudiamos con varios amigos fue aquella maravillosa carta llamada "El socialismo y el hombre en Cuba". También aquel discurso del Che que apareció titulado: "¿Qué debe ser un joven comunista?" Lo fotocopiamos y repartimos. Creemos que ambos textos siguen absolutamente actuales en nuestros días.

Luego, con la retirada inminente de los militares, en las ferias de libros usados reaparecían en Argentina viejos títulos de los setenta de supuestas "obras completas" que obviamente no eran completas. Pero ese carácter incompleto recién lo descubriríamos más tarde.

Poco después, a mediados de los ochenta, la "transición a la democracia" (como gustaban nombrarla los socialdemócratas en el gobierno) traicionaba con desfachatez las esperanzas populares sancionando la impunidad militar. Pero justo en esos años, más precisamente en 1987, se editó el libro de Carlos Tablada Pérez. En Argentina, no pudo aparecer en mejor momento. Fue una señal de aire fresco frente a algunos reductos de la vieja izquierda apolillada que seguían esperando un ilusorio renacimiento "perestroiko" proveniente de las tierras del frío.

Por esa época viajó a la Argentina Abel Aganbegyan, entonces asesor económico de Gorvachov y más tarde autor de *La perestroika económica* [primera edición de 1989, publicado en Argentina en 1990]. Este señor pregonaba a capa y espada las supuestas virtudes del mercado para lograr la ya imposible recomposición moral de la URSS. Los resultados están a la vista...

En aquel tiempo también visitó el cono sur latinoamericano otro intelectual soviético de renombre. Se trataba de Victor Volsky, director de la revista *América Latina* y del Instituto de América Latina de la URSS. ¿Qué dijo Victor Volsky cuando llegó al río de la Plata? A este profesor no se le ocurrió mejor idea que aconsejar lo siguiente: "¡La Argentina no debe dejar de pagar su deuda externa!..." El desarme moral e ideológico de esta gente se profundizaba día a día.

Un caso aparte, algo distinto al de Aganbegyan y Volsky, fue el del investigador del Instituto de Economía Mundial y Relaciones Internacionales de Moscú Kiva Maidanik, muy promocionado en Argentina y América Latina. Maidanik era uno de los pocos soviéticos que mantenían simpatías por la figura del Che (quizás precedido por el único biógrafo soviético del Che llamado Josif Lavretsky —seudónimo de Grifulvii— quien publicó en Moscú en 1975 *Ernesto Che Guevara*, biografía traducida al inglés por Progress Publishers en 1976). Aunque en el caso de Maidanik, el elogio del Che se combinaba con una apología entusiasta de la perestroika, a la que no dudó en calificar como "la revolución de las esperanzas" en un conocido libro de entrevistas realizado en Nicaragua en 1987 y publicado en Argentina en 1988. A decir verdad, este curioso e inexplicable eclecticismo que mezclaba al Che junto con Gorbachov y la autonomía financiera de las empresas duró, en el mercado de las ideas latinoamericanas, bastante poco.

En Argentina, cuando estos exóticos visitantes soviéticos, apologistas del viejo stalinismo aggiornado a tono con la época, profetizaban sobre las "potencialidades democráticas" del libre mercado, la socialdemocracia vernácula y la Unión Cívica Radical en el Gobierno caminaban de traición en traición, dejando en libertad a los torturadores y asesinos de nuestros 30 000 compañeros desaparecidos. Mientras tanto, la supuesta "oposición" encarnada en el manoseado nacional-populismo peronista ponía en escena una supuesta "renovación" política (de esa "renovación" surgirían nada menos que Carlos Menem y Eduardo Duhalde, entre otros personajes siniestros del neoliberalismo criollo). Sin duda, fueron años grises y mediocres.

En ese contexto tan difícil para el pensamiento crítico, el libro de Tablada Pérez jugó un gran papel y fue muy útil. No sólo ponía el dedo en la llaga. Además, explicando de manera accesible para la juventud las ideas centrales del pensamiento del Che, esta investigación cubana marcaba una perspectiva política que servía para no perder la brújula en medio de la gran confusión de los años ochenta.

En el sur de nuestra América, este trabajo no fue leído entre los académicos, entonces completamente seducidos por el posmodernismo y otras modas al uso. En cambio, fue recibido con pasión por los militantes, principalmente por la militancia juvenil de diversos grupos de izquierda que quería afanosamente, en medio de tanto cinismo, de tanta desideologización, de tanta manipulación y de tanta mugre, descubrir al Che Guevara y reencontrarse con él.

Casi veinte años después, aunque la Argentina cambió mucho —pasamos por diversas experiencias políticas, desde el neoliberalismo salvaje hasta el neoliberalismo maquillado, sin olvidarnos tampoco de una de las rebeliones populares más importantes de nuestra historia— el interés por este libro no ha decaído. Quizás una pequeña anécdota que nos sucedió hace pocos días pueda ilustrarlo.

Mientras escribíamos este prefacio, compañeros de cuatro movimientos piqueteros nos invitaron a una actividad de formación política. Nos solicitaron una charla sobre el pensamiento del Che Guevara que permitiera un debate colectivo entre la militancia de los diversos grupos. No se trataba de estudiantes universitarios ni de personas de clase media (quienes también resultan valiosos para la lucha contra el sistema e imprescindibles para las alianzas de clase de toda revolución popular), sino de trabajadores desocupados y de jóvenes de un origen sumamente humilde. Aquellos mismos que en Argentina han padecido y resistido tanto las políticas económicas del neoliberalismo salvaje de los años noventa como las del neoliberalismo "progresista" de nuestros días. Cuando terminó la actividad, que duró aproximadamente tres horas, una de las compañeras piqueteras se acerca y nos dice: "Néstor, nosotros estamos intentando profundizar en el pensamiento del Che. Para nuestros emprendimientos productivos nos interesa conocer a fondo lo que el Che pensaba de las empresas y de la economía, de la planificación y del modo de repartir lo que cada empresa producía. Estamos estudiando este material..." y... ¿qué nos muestra? ¡Fotocopias del libro de Carlos Tablada! De un libro editado hace 17 años y que hoy sólo se consigue en fotocopias. Compartir junto con los sectores sociales más explotados, marginados y agredidos de nuestra sociedad el cariño por el Che Guevara (que en esa actividad se expresó en todas las consignas cantadas en defensa del Che) como ver el libro de Tablada *en esas manos*, genera una emoción difícil de describir en palabras. Más allá de las divisiones que tanto dolor nos provocan, otros compañeros, pertenecientes a otros movimientos piqueteros, también nos habían manifestado anteriormente el interés por estudiar estos temas a fondo. Por sobre las trágicas divisiones, el Che y su rebeldía ayudan a unir al movimiento popular.

Cuando le relatamos al autor de este libro esa anécdota le dijimos, y ahora lo repetimos en el prefacio, que esas experiencias nos hacen sentir que el Che y su radicalismo político siguen vivos en el corazón de las nuevas generaciones y los nuevos luchadores. De ningún modo han quedado recluidos en el "recuerdo nostálgico"...

Ernesto Guevara: una reflexión de largo aliento

¿Cuál es la tesis central que estructura todo el texto y nos da la clave para entender al Che? Creemos que está resumida en el siguiente fragmento de Guevara —citado por Tablada— expuesto en una de las reuniones bimestrales del Ministerio de Industrias: "El Sistema Presupuestario de Financiamiento es parte de una concepción general del desarrollo de la construcción del socialismo y debe ser estudiado entonces en su conjunto".

Contrariamente a lo que opinaban Maidanik y varios otros divulgadores, las ideas del Che no son compatibles con cualquier cosa. El Che no resulta digerible ni se lo puede convertir en un pastiche multiuso, según las necesidades oportunistas de cada coyuntura. Todos sus planteamientos en el terreno de la economía política y de la política económica, nos explica Tablada, pertenecen a una concepción general que no se puede disgregar a riesgo de caer en la manipulación. Ahí está la clave del asunto.

Esa concepción general abarca una singular interpretación de la concepción materialista de la historia aplicada a la transición socialista, pasando por un modelo teórico que enseña el funcionamiento y desarrollo de la economía de un país que pretende construir relaciones sociales distintas del capitalismo hasta llegar a una serie de realizaciones prácticas, coherentes entre sí, de política económica.

Los niveles de la reflexión del Che acerca de esa concepción general giran en torno a dos problemas fundamentales. En primer lugar: ¿es posible y legítima la existencia de una economía política de la transición? En segundo lugar: ¿qué política económica se necesita para la transición socialista? Las respuestas para estas dos interrogantes que se formula el Che permanecen abiertas, aún hoy en día, cuarenta años después. No sólo para el caso específico de Cuba sino también para todos los marxistas a nivel mundial.

Intentando dar respuestas a esas inquietantes preguntas, el Che elaboró un pensamiento sistemático de alcance universal (no reducido a la situación cubana, como sugerían Maidanik y otros soviéticos, argumentando la trivialidad de que "Cuba es un país pequeño, mientras la URSS es una país grande", como si eso demostrara algo en el terreno científico de la economía política), estructurado en diversos niveles.

Si desagregamos metodológicamente su reflexión teórica, el Che nos dejó:

(a) una reflexión de largo aliento sobre la concepción materialista de la historia, pensada desde un horizonte crítico del determinismo y de todo evolucionismo mecánico entre fuerzas productivas y relaciones sociales de producción;

(b) un análisis crítico de la economía política (tanto de los modelos capitalistas desarrollistas sobre la modernización que por entonces pululaban de la mano de la Alianza para el Progreso y la CEPAL como de aquellos otros consagrados como oficiales en el "socialismo real", adoptados institucionalmente en la URSS);

(c) un pormenorizado sistema teórico de política económica, de gestión, planificación y control para la transición socialista: el Sistema Presupuestario de Financiamiento (SPF).

En la reflexión del Che Guevara, tanto (a), como (b) y (c) están estructurados sobre un subsuelo común. Los tres niveles de análisis (que en él fueron al mismo tiempo práctica cotidiana, no sólo discurso teórico) se enmarcan sobre un horizonte que los engloba y a partir del cual adquieren plenitud de sentido. Ese gran horizonte presupuesto es el proyecto político del Che: para continuar con la enumeración previa, podríamos bautizarlo aleatoriamente como nivel (d).

Es entonces (d), el proyecto político del Che, antiimperialista y anticapitalista, de alcance mundial y no reducido a la Revolución cubana, el que nos permite inteligir la racionalidad de (a), (b) y (c). Para el Che Guevara, sin proyecto político no tiene sentido entablar discusiones bizantinas y meramente académicas sobre la concepción materialista de la historia. Sin proyecto político, no vale la pena esforzarse por cuestionar los modelos económicos falsamente "científicos" que obstaculizan el desarrollo del pensamiento crítico acerca de las relaciones sociales. Sin proyecto político, carece igualmente de sentido cualquier debate en torno a las diversas vías posibles de política económica durante el periodo de transición al socialismo en una revolución anticapitalista del tercer mundo subdesarrollado y dependiente. Como también le sucedió a Marx y a sus mejores discípulos, en el Che es la praxis política la que motoriza la reflexión teórica, incluso cuando se interna por los más escarpados y abstractos vericuetos de la teoría marxista del valor.

¿Empirismo improvisado?

Tomando en cuenta esa compleja estructuración del pensamiento del Che, ¿cuál es el aporte específico del libro de Carlos Tablada Pérez? En nuestra opinión, su elemento más valioso consiste en que expone los principios de gestión y planificación elaborados para la política económica por Ernesto Guevara *en detalle*. Hoy en día ya no nos alcanza con reconocer que "el Che fue, además de un gran combatiente revolucionario y un esforzado militante comunista, un agudo teórico del marxismo". Eso es verdad, pero ya resulta insuficiente. Demasiada agua corrió bajo el puente de las experiencias socialistas. Por eso este libro de Carlos Tablada no se queda en el reconocimiento formal de esos méritos. Los desanuda, los desglosa, los va recorriendo uno por uno, los descompone una y otra vez y los vuelve a recomponer en un intento de sistematización. El resultado final constituye una excelente reconstrucción analítica del pensamiento del Che en el área de la política económica.

Cabe aclarar que en este libro no está explicado todo el Che. Pero sí aquello del Che menos conocido, menos explorado, muchas veces subestimado bajo la fácil, cómoda y malintencionada atribución de "romanticismo" (como si este concepto fuera por sí mismo una mala palabra, algo bastante discutible por cierto). Para atribuir "empirismo", "aventurerismo", "improvisación", "idealismo" y muchos otros sambenitos colgados del cuello de Guevara por la izquierda oficial, la que hasta la caída del Muro monopolizaba falsamente el nombre de "ortodoxia", había que desconocer olímpicamente los estudios del Che sobre la economía política y la teoría del valor, sus análisis sobre los problemas y dificultades del periodo de transición, sus lecturas sistemáticas y círculos de estudio sobre *El capital* de Marx. Estudios, reflexiones y lecturas que duraron largos años, no un fin de semana.

Sólo bajo la condición de hacer groseramente caso omiso de toda esa trayectoria teórico-política pudo, en forma irresponsable, atribuirse al Che "ignorancia en temas económicos", como tantas veces hemos escuchado en boca de algunos egresados de las universidades soviéticas que únicamente conocen el marxismo de factura staliniana o también en labios de académicos argentinos formados exclusivamente con profesores neoliberales y socialdemócratas.

El resultado final del emprendimiento que Tablada lleva a cabo en este libro precursor constituye una excelente exposición de lo más agudo que el Che nos dejara en sus esfuerzos de constructor de la nueva sociedad y la nueva subjetividad, dos batallas distintas pero complementarias que jamás se pueden separar.

Este libro tiene además el mérito de caminar a contracorriente al haberse animado a recordar lo que se había "olvidado". El Che, además de "guerrillero heroico", es un teórico de la revolución social. Una persona que no mira la Revolución desde afuera, juzgándola pretenciosamente con el dedo en alto, sino que compromete todo su cuerpo y su vida en el proyecto de volver consciente la regulación social de la nueva sociedad. Guevara no es sólo el símbolo de la feliz victoria revolucionaria (por ejemplo en la batalla de Santa Clara) sino también aquel que advierte, con lucidez y espíritu crítico, las tremendas dificultades —el burocratismo, la supervivencia de hábitos capitalistas, el callejón sin salida del pragmatismo oportunista, el economicismo, etc.— de toda revolución que se inicia.

El Che Guevara y El capital

Otro elemento a destacar consiste en la claridad con que Tablada expone, ya no sólo las tesis del Che, sino también la visión del fundador de la filosofía de la praxis en la gran obra que nos inspira: *El Capital*. Por ejemplo, resulta más que sugerente que Carlos Tablada Pérez identifique en la teoría del fetichismo el eje central de la teoría marxista del valor. Exactamente esa era la opinión del Che. No es algo secundario. Atañe al núcleo de la teoría crítica marxista, allí mismo donde la crítica de la economía política se entrecruza con la crítica de la vida cotidiana y de la política bajo cualquier sociedad mercantil.

Es precisamente en ese género de cuestiones teóricas donde salta al primer plano la similitud de abordaje sobre la teoría del valor entre el Che Guevara y otros dos clásicos del pensamiento marxista a nivel mundial. En primer lugar, el filósofo húngaro György Lukács, quien en su *Historia y conciencia de clase* identifica en la teoría del fetichismo de la mercancía la gran síntesis del materialismo histórico (en lugar de ubicarla, como han hecho tanto manuales de divulgación a lo largo de la historia, en el archicitado prólogo de 1859 donde Marx emplea aquellas metáforas de la "base" y la "superestructura"). En segundo lugar, el economista bolchevique Isaak Ilich Rubin, quien en sus *Ensayos sobre la teoría marxista del valor* vuelve a ubicar en la teoría del fetichismo la clave explicativa de la teoría del valor y de la crítica de la economía política.

Ni Lukács leyó a Rubin, ni Rubin a Lukács. Ni el Che Guevara leyó a ninguno de los dos (sí estudió y anotó de Lukács otros libros, como *El joven Hegel*, pero no este texto juvenil). Sin embargo, aunque cada uno caminara por una senda propia, los tres arribaron al mismo punto de llegada. Uno teniendo en mente los debates iniciales de la Rusia bolchevique (Rubin); el otro, polemizando con todo el marxismo ortodoxo y la socialdemocracia (Lukács); el tercero, en medio de los grandes debates de una revolución socialista del Tercer Mundo.

Por eso resulta tan importante la exposición que Carlos Tablada realiza de este pasaje central del pensamiento del Che y su interpretación de Marx (en la primera edición argentina del libro corresponde a las páginas 107-113, particularmente la 109).

Es notable la aguda comprensión de Carlos Tablada sobre el tratamiento que Marx realiza acerca de la teoría del valor en *El Capital* (imprescindible para comprender a fondo la interpretación del Che). No obstante, en ese punto particular, quizás podría agregarse un pequeñísimo comentario que no pasa de un mínimo detalle. Cuando Carlos Tablada sostiene que la teoría marxista del valor intenta explicar "la forma en que se produce el equilibrio general del régimen capitalista", quizás podría aclararse que en el caso de Marx la teoría del valor no sólo da cuenta de los equilibrios sino también de las desproporciones y las crisis. La teoría del valor constituye una teoría cuantitativa y cualitativa al mismo tiempo. Explica cuánto valen las mercancías (dimensión cuantitativa) y también por qué valen (dimensión cualitativa, vinculada a la teoría del fetichismo). Es una teoría macro (pues posibilita comprender cómo se distribuye el trabajo social global —trabajo abstracto— en las diferentes ramas y sectores de la economía de una sociedad mercantil capitalista) que al mismo tiempo permite construir explicaciones de nivel micro (aquellas que dan cuenta de la proporción en que los propietarios individuales y las unidades productivas autónomas cambian las mercancías en el mercado).

Pero tanto lo cuantitativo como lo cualitativo, lo macro como lo micro, apuntan a comprender los equilibrios y las crisis, no sólo los equilibrios. La teoría del valor, como bien sugiere Ernest Mandel en algunos de sus libros clásicos, no es una teoría armonicista que focaliza exclusivamente en los equilibrios y proporciones globales, sino también una teoría de la crisis, las desproporciones y los conflictos que anidan en el corazón mismo de la sociedad mercantil capitalista. Esto último es sólo un pequeño detalle que no modifica lo fundamental del riguroso enfoque científico de Carlos Tablada, sino que apenas le agrega una mínima aclaración.

Entre sus muchos otros aportes valiosos, merecen destacarse la inteligente advertencia donde Tablada Pérez se interroga por el modo de evaluación del Sistema Presupuestario de Financiamiento (SPF) del Che. Su respuesta, que despeja numerosos malos entendidos en la materia, señala que la evaluación no puede reducirse a una cuestión únicamente cuantitativa referida a la acumulación de bienes producidos por las empresas sino que necesariamente debe incorporar la dimensión cualitativa. Según Tablada Pérez, la evaluación no puede dejar de preguntarse qué tipo de subjetividad y qué grado de conciencia se están generando con semejante planificación económica.

Lo mismo vale para la explicación que el autor despliega sobre la génesis histórica de la formación del SPF. Éste no surgió de la cabeza del Che como por arte de magia o simple capricho. Carlos Tablada relata, por ejemplo, la negativa impresión que —¡ya en 1959!—, en oportunidad de un viaje a Yugoslavia, le causó al Che el sistema de autogestión financiera de las empresas. En ese entonces todavía no conocía la URSS...

Finalmente, podríamos agregar una pregunta fundamental de orden epistemológico que este libro sugiere y al mismo tiempo contesta: ¿Por qué muchos economistas profesionales, incluso los de izquierda y en especial los marxistas, desconfían hasta el día de hoy del Che? ¿Qué les impide aprovechar la detallada y pormenorizada reflexión teórica de Ernesto Guevara? La respuesta de Tablada es muy interesante: "Los economistas tienden a aislar las relaciones económicas de las superestructuras para así no perder cientificidad".

Aparentemente, la desconfianza surgiría del hecho de que Guevara se niega a abordar las relaciones sociales prescindiendo de la subjetividad, de la esfera de la conciencia, de la formación de valores y de la construcción hegemónica de la ideología y la cultura. Desde el punto de vista de la economía tradicional, esa necesaria inclusión de la esfera ideológica y subjetiva terminaría opacando u obstaculizando la cientificidad del conocimiento económico. Ahora bien, cabe plantear la siguiente cuestión: ¿de qué tipo de cientificidad estamos hablando cuando se prescribe como norma el hacer caso omiso de cualquier referencia al sujeto? ¿Qué tipo de canon científico se tiene en mente cuando se formula semejante precaución metodológica? ¿No será, acaso, que el modelo de ciencia que está operando en ese tipo de observaciones corresponde más a las ciencias naturales que a la teoría económica, una ciencia estrictamente social? Vale la pena meditarlo.

Para repensar el mundo contemporáneo

Actualmente, casi dos décadas después de que este libro saliera por primera vez de imprenta y recorriera el mundo en numerosas ediciones, la URSS ya no existe. Cuba, digna y rebelde, sigue resistiendo contra ese Goliat bruto e inculto que nos desprecia y nos domina.

Pero a la Revolución cubana no le ha quedado otra opción que desarrollar su resistencia en medio de la más feroz economía mundial globalizada y bajo la amenaza de la potencia militar más poderosa de la historia. En ese contexto tan complejo (que jamás debemos olvidar) no ha tenido más remedio que incorporar relaciones mercantiles.

¿Cuál es entonces la utilidad del pensamiento del Che?

En primera instancia, sus reflexiones resultan provechosas para ubicarnos en nuestro angustioso presente, precisamente por los llamados de atención que él formuló. Alertando a cualquier desprevenido que acaso se le ocurriera apostar al mercado como una opción estratégica, no como un recurso táctico, el Che explica extensamente el modo en que este genera necesariamente irracionalidad y desperdicio del trabajo social global. Además, insiste una y otra vez en las consecuencias negativas que el mercado provoca en la conciencia política de una sociedad en transición. Para contrarrestar su influencia, el pensamiento del Che nos permite defender las razones de una planificación democrática (no ejercida únicamente por tecnócratas especialistas, aislados de las masas, sino a través de una creciente participación popular), a partir de la cual la política revolucionaria pueda incidir en el "natural" decurso económico a través de la cultura, la batalla de las ideas y la lucha por recrear cotidianamente la hegemonía socialista en todo el ordenamiento social.

En segunda instancia, estrechamente vinculado a lo anterior, el pensamiento del Che nos recuerda que en determinados momentos de la historia la relación de fuerzas no nos es favorable. En esos casos no nos queda más remedio que retroceder, momentáneamente, para tomar fuerzas y volver a empujar. Esos retrocesos no son estratégicos sino tácticos, no constituyen un camino a largo plazo sino un conjunto de medidas que se toman para responder a una coyuntura determinada, teniendo en el centro del análisis la relación de fuerzas. Jamás hay economía sin relación de fuerzas o al margen de la relación de fuerzas.

Creer que el desarrollo del mercado constituye una "necesidad objetiva" de todo proceso de transformación social constituye un mito peligroso, infundado y regresivo. Nada más lejos del pensamiento del Che que esa creencia supersticiosa en "las leyes de hierro" de una economía supuestamente independiente con la que tanto insistían los académicos de la URSS y otros países del Este europeo cuando explicaban la historia de la Nueva Política Económica (NEP). Aquel conjunto de medidas económicas tácticas que implementó Lenin a inicios de los '20, después de la guerra civil, y que las vertientes más dogmáticas del marxismo transformaron en supuestas "normas universales" válidas para todo tiempo y lugar. Confundiendo la táctica con la estrategia, la coyuntura con el proyecto, las medidas de emergencia con supuestas "leyes de hierro" transhitóricas y metafísicas, se transformó a Lenin en un vulgar apologista del mercado. En su inteligente defensa de Lenin —del revolucionario vivo no de la momia— Ernesto Guevara se animó a poner en discusión esas pretendidas "leyes de hierro". Más tarde, a la hora de redactar sus observaciones críticas al *Manual de Economía Política* de la Academia de Ciencias de la URSS, pone en práctica la misma operación y vuelve a cuestionar esas mismas "leyes inviolables".

Cuando el Che inscribe las relaciones sociales, en general, y las económicas, en particular, dentro de relaciones de fuerza está pensando fundamentalmente en la NEP de Lenin. En nuestra modesta apreciación, es más que probable que esto también valga para la sociedad cubana de hoy en día. Como lo hemos afirmado en otros escritos, creemos no exagerar al comparar las tareas y la actitud política de Fidel Castro con las de Lenin. También Fidel y la dirección de la Revolución cubana han tenido que tomar medidas tácticas que responden a las relaciones de fuerza. Allí se inscriben ciertas aperturas al mercado y al capital privado extranjero. Pero esas medidas no corresponden al eje central y al proyecto histórico de la Revolución cubana. Tienen que ver con una coyuntura específica y con determinadas relaciones de fuerza.

Es en ese punto preciso donde el planteamiento del Che Guevara se torna más actual que nunca. Desde nuestro punto de vista y ángulo de interpretación, el Che demostró que no existe una economía política de la transición al margen de la relación de fuerzas sociales y políticas. Creer lo contrario implica empantanarse, una vez más, en el fetichismo.

Por eso creemos que el pensamiento del Che acerca de la economía política siempre constituyó y sigue constituyendo el complemento del pensamiento político de Fidel.

Históricamente, Fidel le proporcionó al Che la posibilidad de insertarse y protagonizar un proceso político de masas sin el cual el radicalismo político (del cual Guevara constituye la expresión más acabada), aun el más audaz, gira en el vacío de la impotencia y la frustración. El Che le proporcionó a Fidel el compañero ideal, franco, transparente, leal, sin competencias de ningún tipo, profundamente desinteresado en el terreno personal y al mismo tiempo radical hasta el límite extremo.

Esta complementación entre el Che y Fidel, entre el pensamiento económico y el pensamiento político, vale concretamente para el contenido de este libro. Porque no existe pensamiento acerca de las relaciones sociales y la economía política que se desarrolle al margen de la praxis y las opciones políticas. Ya desde los tiempos de Karl Marx la crítica de la economía es una crítica política. Gravísima equivocación

—que en ellos se convierte en obstáculo epistemológico— la de aquellos teóricos de la economía neoclásica que pretenden elaborar modelos que hacen abstracción de la política y la historia. Desde que el capitalismo es capitalismo, la "mano invisible" del mercado ha operado siempre al amparo de un "brazo visible", la política, la lucha de clases, las relaciones de poder y de fuerza entre las clases sociales. Hoy, a inicios del nuevo milenio, más que nunca.

Aquí se ubica entonces la tercera instancia por la cual el pensamiento del Che continúa siendo útil en la actualidad.

No es cierto —como han aventurado, por ejemplo, Michael Hardt y Toni Negri en su publicitado *Imperio*— que los antiguos estados-naciones hayan desaparecido. Los estados nacionales que se han debilitado son los de las sociedades capitalistas periféricas y dependientes. En cambio, el estado-nación norteamericano cada vez fortalece más su capacidad represiva y militar. La "mano invisible" de la mundialización del capital presupone hoy la fuerza político-militar de EE.UU. y la OTAN. Sin esa formidable fuerza político-militar del imperialismo norteamericano y de sus socios, no se podría comprender la globalización de la economía y los mercados. La economía política de nuestros días, si no quiere ser simple apologética, debe incluir entre sus categorías de análisis científico el estudio del poder militar. La resistencia de la Revolución cubana se desarrolla en todos esos planos, inseparables entre sí. También en este rubro, el pensamiento del Che —que jamás escindió la economía de la política y la guerra— se ve corroborado.

Por todas las razones anteriormente expuestas saludamos la inteligente decisión de reeditar este libro. Esperamos que sirva para continuar formando militantes y estudiosos del pensamiento revolucionario mundial, en cuyo horizonte las ideas marxistas del Che Guevara ocupan y seguirán ocupando un lugar central.

Buenos Aires, octubre de 2004.

DEL DEBATE DE AYER AL DEBATE DE MAÑANA

PRÓLOGO A LA 29ª EDICIÓN

AURELIO ALONSO*

Este es un libro con una historia propia y larga, que antecede incluso a 1987, el año de su primera edición. Una historia de la cual por momentos he sido un testigo cercano, y que amerita ser conocida para valorar la obra en su justa medida.

El joven profesor de Historia del Pensamiento Marxista del Departamento de Filosofía de la Universidad de La Habana, Carlos Tablada,

---

* Cuba, 1939. Licenciado en Sociología en la Universidad de La Habana. Ejerció la docencia regularmente desde 1963 hasta 1976, donde fue fundador del Departamento de Filosofía. Miembro del Consejo de Dirección de la revista *Pensamiento Crítico* desde su creación en 1967 hasta su desaparición en 1971. Estuvo a cargo del Departamento de Estudios de Religión adscrito a la Facultad de Humanidades de 1972 a 1976. En el periodo 1983-1988 participó en actividades académicas con la Fundación América Latina, el Instituto de Altos Estudios para América Latina de la Universidad de París (Sorbona), y otras organizaciones culturales y de solidaridad, como Consejero Político de Cuba en Francia. Publicó en 1998 su libro *Iglesia y política en Cuba revolucionaria*, del cual acaba de ver la luz una edición ampliada y revisada. Ha publicado también más de ochenta artículos, desde materiales de prensa hasta ensayos en revistas especializadas, en Cuba y en el extranjero. Designado en el 2003 coordinador del Grupo de Trabajo de *CLACSO* sobre Religión y Sociedad. Ha participado en numerosos eventos nacionales e internacionales, e impartido conferencias en Universidades en EE.UU., Canadá, Francia, España, Bélgica, Venezuela, Colombia, Argentina, Ecuador, Barbados, Jamaica. En la actualidad es Investigador Titular del Centro de Investigaciones Psicológicas y Sociológicas (CIPS) y Profesor Titular Adjunto de la Universidad de la Habana. Colabora habitualmente en las publicaciones cubanas *Temas, Revolución y Cultura, Marx Ahora, Debates Americanos*, y en el exterior en *Alternatives Sud*, Louvain-la-Neuve, Bélgica.

comenzaba en junio de 1969 el estudio sistemático de la obra económica y, de manera más general, de la concepción del socialismo en el Che. Ya Tablada se había iniciado en la ensayística con la publicación del resultado de sus estudios sobre la formación de la socialdemocracia europea. Este primer trabajo se inscribía con coherencia en las proyecciones críticas del manualismo dominante en la filosofía soviética que se desarrollaron en aquel colectivo desde mediados de los años sesenta. Del análisis de la bifurcación entre "ortodoxos" y "revisionistas" que tuvo lugar en la última década del siglo XIX, Tablada concluía que "el marxismo en manos de los ortodoxos perdió su carácter revolucionario", y que "tanto los ortodoxos como los revisionistas desde un inicio, marchaban hacia la derecha..."[1]

En 1971, Tablada como el resto de sus compañeros, se vio obligado a emigrar del quehacer filosófico y de la docencia universitaria hacia otros oficios. Y contemplar desde fuera cómo la enseñanza del marxismo se homogeneizaba dentro de los patrones soviéticos. Tablada pasó entonces al mundo de la gerencia empresarial socialista, pero no abandonó su proyecto ni su vocación hacia el ejercicio del pensamiento.

Con esto quiero destacar que paralelamente al empleo por el cual respondía y del cual vivía, mantuvo los estudios sobre el Che en la medida y al ritmo que su tiempo le permitió, pacientemente, con mucho rigor, sin las premuras de los compromisos editoriales o de cualquier tipo de fechas de cumplimiento. Lo hizo, además, en una etapa del proceso socialista cubano en la cual las propuestas económicas de Che Guevara habían sido abandonadas y se implantaba el Sistema de Planificación y Dirección de la Economía (SPDE); diseñado en la primera mitad de los setenta y puesto en vigor en 1976. Sistema que aseguraba las afinidades requeridas al modelo soviético y la articulación de la Isla al Consejo de Ayuda Mutua Económica (CAME), esqueleto de lo que la semántica occidental identificaba como el Bloque del Este, y la nuestra como Campo Socialista.

Desde 1970 la referencia económica al Che desapareció casi del todo en la academia cubana, y el recuerdo de su paso por la historia se centraba en el legado ético y político de su proyección de largo alcance, y en el significado de su inmolación como revolucionario internacionalista, que dimensiona su memoria más allá de las fronteras de nuestra nación. Pero quedaba atrás el dato de que en el corto y fructífero periodo

---

[1] Ver Carlos Tablada: "Marxismo y II Internacional", en *Pensamiento Crítico*, No. 44, La Habana, septiembre de 1970.

de su vida en que le tocó participar en lo que solemos denominar la "construcción socialista", se introdujo con una excepcional lucidez en los problemas no resueltos del socialismo e ideó, ensayó y defendió concepciones, fórmulas y puntos de vista orientados a corregir estos defectos.

La polémica sobre la economía socialista ya recorría Europa y América Latina, con o sin la experiencia cubana, y abarcaba diversos temas objeto de debate, entre ellos la confrontación en torno a numerosos aspectos del llamado sistema de "cálculo económico" (CE) mediante el cual era conducida la economía soviética. Sistema que en el plano histórico, en aspectos esenciales, ha sido considerado heredero de la Nueva Política Económica (NEP) implantada por Lenin con una definida visión de retroceso momentáneo del proyecto socialista, necesario para activar la joven economía del Estado soviético. Tablada dedica el capítulo tercero de su ensayo precisamente a un análisis acucioso de las posiciones del Che sobre la NEP.[2]

Con la articulación de su Sistema Presupuestario de Financiamiento" (SPF), también con antecedente en los tempranos debates de los bolcheviques en el poder, que se orientaba a erradicar las relaciones mercantiles entre las empresas de una economía fuertemente centralizada en manos del Estado, y que comenzó a implementar en el ámbito de la industria y de la banca, el Che rompía con los esquemas que se habían consagrado en las experiencias socialistas del Este. Los argumentos de Guevara se insertaron también en el debate internacional de su época, y le ganaron un definido respeto entre los economistas marxistas más descollantes de entonces.

El exponente más relevante dentro del socialismo cubano de las fórmulas socialistas consagradas, Carlos Rafael Rodríguez, no aparece discutiendo públicamente en la época con el Che, aunque criticaba la "agricultura de centralismo burocrático" y los desastres a que había dado lugar, y sus posiciones fueron harto conocidas, y explícitas en las esferas de Gobierno. Era incuestionablemente la figura reconocida en la otra posición: posiciones que en el lenguaje común eran aludidas a veces como "la de Carlos Rafael" y "la del Che". Aun cuando debemos admitir que esta polémica se dio siempre para él como un simple balan-

---

[2] Este es un tema que retomará posteriormente un colaborador muy cercano del Che, Orlando Borrego en su ensayo "El Che y el Socialismo", publicado en la compilación *Pensar al Che*, tomo II, La Habana, Centro de Estudios sobre América, 1989.

ce de acuerdos y desacuerdos, de convergencias y divergencias en torno a temas que a su entender no alteraban lo esencial. No como una confrontación de tendencias, como proyecciones enfrentadas.

La única reflexión que recuerdo haber leído de su pluma sobre aquella polémica, muchos años después, fue una conferencia dictada en el Ministerio de la Industria Básica, en 1987, en ocasión del vigésimo aniversario de la caída del Che en Bolivia.[3] Allí Carlos Rafael —después de un explícito reconocimiento del libro que hoy prologamos, que acababa de ver la luz— admite que "a la distancia del tiempo el sistema presupuestario nos aparece como una contribución de excepcional valor", y que "se acerca más a lo que tiene que ser la sociedad en el futuro, pero esto es sólo una hipótesis, y se refiere a un futuro bastante lejano".

Las diferencias que hacían la polémica pueden ser caracterizadas brevemente cuando afirma: "las condiciones históricas de nuestro país nos obligan a cosas tan sencillas, por ejemplo —y rechazadas por el Che— como admitir la categoría de mercancía para las relaciones interempresariales", y advirte a renglón seguido que "cuando aceptamos la vigencia de la mercancía, no aceptamos la vigencia principal del mercado... como organizador de la economía nacional".

A mi juicio el modo en que se enfoca el problema aquí tendría que considerarse sensato, difícil de refutar si todo pudiera reducirse al ángulo técnico-económico de la cuestión. En definitiva hoy volvemos a girar en torno al dilema entre la asimilación del mercado y el rechazo de su rectoría, lo cual parecería un *oximorun*. Y es, sin duda, un problema crítico, un problema no resuelto para la edificación de la economía socialista, y en consecuencia para la legitimación de paradigmas y de teorizaciones. Pero ni siquiera era el ángulo técnico-económico el que radicaba en el centro de la preocupación del Che: "El socialismo económico sin la moral comunista no me interesa. Luchamos contra la

---

[3] "Pero hace unos días recordé que entre los trabajos que había recibido recientemente y que, como muchos, no he tenido la oportunidad de leer hasta ahora, estaba el Premio Casa de las Américas, otorgado este año a un libro que yo me había asomado a él sin penetrar mucho su contenido, de un joven estudioso cubano, Carlos Tablada, sobre el Che. Me pareció interesante ver si aquel libro me ayudaba, y puedo confesarles que me siento tributario en esta tarde de ese libro porque sin él no habría podido llegar aquí.." Carlos Rafael Rodríguez: "Sobre la contribución del Che al desarrollo de la economía cubana", en *Cuba Socialista*, No. 33, La Habana, mayo-junio de 1988.

miseria, pero al mismo tiempo luchamos contra la alienación", le respondía en una entrevista a una publicación francesa en 1963.[4]

Es tal vez por lo que abarca la mirada que trasunta esta afirmación que Carlos Rafael aprecia que Che "se dejó llevar por la idea... de que en el tránsito político de nuestra imperfecta sociedad socialista... era susceptible llegar en un breve plazo a la sociedad comunista desde el punto de vista de la conciencia...",[5] de la cual discrepa explícitamente.

La salida de Carlos Rafael Rodríguez de la Presidencia del Instituto Nacional de la Reforma Agraria (INRA) hacia 1966 puede ser erróneamente identificada con una adopción a escala nacional de la propuesta del Che, que en aquel tiempo había decidido ya llevar a la práctica sus propósitos de retomar la crítica de las armas a nivel continental. Seguramente esto haya incidido en que muchos identifiquen el fenómeno de voluntarismo y dispersión gestionaria que dominó la economía del país en la segunda mitad de la década con las ideas de Guevara.[6] En esta confusión se han dado a veces la mano la ignorancia y las malas intenciones. Como sucede también en lo que toca a sus relaciones personales con Fidel Castro, incuestionablemente ejemplares y exentas de sombras de tipo alguno.

Rodríguez no pasa por alto esta distorsión:

> Una de las más grandes herejías que se cometió en este país fue suponer que lo que estábamos haciendo entre 1967 y 1970, el descontrol económico que prevaleció, podía realizarse, como lo hicieron algunos, bajo la invocación del Che Guevara.[7]

En realidad los patrones de conducción económica en la segunda mitad de los sesenta no respondían a ninguna de las dos variantes organizativas que habían estado en debate, a pesar de que se hizo frecuente recurrir a los enunciados de naturaleza ética del Che, acerca de la estimulación del trabajo, la solidaridad, el rechazo de la ley del valor, el significado del dinero, etc.

Pero lo que ocurrió al final de los sesenta no tenía que ver con la conducción de la economía a partir del Plan, y era el Plan, como instru-

---

[4] Ver *L'Express*, París, 25 de julio de 1963.
[5] Carlos Rafael Rodríguez: ob. cit
[6] Es un malentendido que sigue dándose incluso en estudios acuciosos sobre el periodo.
[7] Carlos Rafael Rodríguez: ob. cit

mento esencial e imprescindible, lo que estaba realmente en el núcleo del modelo que el Che propugnaba. También en el de los defensores del cálculo económico, justo es reconocerlo, más allá del énfasis autogestionario. "Sin planificación no puede haber socialismo", y eso es "algo en lo que coinciden los dos sistemas".[8]

No es mi intención aquí avanzar por los temas del debate —no vuelvo ahora a la polémica, que sin embargo queda siempre pendiente— sino ponerme en condiciones de añadir, simplemente, que Tablada sometió toda la documentación disponible, que era ya mucha, a un escrutinio muy serio, e imbuido de una definida identificación con las propuestas y el estilo de pensamiento guevarianos. El resultado del trabajo de tantos años sobre un tema que nadie había tenido la audacia de abordar así, en aquel tiempo, fue plasmado en este ensayo, no por gusto editado tantas veces, y que siempre va a ser una pieza imprescindible para adentrarnos en las honduras polémicas de la historia del socialismo cubano, y principalmente de lo que Cuba habrá aportado a la larga al socialismo.

A mi juicio lo que interesa hoy del SPF no es tanto el instrumental de aplicación, sino su mérito de creatividad ante la diáfana comprensión de que las cosas no marchaban como debían en el que se suponía el corazón del socialismo mundial. La aproximación a lo que constituyó en su época la semilla de una fórmula alternativa propia, partiendo de las características socioeconómicas del país y de la experiencia particular de transformación revolucionaria, y no de la asimilación de caminos trillados. El Che admitía incluso la posibilidad de que su propuesta no tuviera éxito y hubiera que recurrir a los caminos ya transitados. De hecho, en ese reconocimiento se apoyó precisamente, años después, Humberto Pérez, en la única referencia económica importante al Che que recuerdo en aquellos años,[9] al justificar el giro de los setenta y la entronización del SPDE. En pocas palabras, que según Pérez las penurias con las cuales el proyecto revolucionario entraba en esa década no dejaban otra alternativa que recurrir al camino trillado (por los soviéticos, se sobrentiende). Sin dejar de valorar, por otra parte, que mucho de lo que Guevara aportó tuvo que ser tomado en cuenta incluso en la

---

[8] Ibídem.

[9] Ver Humberto Pérez: *Clausura del Congreso constituyente de la Asociación Nacional de Economistas de Cuba (ANEC)*, CICT, JUCEPLAN, La Habana, 4 de junio de 1979.

elaboración de este esquema que se mantuvo en vigor hasta la segunda mitad de los años ochenta, y que nos ha dejado las pesadas estructuras que encontramos en las bases de la economía actual.

Debemos recordar, sin embargo, que no fue exactamente el resultado del test de la eficiencia lo que determinó la opción de los años setenta, sino el dilema de poder en el entorno de las alianzas. La Revolución cubana ingresaba de lleno en el CAME, o dicho más crudamente, en el sistema soviético, o el proyecto de equidad y justicia social que intentaba implantar, y los patrones de desarrollo económico que buscaba no serían sustentables.

Precisamente cuando a mediados de los ochenta, tanto en el plano mundial como en el doméstico, el modelo de socialismo que había sido realizado, bautizado presuntuosamente como el "real", comenzó a dar signos de infuncionalidad, primero, y de fragmentación después, muchas miradas habrían de volverse hacia el Che. Así, en octubre de 1987, en el discurso en que se conmemoraba el vigésimo aniversario de su muerte en Bolivia, Fidel Castro ponía el énfasis en la necesidad de hacer exactamente lo que no se había hecho en tantos años: estudiarlo. Algo tan sencillo e inobjetable. Sentenció entonces Fidel:

> Yo lo que pido modestamente, en este vigésimo aniversario, es que el pensamiento del Che se conozca. Se conozca aquí, se conozca en América Latina, se conozca en el mundo: en el mundo capitalista desarrollado, en el tercer mundo y en el mundo socialista. ¡Que también se conozca allí![10]

En Europa del Este no era poco el rechazo, o en el mejor de los casos la indiferencia conque era recibida la figura del Che. Algunos partidos comunistas latinoamericanos fueron todavía más explícitamente expresivos de esta alergia soviética, incluso a raíz de su muerte, que no dudaron en digerir como el colofón de un aventurerismo extemporáneo imposible de aprobar y aun de interpretarlo como una justificación de la visión gris del marxismo monitoreado desde Moscú.

Ya para el vigésimo aniversario de la muerte del Che el ensayo de Tablada estaba concluido. Lo terminó en 1984, y después de pasar por algunas vicisitudes, había sido premiado en el concurso de la Casa de

---

[10] El texto de esta intervención de Fidel Castro se puede consultar en esta edición del libro de Tablada a continuación de un breve ensayo introductorio titulado *El marxismo del Che*, que resume contenidos de un libro del mismo título en preparación.

las Américas en febrero de 1987, y estaba publicado a partir de marzo del mismo año, convirtiéndose en el estudio pionero en su género. Posteriormente, en particular en los noventa, un verdadero torrente de ensayos sobre el Che iba a inundar las librerías del mundo. De autores cubanos y de extranjeros. Desde posiciones diversas y hasta polarizadas. La mayoría escritos con admiración y respeto, ciertamente de mucho valor por su rigor, por su información, por su objetividad, por su sinceridad, por la capacidad actualizadora desplegada, por la buena pluma, o por muchas de estas virtudes juntas.[11]

Otros, los menos, los que evidencian con mayor o menor claridad el propósito de menguar o disimular virtudes, resaltar y hasta inventar defectos, sobrevalorar errores, elaborar trastiendas contenciosas entre revolucionarios, convertirle, en una palabra, en paradigma del fracaso idealista. Nada de eso pudo impedir que Ernesto Guevara de la Serna deviniera un símbolo imposible de borrar en la Historia (así con mayúscula). Y el estudio del Che se ha vuelto indiscutiblemente uno de los temas obligados en nuestro tiempo para todos los que consideran, como consideró él cuarenta años atrás, que un mundo mejor no sólo es posible, sino que es el único propósito meritorio; que los caminos que se habían abierto a inicios del siglo XX fueron lamentablemente viciados o constituyeron en todo caso un intento prematuro; que el nuevo proyecto reclama, en su búsqueda, una dosis inmensa de creatividad; y que no es un despropósito dejar los huesos en esta empresa.

Para regresar al tema del pensamiento económico, diría otra vez que, a mi juicio, reviste la mayor importancia —especialmente desde Cuba— no dejarnos atrapar en la tentación de reducir esta polémica a la cuestión de una opción entre "sistema presupuestario de financiamiento" o "cálculo económico", entre planificación centralizada y autogestión, entre los incentivos morales y los materiales. Tampoco entre las realizaciones de una etapa y la de otra. No hay que olvidar que sus textos contienen el debate como se da en el mundo de los sesenta, con

---

[11] En 1989 la obra de otro estudioso cubano sobre el Che merecería de nuevo el premio Casa: se trata del ensayo de Fernando Martínez Heredia, *Ché, el socialismo y el comunismo* (ediciones Premio Casa de las Américas, La Habana, septiembre de 1989). María del Carmen Ariet publicó en 1988 *Che: pensamiento político* (Editorial Pueblo y Educación, La Habana, 1988) y Orlando Borrego su *Che, el camino del fuego en 2001* (Imagen contemporánea, La Habana, 2001). Son títulos que se destacan entre los producidos en nuestro país en el camino del estudio sistemático del pensamiento guevariano abierto por Tablada.

el esquema bipolar en pleno auge, dentro del cual el dilema "mercado o no mercado" tenía una connotación distinta de la que tiene hoy. Y de ningún modo se trata de renunciar al excepcional aporte del Che sobre el lugar del mercado, sino por el contrario, de no permitir que su valor perdurable se pierda en un condicionamiento epocal.

Y considero que el libro de Tablada, por su estructura y la presentación del abanico temático de las ideas del Che, por la abundancia de la documentación analizada y por la valentía intelectual que lo inspiró, por la mezcla de lealtad y espíritu indagatorio hacia el pensamiento estudiado, tiene los tintes de las obras que el tiempo valoriza.

Si descuidáramos el ángulo ancho del debate y nos quedáramos en los términos económicos de la polémica, podríamos volver a sorprendernos en un mero balance de convergencias y divergencias. Me parece hoy de una claridad meridiana, cuando releo al Che, que la oposición a que el sistema de relaciones entre las empresas estatales socialistas se sostuviera en el orden monetario-mercantil en modo alguno significaba que se planteara algo así como la abolición del mercado por decreto. De hecho no conozco que él hubiera siquiera imaginado una acción de expropiación como la que ilegalizó la casi totalidad del cuentapropismo unos meses después de su muerte en Bolivia, bajo el llamado de la "ofensiva revolucionaria". El debate sobre el mercado era de una naturaleza muy distinta.

Otro tema que atraviesa medularmente su concepción —tal vez de los más sensibles por vincularse a la formación del "hombre nuevo"— es el de la correlación entre la estimulación moral y la material, en el cual sus posiciones se suelen presentar sin matices. Bastaría recordar el pasaje en que advierte que "pensar que un país entero va a responder a estímulos superiores teniendo hambre, eso a mí me parece un sueño... hay una cantidad de necesidades que son vitales y esas hay que satisfacerlas, si no las satisfacemos, difícilmente podamos avanzar".[12] Pasajes como este, que expresan con realismo un marco de condiciones para el funcionamiento de sus propuestas, suelen descuidarse tanto por sus adversarios como por sus seguidores.

La actualidad del pensamiento del Che se hace más explícita en algunos de sus últimos trabajos, como su exposición en el II Seminario Económico de Solidaridad Afroasiática en Argel en febrero de 1965,

---

[12] Ver *El Che en la revolución cubana*, La Habana, Ministerio del Azúcar, 1966, tomo VI, p. 433.

que se hizo notoria por denunciar como complicidad con la explotación imperial al comercio desigual de los países socialistas con los subdesarrollados. Y muy especialmente el ensayo que en estilo epistolar publicara en el semanario *Marcha*, de Uruguay, bajo el título *El socialismo y el hombre en Cuba*, que nos dejó el perfil de la visión humanista del socialismo que había desarrollado. Constituyen elementos esenciales de su legado que no se quedan en el debate sobre el modelo económico.

La desintegración del socialismo soviético no confirma por sí misma la validez de la propuesta del Che, pero sí la validez de su recelo, de sus críticas y de sus angustias. En una entrevista en 1993 Carlos Rafael admitía su sorpresa:

> Confieso que no me di cuenta de las debilidades que ahora son aparentes y claras, que no pude apreciar las contradicciones que ahora afloran y que me parecieron entonces excepcionales, no significativas. Yo creí que al avanzar el socialismo en otras partes del mundo las debilidades y errores que manifestaba la Unión Soviética eran superables...[13]

¿Eran realmente superables o no? Tampoco lo sabremos ya, pues el hecho es que no fueron superadas como para evitar que se desmoronara el sistema, su estructura, sus instituciones, su ideología. En todo caso el Che supo leer con mayor claridad la complejidad del escenario que se abría ante sus ojos, lo cual consagra su legado como una referencia obligada que trasciende con mucho a la experiencia cubana, y que se proyecta hacia la visión integral acerca del socialismo posible. Ese que reclama hoy de la mayor creatividad de las nuevas generaciones de revolucionarios, para el cual todo lo que se ha puesto en marcha en el siglo XX merece ser evaluado sin prejuicio, pero nada tomado como paradigma impoluto.

Es ante el imperativo de actualidad, y de la búsqueda de parámetros de la vigencia, que se justifica la adición que a partir de 1995 hace Tablada a su edición de 1987, y que titula *El marxismo del Che*.[14] Aquí levanta la mirada sobre el debate de hoy hacia el debate de mañana, sintetizado, entre otros momentos, cuando cita de las notas de 1966 del Che, inéditas aún, sobre el manual de Economía de la Academia de

---

[13] Luis Báez: "Diez preguntas a Carlos Rafael Rodríguez", en *Bohemia*, 25 de mayo de 1993, La Habana.

[14] Este breve ensayo constituye un avance de un nuevo libro del autor en fase de elaboración sobre el tema.

Ciencias de la URSS: "Las masas deben tener la posibilidad de dirigir sus destinos, resolver cuánto va para la acumulación y cuánto al consumo, la técnica económica debe operar con estas cifras y la conciencia de las masas asegurar su cumplimiento".

En realidad las masas han tenido hasta ahora muy poco papel en la toma de decisiones en las experiencias socialistas europeas que lograron establecerse en el siglo pasado. La visión de la participación que al final se implantó desfiguró las intenciones originales y no aparecieron instituciones garantes de que esa nueva democracia emergiera. Parecería que siempre hubiese sido necesario el sacrificio de la iniciativa a las urgencias de una regla de seguridad. Parecería que en Europa del Este se hubiera diseñado un gobierno *del* pueblo y *para* el pueblo, pero que se fracasara en hacer que fuera igualmente gobierno *por* el pueblo, como afirmó una vez Lucio Colleti.[15] Y parecería igualmente que la crítica del estalinismo no hubiese sido otra cosa que un catalizador para impedir, mediante el espejismo de correctivos equívocos, cualquier cambio que condujera a sortear la deficiencia sustantiva de poder democrático.

Tablada resume con acierto, a mi juicio, en unas pocas líneas, todo el sentido de un pensamiento crítico que rebasa el entorno económico, al concluir, en este nuevo ensayo, a continuación de la cita aludida del Che: "El socialismo, por tanto, no es un sistema más humano que el capitalista porque una nueva clase dominante e iluminada distribuya, con sentido más justo y paternalista, las riquezas producidas, sino porque se trata de un genuino régimen de poder popular".

Pienso que el ensayo introductorio ofrece al lector una brisa nueva de reflexión, un aporte adicional al estudio original, al traer la mirada a los horizontes presentes del debate sobre el socialismo. A la recuperación del pensamiento guevariano en la plenitud de su vitalidad. El Che llamaba a estudiar a los clásicos del marxismo con una mezcla de veneración e irreverencia, y a no convertirlos inconcientemente en una doctrina, no dejarnos subyugar por esa tendencia facilista y tan manipulable del pensamiento a dogmatizar lo que se nos revela como luminoso. Hay muchas referencias en esta dirección a las que no creo necesario acudir.

Al intercalar, entre este ensayo y el libro original, el discurso de Fidel Castro del 8 de octubre de 1987, el autor ha decidido incluir el

---

[15] Ver Lucio Colleti: "El problema Stalin", en *New Left Review*, No. 61, mayo-junio de 1970.

parteaguas de una lectura entre un tiempo histórico y el que le sigue. Del Che como historia —historia en la cual el socialismo pareció concretarse por otro camino cuyas torceduras supo vislumbrar —al Che como pensamiento vivo, para hoy; de la parcela de su contribución inmediata, a las distancias imprevistas hasta entonces en las cuales lo que nos dejó se hace trascendente.

Un libro con tantas ediciones tiene siempre dos tipos de lectores: los lectores que releen y los que leen por primera vez. Estos últimos, en general los más jóvenes, son siempre los más interesantes porque representan el futuro. No subestimo el mérito de los que releerán, que la relectura reviste un significado distinto y de ningún modo secundario, pero me sentiría obligado en primera instancia hacia quienes se adentren en el estudio del Che, decididos a la aventura incomparable de pensar el socialismo.

Quizás el que tenga la paciencia de leer hasta el final este prólogo se sienta frustrado por no encontrar más detalle sobre lo que trata el libro, pero eso se lo dará el autor, incluida la posibilidad de coincidir o de disentir con plena libertad. Yo de ninguna manera quiero quedar como intermediario. Es una posición que puede funcionar bien en el mercado (tampoco me interesa entrar ahora en ese debate), pero que no tiene mérito en la cultura, donde nada debe interferir ni mediatizar la relación del consumidor con el productor.

De modo que aquí termino, congratulándome de que esta obra pionera en los estudios guevarianos —la primera, me atrevería a afirmar— que fue más allá de la exégesis, llegue a una tirada tan elevada con su nueva edición. Y agradecido al autor, amigo de tantos años y cómplice en la mejor de las maneras en la aventura de la Revolución, de vivirla y de pensarla, de pensarla y de expresarla, por darme el privilegio de hacer estas líneas de prólogo, que sólo él y los que las lean sabrán si sirvieron al cabo de alguna utilidad.

La Habana, 1º de octubre de 2004

EL MARXISMO DEL CHE*

CARLOS TABLADA PÉREZ

A inicios de los noventa era posible aún hacer creer al ciudadano de a pie que el neoliberalismo podía aportarle mejoría a él y a su familia. A inicios de 2005, es evidente que el modelo neoliberal hace agua como modelo civilizatorio, pues globaliza la injusticia, la desigualdad y la pobreza a niveles explosivos para todo el sistema Occidental. Cada día, nuevos representantes del *establishment* reconocen que si no introducen urgentemente cambios en las políticas, los daños al Medio Ambiente serán irreversibles, y que la estabilidad del mismo sistema Occidental

---

* Resumen de un capítulo de un libro en preparación que he titulado *El marxismo del Che*. Este libro en preparación, se nutrió en sus orígenes, de escritos que formaban parte de mi libro *El pensamiento económico de Ernesto Che Guevara* que no fue posible publicarlos en los ochenta y de mi ensayo "La creatividad en el pensamiento económico del Che", publicado en revista *Cuba Socialista*, No. 39, La Habana, mayo-junio de 1989, que más recientemente vió la luz en Rebelión, www.rebelion.org y en La Jiribilla, www.lajiribilla.cubaweb.cu. Este texto en diferentes versiones ha sido publicado con este mismo título en Italia por la editorial *Il Papiro,* Milano, septiembre, 1996; la revista *Latinoamerica*, Roma, septiembre-diciembre, 1997; y la revista *Alternativas Sud*, Milano, noviembre, 1997; en Bélgica, por la editorial EPO, en flamenco, 1995, y en francés por la revista *Alternatives Sud*, del *Centre Tricontinental*, Louvain-la-Neuve, Bélgica, 1996; en España por la revista *Utopías, Nuestra Bandera*, Madrid, septiembre, 1997; en 1998, por la Revista *Tricontinental*, de La Habana; en 2001 en la edición 28 de este mismo libro, Editorial de Ciencias Sociales, La Habana; en 2001 en París en el libro *Cuba, quelle transition?* L'Harmattan, Paris, Montreal, Collection Alternatives y en España *Cuba Transición... ¿hacia dónde?* Editorial Popular, Madrid, Colección O a la izquierda.

será muy frágil y dará paso a situaciones incontrolables, porque particularmente EE.UU. está desarrollando políticas económicas que conducen a cientos de millones de personas a condiciones de vida infrahumanas; además —y no menos grave— sus políticas agreden la dignidad individual y colectiva, de naciones, de pueblos enteros, desarrollando en Occidente una intolerancia brutal hacia otras culturas y religiones.

Las ideologías neoliberal, posmodernista y de la globalidad, esto es, el *pensamiento único*, tampoco garantizan el bienestar del Norte, ni producen un desarrollo de la espiritualidad, de la ética, de la cultura en función de la individualidad y de las comunidades, sino que lanzan a las personas al individualismo, al egoísmo más brutal y deshumanizado hasta hoy conocido.

I. Che Guevara como autor marxista crítico

En este contexto vale la pena asomarse a la obra de Ernesto Che Guevara de la Serna, su pensamiento y práctica político, económico, ético y social. Algunos autores han presentado al Che como un aventurero, un *Rambo* o en el mejor de los casos, un idealista romántico desconocedor de nuestras historias y realidades. Al leer sus escritos y conocer los hechos, se puede apreciar que poseía una profunda y vasta cultura y desarrolló una concepción del ser humano, del modo de relacionarse las personas, las clases sociales, el estado, la economía, la política, la cultura, las ideologías y las ciencias.

Muchas de las ideas y aprehensiones que él tenía a mediados de la década de los sesenta, sobre el desarrollo de los acontecimientos mundiales, se han cumplido y se desarrollan en la actualidad.

¿Por qué crece en el mundo, a inicios del siglo XXI, la avidez por conocer su obra, su pensamiento? Existen muchas razones: no está asociado a la experiencia de transición socialista que fracasó en el Este y en la URSS, al contrario, fue, a mediados de la década de los sesenta, crítico desde y en la Revolución cubana. No se vincula tampoco con las prácticas viciadas de las viejas izquierdas. No es co responsable de los errores cometidos por la Revolución cubana en su interpretación idealista de fines de la década de los sesenta, ni puede responsabilizarse con el aún más grave de mimetismo, del modelo soviético, en las décadas setenta y ochenta. Las críticas y análisis de Che Guevara sobre el capitalismo de fines del siglo XX, están resultando útiles en la tarea de asumir y enfrentar el desafío del capitalismo en los inicios del siglo XXI.

Che demostró la imposibilidad que el sistema capitalista mundial "desarrollara" los países del llamado Tercer Mundo, del Sur. Denunció las políticas de los centros de poder occidentales, que anunciaban como el paraíso en la tierra, planes económicos y sociales —por ejemplo, "La Alianza para el Progreso" lanzada por John F. Kennedy para América Latina—, a ejecutar por sus agencias —como el Fondo Monetario Internacional, el Gatt y el Banco Mundial—, como la solución a los males de estos países. Denunció el uso por el Norte de la incipiente Deuda Externa del Sur, como instrumento de dominación y explotación, así como el Intercambio Desigual, practicado no sólo por los países Occidentales, sino también por los del Campo Socialista con los países del Sur. Che llamó la atención sobre los planes para neutralizar la lucha anticolonialista y antineocolonialista, que en los años sesenta, experimentaba un incremento y victorias que se concretaban con el triunfo de la Revolución cubana, la Revolución argelina, el fortalecimiento de la lucha de liberación nacional en África, la guerra en Vietnam, los movimientos sociales y políticos en el Norte contra el racismo, la discriminación de la mujer, etc.

Che expuso que el capitalismo, aunque quisiera, no podía desarrollar los países del Sur en la segunda mitad del siglo XX y confirmó que el llamado "subdesarrollo" de estos países es condición *sine qua non* para el desenvolvimiento del capital a nivel mundial; condición indispensable para mantener niveles de vida superiores en los países del Norte, llamados *desarrollados*.

Che vaticinó, como veremos en las páginas siguientes, el fracaso del modelo soviético, su distanciamiento creciente del ideal socialista y su marcha progresiva hacia la restauración del capitalismo; y expuso algunas de las causas, que en su opinión, originaban este proceso.

Che deslindó a mediados de los sesenta entre su interpretación del marxismo y la doctrina de la casta burocrática soviética, sometiendo a esta última, a una crítica en la que expresó sus insuficiencias y errores, su carácter dogmático, esquemático, deshumanizado, ajeno y hasta contradictorio con los principios, que en su opinión, debía ser el socialismo y el comunismo. Expuso, sin lugar a dudas, en la segunda mitad de los años sesenta del siglo XX, que el sistema económico que funcionaba en la URSS y la doctrina de los dirigentes soviéticos, que eran presentados como marxista, socialista y comunista, eran en realidad un sistema y una ideología permeados por los principios económicos e ideológicos capitalistas, que llevaba a la restauración del capitalismo en la URSS y en el resto de los regímenes del Campo Socialista.

Che no se limitó sólo a lo anterior, sino que desarrolló un pensamiento y una práctica marxistas alternativos desde las primeras semanas del triunfo de la Revolución cubana en 1959. Y esto lo hizo tanto en su aspecto práctico (modelo económico, formas de organización de la sociedad civil, concepción práctica del estado socialista, vinculación real de los productores a los medios de producción, etc.), como en el teórico. Che expuso, con conceptos asequibles a todos, que la implantación y desarrollo de un nuevo sistema sin el objeto de mejorar la condición humana tiene poco sentido.

La obra de Ernesto Che Guevara no es importante sólo porque enfrentó al régimen de dominación capitalista imperialista, sino también porque retó y formuló alternativas a la doctrina, e ideología de dominación desarrolladas por las castas burocráticas de los regímenes de la URSS y de Europa del Este y de la incipiente burocracia cubana de los años sesenta;[1] doctrina que se presentaba a sí misma, como la única interpretación posible del marxismo y de la verdad social.

Che se dedicó a desarrollar y continuar creando en las condiciones concretas de los años sesenta, una cultura y una ética de liberación humana de los trabajadores, una ideología marxista, comunista, de desalienación, de liberación de los trabajadores como clase y como individuos, alternativas a la ideología, a la ética y a la cultura capitalista. Y contrarias también a las creadas y desarrolladas por los soviéticos, que pretendían retrotraernos a la cultura y a la ética del realismo burgués del siglo xix, porque "...el arte realista del Siglo xix, también es de clase, más puramente capitalista, quizás, que este arte decadente del siglo xx, donde se transparenta la angustia del hombre enajenado".[2] Che manifestó su desacuerdo con las políticas del llamado "realismo socialista", que reducía

---

[1] Véase los editoriales publicados en el periódico *Granma*, órgano oficial del Partido Comunista de Cuba (PCC), febrero de 1967.

[2] Guevara: "El socialismo y el hombre en Cuba", *El Che en la revolución cubana*, 7 tomos, La Habana, Ministerio del Azúcar, 1966, tomo I, p. 280.

    Tomo I: 463 pp.   Tomo II: 426 pp.
    Tomo III: 566 pp.   Tomo IV: 612 pp.
    Tomo V: 403 pp.   Tomo VI: 749 pp.
    Tomo VII: 458 pp.

Esta edición en siete tomos se empezó a preparar y editar en Cuba en vida de Che en 1965 y 1966. Fue realizada por Orlando Borrego y E. Oltusky, compañeros de lucha del Che desde la campaña insurreccional de Las Villas, centro de Cuba, donde libró la Batalla de Santa Clara, y que lo acompañaron en la tarea de administrar y desarrollar

la obra cultural a la comprensión escasa y esquemática de la burocracia oficial, que detentaba el poder en este como en todos los otros campos y que servía a los fines de mantener dominados a los trabajadores.

Analizó críticamente la Economía Política oficial soviética, que se presentaba como la única economía marxista del socialismo, como algo terminado, facturado en un manual, donde estaban escritas todas las respuestas a las preguntas hechas y por hacer; manual renovado cada cinco años, con cada congreso del partido comunista soviético, ajustado a los acuerdos del congreso, resultando en una ideología apologética, privada de todo análisis crítico y auto crítico, muy lejos del espíritu auto crítico, y de la práctica que caracteriza a la ciencia; Che fundamentó que la Economía Política del socialismo, estaba —y está— en pañales, está por hacer.

No obstante, Che no pretendió hacerla individualmente, en varias oportunidades escribió y expresó que la Economía Política del socialismo sólo era viable como obra colectiva. Se dio a la tarea de escribir un libro sobre el tema pero sin ninguna pretensión totalizante y excluyente.

La tendencia hoy es sepultar el marxismo, el comunismo, conjuntamente con el desmoronamiento del bloque soviético. La ecuación resulta simple: el fin de los regímenes de la URSS y de Europa del Este, es el fin del marxismo, del comunismo, que fue su ideología y su teoría, que inspiraron su existencia.

Las ideas marxistas tienen, quizás, más que nunca la posibilidad de demostrar que pueden aportar en la búsqueda de alternativas para la Humanidad en nuestros días. El desmoronamiento del bloque soviético acelerará el movimiento anticapitalista a nivel mundial a mediano y a largo plazo. A corto plazo, era de esperar que los sectores de izquierda de casi todo el mundo se hayan desconcertado y traumatizado, se hayan inmovilizados, sin capacidad de respuesta, confundidos; lo cual también se refleja en los partidos, sindicatos y movimientos de los trabajadores. Estos efectos comienzan a disiparse, remitir, a pesar de la campaña neoliberal que a nivel mundial se lleva a cabo.

---

la economía de transición socialista cubana. Che vio estos tomos. La edición fue muy limitada y nunca llegó al público. En 1970 Casa de Las Américas publicó una selección de sus obras en dos tomos, que permitió un conocimiento nacional y mundial de una parte importante de la obra de Che. Existe otra edición cubana en nueve tomos, publicada por primera vez en 1977, que contiene muchos de los materiales que ya eran públicos, presentes en la edición preparada por el compañero Borrego y en la de Casa, pero omite muchas páginas donde se puede apreciar con toda nitidez, el proceso de maduración y desarrollo del pensamiento de Che y las críticas que él realiza a los regímenes de la URSS y de Europa del Este, entre otros materiales.

La propia incapacidad del capitalismo de resolver los problemas más graves de la mayoría de la población mundial, la propia lógica del sistema, puesta al desnudo por Carlos Marx y Federico Engels, impiden que bajo el capitalismo se pueda erigir una sociedad de dimensión humana, libre de la explotación del hombre por el hombre, de la discriminación de la mujer, del racismo, de la xenofobia, del fascismo y sus sucedáneos, de la miseria de cientos de millones de personas, como precio para mantener los niveles de vida que se disfrutan en el Norte, una sociedad libre de la enajenación, del individualismo, de la destrucción de la naturaleza.

El marxismo del Che contribuye a legitimar el marxismo como una teoría social, económica y política de nuestros días. Pone una vez más en evidencia que el marxismo fue y es la teoría más eficaz para estudiar y comprender los fenómenos sociales, económicos y políticos que se sucedieron en la URSS y en los regímenes de transición socialista de Europa del Este, de Asia y de Cuba. El marxismo del Che nos hace recordar que fueron precisamente marxistas los que más se acercaron en la comprensión de las causas que motivaron la degeneración y pérdida de estos procesos históricos.

Por otra parte, las ideologías neoliberal y postmodernista, y la teoría económica neoclásica, no son capaces de proporcionar un análisis equilibrado, veraz, de lo que acontece en la sociedad capitalista. No pueden sustituir a la teoría social de Marx en estos avatares. La teoría de Marx, aún con sus lagunas, errores, insuficiencias y múltiples aspectos por desarrollar, continúa siendo la única, hoy día, que nos permite analizar con cierta objetividad, aprehender e interpretar los cambios estructurales que experimentó el capitalismo a finales del siglo XX, y nos facilita tomar el pulso de su proyección presente y futura.

El marxismo del Che Guevara también invita a pensar y a reflexionar que el marxismo *no está libre de culpas* del descalabro de todos los regímenes socialistas del siglo XX. Resulta infantil desvincular la teoría marxista divulgada de sus resultados históricos y querer ligar estos a la obra y a la dirección de un hombre o un grupo de ellos, y, de este modo eximir de responsabilidad a la teoría marxista que inspiró y guió a todos estos regímenes colapsados.

II. *El pensamiento económico de Che Guevara*

Existe la errada idea de que el conocimiento de la teoría económica marxista por Che se inicia en 1959 a raíz de su nombramiento en cargos con perfiles económicos: jefe del Departamento de Industrialización del Instituto Nacional de Reforma Agraria, Presidente del Banco Nacional y Ministro de Industrias.[3] Esta idea no corresponde con los hechos. Ernesto Guevara nació en 1928 en Argentina, en una familia con cierta holgura económica, culta, de ideas socialistas. Entre los 16 y 17 años traba conocimiento con escritos de Carlos Marx, Federico Engels, V. I. Lenin, entre otros con *El Capital*. A esa edad se había adentrado en lo mejor de la cultura universal y había iniciado la redacción de un diccionario filosófico.[4]

Su conocimiento del mundo no sólo le llegó por sus lecturas sino además por sus constantes viajes por América Latina y el Caribe; recorridos que realizó por tierra y mar, viviendo y laborando con las personas más humildes, recorriendo sus ruinas precolombinas, sus museos, estudiando *in sito* sus historias, sus culturas y sus problemas y trabando conocimiento con su intelectualidad.

El conocimiento de la realidad americana lo llevó a sumergirse cada vez más en el estudio del marxismo. En su correspondencia familiar y trabajos escritos entre 1954 y 1956 se aprecia hasta qué punto se entregó de lleno a estudiar sistemáticamente el marxismo y en particular la economía política, la estadística y demás disciplinas afines. Estas cartas escritas en 1956, cuando apenas rebasaba los 25 años, dan cuenta del modo que las lecturas de Marx venían reorientando su vocación profesional de médico por la de revolucionario.

> Aunque, en realidad, de mi vida propia tengo poco que contar ya que me la paso haciendo ejercicio y leyendo. Creo que después de éstas saldré hecho un tanque en cuestiones económicas aunque me haya olvidado de tomar el pulso y auscultar (esto nunca lo hice bien). Mi camino parece diferir paulatina y firmemente de la medicina clínica, pero nunca se aleja tanto como para no echarme mis nostalgias de hospital. Aquello que les contaba del profesorado en fisiología era mentira pero no mucho. Era mentira porque yo nunca pensaba aceptarlo, pero existía la proposición y

---

[3] Che asumió el cargo de jefe del Departamento de Industrialización del Instituto Nacional de Reforma Agraria (INRA), el 7 de octubre de 1959, y presidente del Banco Nacional de Cuba siete semanas después, el 26 de noviembre de 1959. El 23 de febrero de 1961 se estableció el Ministerio de Industrias con Che a su cargo.

[4] Véase el libro de Ariet: *Che pensamiento político*, Colección Curujey, La Habana, Editora Política, 1993.

muchas probabilidades de que me lo dieran, pues estaba mi citación y todo. De todas maneras, ahora sí pertenece al pasado. San Carlos (Carlos Marx)[5] ha hecho una aplicada adquisición.[6]

Yo, en tren de cambiar el ordenamiento de mis estudios: antes me dedicaba mal que bien a la medicina y el tiempo libre lo dedicaba al estudio en forma informal de San Carlos. La nueva etapa de mi vida exige también el cambio de ordenación; ahora San Carlos es primordial, es el eje, y será por los años que el esferoide me admita en su capa más externa.[7]

Así arriba a 1956 luego de haber estado en casi todos los países de América (incluyendo EE.UU.) y dedicado muchas horas al estudio del marxismo, particularmente la obra de Marx y de Lenin. Se hace entonces manifiesta su decisión de unirse a la lucha del pueblo cubano que desembocó el 1º de enero de 1959 con el triunfo de la Revolución.

En el momento en que traba conocimiento con los revolucionarios cubanos, Che había llegado a la conclusión, fruto de sus estudios, viajes y experiencias por toda nuestra América, que las causas del atraso económico, político, social y cultural de los pueblos latinoamericanos, eran originadas por la dominación y explotación imperialista de EE.UU. Y había renunciado a su seguro gabinete privado de médico joven y próspero, por el proyecto de unirse a los movimientos de emancipación de los pueblos latinoamericanos.

Además de los escritos, cartas y actuación del joven Ernesto Guevara, que han llegado hasta nuestros días, que dan fe de su ideología marxista antes de embarcarse en la lucha del pueblo cubano, queremos dar a conocer de Fidel, este testimonio inédito, que brindó en su visita de diciembre de 1988 a México:

> Además, a muchos países los ayudaron a hacer su revolución, al calor de la Segunda Guerra Mundial. ¿Quién nos ayudó a hacer la nuestra, si nosotros no conocíamos a un solo soviético, a nadie? ¿Con qué armas hicimos la Revolución?, ningún país nos pudo ayudar, no conocíamos a nadie, nadie nos dio armas; todas las

---

[5] Así lo llamó Che en la correspondencia con su familia.

[6] Guevara: "Carta a su madre", México, agosto o setiembre de 1956 (fecha probable), *Aquí va un soldado de América*, Buenos Aires, Sudamericana/Planeta Editores, 1987, pp. 148-49.

[7] Guevara: "Carta a su madre", México, octubre de 1956 (fecha aproximada), *Aquí va un soldado...*, ed. cit., p. 152.

armas con que hicimos nuestra Revolución se las tuvimos que quitar al ejército de Batista. Pero sí ya desde entonces nosotros éramos marxistas; si nosotros pudimos interpretar la realidad de nuestro país, es porque ya habíamos aprendido el marxismo-leninismo y lo habíamos asimilado. No hacíamos como el Che que se ponía a discutir con la policía [mexicana, 1956] a decir que éramos marxista-leninistas (risas). No, no, qué va. Lo que queremos es esto y esto. Nuestro *Programa del Moncada* no era todavía un programa socialista, porque tú no puedes plantear un programa —sería una utopía— cuando no están las condiciones ni objetivas ni subjetivas; pero tan pronto se crearon las condiciones objetivas y subjetivas para el socialismo, fuimos al socialismo, no engañamos a nadie. Ya nuestro *Programa del Moncada* era un preámbulo del socialismo y ya nosotros éramos socialistas y marxistas-leninistas, y si no, no habríamos llegado ni a la esquina, a pesar de eso por poco no llegamos ni a la esquina.[8]

No se puede escribir de Che ignorando el contexto en el que actúa y piensa, particularmente el periodo 1955-1966 vinculado entrañablemente con el proceso revolucionario cubano. Con esta Revolución surgió la posibilidad de realizar un proyecto humano diferente a los creados por el capitalismo y las experiencias de transición socialistas históricas conocidas hasta entonces. Hechos históricos, culturales —una escuela de pensamiento revolucionaria antiimperialista, cuyo máximo exponente lo fue José Martí—, formas de pensar diferentes, idiosincrasias distintas,[9] junto a una *interpretación original* del marxismo, crearon la posibilidad de pensar al ser humano, y proyectar un modo de abordar el socialismo no registrado por la Historia.[10]

---

[8] Castro Ruz: "Encuentro con los partidos de izquierda", México D. F., 3 de diciembre de 1988. Departamento de versiones taquigráficas, C. E. [Inédito.]

[9] Hay marxistas que piensan que la *idiosincrasia* de los pueblos *no* tiene importancia, no es un elemento "marxista" en el análisis social, que resulta *no* científico introducir en el análisis el término idiosincrasia. Algunos marxistas no pensamos así. Creemos que la idiosincrasia de los pueblos está entre los elementos subjetivos que pueden acelerar o retardar el proceso revolucionario.

[10] Una interpretación *original* del marxismo, porque hay muchos marxismos, no existe una única interpretación marxista y ninguna de las interpretaciones existentes es dueña absoluta de la verdad, quizás algunas se acercan más que otras a la verdad histórica, pero no existe un Consejo Supremo marxista, que determina y vela por la pureza de la doctrina, del Dogma. Los soviéticos, a partir de la década de los treinta,

La interpretación marxista original que desarrollaron, en la década de los sesenta, Fidel Castro y Che Guevara tiene rasgos esenciales que la diferencia de las múltiples interpretaciones que del marxismo existían en 1950, resultado de un siglo de batallar en distintos escenarios geopolíticos e históricos.

El marxismo no es una doctrina sino un movimiento. A Fidel Castro y a Che Guevara les tocó vivir y luchar un siglo después que Marx y Engels desarrollaran su genial teoría revolucionaria, anticapitalista, comunista, treinta y cinco años después del triunfo de la Revolución bolchevique y veintinueve años después de que Lenin cesara de pensar. En un medio geopolítico muy distinto a la Europa Occidental del siglo XIX o la Rusia zarista y la de los Soviets. No hay por qué extrañarse que el pueblo cubano, para tomar el poder e iniciar su transición socialista, desarrollara su marxismo para desarrollar su Revolución.

Vale la pena conocer el modo en que se intentó en la Revolución cubana, en los años sesenta, que el protagonismo de la clase trabajadora y demás sectores populares no fuera enajenado, no pasase al Partido, y de este aparato político a sus niveles de dirección, y de estos a un mando de unos pocos en su Buró Político como máxima instancia de los niveles de dirección, y de este Buró al mando personal, que respondiese a los intereses de una casta, muy ajenos a los postulados iniciales que el propio Marx realizara de la "dictadura del proletariado".

En los años sesenta, era evidente que tal proceso había ocurrido en la URSS y otros países del llamado Campo Socialista. El modo en que la interpretación marxista de los sesenta, de Che Guevara y Fidel Castro determinara una relación individuo-clase-estado-partido-pueblo, distinta en muchos aspectos a la experiencia soviética, incluso, en los años de Lenin.

Todavía hay gentes que se quejan y no entienden el escándalo teórico-práctico, la herejía, que significó la Revolución cubana, que no parecía posible al sentido común y a la *razón* organizada en teoría. La teoría marxista-leninista de los años cincuenta, contenía pocos estudios concernientes a los países del llamado Tercer Mundo (aún en nuestros días son insuficientes). Y es esta misma teoría, estas mismas interpretaciones del marxismo-leninismo, las que *no* dieron respuesta al problema esencial: *la toma del poder* y el establecimiento de una sociedad sobre pilares diferentes a los del capitalismo.

---

hasta la fase final con la Perestroika, lo hicieron, con las consecuencias por todos conocidas tan nocivas y destructivas para el marxismo y el movimiento revolucionario mundial.

En nuestro país, en los años tristes de mimetismo del modelo soviético, se suscitaron dudas e interpretaciones parciales sobre el pensamiento económico de Che. Entre ellas he podido captar que algunos *sólo* le reconocieron que fue un buen y gran aplicador del marxismo-leninismo y que el Sistema Presupuestario de Financiamiento creado por él y su equipo de colaboradores, respondió a las necesidades concretas de la primera etapa de la Revolución. A partir de la aceptación de las dos afirmaciones anteriores, sólo sería posible utilizar de Che ideas sueltas las cuales no constituyen el centro de su pensamiento: algunas partes, métodos de trabajo, su exigencia, sus controles —contabilidad, costos, auditoría—, su espíritu organizativo; que tuvo el mérito científico de aplicar lo general de la teoría marxista-leninista a lo particular: la construcción del socialismo en la Cuba de los primeros años de la Revolución.[11]

Sin embargo, los que sostienen este punto de vista generalmente también sostienen que la eficacia del Sistema Presupuestario de Financiamiento no pudo ser verificada en la práctica; que el Sistema Presupuestario de Financiamiento adoleció de una centralización absoluta de las decisiones económicas.

Fidel Castro y Che Guevara expresaron desde los primeros años de la década de los sesenta la necesidad del análisis crítico en la construcción del socialismo y denunciaron los peligros que acarrea andar por los caminos trillados del capitalismo; la vida les ha dado la razón. Por todo lo anterior, Che profundizó en el estudio de la teoría y en hacer de ella un arma para la construcción práctica de la nueva sociedad.

Che, junto a Fidel Castro, se percató 35 años atrás del estancamiento, esquematismo y dogmatismo en que había caído una importante corriente del pensamiento revolucionario y ambos han de considerarse como los precursores de un nuevo enfoque en las ciencias sociales y en particular en la economía política del socialismo, en la teoría y en la práctica de la construcción del socialismo y el comunismo.[12]

Che no creía que el desarrollo económico fuera un fin en sí mismo: el desarrollo de una sociedad tiene sentido si sirve para transformar a la persona, si le multiplica la capacidad creadora, si lo lanza más allá del egoísmo. El tránsito hacia el reino de la libertad es un viaje del yo al nosotros. Y este viaje no puede realizarlo el socialismo con "las armas

---

[11] Véase mi artículo "La creatividad en el pensamiento económico del Che".

[12] Otros revolucionarios y/o pensadores anteriores o contemporáneos de Fidel y Che se habían percatado de esto, pero ninguno formuló y desarrolló el cuerpo de ideas realizado por ellos.

melladas que nos legara el capitalismo",[13] porque no se puede avanzar hacia una sociedad más humana si se organiza la vida socialista como una carrera de lobos al igual que en la sociedad capitalista.

El socialismo no es un sistema acabado, perfecto, en el que se conocen todos los detalles y están inscritas todas las respuestas. Este sistema tiene fallas, deficiencias y aspectos por desarrollar. Che Guevara buscó soluciones dentro de los principios socialistas a los problemas concretos de la implantación del régimen socialista en Cuba y a las faltas que encontraba en las elaboraciones teóricas sobre el periodo de transición.

Che se va distanciando de la ideología y prácticas del Bloque Soviético y de las experiencias de las transiciones socialistas asiáticas. En esta introducción a mi libro quiero subrayar algunas de las concepciones de Che que lo van alejando del modo de pensar y de actuar del campo socialista; que Che conoce en los años sesenta, tanto por sus lecturas, como por sus visitas de trabajo a la URSS y demás países del campo socialista, y que convierten a Che en un crítico y en el artífice, en el creador, de un modelo de construcción de la transición socialista alternativo.

En el modelo que Che quiso crear y desarrollar —modelo imperfecto, inacabado, con múltiples aspectos por perfeccionar y/o desechar y corregir—, encontramos una toma de posición en muchos de los tópicos más controvertidos del marxismo y del socialismo existente; muchas de estas posiciones se tratan en mi libro, y en esta introducción quiero referirme a algunas de ellas:

- la teoría y la organización práctica del modo en que el Pueblo podía acceder al *Poder* e iniciar la creación de una nueva sociedad;

- la interpretación del marxismo que impone una dialéctica de las famosas dicotomías y los esquemas: cinco tipos de sociedad, una detrás de la otra: comunidad primitiva, esclavismo, feudalismo, capitalismo y socialismo-comunismo; y de pares abstractos donde uno es dominante: esencia-fenómeno, materia-conciencia, fuerzas productivas-relaciones de producción, ser social-conciencia social, base-superestructura. Interpretación donde todo tiene explicación y por la que hay que guiarse para saber cuándo habrá revolución y una vez venida, qué es lo que hay que hacer;

---

[13] Guevara: "El socialismo y el hombre en Cuba", *El Che en la revolución cubana*, ed. cit., tomo I, p. 273

- las relaciones entre determinismo y voluntarismo; lo objetivo: la maduración de las condiciones objetivas, dadas por leyes que existen independientemente de los hombres; y lo subjetivo: la conciencia clasista, la ideología, la organización revolucionaria;
- el proletariado como agente histórico de la Revolución socialista, y una concepción más realista de las distintas fuerzas que en un país específico pueden realizar y coronar con éxito la Revolución;
- la estructura y superestructura, el rechazo a la simplificación de la realidad con la determinación en última instancia y el paso a analizar la realidad social y la interacción de las relaciones económicas y de la política, la cultura y la ideología como una totalidad más compleja y donde no necesariamente se da la famosa supeditación marxista de Marx, subrayada por Engels de la "última instancia";[14]
- el valor específico de la ética, de la moral, de la clase obrera y de sus instrumentos de poder en el proceso histórico, tanto para la toma del poder como en el periodo de transición socialista; de lo anterior, la importancia de subrayar el valor de la conciencia y de los fines revolucionarios que se persiguen, y no tanto en los medios y en la organización revolucionaria por sí misma por encima de sus militantes y del propio pueblo que dice representar;
- las nuevas relaciones socialistas de producción; estas tienen sentido si disminuyen la desalienación de los trabajadores y tienden a eliminarla definitivamente; y no erigen relaciones económicas y un aparato empresarial y estatal que declaran que la propiedad es de todo el pueblo pero no permite la participación real de los trabajadores, participación en las decisiones que van desde elegir a sus dirigentes administrativos hasta discutir e incidir en las proporciones que la Renta Nacional se distribuye entre la acumulación y el consumo;
- el marxismo cientificista —que da por bien todo lo que se hace porque los comunistas tienen la verdad— totalitario en que el

---

[14] Véase de Marx: Prólogo a *Contribución a la Crítica de la Economía Política*. La Habana, Edición Revolucionaria, Instituto del Libro, junio de 1970, pp. 12-13. Véase también artículos de los cubanos Martínez: "Marx y el origen del marxismo" y de Gómez: "Los conceptos del marxismo determinista", publicados en la revista *Pensamiento Crítico*, No. 41, La Habana, junio de 1970. También Tablada: "Marxismo y II Internacional", revista *Pensamiento Crítico*, No. 44, septiembre de 1970.

desarrollo espiritual forma parte del Plan estatal y partidista, y a determinar por los dirigentes y funcionarios del Partido, con sus textos sagrados, sus sagrados hombres, sus iglesias, sus banderas, su liturgia, sus excomuniones. El dogma que defienden algunos movimientos de comunistas que no han tomado el poder, pero que erigen en verdad eterna la teoría de Marx sobre el papel de la clase obrera en la Revolución, sin permitir ni aceptar ninguna adecuación o cambio a ella, sin profundizar en los cambios cualitativos que la propia clase obrera y que el mercado de trabajo han sufrido y experimentan en las últimas décadas en los países desarrollados, sin enriquecer la teoría marxista con la experiencia de un siglo de luchas, de desarrollo y de cambios que el capitalismo como sistema mundial de dominación ha experimentado y sin tener en cuenta el desarrollo desigual que el capitalismo implica geográficamente, traspolando mecánicamente la teoría de Carlos Marx sobre el papel del proletariado al Tercer Mundo;

- el marxismo como un arma crítica para acercarse irreverentemente a las verdades clasistas establecidas, como punto de partida para revolucionar el *statu quo* capitalista, que no ve la Revolución obra de un puñado de iluminados, ni de una clase obrera en abstracto, sino realización de todo un pueblo: obreros, campesinos, marginados —que no tienen nada que ver con el lumpen proletariado que presenció y estudió Marx dos siglos atrás—, estudiantes, amas de casa, jubilados, profesionales, la llamada clase media, etc., con una democracia participativa —que no tiene nada que ver, incluso, con la que disfruta la burguesía en algunos países occidentales—, con principios y prácticas que intentan crear un código humano, diferente al producido tanto por el capitalismo como por las experiencias del socialismo real;

- el marxismo, la Revolución, el partido, el pueblo, ("...sólida armazón de individualidades que caminan hacia un fin común; individuos que han alcanzado la conciencia de lo que es necesario hacer; hombres que luchan por salir del reino de la necesidad y entrar al de la libertad"[15]), y rechazo a las prácticas ideológicas de dominación enajenante que desarrollaron los regímenes de transición socialista existentes.

---

[15] Guevara: "El socialismo y el hombre en Cuba", *El Che en la revolución cubana*, ed. cit. tomo I, p. 284.

En la forma de asumir el marxismo por Che y Fidel, de interpretarlo y de llevarlo a la realidad, tiene un peso importante José Martí. Está por analizar profundamente la herencia de José Martí en la elaboración por parte de Ernesto Guevara y Fidel Castro de una interpretación del marxismo diferente a las que sustentaban a los regímenes de la URSS —tanto en época de Lenin como bajo Stalin y los que lo sucedieron—, y de los países de Europa del Este, así como de muchos partidos comunistas, tanto en Europa como en América.

No todos los participantes de la Revolución cubana piensan igual y no tenemos similares concepciones de cómo organizar y desarrollar la nueva sociedad. Nunca fue así. Cierto pluralismo en el campo de los revolucionarios ha sido un rasgo distintivo del proceso cubano a diferencia de otros que no han tolerado ninguno.[16]

Fidel Castro y Che Guevara desafiaron las verdades establecidas, se rebelaron no sólo contra las oligarquías y su ideología, sino también contra los dogmas del movimiento comunista internacional ("...Por la noche di una pequeña charla sobre el significado del 26 de julio: Rebelión contra las oligarquías y los dogmas revolucionarios"[17]), y fundaron una nueva forma de hacer historia, de hacer política, de hacer nuestra Revolución: "Se debe ser marxista con la misma naturalidad con la que se es 'newtoniano' en Física o 'pasteuriano' en Biología...".[18] Aspiraron a desarrollar un modelo económico, político y social en el que se le niega el papel preponderante a las relaciones monetario-mercantiles y se eleva el valor de la acción consciente de las personas en la construcción de la nueva sociedad, donde se pone a la economía en función de la persona, y que propicia la participación real de la población en una democracia participativa, consensual, favorable al desarrollo de la cultura, del arte, del pensamiento social, sin dogmatismo, favorable a una concepción de la prensa y de los medios de comunicación diferente, menos represivo; del único socialismo posible: aquel que elimine al hombre enajenado.

En el surgimiento, desarrollo, maduración y exposición de esta concepción marxista, o de este nuevo enfoque histórico y cultural del mar-

---

[16] Véase el artículo de Martínez: "Izquierda y Marxismo en Cuba", en *Temas,* No. 3, La Habana, oct.-dic. de 1995.

[17] Guevara: "Diario del Che en Bolivia", en *Ernesto Che Guevara: Escritos y discursos*, 9 tomos, La Habana, Editorial de Ciencias Sociales, 1985, tomo 3, p. 160. Apunte realizado por Che el día 26 de julio de 1967.

[18] Guevara: "Notas para el estudio de la ideología de la revolución cubana", *El Che en la revolución cubana,* ed. cit. tomo I, p. 353.

xismo, del socialismo, del comunismo, Che Guevara fue esencial. En relación a esto Fidel Castro planteó:

> él tenía muchas preocupaciones teóricas, y como lo habíamos nombrado Ministro de Industrias, él se vio obligado a organizar la producción socialista y a aplicar métodos, contabilidades, muchas cosas, y tiene muchas ideas muy originales, pero era terminantemente opuesto a utilizar las categorías capitalistas, ganancia, renta, todo ese tipo de cosas en la construcción del socialismo, porque decía que adquirían fuerza *per se* después, porque se escapaban de todo control.[19]

La "herejía" del Che fue tan grande, que anunció que por el camino que iba la URSS se restauraría en ella el capitalismo y sobrevendría una crisis de incalculables consecuencias y lo expresó a mediados de la fabulosa década de los sesenta. Che no fue el primer revolucionario que lo vaticinó ni que agotó el tema, pero sí el primero que indagó y expuso claramente otras de las causas que originaron esta pérdida del camino, no analizadas por otros marxistas que lo precedieron.

Che volvió a Marx, volvió a la Revolución bolchevique, a Lenin, al pensamiento, la acción y las políticas de los bolcheviques, en su momento histórico, sin extrapolarlo. Se sumergió en este contexto y llegó a conclusiones que podremos estar o no de acuerdo con ellas —como sus consideraciones sobre la Nueva Política Económica (NEP)—, pero, a la luz de lo acaecido, vale la pena introducirlas en el debate obligado y necesario que el movimiento revolucionario, popular, progresista, internacional, debe realizar.

---

[19] Castro Ruz: "Encuentro con los partidos de izquierda", México, D. F., 3 de diciembre de 1988 [inédito].

> por encima de todo nos expresamos en favor de perfeccionar el socialismo y al igual que el Che y el Che pensó y meditó mucho con eso (...) Soy contrario a la utilización de los mecanismos del capitalismo en la construcción del socialismo. Eso estaba muy arraigado en el Che, primero que nosotros (Fidel) él llegó a esos criterios cuando nosotros estábamos en nuestra tarea, cuando estábamos luchando contra la invasión de Girón, los problemas de la Crisis de Octubre, la supervivencia del país. Él estaba meditando porque era muy estudioso y había sido nombrado Ministro de Industrias y tuvo que administrar las industrias socialistas y enfrentarse al problema de cómo las organizaba...

Castro Ruz: Caracas, Venezuela, 4 de febrero de 1989, Conferencia de prensa con 309 periodistas.

III. El socialismo y el hombre

Che retoma las tesis centrales del marxismo referidas al desarrollo integral del proceso revolucionario: la transformación de la sociedad no sólo es un hecho económico, material, sino simultáneamente ideal, humano, de la conciencia, de lo subjetivo, y es ante todo un proceso de desalienación.

Posteriormente, el estudio más científico, tanto de las leyes económicas y los mecanismos sociales, como del modo en que el hombre —perteneciente a una clase social determinada— actúa en la sociedad, diluyó esta realidad. Muchos marxistas que siguieron a Marx, relegaron aún más el rol del individuo, su importancia, disminuyendo más el humanismo marxista.

El marxismo soviético a partir del proceso de burocratización y tecnocratización —bajo la NEP— que se inicia en vida de Lenin, y que continúa en época de Stalin y de los que lo sucedieron, borró lo que de humanismo pueden tener las ideas de Marx. El colectivismo impuesto por la burocracia, aplastó el desarrollo pleno de las individualidades. El dogmatismo y el esquematismo que lo caracterizaron, desterraron el humanismo, desarrollando un materialismo —también marxista— en el que todo venía determinado por las leyes económicas. El hombre sólo podía interpretar estas leyes y aplicarlas.

Muchos marxistas —algunos contrarios a la doctrina desarrollada a partir de la NEP— le regalaron a la burguesía el concepto de humanismo y la atención al elemento subjetivo, de conciencia de los individuos en el proceso histórico hacia el socialismo y el comunismo.

En opinión de Che Guevara la ruptura de Marx y Engels con el humanismo ético de Feuerbach, *no* implicó que el marxismo no tenga que dedicar una parte importante de su teoría al desarrollo de la ética, la moral, la individualidad, tanto en el proceso de la toma del poder, como en el periodo de transición socialista.

El hecho de que el concepto de *humanismo* fuese un producto históricamente progresivo de la ruptura de las relaciones feudales en Europa y objeto de reflexión durante el Renacimiento entre los escritores y artistas que se rebelaron contra la Iglesia Católica (y los defensores del protestantismo), y que en la segunda mitad del siglo XX fuese reclamado como el estandarte de los voceros de todas las clases modernas, especialmente los liberales burgueses y pequeño burgueses y los reformadores socialdemócratas, no fue impedimento para que Che Guevara usara el concepto de humanismo para expresar parte de su concepción. Che no era ajeno a la obra de estos pensadores contemporáneos a él, como la del francés Jean-Paul Sartre, que recibió en su despacho de ministro-presidente del Banco Nacional de Cuba y con el cual conversó y discutió, en los primeros meses de la Revolución.

Empezaremos con algunas citas. La primera es de los manuscritos económicos de Marx, de la época en que su producción fue bautizada como de *Marx el joven*, cuando, incluso en su lenguaje, el peso de las ideas filosóficas que contribuyeron a su formación se notaba mucho, y sus ideas sobre economía eran más imprecisas. No obstante, Marx estaba en la plenitud de su vida, ya había abrazado la causa de los humildes y la explicaba filosóficamente, aunque sin el rigor científico de *El Capital*. Pensaba más como filósofo, y, por tanto, se refería más concretamente al hombre como individuo humano y a los problemas de su liberación como ser social, sin entrar todavía en el análisis de la ineluctabilidad del resquebrajamiento de las estructuras sociales de la época, para dar paso al periodo de transición; la dictadura del proletariado. En *El Capital*, Marx se presenta como el economista científico que analiza minuciosamente el carácter transitorio de las épocas sociales y su identificación con las relaciones de producción; no da paso a las disquisiciones filosóficas.

El peso de este monumento de la inteligencia humana es tal que nos ha hecho olvidar frecuentemente el carácter humanista (en el mejor sentido de la palabra) de sus inquietudes. La mecánica de las relaciones de producción y su consecuencia; la lucha de clases, oculta en cierta medida el hecho objetivo de que son hombres los que se mueven en el ambiente histórico. Ahora nos interesa el hombre y de ahí la cita que, no por ser de su juventud, tiene menos valor como expresión del pensamiento del filósofo.

"El comunismo, como superación positiva de la propiedad privada, como autoenajenación humana y, por tanto, como real apropiación de la esencia humana por y para el hombre; por tanto, como el retorno total, consciente y logrado dentro de toda la riqueza del desarrollo anterior, del hombre para sí como un hombre social, es decir, humano. Este comunismo es, como naturalismo acabado = humanismo y, como humanismo acabado = naturalismo; es la verdadera solución del conflicto entre el hombre y la naturaleza y del hombre contra el hombre, la verdadera solución de la pugna entre la existencia y la esencia, entre la objetivación y la afirmación de sí mismo, entre la libertad y la necesidad, entre el individuo y la especie. Es el secreto revelado de la historia y tiene la *conciencia* de ser esta solución."

La palabra *conciencia* es subrayada por considerarla básica en el planteamiento del problema; Marx pensaba en la liberación del hombre y veía al comunismo como la solución de las contradicciones que produjeron su enajenación, pero como un acto consciente. Vale decir, no puede verse el comunismo meramente como el resultado de contradicciones de clase en una sociedad de alto desarrollo, que fueran a resolverse en una etapa de transición para alcanzar la cumbre; el hombre es el actor consciente de la historia. Sin esta *conciencia*, que engloba la de su ser social, no puede haber comunismo.[20]

Los párrafos de Marx citados por Che y otras obras de los primeros años del filósofo alemán, no vieron la luz hasta después de 1932, y una vez publicadas, no tuvieron la difusión que sí gozaron las obras de la madurez. El marxismo de fines del siglo XIX y del siglo XX se desarrolló sin la inclusión de las obras de la juventud.

También salta a la vista y uno se pregunta por qué Marx no se empeñó en publicar estos estudios y sí los de su madurez. Che se empieza a percatar que teórica y prácticamente el marxismo y las sociedades inspiradas por esta teoría, adolecen de una carencia esencial que predeterminó unos resultados distintos a los enunciados originales del marxismo.

La vuelta al Marx joven por el Che en los años sesenta, no tiene el mismo origen que el retorno de los marxistas europeos occidentales contemporáneos a él. Che expone lo que para él es y debe ser el socialismo y desarrolla una crítica marxista al marxismo y a las sociedades socialistas inspiradas por el marxismo que Marx y Engels divulgaron.

Che desarrolla lo que el Marx maduro, al hacer ciencia, descuida, a lo que tampoco Lenin presta mucho tiempo, ya sea por tener otras tareas históricas teóricas y prácticas más importantes y perentorias, o, porque tenía una concepción distinta a la desarrollada por Che.

La Revolución cubana se caracterizó desde sus inicios por situar a la persona en el centro. No se convocó a la Revolución sólo para alcanzar

---

[20] Guevara: "Planificación y conciencia en la transición al socialismo: Sobre el Sistema Presupuestario de Financiamiento", *El Che en la revolución cubana*, ed. cit. tomo I, pp. 178-79. Los subrayados son de Che. El párrafo de Carlos Marx pertenece a *Manuscritos Económicos-Filosóficos de 1844*, México, Editorial Grijalbo, S.A., 1962; bajo el título "Escritos Económicos Varios", pp. 82-83. El subrayado es de Che.

un nivel material de vida superior, sino para obtener la dignidad individual y colectiva, la independencia, la soberanía, el acceso de todos los *desposeídos* —proletarios o no— al poder, a la educación, a la cultura y a la salud y contra cualquier otro tipo de abuso de los derechos de la persona, contra la discriminación racial y de la mujer.

Por ello no es de extrañar que diera origen a un marxismo que privilegiara al ser humano y que rechazara tanto al liberalismo pragmático individualista como a las diversas interpretaciones del marxismo dogmático, mecanicista, enajenante, que impone un colectivismo que aplasta las individualidades, cientificista; y a aquellas, que al hacer mucho énfasis en el papel del proletariado, de la clase obrera, descuidan, subestiman, o se olvidan "...que son hombres los que se mueven en el ambiente histórico";[21] interpretaciones del marxismo que trasladaban relaciones capitalistas y una enajenación, en ocasiones más profunda, que le negaban al hombre toda posibilidad de "forzar" su medio, que le inculcaban un conformismo, una aceptación de lo establecido, porque venía dictado por "leyes objetivas" que él no podía cambiar. Y lo más que se podía hacer era que sus dirigentes las interpretaran y el Partido decidiera por él; que lo llamaba a que no era él, como individuo el que podía proyectarse para hacer la Revolución, sino la clase obrera, proletaria y su partido de vanguardia, comunista, la que les indicaría, cómo y cuándo eliminar las causas de su enajenación.

La lectura de las cavilaciones de Marx y su correspondencia a raíz de la *Comuna de París*, nos permite disfrutar la frescura de la obra del Marx joven, que el peso científico de su obra licuó, en su madurez.

El periodo 1959-1961 es muy importante para comprender la evolución del pensamiento de Che. En este tiempo Che empieza a fundar una concepción y un modelo socialista alternativos al soviético, que se había identificado hasta entonces como el único socialista, marxista, posible. Che contaba para ello con la participación consciente de la persona y la auto transformación de su conciencia. A diferencia del marxismo de la época, percibía la *conciencia* como un elemento activo, con fuerza propia. Che había sido testigo y protagonista de la Revolución cubana, de la fuerza de la conciencia desarrollada por la población para derrocar la tiranía y para dar inicio a profundos cambios culturales, económicos, políticos y sociales. En esta etapa los revolucionarios siempre estuvieron en minoría material (por ejemplo, ocho mil fusiles de la tiranía contra

---

[21] Ibídem, p. 179.

uno del pueblo) pero la *conciencia* devino *fuerza material*, tan poderosa como los aparatos de represión que poseía la dictadura. El Pueblo logró imponerse y obtuvo su libertad un 1º de enero de 1959.

Al triunfo de la Revolución se iniciaron profundas transformaciones económicas (rebaja de los alquileres de la vivienda en un 50%, Reforma Agraria, fin de la discriminación institucional, etc.) que concitaron la oposición de poderosas fuerzas materiales (transnacionales estadounidenses, el gobierno de EE.UU., la alta burguesía cubana, etc.) pero el pueblo cubano pudo derrotarlas porque surgió una nueva fuerza, tan poderosa como los fusiles: la conciencia, el valor de una idea justa.

No es de extrañar que Che, al abordar la configuración del modelo económico, tenga en cuenta esa fuerza formidable que el pueblo cubano materializaba a diario. En los años sesenta, entre el humanismo de Marx y de Engels en sus obras de juventud, el humanismo de Martí, la conducción de Fidel Castro y la actividad revolucionaria cotidiana del pueblo cubano, había muchas coincidencias y quizás ninguna diferencia esencial.

Che aprende a medir los procesos no sólo por la cantidad sino por su calidad: el modo en que se producen y las relaciones que brotan entre los hombres por este modo.

A fines de 1960 y principios de 1961, Che y su equipo tenían configurado los principios y algunos de los procedimientos de lo que llamó Sistema Presupuestario de Financiamiento. Este demostró su efectividad en la dirección de la economía nacional y su carácter más humano en la interrelación entre las fuerzas productivas, el nivel de las relaciones sociales de producción, y su vinculación con el mundo superestructural, las clases y el individuo. Ello fue un mérito histórico de Che porque por primera vez estableció un sistema pensado y actuado por un protagonista del y desde el Sur, que propiciaba la tendencia de que la conciencia del productor jugase, cada vez más, un papel ascendente, predominante.

"El sistema presupuestario es parte de una concepción general del desarrollo de la construcción del socialismo y debe ser estudiado en su conjunto".[22]

Che elaboró el Sistema Presupuestario de Financiamiento porque no compartió el modelo soviético:

---

[22] Guevara: "Reuniones bimestrales del Ministerio de Industrias", *El Che en la revolución cubana*, ed. cit. tomo VI, p. 387.

> Siempre ha sido oscuro el significado de la palabra "cálculo económico", cuya significación real parece haber sufrido variaciones en el transcurso del tiempo, lo extraño es que se pretenda hacer figurar esta forma de gestión administrativa de la URSS como una categoría económica definitivamente necesaria. Es usar la práctica como rasero, sin la más mínima abstracción teórica, o peor, es hacer un uso indiscriminado de la apologética. El cálculo económico constituye un conjunto de medidas de control, de dirección y de operación de empresas socializadas, en un período, con características peculiares.[23]

Che se percata que si se establecen mecanismos capitalistas, o mercantilistas, o pseudocapitalistas, no es posible aspirar, aunque haya mucho trabajo político, a que los hombres que vivan, trabajen y actúen bajo los efectos de estos mecanismos sean un dechado de virtudes, de la nueva moral. Si los mecanismos obligan a actuar como administrador capitalista, como obrero movido por el interés material directo, a través del dinero, no se puede pensar ni actuar motivado por intereses de toda la sociedad y ser cada vez mejor y más puro. El ser social determina la conciencia social. O, como dijo Raúl Castro en la segunda mitad de los sesenta, el egoísmo, el objetivo de obtener sólo dinero engendrará más egoísmo, el feroz individualismo engendrará más individualismo.[24]

No importa sólo la cantidad y calidad de bienes materiales elaborados, sino el *modo* en que se producen y las relaciones sociales que se desprenden de dicha manera de producir y distribuir lo producido.

Sin embargo, el que Che viera la conciencia como un elemento activo, como una fuerza material, un motor de desarrollo de la base material y técnica, no implica que soñara con quimeras románticas e irrealizables. Conocía al hombre y la naturaleza de este al salir del cieno burgués:

> El problema es que la gente no es perfecta ni mucho menos, y hay que perfeccionar los sistemas de control para detectar la primera infracción que se produzca, porque ésta es la que conduce a todas las demás. La gente puede ser muy buena, la primera vez, pero cuando basados en la indisciplina cometen actos de substracciones de tipo personal para reponer a los dos o tres días, después se va

---

[23] Guevara: "Notas al *Manual de economía política* de la Academia de Ciencias de la URSS" [inédito].

[24] Véase Raúl Castro Ruz: Discurso pronunciado el 1º de mayo de 1968, en Camagüey. Ediciones COR, No. 8.

enlazando esto y se convierten en ladrones, en traidores y se van sumiendo cada vez más en el delito.[25]

Generalmente, cuando se presentaron crisis en el funcionamiento de la economía socialista, lo que habitualmente ocurrió fue que la discusión giró en torno a la eficiencia económica, tendió a concentrarse en los aspectos técnicos y administrativos del problema y omitieron la dimensión socio-político-ideológica de las opciones debatidas. Sólo se cuestionó la superestructura o parte de ella, mientras la *base* quedó al margen de toda sospecha.

Las ideas económicas de Che no son un accidente en la historia de la economía política, ni constituyen tampoco un sistema teórico aislado. Sus ideas son un producto lógico del propio devenir histórico de la lucha revolucionaria anticapitalista y de la ciencia económica en un momento específico, decisivo y mutacional de su desarrollo. Che responde a la necesidad creciente de nuestros pueblos —tanto los pueblos del Sur como del Norte—, de unir en un todo único la ética con la economía. Che aspira poner la economía en función de las personas y no las personas en función de la economía, como ya había ocurrido en los regímenes del socialismo existentes y acaece bajo todas las variantes de capitalismo. Y es en este terreno donde Che enriquece de modo teórico y práctico el lugar de la condición humana en la teoría marxista.

El socialismo del siglo xx también se perdió porque no fue capaz de crear un modelo de funcionamiento y desarrollo económico eficiente basado en principios distintos a los del capitalismo, con su propia lógica y dinámica; un sistema económico que no se basara para su funcionamiento en las categorías capitalistas y en las concepciones de *progreso* y de *cultura* que el capitalismo posee. El *socialismo real* del siglo xx no pudo parir un sistema económico que generara nuevas relaciones económicas de producción y nuevas relaciones sociales —también éticas, situamos la ética en este nivel— entre las personas, entre los productores, entre los obreros y demás clases y capas sociales presentes en el periodo de transición socialista, diferenciadas de las capitalistas.

La obra que nos legó Che apunta en la dirección de encontrar esta especificidad de la economía política de un sistema alternativo al capitalismo, y algunos de los principios en los que debe fundarse.

---

[25] Guevara: "Consejos de dirección: Informe de la Empresa Consolidada de Equipos Eléctricos", 11 de mayo de 1964, *El Che en la Revolución cubana*, ed. cit., tomo VI, pp. 106-07.

IV. El socialismo: hecho de conciencia y de organización de la producción

Che Guevara anuncia desde 1959 la necesidad de planificar la economía y su desarrollo, y en 1960 define su concepción de la planificación, la que ya difería esencialmente de la practicada en la URSS y demás países del Este europeo. Su profundización en estos temas lo lleva a la polémica pública que sobre los mismos se desarrolló entre 1963-65, y en la que participaron ministros y otros funcionarios cubanos, así como Charles Bettelheim y Ernest Mandel.

En los capítulos del presente libro, se alude cómo el debate 1963-1965 no sólo se refiere a temas puntuales: modelo económico, mecanismos de incentivación, planificación y mercado, precios, etc., sino que muestra dos concepciones contrapuestas.

Las posiciones de Guevara de fines de 1964 y principios de 1965 eran abiertamente críticas al modelo económico y político soviético que se desarrollaba en el Este europeo, que se intentaba implementar en Cuba y que se impuso por fin en las décadas setenta y ochenta. Sus críticas desbordaron el marco de la polémica económica que suscitó su modelo de socialismo alternativo para la sociedad cubana, y Che utilizó conferencias internacionales para expresar sus reservas y críticas al modelo y a las políticas de los soviéticos.[26]

En ese instante convivían ambos modelos en la economía cubana y ninguno logró imponerse. Los últimos discursos públicos del Che y sus criterios vertidos en el consejo de dirección del Ministerio de Industrias, donde era ministro, en el seno de sus colaboradores, denotan que Che había llegado a la conclusión que el modelo soviético llevaba al capitalismo y que era la negación del ideal socialista.

En abril de 1965 Che sale del colectivo de dirección de Cuba y nutre la tradición internacionalista de los revolucionarios cubanos y latinoamericanos de los siglos XIX y XX: en su caso, desarrollar un proyecto de lucha continental por los pueblos latinoamericanos contra el imperialismo estadounidense, contra su intervención en Vietnam, contra el sistema capitalista y por la Revolución socialista, por un sistema humano, desalienado, alternativo al capitalista y al soviético.

---

[26] Véase del Che sus discursos pronunciados en la "Conferencia Mundial de Comercio y Desarrollo" en Ginebra, el 25 de marzo de 1964, y en el "Segundo Seminario Económico de Solidaridad Afroasiática" en Argel, 25 de febrero de 1965, *El Che en la revolución cubana*, ed. cit., tomo V, pp. 77-104 y 359-72 respectivamente.

Che se va convencido de sus ideas y de las consecuencias que para Cuba tendría no aplicarlas, y, en cambio, introducir las soviéticas:

> Como método indirecto está la Ley del Valor y para mí la Ley del Valor equivale a capitalismo (...) Ahora sí, por mí es evidente que donde se utiliza, al hablar de métodos indirectos, la Ley del Valor, exactamente allí estamos metiendo el capitalismo de contrabando, porque en todo caso en Cuba todavía existe toda una serie de categorías del capitalismo que estamos re introduciendo en el sector Estatal.[27]

Che también pensaba que Cuba, sin la Revolución latinoamericana, tenía muy pocas probabilidades de llevar a su fin lo que su pueblo se había propuesto de alcanzar una sociedad superior en la escala humana en cuanto a libertad, acceso a la cultura, a la educación, al bienestar material para todos, a una sociedad distinta a la capitalista y a los regímenes del socialismo real.

Con la ida de Che Guevara de Cuba, se hizo más difícil la posibilidad de que la Revolución cubana lograra, en esos años, llevar hasta las últimas consecuencias, con viso de éxito, un modelo económico eficiente, alternativo al soviético. El modelo de Guevara no estaba expuesto ordenadamente en un libro, en una obra metodológica, coherente, sino que estaba desperdigado en decenas de artículos polémicos, cartas, grabaciones y en la obra viva del funcionamiento en 152 empresas industriales con más de 2 200 unidades de producción y con más de 200 mil trabajadores a lo largo de toda Cuba.[28] Muchas de las empresas que funcionaron bajo el sistema organizativo de Che conservaron durante años sus principios de control y funcionamiento contra la corriente general.

Por sus propios discursos y por las medidas que toma a partir de 1966, Fidel Castro se inclina públicamente por las ideas de Che Guevara.[29]

---

[27] Guevara: Transcripción de las cintas grabadas de las reuniones bimestrales que sostenía en la dirección del Ministerio de Industrias, *Che en la revolución cubana*, ed. cit., tomo VI, p. 577.

Esta es la reunión del Consejo de Dirección del Ministerio de Industrias en las que se trataban problemas puntuales de la producción pero en la que Che Guevara, desde sus inicios, introducía temas de política nacional e internacional, de teoría económica y social, particularmente todo lo referente a la transición socialista.

[28] Figueras: "Aspectos del desarrollo económico cubano", en revista *Nuestra Industria: Revista Económica*, No. 11, La Habana, p. 8.

[29] El movimiento organizado por Aníbal Escalante y sus compañeros, en los años 1966-1968, en que se hace público su intento de subvertir el *statu quo* con la ayuda

No hay que olvidar que el modelo del Che no estaba desarrollado, analizado y perfeccionado hasta el detalle, que se puso en práctica en las peores condiciones en que puede nacer y desarrollarse un modelo, contaba con sólo cinco años de vida con más aciertos que errores y miles de interrogantes quedaban por indagar y contestar, y miles de aspectos por perfeccionar.

Las ideas del Che sobre la construcción del socialismo se pusieron a prueba en el peor de los escenarios posibles: en un país subdesarrollado; bloqueado económica, comercial y financieramente por el país más poderoso del planeta, con el cual, además, tenía en 1959 el 72% de sus exportaciones e importaciones; con escasez de técnicos, agravada por la política estadounidense de ofrecerles a estos, altos puestos en EE.UU. con el fin de dejar a Cuba sin el personal calificado necesario para dirigir la economía —por ejemplo, la mayoría de los administradores y dirigentes técnicos de las fábricas de azúcar, la principal industria del país, emigraron a EE.UU. y a otros países de Centroamérica donde los norteamericanos les nombraron al frente de sus fábricas—, y en el instante en que se iniciaba el comercio con los países del Campo Socialista, en los que muchas materias primas tenían medidas, nombres y calidades diferentes a las que Cuba importaba de EE.UU., o simplemente no la tenían.[30]

---

extranjera, sus documentos escritos y grabados, actas de reuniones, informes enviados al gobierno soviético y de otros países del Este, sin conocimiento de las autoridades cubanas, llamándolas para que intervinieran en Cuba y pusieran fin a la "aventura de Fidel Castro y del Che", sus evaluaciones sobre la ideología de Fidel, constituye la mejor prueba de la identidad extrema que Fidel tenía, intelectual y afectivamente con el modo de pensar y actuar del Che. Para las personas que han sido influidas por la campaña de los medios estadounidenses y de algunos otros sectores, que han querido presentar una ruptura entre Fidel y Che en 1965, recomiendo revisar estos documentos históricos, provenientes, precisamente, de personas que ideológica, política y prácticamente, son la antítesis de lo que era el Che. Guevara no se salva tampoco de las críticas de Aníbal y de sus compañeros, y es objeto de críticas muy similares a las que las burocracias de la URSS y de Europa del Este, lanzaron contra el Che, muy similares, por cierto, a las que propagaba la CIA. Hasta el día en que escribo esta nota, no existe ningún documento publicado o inédito que tenga conocimiento, ni hecho público, que me pueda dar lugar a pensar en una contradicción insalvable entre Fidel y el Che.

[30] El Sistema Presupuestario de Financiamiento no se llegó a implantar a toda la economía cubana; convivió con el modelo soviético —cálculo económico—, con el caos que provocó el cambio general de propiedad privada a propiedad estatal.

La economía cubana en esos años, no sólo no retrocedió, sino que logró mantener un discreto incremento y sentar las bases para el crecimiento mayor que se experimentó en los años sucesivos.

El discurso de Che en Argel en febrero de 1965 y su artículo "El socialismo y el hombre en Cuba", para el semanario uruguayo *Marcha*, constituyen genial resumen de su concepción del mundo y un anuncio de las ideas que él mismo desde el Congo, desde Tanzania, desde Praga, y desde Cuba —mientras se entrenaba para su última campaña internacionalista—, y ya en Bolivia, pedía profundizar, un situar a la persona en el centro. Como relata el boliviano Inti Peredo en "Mi campaña con el Che", Ernesto Guevara continuó esta labor en la campaña boliviana, dejando más de cuarenta cuadernos.[31]

Aun después de dejar sus responsabilidades estatales y partidistas en Cuba, en plena campaña internacionalista, Che se adentró aún más en el estudio de la cultura humana en general y de la historia del pensamiento marxista en particular, lo que lo llevó a estudiar desde los filósofos antiguos hasta el marxismo soviético en sus textos oficiales.

Entre 1965 y 1966 escribió una carta a un compañero cubano dándole cuenta de sus estudios:

> En este largo período de vacaciones le metí la nariz a la filosofía, cosa que hace tiempo pensaba hacer. Me encontré con la primera dificultad: en Cuba no hay nada publicado, si excluimos los ladrillos soviéticos [manuales] que tienen el inconveniente de no dejarte pensar: ya el partido lo hizo por ti y tú debes digerir. Como método, es lo más antimarxista, pero, además suelen ser muy malos, la segunda, y no menos importante, fue mi desconocimiento del lenguaje filosófico (he luchado duramente con el maestro Hegel y en el primer round me dio dos caídas). Por ello hice un plan de estudio para mí que, creo, puede ser estudiado y mejorado mucho para constituir la base de una verdadera escuela de pensamiento; ya hemos hecho mucho, pero algún día tendremos también que pensar. El plan mío es de lecturas, naturalmente, pero puede adaptarse a publicaciones serias de la editora política.
>
> Si le das un vistazo a sus publicaciones [se refiere a la Editora Política de Cuba] podrás ver la profusión de autores soviéticos y

---

[31] Peredo: "Mi campaña con el Che", revista *Pensamiento Crítico*, No. 51, La Habana, 1971; y revista *Punto Final*, Santiago de Chile, 1970. También la editorial Los Amigos del Libro, La Paz, Cochabamba, Bolivia.

franceses que tiene. Esto se debe a comodidad en la obtención de traducciones y a seguidismo ideológico. Así no se da cultura marxista al pueblo, a lo más, divulgación marxista, lo que es necesario, si la divulgación es buena (no es este el caso), pero insuficiente.

"Mi plan es éste:

I. Clásicos filosóficos
II. Grandes dialécticos y materialistas
III. Filósofos modernos
IV. Clásicos de la Economía y precursores
V. Marx y el pensamiento marxista
VI. Construcción socialista
VII. Heterodoxos y capitalistas
VIII. Polémicas

"Cada serie tiene independencia con respecto a la otra y se podría desarrollar así:

I. Se toman los clásicos conocidos ya traducidos al español, agregándole un estudio preliminar serio de un filósofo, marxista si es posible, y un amplio vocabulario explicativo. Simultáneamente, se publica un diccionario de términos filosóficos y alguna historia de la filosofía. Tal vez pudiera ser Dinnyk y la de Hegel. La publicación podría seguir cierto orden cronológico selectivo, vale decir, comenzar por un libro o dos de los más grandes pensadores y desarrollar la serie hasta acabarla en la época moderna, retornando al pasado con otros filósofos menos importantes y aumentando volúmenes de los más representativos, etc.

II. Aquí se puede seguir el mismo método general, haciendo recopilaciones de algunos antiguos (hace tiempo leí un estudio en que estaban Demócrito, Heráclito y Leucipo, hecho en la Argentina).

III. Aquí se publicarían los más representativos filósofos modernos, acompañados de estudios serios y minuciosos de gente entendida (no tiene que ser cubana) con la correspondiente crítica cuando representen los puntos de vista idealistas.

IV. Se está realizando ya, sin orden ninguno y faltan obras fundamentales de Marx. Aquí sería necesario publicar las obras completas de Marx y Engels, Lenin, Stalin y otros grandes marxistas. Nadie ha leído nada de Rosa Luxemburgo, por ejemplo, quien tiene errores en su crítica de Marx (III tomo) pero murió asesinada, y el instinto del imperialismo es superior al nuestro en estos aspectos. Faltan también pensadores marxistas que luego se salieron del carril como Kautski y Hilferding (no se escribe así) que hicieron aportes y muchos marxistas contemporáneos, no totalmente escolásticos.

V. Construcción socialista. Libros que traten de problemas concretos, no sólo de los actuales gobernantes, sino del pasado, haciendo averiguaciones serias sobre los aportes de filósofos y, sobre todo, economistas o estadistas.

VI. Aquí vendrían los grandes revisionistas (si quieren pueden poner a Jruschov), bien analizados; más profundamente que ninguno, y debía estar tu amigo Trotsky, que existió y escribió, según además, grandes teóricos del capitalismo como Marshall, Keynes, Shumpeter, etc. También analizados a fondo con la explicación de los porqué.

VIII. Como su nombre lo indica, este es el más polémico, pero el pensamiento avanzó así. Proudhon escribió filosofía de la miseria y se sabe que existe por la *Miseria de la Filosofía*. Una edición crítica puede ayudar *a comprender la época y el propio desarrollo de Marx, que no* estaba completo aún. Están Robertus y Duhring en esa época y luego los revisionistas y los grandes polémicos del año 20 en la URSS, quizás los más importantes para nosotros.

"Ahora veo, que me faltó uno, por lo que cambio el orden (estoy escribiendo a vuelapluma).

"Sería el IV, Clásicos de la economía y precursores, donde estarían desde Adam Smith los fisiócratas, etc.

"Es un trabajo gigantesco, *pero Cuba lo merece y creo que lo pudiera intentar...*".[32]

En Cuba dejó valiosas anotaciones críticas al *Manual de economía política* de la Academia de Ciencias de la URSS, así como otros escri-

---

[32] Guevara: "Carta a un compañero" [inédito].

tos de inigualable valor, algunos de ellos aparecen por primera vez publicados en este texto introductorio y en mi libro.

La valoración crítica de la experiencia soviética por Che, como él mismo deja esclarecido, no se vincula a la de aquellos que la acusan del "error" histórico de haber tomado prematuramente el poder, ni a los ideólogos del capitalismo que pretenden justificar su inhumano sistema en los actuales días al querernos convencer que el capitalismo es eterno, y es un mal menor comparado con la experiencia soviética. La reflexión desapasionada y profunda del desvío soviético reclama un esfuerzo analítico mayor hasta ahora, en ocasiones sustituido por esquemas maniqueos y las conocidas etiquetas de *stalinismo*, *trotskismo*, *maoísmo*, etc., para llegar a identificar problemas más complejos que la personalidad controvertida de un dirigente histórico. Está también por estudiar el peso de Lenin y de Stalin en estos nefastos resultados del socialismo real del siglo xx.

Está por estudiar profundamente el hecho de que las clases obreras de los países en transición socialista, no detentaron realmente el poder que Marx enunció que deberían tener como clase en el poder. Y está por analizar por qué surgieron castas burocráticas que le enajenaron el poder.

¿Cómo llegó Che a esas conclusiones? Las distintas interpretaciones del marxismo, ignoraron y/o hicieron poco énfasis en el hecho que la construcción socialista, comunista, es un fenómeno simultáneo de producción, organización y conciencia. Esfuerzo que debe tener como elemento central, estratégico, el desarrollo de la conciencia y como objetivo final un ser humano libre, desalienado.

Las experiencias socialistas del siglo xx no fueron capaces de producir un renovado código ético para la clase obrera y todos los demás grupos humanos que participaban en la transición socialista, que abarcara desde los principios más generales que conforman la conducta de los conglomerados humanos hasta el de la unidad familiar o de un individuo: su economía, hábitos de vida, ideología cotidiana y consumo doméstico; una *nueva cultura* humana *desalienada* con la cual asumir las tareas del proceso de construcción de una sociedad que eliminara la explotación del hombre por el hombre y todas las formas de alienación: económica, política, social y cultural.

El marxismo del siglo xx, en todas sus interpretaciones, ha sido incapaz de asumir y dar una respuesta eficaz al gran desafío que el capitalismo supone en los planos ideológico y cultural. Y el socialismo del siglo xx no fue capaz de crear una economía eficiente sobre nuevas bases.

El capital, cada vez más, ha dominado y reina en Occidente, recurriendo pocas veces a la fuerza bruta. La sociología, la sicología, la ciencia de la comunicación, y otras disciplinas de la Educación Superior, la han puesto como nunca al servicio de sus intereses de clase y han logrado una dominación espectacular de toda la sociedad civil, incluyendo a la clase obrera —llamada por Marx a encabezar y desarrollar la Revolución comunista—, dominación a la que el marxismo no ha sabido responder.

Es una deficiencia grave. Se ha ignorado y/o subestimado, despreciado, o simplemente se han refugiado en los postulados ineluctables de Marx y Engels, con la inevitabilidad de la Revolución socialista, el papel obligado de la clase obrera a ser la vanguardia de la Revolución, etc. Nos hemos convertido más en especialistas enciclopédicos de la obra de Marx, Engels, Lenin y otros marxistas destacados del pasado lejano y reciente, que en la tarea de ser creativos: producir ideología y análisis que encaren los nuevos desafíos del capitalismo de nuestros días y nos permita ser audaces, imaginativos, y buscar y encontrar alternativas.

Che, desde 1959, comenzó un proceso de descubrimiento de estas realidades, comenzó a percatarse de ello, y fue ganando conciencia de que la interpretación que él hacía de sus lecturas de Marx era diametralmente opuesta a los paradigmas de las diversas interpretaciones marxistas de su época.

V. Economía, ética y conciencia

Otro de los elementos que diferencian radicalmente el marxismo del Che de las distintas interpretaciones del marxismo, es la interpretación de la Ley del valor y su supuesta "utilización" en la gestión económica del periodo de transición socialista.

El fetichismo que reprodujo el sistema económico soviético no coadyuvó al proceso de desalienación de las personas, no las hizo sentir parte del proceso. El fetichismo del sistema económico soviético (cálculo económico) tiene su origen en el fetichismo de las relaciones monetario-mercantiles típico de la economía capitalista —exacerbado por la práctica capitalista contemporánea— constituyendo una extensión y reforzamiento de este.

Che se percata que no basta con establecer jurídicamente la propiedad sobre los medios de producción por parte del pueblo para determinar que el proceso de construcción de una sociedad más humana esté garantizado:

> Frente a la concepción del plan como una decisión económica de las masas, conscientes, se da la de un placebo, donde las palancas económicas deciden su éxito. Es mecanicista, antimarxista. Las masas deben tener la posibilidad de dirigir sus destinos, resolver cuánto va para la acumulación y cuánto al consumo, la técnica económica debe operar con estas cifras y la conciencia de las masas asegurar su cumplimiento. El estado actúa sobre el individuo que no cumple su deber de clase, penalizándolo o premiándole en caso contrario, estos son factores educativos que contribuyen a la transformación del hombre, como parte del gran sistema educacional del socialismo. Es el deber social del individuo el que lo obliga a actuar en la producción, no su barriga. A eso debe tender la educación.[33]

El socialismo, por tanto, no es un sistema más humano que el capitalista porque una nueva clase dominante e iluminada distribuya, con sentido más justo y paternalista, las riquezas producidas, sino porque se trata de un régimen de genuino poder popular.

Che tenía conciencia de que si se preservan o restablecen mecanismos capitalistas, o pseudocapitalistas, no es posible aspirar, aunque haya mucho "trabajo político", a que los hombres que vivan, trabajen y actúen bajo los efectos de estos mecanismos sean un dechado de virtudes de la nueva moral. Si a usted los mecanismos lo obligan a actuar como administrador capitalista, o como obrero enajenado de su gestión productiva, usted no puede pensar ni actuar motivado por intereses de toda la sociedad y ser cada vez más humano:

> El interés personal debe ser reflejo del interés social, basarse en aquel para movilizar la producción es retroceder ante las dificultades, darle alas a la ideología capitalista. Es en el momento crucial de la URSS, saliendo de una guerra civil larga y costosa, cuando Lenin, angustiado ante el cuadro general, retrocede en sus concepciones teóricas y el comienzo de un largo proceso de hibridación que culmina con los cambios actuales en la estructura de la dirección económica.[34]

---

[33] Guevara: "Notas al *Manual de economía política* de la Academia de Ciencias de la URSS" [inédito].

[34] Ibídem.

Che ve la conciencia como un elemento activo, como una fuerza material, un motor de desarrollo de la base material y técnica. Y esto no implica que soñara con quimeras románticas e irrealizables. Conocía la naturaleza humana y por ello diseñó el Sistema Presupuestario de Financiamiento, sistema que tenía en cuenta las limitaciones existentes, pero que motivaba, impulsaba, a crear un nuevo espíritu de trabajo:

> El error consiste en tomar el estímulo material en un solo sentido, el capitalista, pero centrado. Lo importante es señalar el deber social del trabajador y castigarlo económicamente cuando no lo cumpla. Cuando lo sobrepase premiarlo material y espiritualmente, pero sobre todo con la posibilidad de calificarse y pasar a un grado superior de técnica.[35]

> Todo parte de la errónea concepción de querer construir el socialismo con elementos del capitalismo sin cambiarle realmente la significación. Así se llega a un sistema híbrido que arriba a un callejón sin salida difícil perceptiblemente que obliga a nuevas concesiones a las palancas económicas, es decir, al retroceso.[36]

La Historia le dio la razón.

En el prólogo para un libro de economía política que Che escribía en los momentos en que murió, se apunta, proféticamente el origen de la crisis que luego se desencadenaría en la URSS y en casi todo el Campo Socialista, de él traemos los párrafos siguientes:

> Desde la aparición de *El Capital*, los revolucionarios del mundo tuvieron un monumento teórico que esclarecía los mecanismos del sistema capitalista, la lógica interna de su irremediable desaparición. Durante muchos decenios fue la enciclopedia donde se bebía el material teórico indispensable a las nuevas generaciones de luchadores. Aún hoy el material no se ha agotado y maravilla la claridad y profundidad de juicio de los fundadores del materialismo dialéctico. Sin conocer *El Capital* no se es economista en el pleno y honroso sentido de la palabra.

> No obstante, la vida siguió su curso y algunas de las afirmaciones de Marx y Engels no fueron sancionadas por la práctica, sobre todo, el lapso previsto para la transformación de la sociedad resul-

---

[35] Ibídem.

[36] Ibídem.

taba corto. La visión de los genios científicos se nublaba ante la perentoria ilusión de los revolucionarios exaltados. Con todo, las conmociones sociales aumentaron en profundidad y extensión, y los conflictos provocados por el reparto del mundo entre las naciones imperialistas dieron origen a la primera guerra mundial y a la Revolución de Octubre.

A Lenin, jefe de esta revolución, le corresponde también el mérito teórico de haber dilucidado el carácter que tomaba el capitalismo bajo su nueva forma imperialista y enunciado el ritmo desigual que asume el desarrollo en la sociedad —como en toda la naturaleza, por otra parte—, previendo la posibilidad de romper la cadena imperialista en su eslabón más débil y convirtiéndola en hechos.

La enorme cantidad de escritos que dejara a su muerte constituyeron el complemento indispensable a la obra de los fundadores. Luego, el manantial se debilitó y sólo quedaron en pie algunas obras aisladas de Stalin y ciertos escritos de Mao Tse Tung, como testigos del inmenso poder creador del marxismo.

En sus últimos años, Stalin temió los resultados de esa carencia teórica y ordenó la redacción de un manual que fuera asequible a las masas y tratara todos los temas de la economía política hasta nuestros días.

Ese manual ha sido traducido a las principales lenguas del mundo y se han hecho de él varias ediciones, sufriendo cambios pronunciados en su estructura y orientación, a medida que se producían cambios en la URSS.

Al comenzar un estudio crítico del mismo, encontramos tal cantidad de conceptos reñidos con nuestra manera de pensar que decidimos iniciar esta empresa —el libro que expresara nuestros puntos de vista— con el mayor rigor científico posible y con la misma honestidad. Cualidad imprescindible esta última, porque el estudio sereno de la teoría marxista y de los hechos recientes nos colocan en críticos de la URSS, posición que se ha convertido en un oficio de muchos oportunistas que lanzan dardos desde la extrema izquierda para beneficio de la reacción.

Nos hemos hecho el firme propósito de no ocultar una sola opinión por motivos tácticos pero, al mismo tiempo, sacar conclusiones que por su rigor lógico y altura de miras ayuden a resolver problemas y no contribuyan sólo a plantear interrogantes sin solución.

Creemos importante la tarea porque la investigación marxista en el campo de la economía está marchando por peligrosos derroteros. Al dogmatismo intransigente de la época de Stalin ha sucedido un pragmatismo inconsistente. Y, lo que es trágico, esto no se refiere sólo a un campo determinado de la ciencia; sucede en todos los aspectos de la vida de los pueblos socialistas, creando perturbaciones ya enormemente dañinas pero cuyos resultados finales son incalculables.

En el curso de nuestra práctica y de nuestra investigación teórica llegamos a descubrir a un gran culpable con nombre y apellido: Vladimir Ilich Lenin.

Tal es la magnitud de nuestra osadía. Pero quien tenga la paciencia de llegar hasta los últimos capítulos de esta obra, podrá apreciar el respeto y la admiración que sentimos hacia ese "ese culpable" y hacia los móviles revolucionarios de los actos cuyos resultados últimos asombrarían hoy a su realizador.

Se sabe desde viejo que es el ser social el que determina la conciencia y se conoce el papel de la superestructura; ahora asistimos a un fenómeno interesante, que no pretendemos haber descubierto pero sobre cuya importancia tratamos de profundizar: la interrelación de la estructura y de la superestructura. Nuestra tesis es que los cambios producidos a raíz de la Nueva Política Económica (NEP) han calado tan hondo en la vida de la URSS que han marcado con su signo toda esta etapa. Y sus resultados son desalentadores: La superestructura capitalista fue influenciando cada vez en forma más marcada las relaciones de producción y los conflictos provocados por la hibridación que significó la NEP se están resolviendo hoy a favor de la superestructura: se está regresando al capitalismo.

Pero no queremos anticipar en estas notas prológales sino la medida de nuestra herejía; tomémonos el tiempo y el espacio necesario para tratar de argumentarla en extenso.

Otra característica tiene esta obra: es un grito dado desde el subdesarrollo. Hasta el momento actual, las revoluciones de tendencia socialista se habían producido en países sumamente atrasados (asolados por la guerra, además), o en países de relativo desarrollo industrial (Checoslovaquia, parte oriental de Alemania) o en países continentes. Y todos formando una unidad geográfica.

Hasta ahora, no había iniciado la aventura socialista ningún pequeño país aislado, sin posibilidad de grandes mercados ni de un rápido aprovechamiento de la división internacional del trabajo, pero, al mismo tiempo, con un standard de vida relativamente elevado. Los errores, las embestidas ciegas, también tendrán lugar, como historia útil, en estas páginas; pero lo más importante son *nuestras razones*,[37] razones que identificamos con las de los países de escaso desarrollo, en su conjunto, motivo por el cual pretendemos darle valor de cierta universalidad a nuestros planteamientos.

Muchos sentirán sincera extrañeza ante este cúmulo de razones nuevas y diferentes, otros se sentirán heridos y habrá quienes vean en todo el libro solo una rabiosa posición anticomunista disfrazada de argumentación teórica. Pero muchos, lo esperamos sinceramente, sentirán el hálito de nuevas ideas y verán expresadas sus razones, hasta ahora inconexas, inorgánicas, en un todo más o menos vertebrado.

A ese grupo de hombres va dirigido fundamentalmente el libro y también a la multitud de estudiantes cubanos que tienen que pasar por el doloroso proceso de aprender "verdades eternas" en las publicaciones que vienen, sobre todo, de la URSS y observan como nuestra actitud y los repetidos planteamientos de nuestros dirigentes se dan de patadas con lo que leen en los textos.

A los que nos miren con desconfianza basados en la estimación y lealtad que experimentan respecto a países socialistas, les hacemos una sola advertencia: la afirmación de Marx, apuntada en las primeras páginas de *El Capital*, sobre la incapacidad de la ciencia burguesa a criticarse a sí misma, utilizando en su lugar a la apologética, puede aplicarse hoy, desgraciadamente, a la ciencia económica marxista. Este libro constituye un intento de retornar a la buena senda e, independientemente de su valor científico, nos cabe el orgullo de haberlo intentado desde este pequeño país en desarrollo.

Muchos sobresaltos esperan a la Humanidad antes de su liberación definitiva pero —nos guía el absoluto convencimiento de ello— ésta no podrá llegar sino a través de un radical cambio de estrate-

---

[37] Subrayado por Che.

gia de las principales potencias socialistas. Si este cambio será producto de la insoslayable presión imperialista o, de una evolución de las masas de esos países, o de una concatenación de factores, es algo que dirá la historia; nosotros aportamos nuestro modesto granito de arena con el temor de que la empresa sea muy superior a nuestras fuerzas. En todo caso, queda el testimonio de nuestra intentona:

Nuestra fuerza de corazón ha de probarse aceptando el reto de la Esfinge y no esquivando su interrogación formidable.[38]

Resulta difícil imaginar en las condiciones de acoso, hambre, fuertes ataques de asma, combates, frío, hostilidad de la naturaleza agreste, dolor por la pérdida en combates de compañeros, que un ser humano pudiera escribir luego de 14 horas de marchas forzadas en la jungla suramericana, a la luz de la luna o sin ella, sobre el proyecto de un socialismo alternativo, ¿Qué angustia de comunicación le daba fuerzas? ¿Qué tenía que decirnos antes que una bala segara su vida?

Che comprendió la urgencia de alertar al pueblo cubano y a la Humanidad del fraude que representaba la orientación que había asumido el socialismo del Campo Socialista, el existente, a nombre de los ideales marxistas y comunistas. De esos esfuerzos nos legó una producción teórica, aún prácticamente inédita. En mi libro que viene a continuación se citan algunos de estos últimos escritos inéditos, y las razones, los argumentos, que hicieron a Che, en la década de los sesenta, llegar a la conclusión que los soviéticos habían extraviado el rumbo y estaban, en realidad, reconstruyendo el capitalismo.

Escritos y discursos que pretendieron también poner a debate público todos estos temas, con la intención que prevaleciera la cultura del debate, la tolerancia y el respeto a la opinión ajena, la búsqueda creativa; y evitarle al pueblo cubano el camino que seguían el resto de los países del Campo Socialista.

Che se propuso que el proceso de destrucción del poder capitalista no debía generar en Cuba la lógica del funcionamiento de los mecanismos de poder de todos los modelos de transición socialista que se han experimentado en el siglo xx, con sus diversas variantes: procesos que conducen del protagonismo de la clase obrera al del partido, y de este, a sus aparatos de dirección y mando, y de aquí a un poder personal. El resultado es que las masas, y dentro de ellas la propia clase obrera,

---

[38] Guevara: "Necesidad de este libro" [inédito].

quedan marginadas del poder real, de la toma de decisiones, del ejercicio cotidiano del poder.

VI. Ernesto Che Guevara y el futuro del socialismo

Las ideas revolucionarias acabarán por beneficiarse, por dolorosa y negativa que en lo inmediato resulte a la Humanidad esta experiencia, con la crisis que puso fin a los regímenes del Este y de la URSS. Se clarifican las posiciones. Se abre la posibilidad real de que se deje de identificar marxismo, socialismo, comunismo, con la ideología y práctica de las castas burocráticas del socialismo real; y de dar paso a un debate, un análisis, una reflexión individual y colectiva, de los errores cometidos en todos los regímenes socialistas que surgieron en el siglo xx.

La crisis y desaparición de los regímenes de la URSS y de la Europa del Este fueron el resultado de un largo proceso acumulativo. Lo que reina hoy en lo que fue la URSS no es exclusivamente obra de un hombre o de los programas aplicados en los años más recientes. Es el resultado de un largo proceso, en cuyo origen se conjugan las colosales adversidades que sorteó ese pueblo, lo nuevo del camino, la inexperiencia e ignorancia de los desposeídos que tuvieron, de la noche a la mañana, que administrar un gigantesco país, las guerras de intervención a las que la burguesía internacional sometió al pueblo soviético, la ausencia de revoluciones triunfantes en el resto de Europa y el error humano.

Proceso que se inició en vida de Lenin y dio origen al surgimiento de una casta burocrática, que sin ser dueña de los medios de producción, disponía de ellos y del producto, determinaba cómo usar el plustrabajo y se apropiaba directamente de parte de él. Proceso que dio origen a la desnaturalización del marxismo, convirtiéndolo de una teoría por el reino de la libertad, en una ideología de la dominación y de la obediencia, aplicada a la clase trabajadora soviética —y que luego se aplicó en todos los regímenes socialistas con mayor o menor hondura—, proceso que fue tirando por la borda la ideología marxista y tomando y desarrollando la ideología capitalista, expresada con conceptos y términos marxistas; errores que llevaron a la restauración capitalista en un proceso progresivo de concertación con Occidente.

¿Cómo se llega hasta allí? Che busca las causas en los primeros años del triunfo de la Revolución rusa: La NEP constituye uno de los pasos atrás más grandes dados por la URSS. Lenin la comparó a la Paz de Brest- Litovsk. La decisión era sumamente difícil y a juzgar por las dudas que se traducían en el espíritu de Lenin, al fin de su vida, si este hubiera vivido unos años más hubiera corregido sus efectos más retrógrados. Sus continuadores no vieron el peligro y así quedó constituido el gran Caballo de Troya del socialismo: el interés material directo como palanca económica. La NEP no se instala contra la pequeña producción mercantil, sino como exigencia de ella.[39]

Está por hacer el análisis balanceado, sobrio, de esta primera experiencia de la Humanidad en establecer una sociedad más justa que el capitalismo. Muchos fueron los beneficios que recibieron los pueblos que vivieron bajo proceso de transición socialista, incluso en la fase final degenerativa bajo los regímenes burocráticos. No podemos olvidar que la inmensa mayoría de los pueblos que iniciaron la transición socialista en Europa y Asia, sufrían bajo el capitalismo represión, autoritarismo, atraso, miseria; marginados del desarrollo, sin acceso a la cultura y a las conquistas más elementales de la Humanidad.

No podemos olvidar la supremacía económica que demostró la transición socialista sobre el capitalismo dependiente al llevar, en pocas décadas, a estos países a niveles de desarrollo que hubiesen tomado siglos de despiadada explotación burguesa de sus pueblos. Nadie tiene derecho a olvidar la deuda del movimiento de liberación anticolonial y revolucionario con el pueblo soviético, ni el precio que ese pueblo pagó por librar al mundo del monstruo fascista.

Pero también esta experiencia amarga nos recuerda que no sólo de pan vive el hombre. A nombre de los ideales más elevados de la Humanidad no se puede marginar a las personas, a los individuos y colectivos, de la toma de decisiones reales, ni establecerse una casta política y burocrática que disponga indebida y arbitrariamente del plusvalor creado, determine lo que "está bien" y "está mal", que se autonomine y perpetúe en el poder sin auscultar realmente la voluntad popular; y que, situándose por encima de la población y fuera de su control, la desmovilice. Sin democracia participativa *real* del pueblo, sin control real de los electores sobre los funcionarios que eligen —en los que incluyo tanto a los del nivel local, como de las distintas instancias hasta

---

[39] Guevara: "Notas al *Manual de economía política* de la Academia de Ciencias de la URSS" [inédito].

el máximo núcleo de poder real—, y sin desalienación no surge una sociedad socialista.

Se trata de aplicar al marxismo su concepción de la historicidad de todo pensamiento, de rescatar su esencia. También se trata de abolir los dogmas marxistas que han prevalecido a lo largo del siglo xx y que han prefigurado los resultados obtenidos.

El capitalismo no tiene nada humano que ofrecer a la inmensa mayoría de la Humanidad; ni material ni espiritualmente. Su tendencia hasta hoy es a incrementar la alienación de las personas, no sólo de las que habitan en los países capitalistas subdesarrollados, sino de los pueblos que viven en el Norte rico, e incluso de su propia clase dominante.

La salvación ecológica del planeta mismo depende de la capacidad que encuentre la Humanidad para frenar las intrínsecas tendencias depredadoras del capitalismo en su perenne afán por maximizar ganancias.

El capital, en los países desarrollados, se lanzó a inicios de la década pasada de los noventa, a una nueva ofensiva, para quebrar los sindicatos y destruir las conquistas laborales que los trabajadores de los países desarrollados obtuvieron a sangre y fuego a fines del siglo xix y principios del xx y que alcanzó su máxima expresión con lo que se conoce como *Estado de Bienestar*. Nuevos conceptos de "flexibilidad", "competitividad" en el mercado laboral, etc., metamorfosean la realidad: el capital requiere recortar el salario de los trabajadores, aumentar sus horas de trabajo, quitarse de encima gastos indirectos de producción y servicios y transferirlos al trabajador, que el salario de los trabajadores asuma estos gastos, con el fin de mantener e incrementar su tasa de ganancia y hacer competitivos sus industrias y servicios en el mercado mundial en el que se pugna por un nuevo reparto.

El capitalismo es obsoleto porque no es capaz de: evitar la destrucción del medio ambiente; solucionar el desempleo creciente que es una necesidad y un mal estructural del sistema, como ya lo declaran los gobernantes occidentales sin cortapisa; frenar el decrecimiento económico del Tercer Mundo, y encontrar la solución de todos los males que flagelan a las poblaciones del Sur; evitar el incremento del racismo, la violencia contra la niñez, la desigualdad de la mujer y la práctica creciente de la violencia contra ella.

Presenciamos en la década pasada el inicio del fin del estado de bienestar para los habitantes del Norte, la incapacidad de poner las fábricas a su explotación planificada, la agricultura al servicio de las necesidades de la Humanidad, el desarrollo de la técnica y de la economía acorde con la dimensión humana. Nada de lo anterior ha resuelto el capitalismo en siglos de existencia, y en adelante, tampoco lo podrá resolver porque, entre otras razones, lo que mueve el sistema es la extracción de plusvalía de la masa trabajadora, el afán de lucro a cualquier precio. El capitalismo nunca ha podido conjugar satisfactoriamente el dinero y la ética, las necesidades espirituales y materiales de las personas; el capitalismo ha demostrado su incapacidad para satisfacerlas.

Para los países del Sur, la realidad es aún más trágica. Si le echamos una mirada a las estadísticas de instituciones de la ONU como el Banco Mundial, y el Fondo Monetario Internacional (FMI), de la Organización Mundial del Comercio (OMC), y de otras instituciones de poder y dominación capitalista, encontraremos el siguiente cuadro: el 16% de la población del planeta, concentrada en el Norte, tiene el 86% del producto mundial, mientras que el 20% más pobre, concentrado en el Sur, sólo recibe el 1.3%. El Norte realiza el 80% del comercio internacional. Y este comercio en las 2/3 partes se realiza entre países del Norte. El Norte recibe más del 80% de la inversión extranjera directa (IED). El PIB por habitante es en el Norte 57 veces más alto que el PIB promedio de los países de ingreso bajo (Sur). Pero lo aún más preocupante lo constituye el hecho de que la tendencia es que crezca esta diferenciación: mientras que en 1960 la participación del Norte en el Producto Mundial representaba el 70.2%, en 1989 superó la cifra del 86%. A esto se suma la tendencia que se ha hecho permanente de la disminución del peso de los países del Sur en la economía mundial.

La tendencia de la Tasa de Ganancia del Capital continúa disminuyendo, y el Capital compensa este fenómeno del sistema, explotando aún más al Sur, a través de mecanismos como el pago compulsivo de la Deuda Externa, produciendo en los últimos quince años una disminución del ingreso per cápita. Por ejemplo, en África Subsahariana, el consumo per cápita es 20% más bajo que en 1980. Más del 45% de la población mundial sobrevive con menos de 2 USD diarios, y un 20% con menos de 1 USD diarios.[40]

¿Cuál es la situación en América Latina, donde se halla Cuba?: En 1960 América Latina tenía el 8% del comercio mundial, en 1980 había disminuido al 6% y en la década de los noventa apenas alcanza el 4%. Y dentro de América Latina y el Caribe, cuatro países concentran el 77% del PIB y el 68% de las exportaciones. (Argentina, Brasil, México

---

[40] Publicaciones periódicas de la Pathfinder Press, Nueva York.

y Venezuela). Con relación a la Comunidad Europea la situación es: en 1970 recibía el 33% de las exportaciones de América Latina y en 1980 sólo el 20%. La Deuda Externa en el año 2000 supera los 750 mil 955 millones de usd.[41] Esto significa un 39% del PIB y un 46% de los ingresos provenientes de las exportaciones de bienes y servicios.[42]

Si le sumamos a esto que el continente ha aplicado las Políticas de Ajuste recomendadas por el Banco Mundial y el Fondo Monetario Internacional, en sus variantes neoliberales más pronunciadas, no es de extrañar que se viva el siguiente cuadro: 224 millones de personas viven sumidas en la pobreza y los indigentes suman cerca de 100 millones. Esto significa que el 43.8% de la población es pobre y el 19.5% es indigente.[43] Se calcula que el desempleo asciende a un 40%. Las disparidades entre los segmentos más ricos y los más pobres de la población sigue aumentando y hace más de veinte años que clasifica como la peor distribución del ingreso a nivel mundial.

Para América Latina se denomina la década de los ochenta como la *década perdida*, la región decreció en -9,2% y la década de los noventa no sólo también se perdió sino que fue aún más desastrosa para nuestros pueblos.[44]

América Latina padece todos los males de la globalización y la postmodernidad y ninguna de las ventajas prometidas: el crecimiento económico sin empleo; la concentración del saber en el Norte, deja fuera a nuestros pueblos de las tecnologías de punta, de la creación y desarrollo de centros de investigación científica; la destrucción del medio ambiente —envenenamiento de las fuentes de agua potable, tala de los bosques—, etc.; el desarrollo del modelo de crecimiento basado en las exportaciones a todo trance, la privatización de las empresas estatales y servicios de correos, salud, educación, seguridad social, originando un crecimiento sustancial de la pobreza; la apertura de las fronteras para el flujo libre de capitales, de flujos financieros y de mercancías

---

[41] Balance Preliminar de la CEPAL. 2000.

[42] FMI. World Economic Outlook, septiembre de 2000.

[43] Panorama social de América Latina, 1999

[44] Datos tomados de los informes anuales de los organismos internacionales mencionados y de Carlos M. Vilas: "América Latina en el 'nuevo orden mundial" publicado por el Centro de Investigaciones Interdisciplinarias en Humanidades, UNAM, México, en la colección El mundo Actual. 1994. Véase también de la misma colección, Casanovas: "Globalidad, neoliberalismo y democracia", 1995.

provenientes del Norte, arruinando de este modo las economías nacionales, y no así el flujo libre de personas del Sur para el Norte; reducción del salario real; dependencia alimentaria del exterior; incremento de la Deuda Externa; etc.

Uno de los logros inobjetables del capitalismo neoliberal, es su éxito en la manipulación de las instituciones estatales, privadas y de la opinión pública. El neoliberalismo invirtió centenares de millones de dólares desde los años ochenta, con el objetivo de dominar la formación de la opinión. En los últimos veinte años se ha originado una concentración de los medios de comunicación sin precedente en la historia. Menos de 40 personas dominan más del 80% de los medios masivos de comunicación: TV, internet, prensa diaria, revistas, radio, editoras de libro, etc.

Sumado a lo anterior, el gran capital continúa comprando casi todas las editoriales del mundo e impone su discurso ideológico, tanto en lo que se publica, como en lo que se vende y se lee. Se va sometiendo a las poblaciones del mundo utilizando, desde el uso brutal de la fuerza como hemos presenciado a lo largo de la década de los noventa, hasta con métodos más finos que nos convierten en ciudadanos consumidores obedientes cada día más pobres espiritualmente. Lanzan a la juventud al consumo desenfrenado de drogas y de cualquier bien material superfluo, y al empobrecimiento total de su espiritualidad y formación cultural humanista.

Muchos desean ver concretado en un programa de acción, en un movimiento, en una asociación, en un partido o un conjunto de ellos, el camino concreto alternativo al actual estado de cosas. Muchos, que comienzan a despertar de la etapa de desaliento aplastante, en la que nos impusieron no pensar, y aceptar el modelo de globalización neoliberal como lo menos malo de lo posible; etapa en la que la ideología neoliberal inmovilizó a grandes mayorías en los años noventa, con su imposición de un pensamiento único, decimos, muchos desean hoy una luz para remontar el túnel en el que nos ha sumido el neoliberalismo.

Creemos que estamos en la etapa del despertar, de búsqueda, de volvernos a ilusionar, de volver a potenciar individual y colectivamente la imaginación creativa para afrontar todos los grandes retos para preservar la naturaleza y a todos los humanos.

En los últimos veinte años, y particularmente, en los últimos doce años, hemos venido aceptando la materialización del capitalismo neoliberal, y participando en diversa medida, en la relegación de los valores humanos elementales, de la espiritualidad a una escala nunca antes vista, y aceptando pasivamente la imposición de una cultura dominante creada y propagada desde los centros del poder mundial, que niega todo pensamiento, que enajena al ciudadano común del espacio para pensar con cabeza propia, decidir, votar libremente y elegir sin manipulaciones a los dirigentes que representen mínimamente sus intereses personales, locales, laborales, y como comunidad cultural.

Votamos —donde existe democracia representativa— y luego los elegidos hacen otra cosa y no tenemos poder sobre ellos hasta la nueva elección 2, 4, 6 ó 7 años después. En este periodo, avanzó cada día más la uniformidad gris del neoliberalismo, que llevó a la gente a la desilusión, al desconcierto, a la evasión, y a sumergirse en un individualismo feroz y uniforme a través de los programas globalizados de la TV y de la industria de Hollywood.

Una mirada atrás, nos permite observar, que muchas de las crisis que la Humanidad ha tenido en su historia más reciente y conocida de los últimos 6 mil años, las salidas y las respuestas han surgido de una manera inesperada, impensable con el instrumental organizativo conceptual a mano por los pensadores de cada época. Por lo general las soluciones han brotado de la imaginería popular, por la fantasía, la capacidad de soñar, luchar por una vida mejor, de grandes segmentos de la población —llámese clase social, grupos, etc.—, que han padecido de muy diversa manera por limitaciones extremas al acceso a los bienes más elementales de subsistencia material y desarrollo de sus intereses, y, por la represión que han padecido en la expresión de sus pensamientos, fe, ética, e intereses culturales; y en muy pocas ocasiones las respuestas han venido de las instituciones establecidas, por los partidos y grupos políticos de oposición al *statu quo*. Más bien, muchos de esos partidos, grupos y organizaciones religiosas han capitalizado ese caudal de iniciativa y creatividad por cambiar lo establecido y se han sumado al carro acercándolos a sus intereses en diversa medida.

Desapareció el mal del comunismo totalitario, cayó el Muro de Berlín, desapareció la Guerra Fría, y todo lo que justificaba la carrera armamentista, los grandes presupuestos de guerra que limitaban la sociedad de bienestar en el Norte, y el desarrollo en el Sur. Y hemos presenciado en la última década, que los países capitalistas del Norte —que son a su vez los grandes productores de armas (dentro de ellos, EE.UU., Gran Bretaña y Francia producen el 80% del total mundial) y los que desatan las guerras para que se consuman sus armas y volver a producir más y aumentar las ganancias de su macabro negocio—, no sólo no han reducido sus producciones, sino que asistimos en los inicios del Milenio y del siglo XXI a la reactivación de la idea loca de imponernos una carrera armamentista de proporciones colosales, nunca vista, con el plan del escudo anti misil desarrollado e impuesto a la Humanidad por EE.UU., cabeza del poder mundial neoliberal.

La década de los noventa se inició sin el comunismo como protagonista y finalizó con el capitalismo como único actor y causante de muchas guerras, desatadas por el Sistema con el saldo de millones de muertos, heridos, lisiados por vida. Despertamos nuevamente y volvemos a asumir que cuando existen personas que sufren pobreza, maltratos, y falta a su dignidad, no podemos quedar ajenos. No podemos declararnos que no podemos cambiar el estado de cosas que lo provoca.

Si hasta los gobiernos más poderosos de la Tierra reunidos periódicamente en el G-7, se dan a la tarea de plantearse estos temas de los cuales son responsables directos, ¿Cómo no podemos nosotros dedicar un tiempo a meditar sobre todos estos problemas? Quizás cada uno individualmente pueda no tener la solución. ¡Hasta los poderosos se reúnen y se unen para lograr objetivos! Quizás uniendo individualidades bajo bases nuevas, libres de las que llevaron a los errores del siglo XX, podríamos hallar soluciones sostenibles a cada uno de los problemas que aquejan la existencia misma de nuestro país y del planeta. Y decimos nuevas bases, porque la globalización última del Capital está cambiando la naturaleza del poder, hemos presenciado en la última década del siglo XX, una disminución considerable del poder por parte de los estados nacionales. Hemos presenciado que no existen diferencias sustanciales en las decisiones tomadas y las conductas entre Gobiernos de izquierda, de centro o de derecha. La nueva relación de poder de la globalización obliga a pensar más en buscar una nueva relación de poder en la Sociedad Civil para subvertir la existente.

El capitalismo no tiene nada humano que ofrecerle a nuestros pueblos, y del fracaso del socialismo real —incluyendo los errores y chapucerías del socialismo real cubano, cometidos por más de tres décadas—, debemos sacar las lecciones para no volver en el presente ni en el futuro a él.[45]

---

[45] Véase a continuación discurso de Fidel Castro: pronunciado el 8 de octubre de 1987. Fidel analiza exhaustivamente los errores cometidos cuando en las décadas de los setenta y los ochenta, se copia e implanta en Cuba el modelo soviético. Publicado en el periódico *Granma*, octubre 1987.

El socialismo real fracasó porque utilizó en gran medida los instrumentos capitalistas para su funcionamiento[46] —incluyendo las tecnologías que dañaron seriamente el medio ambiente—, y no fue capaz de desarrollar una sociedad democráticamente participativa, un sistema de dirección económica acorde con su esencia, una cultura alternativa a la capitalista.

No sólo no eliminó la alienación capitalista, sino que la incrementó, creando una nueva alienación. Las limitaciones a la libertad individual de la clase trabajadora y demás personas que voluntariamente participaban en la creación de una nueva sociedad, en el sueño de hacer realidad la Utopía; la instrumentación de mil limitaciones burocráticas y arbitrariedades, crearon un aire de asfixia que llevó a esas poblaciones al desvarío. Y con la población alienada y limitada su libertad, no se puede hablar de una sociedad socialista.

El socialismo se hace voluntariamente, y no convirtiendo al país en una inmensa cárcel, llena de medidas arbitrarias burocráticas y policíacas, que limitan el movimiento libre de sus ciudadanos —tanto al interior de su país como al exterior, y del exterior al interior—, la participación real popular y el control popular de verdad sobre sus dirigentes. La experiencia del siglo xx avala este postulado marxista en todas las latitudes.

El análisis sereno de esta experiencia contribuirá a las generaciones del siglo xxi a acercarse a un sistema más humano, que no conduzca a la Humanidad a un suicidio ético y ecológico.

El ideario de Che, su vida, sus acciones, sus escritos, ocupará un lugar destacado en la tarea del desarrollo del pensamiento y de la ética en la búsqueda de una sociedad con rostro humano, el que la Humanidad, finalmente, merece.

---

[46] En los últimos veinte años, el poder de las Multinacionales ha ido en aumento, y han impuesto industrias, cultivos y otras prácticas, que contaminan aún más, a cambio de la obtención de ganancias aunque sea al precio de la destrucción de la Naturaleza. Este modelo destructor y contaminante de la naturaleza también se extendió en los países de régimen socialista, pues copiaron la misma filosofía, el mismo concepto del *Progreso*, de la *Productividad* y de la tecnología de desarrollo que triunfó en el capitalismo en el siglo xix, y posteriormente a inicios del xx. Hoy día, luego de iniciarse en la década de los noventa la implantación del capitalismo en el ex bloque soviético, podemos constatar que la contaminación no ha disminuido, sino acrecentado con la aplicación de las recetas económicas neoliberales.

LAS IDEAS DEL CHE SON DE UNA VIGENCIA ABSOLUTA Y TOTAL

DISCURSO PRONUNCIADO EL 8 DE OCTUBRE DE 1987 EN LA PRINCIPAL
CEREMONIA CONMEMORATIVA DEL VIGÉSIMO ANIVERSARIO
DE LA MUERTE DE ERNESTO CHE GUEVARA*

FIDEL CASTRO

Hace casi 20 años, el 18 de octubre de 1967, nos reunimos en la Plaza de la Revolución, ante una enorme multitud, para rendir homenaje al compañero Ernesto Che Guevara. Fueron aquellos días muy amargos, muy duros, en que se recibían las noticias de los acontecimientos allá por Vado del Yeso, en la Quebrada del Yuro [en Bolivia], donde informaban las agencias cablegráficas que el Che había caído en combate.

No tardamos mucho tiempo en percatarnos de que aquellas noticias eran absolutamente fidedignas, por cuanto incluso aparecieron informaciones y fotos que hacían incuestionable la realidad del hecho. Durante varios días se recibieron noticias, hasta que ya, con todos aquellos elementos, aunque sin que se supieran muchos de los detalles que se conocen hoy, tuvo lugar aquella gran concentración de masas, aquel acto tan solemne en que le rendíamos postrer tributo al compañero caído.

Han pasado desde entonces casi 20 años, hoy 8 de octubre; lo que esta vez estamos conmemorando es el día, precisamente, en que cayó en combate. Según los informes fidedignos que hoy se poseen, en realidad lo asesinaron al día siguiente, después que lo hicieron prisionero, por encontrarse desarmado y además herido; su arma había sido anulada en el combate. Por eso ha quedado ya como una tradición que sea el 8 de octubre el día en que se conmemore el aniversario de aquel dramático hecho.

---

* El acto se realizó en una nueva fábrica de componentes electrónicos en la ciudad de Pinar del Río. El texto fue publicado originalmente en la edición del 12 de octubre de 1987 de *Granma*, órgano del Partido Comunista de Cuba (PCC).

Pasó el primer año, pasaron los 5 primeros años, 10 años, 15 años, 20 años, y se hacía necesario en esta señalada ocasión efectuar un acto, o, mejor dicho, se hacía necesario recordar en toda su dimensión histórica, aquel hecho y, sobre todo, al principal protagonista de aquel hecho. Así, de una manera natural, no muy pensada, no muy deliberada, de una manera espontánea, todos los sectores, todo el pueblo ha estado recordando durante los últimos meses aquella fecha. Y se podía conmemorar este vigésimo aniversario con cosas solemnes como las que hemos visto hoy: el toque de silencio, el himno, el magnífico poema de Nicolás Guillén, que escuchamos hoy con el mismo acento, con la misma voz con que lo escuchamos hace 20 años.

Se podría tratar de hacer aquí un discurso también muy solemne, muy grandilocuente, tal vez escrito, en estos tiempos en que, en realidad, el gran cúmulo de trabajo apenas deja un minuto no ya para escribir un discurso, sino, incluso, para meditar con más profundidad sobre todos aquellos acontecimientos y sobre las cosas que aquí podrían decirse.

Por eso quiero más bien en este acto recordar al Che reflexionando con ustedes, porque he reflexionado, he reflexionado mucho en torno al Che.

En un reportaje, parte del cual salió ayer publicado en nuestro país, respondiendo a las preguntas de un periodista italiano que me tuvo casi 16 horas consecutivas frente a las cámaras de televisión, más que de televisión, de cine, porque en su interés de buscar una calidad superior a la imagen de todo lo que hacía no utilizó el videocassette, que a veces tiene un rollo que dura dos horas, sino la cámara de cine, cambiando la película cada 20 ó 25 minutos, y así fue bastante fatigosa aquella entrevista. Algo que teníamos que haber hecho en tres días fue necesario hacerlo en un día porque no hubo más tiempo. Tuvo lugar un domingo; comenzó antes del mediodía y terminó alrededor de las cinco de la mañana siguiente: más de 100 preguntas. Entre los diversos y variados temas, el periodista tenía mucho interés en hablar del Che, y fue ya entre las tres y las cuatro de la mañana cuando realmente se abordó aquel tema. Yo hice el correspondiente esfuerzo para ir satisfaciendo cada una de las preguntas, y, por cierto, de manera especial, hice un esfuerzo para sintetizar los recuerdos que tenía del Che.

Le conté algo que me ocurría, que pienso que le ocurra también a muchos compañeros, relacionados con la perenne permanencia del Che. Hay que tener en cuenta las relaciones peculiares con el Che, el afecto, los vínculos fraternales de compañerismo, la lucha unida durante casi 12 años, desde el momento en que lo conocimos en México hasta el final, una etapa rica en acontecimientos históricos, algunos de los cuales han sido revelados por primera vez en estos días.

Fue una historia llena de episodios heroicos, de hechos gloriosos, desde que el Che se unió a nosotros para la expedición del *Granma:* el desembarco, los reveses, los días más difíciles, la reanudación de la lucha en las montañas, la reconstrucción de un ejército a partir, prácticamente, de la nada; los primeros combates y las últimas batallas.

Todo aquel periodo impactante que siguió al triunfo, las primeras leyes revolucionarias, en que supimos ser absolutamente fieles a los compromisos que hicimos con el pueblo y llevamos a cabo un cambio realmente radical en la vida del país, aquellos episodios que se sucedían uno tras otro, como fueron: el inicio de la hostilidad imperialista, el bloqueo, las campañas de calumnias contra la Revolución apenas empezamos a hacer justicia a los criminales y a los esbirros que habían asesinado a miles de nuestros compatriotas, el bloqueo económico, la invasión de Girón, la proclamación del carácter socialista de la Revolución, la lucha contra los mercenarios, la Crisis de Octubre, los primeros pasos en la construcción del socialismo cuando no había nada, ni experiencias, ni cuadros, ni ingenieros, ni economistas, ni técnicos apenas; cuando nos quedamos, incluso, casi sin médicos, porque se habían marchado 3 mil de los 6 mil que había en el país; las primera y segunda Declaración de La Habana, el inicio del aislamiento impuesto a nuestra patria, la ruptura colectiva de relaciones diplomáticas por parte de todos los gobiernos latinoamericanos y Cuba, a excepción de México. Un periodo en el que, en medio de todo aquel conjunto de acontecimientos, fue también necesario organizar la economía del país, periodo relativamente breve, pero fecundo, lleno de hechos y de acontecimientos inolvidables.[1]

---

[1] El 17 de abril de 1961, unos 1 500 mercenarios invadieron Cuba en Playa Girón, sobre la costa del sur. Organizados y financiados por el gobierno norteamericano, pretendían declarar un gobierno provisional que pidiera la intervención directa de Washington. Sin embargo, los invasores fueron derrotados en 72 horas por las milicias y las Fuerzas Armadas Revolucionarias de Cuba. El día antes de la fallida invasión, en una enorme concentración convocada en honor a los cubanos que habían sido muertos o heridos por ataques aéreos organizados por Washington contra La Habana, Santiago de Cuba y San Antonio de los Baños, Fidel Castro proclamó el carácter socialista de la Revolución cubana y llamó al pueblo de Cuba a que tomara las armas en su defensa.

Ante los crecientes preparativos para una nueva invasión a Cuba por parte de Washington en 1962, el gobierno cubano firmó un acuerdo de defensa mutua con la

Es preciso tener en cuenta aquella persistencia del Che en cumplir con su viejo anhelo, una vieja idea, la de regresar hacia América del Sur, hacia su patria, para hacer la revolución, a partir de toda la experiencia adquirida en nuestro país; la forma, incluso, clandestina en que tiene que organizarse su salida; el barraje de calumnias contra la Revolución, cuando se dijo que había conflictos, diferencias con el Che, que el Che había desaparecido. Hasta se habló, incluso, de que el Che había sido asesinado por divisiones en el seno de la Revolución, mientras la Revolución, firme y ecuánime, soportaba y soportaba la feroz embestida porque por encima de la irritación y la amargura que podían producir aquellas campañas, lo importante era que el Che pudiera cumplir sus objetivos, lo importante era preservar su seguridad y la de los compatriotas que lo acompañaban en sus históricas misiones.

Expliqué en la referida entrevista cuáles eran los orígenes de aquella idea, cómo él había planteado en el momento en que se unió a nosotros una sola condición: que una vez finalizada la revolución, cuando él quisiera regresar a Suramérica, no surgiera ninguna conveniencia de estado o razón de estado que interfiriera en ese anhelo, que no se le prohibiera hacer eso. Se le respondió que sí, que podría hacerlo, de que lo apoyaríamos; compromiso alguna que otra vez recordado por él, hasta que llegó el momento en que él creía que debía ya partir.

URSS. En octubre de 1962, el presidente norteamericano John Kennedy exigió el retiro de los misiles nucleares soviéticos instalados en Cuba tras la firma de este pacto. Washington ordenó un bloqueo naval contra Cuba, aceleró sus preparativos de invasión, y puso sus fuerzas armadas en estado de alerta nuclear. Millones de obreros, campesinos, estudiantes, amas de casa, jubilados cubanos se movilizaron en defensa de la revolución. Tras un intercambio de comunicaciones entre Washington y Moscú, el primer ministro Nikita Jruschov, sin consultar el gobierno cubano, anunció su decisión de retirar los misiles el 28 de octubre.

En respuesta a la escalada de agresiones por parte del imperialismo norteamericano, una gran manifestación celebrada el 2 de septiembre de 1960 adoptó la Primera Declaración de La Habana, que reafirmó la trayectoria de la Revolución cubana y su carácter profundamente antiimperialista.

El 31 de enero de 1962, la Organización de Estados Americanos (OEA) expulsó a Cuba de sus filas. Todos los gobiernos de América Latina excepto el mexicano rompieron relaciones diplomáticas con Cuba. Cuatro días más tarde, una concentración de un millón de cubanos proclamó la Segunda Declaración de La Habana. El manifiesto reiteró el apoyo de Cuba a las luchas revolucionarias en América y planteó el carácter socialista de la Revolución que estaba al orden del día a nivel continental.

No sólo se cumplió la promesa de acceder a su partida, sino también se le ayudó en todo lo que fue posible a llevar a cabo ese empeño. Se trató, incluso, de dilatar un poco el momento; se le dieron otras tareas que habrían de enriquecer su experiencia guerrillera y se trataba de crear el mínimo de condiciones para que él no tuviera que pasar la etapa más difícil, de los primeros días en la organización de un movimiento guerrillero, algo que nosotros conocíamos perfectamente bien por nuestra propia experiencia.

Valorábamos el talento, la experiencia y la figura del Che, un cuadro para grandes tareas estratégicas, y que tal vez sería más apropiado que otros compañeros llevasen a cabo aquella primera tarea de organización y que él se incorporara en un periodo más avanzado del proceso. Esto tiene que ver, incluso, con la práctica que seguimos durante la guerra de preservar a los cuadros a medida que se destacaban, para misiones cada vez más importantes, cada vez más estratégicas. No eran muchos los hombres con que contábamos, los cuadros experimentados, y a medida que se iban destacando no los enviábamos con una escuadra a una emboscada todos los días, sino que les asignábamos otras responsabilidades más importantes y acordes, realmente, con su capacidad y su experiencia.

Así, recuerdo que en los días de la última ofensiva de [Fulgencio] Batista en la Sierra Maestra contra nuestras combativas pero reducidas fuerzas, a los cuadros más experimentados no los situamos en las primeras trincheras, sino que les encomendamos otras tareas de dirección estratégicas preservándolos, precisamente, para nuestra fulminante contraofensiva. No tenía ya sentido situar al Che, a Camilo [Cienfuegos][2] o a otros compañeros que habían participado en numerosos combates al frente de una escuadra, sino que los preservábamos para dirigir después columnas que iban a cumplir arriesgadas misiones de gran trascendencia y, entonces, sí los enviábamos al territorio enemigo, con toda la responsabilidad y con todos los riesgos, como cuando se inició la invasión de Las Villas por Camilo y el Che, una misión extraordinariamente difícil que requería hombres de enorme experiencia y autoridad, como jefes de aquellas columnas, capaces de llegar a la meta.

---

[2] Camilo Cienfuegos (1932-59), expedicionario del *Granma,* fue comandante del Ejército Rebelde y jefe de la columna número 2 "Antonio Maceo". En enero de 1959, asumió el cargo de jefe del estado mayor del Ejército Rebelde. Murió el 28 de octubre de 1959 cuando el avión en que volaba se perdió en alta mar.

Siguiendo esa lógica, tal vez habría sido mejor, con vistas a los objetivos que se perseguían, que se hubiese cumplido ese mismo principio y él se hubiese incorporado más adelante. No había, realmente, tanta necesidad de que él hiciera toda la tarea desde el principio. Pero él estaba impaciente, realmente, muy impaciente. Algunos compañeros argentinos habían muerto en los primeros esfuerzos realizados por él años antes, entre ellos, Ricardo Masetti, fundador de Prensa Latina.[3] El recordaba mucho eso y estaba, realmente, impaciente por realizar con su participación personal aquella tarea, y como siempre respetamos los compromisos, sus puntos de vista, pues siempre existieron relaciones de absoluta confianza, de absoluta hermandad, independientemente de nuestras ideas sobre cuál sería el momento ideal para que él se incorporara. Le dimos en consecuencia toda la ayuda y todas la facilidades para que iniciara aquella lucha.

Después vinieron las noticias de los primeros combates y las comunicaciones quedaron totalmente interrumpidas; en una fase precoz de la organización de aquel movimiento guerrillero, el enemigo lo pudo detectar, y se inició una etapa que duró muchos meses en que las noticias que se recibían eran casi exclusivamente las que venían por los cables internacionales. Cables que había que interpretar, tarea en la que nuestra Revolución ha adquirido ya una gran experiencia para conocer cuándo una noticia puede ser fidedigna o es una noticia inventada, una noticia falsa.

Recuerdo, por ejemplo, cuando llegó por cable público la noticia de la muerte del grupo de Joaquín, el compañero Vilo Acuña, su nombre real, y nosotros la analizamos, yo llegué de inmediato a la convicción de que era verídica, y esa veracidad emanaba de la forma en que, según se explicaba, había sido liquidado aquel grupo, cruzando un río.[4] Por nuestra experiencia guerrillera, por todo lo que habíamos vivido, nosotros sabíamos cómo se podía liquidar a un pequeño grupo

---

[3] Jorge Ricardo Masetti nació en Buenos Aires, Argentina, en 1929. Fue el primer periodista latinoamericano que entrevistó a Fidel Castro en la Sierra Maestra. Fundador y primer director de la agencia de noticias Prensa Latina. Cayó en combate el 21 de abril de 1964 en las montañas de Salta en Argentina.

[4] El 17 de abril de 1967, la unidad guerrillera fue dividida en dos. El grupo principal fue encabezado por Guevara y la retaguardia de 17 combatientes por Joaquín (Juan Vitalio Acuña). Aunque la separación debía durar tan sólo unos días, los dos grupos perdieron contacto permanentemente. El 31 de agosto, los que quedaban del grupo de Joaquín cayeron en una emboscada, y fueron aniquilados.

de guerrilleros, las pocas y excepcionales formas en que tal grupo podía ser liquidado.

Y cuando allí se explicaba que un campesino había hecho contacto con el ejército, que había informado en detalles noticias sobre ubicación e intenciones del grupo buscando un paso de río, cómo el ejército se había emboscado en la orilla opuesta del río en el paso indicado por el propio campesino a los guerrilleros y la forma en que dispararon sobre estos en medio del cruce, la explicación ofrecida no admitía dudas; porque suponiendo que los inventores de partes falsos, lo cual hicieron muchas veces, trataran de hacerlo una vez más, era imposible admitir en ellos, tan burdos por lo general en sus mentiras, suficiente inteligencia y suficiente experiencia para inventar las circunstancias exactas en que únicamente se podía liquidar a ese grupo. Llegamos por ello a la convicción de que aquella noticia era verídica.

Largos años de experiencia revolucionaria nos habían enseñado a descifrar los cables, discernir entre la verdad y la mentira en cada uno de los acontecimientos, tomando en cuenta desde luego también otros elementos de juicio. Pero ese era el tipo de noticias que teníamos sobre la situación hasta que vinieron las noticias de la muerte del Che.

Nosotros teníamos esperanzas —como hemos explicado— de que, aun cuando quedaban 20 hombres, aun cuando las circunstancias eran muy difíciles, todavía quedaban posibilidades al movimiento guerrillero.

Ellos se encaminaban hacia una zona donde había sectores campesinos organizados, donde algunos cuadros bolivianos que se habían destacado tenían influencia, y hasta ese momento, casi al final, se mantenían las posibilidades de que el movimiento se consolidara y se desarrollara.

Pero fueron en fin tan peculiares las circunstancias de nuestras relaciones con el Che, la historia casi irreal de la breve pero intensa epopeya vivida en nuestros primeros años de la Revolución, habituados a convertir lo imposible en posible, que yo le explicaba al periodista mencionado que uno experimentaba la permanente impresión de que el Che no había muerto, que el Che seguía viviendo. Por tratarse de una personalidad tan ejemplar, tan inolvidable, tan familiar, era difícil resignarse a la idea de la muerte física, y a veces soñaba —todos soñamos con episodios relacionados con nuestra vida y nuestras luchas— que veíamos al Che, que el Che regresaba, que el Che estaba vivo, ¡cuántas veces!, le decía. Y le referí esos sentimientos que uno raras veces cuenta, lo que da también idea del impacto de la personalidad del Che, e idea también del grado tan alto en que el Che está vivo realmente, casi como si su presencia fuera física, con sus ideas, con sus hechos, con sus ejemplos, con todas las cosas que creó, esa vigencia de su figura y el respeto hacia él no sólo en América Latina, sino en Europa y en todas partes del mundo.

Como habíamos pronosticado aquel 18 de octubre, hace 20 años, se convirtió en un símbolo de todas las personas oprimidas, de todas las personas explotadas, de todos los patriotas, de todos los demócratas, de todos los revolucionarios; en un símbolo permanente e invencible.

Por todos esos factores, por esa vigencia real que tiene hoy mismo en el ánimo de todos nosotros a pesar de que han transcurrido 20 años, cuando escuchamos el poema, cuando escuchamos el himno o cuando escuchamos el toque de silencio, cuando abrimos nuestra prensa y vemos las fotos del Che en cada una de las etapas, su imagen, tan conocida en todo el mundo —porque hay que decir que el Che tenía no sólo todas las virtudes y todas la cualidades humanas y morales para ser un símbolo, sino que el Che tenía, además, la estampa del símbolo, la imagen del símbolo: su mirada, la franqueza y la fuerza de su mirada; su rostro, que refleja carácter, una determinación para la acción incontenible a la vez que una gran inteligencia y una gran pureza—, cuando vemos los poemas que se han escrito, los episodios que se cuentan y las historias que se repiten, palpamos esa realidad de la vigencia del Che, de la presencia del Che.

No tiene nada de extraño si uno, no sólo en la vida de cada día palpa su presencia, sino hasta en sueños se imagina que el Che está vivo, que el Che está actuando y que su muerte no existió nunca. Al fin y al cabo debemos sacar la convicción a todos los efectos en la vida de nuestra Revolución de que el Che no murió nunca y que el Che, en la realidad de los hechos, vive más que nunca, está más presente que nunca, influye más que nunca y es un adversario del imperialismo más que nunca.

Aquellos que desaparecieron su cadáver para evitar que fuera símbolo; aquellos que, siguiendo la orientación y los métodos de sus amos imperiales, no quisieron que quedara una sola huella, se encuentran con que, aunque no haya tumba conocida, aunque no haya restos, aunque no haya cadáver, existe, sin embargo, un temible adversario del imperio, un símbolo, una fuerza, una presencia que no podrán ver jamás destruida.

Ellos demostraron su debilidad y su cobardía cuando desaparecieron al Che, porque demostraron también su miedo al ejemplo y al símbolo. No quisieron que los campesinos explotados, los obreros, los estudiantes, los intelectuales, los demócratas, los progresistas, los patriotas de este hemisferio tuvieran un lugar donde ir a rendir tributo al Che. Y hoy, en el mundo de hoy, en que no se le rinde tributo a los restos del Che en un lugar específico, se le rinde tributo en todas partes. [*Aplausos*]

Hoy no se le rinde tributo al Che una vez al año, ni una vez cada 5, 10, 15, 20 años. Hoy se le rinde homenaje al Che todos los años, todos los meses, todos los días, en todas partes, en una fábrica, en una escuela, en una unidad militar, en el seno de un hogar, entre los niños, entre los pioneros que quién puede calcular cuántos millones de veces han dicho, en estos 20 años: "¡Pioneros por el Comunismo, seremos como el Che!" [*Aplausos*]

Ese solo hecho que acabo de mencionar, esa sola idea, ese solo hábito por sí solo constituye una presencia permanente y grandiosa del Che. Y creo que no sólo nuestros pioneros, no sólo nuestros niños, creo que todos los niños de este hemisferio, todos los niños del mundo podrían repetir esa misma consigna: "¡Pioneros por el comunismo, seremos como el Che!" [*Aplausos*]

Es que realmente no puede haber un símbolo superior, no puede haber una imagen mejor, no puede haber una idea más precisa para buscar un modelo de hombre revolucionario y para buscar un modelo de hombre comunista. Expreso esto porque tengo la más profunda convicción, la he tenido siempre y la tengo hoy, igual o más que cuando hablé aquel 18 de octubre y preguntaba cómo querían que fueran nuestros combatientes, nuestros revolucionarios, nuestros militantes, nuestros hijos, y dije que queríamos que fueran como el Che, porque el Che es la personificación, es la imagen de ese hombre nuevo, es la imagen de ese ser humano si se quiere hablar de la sociedad comunista, [*Aplausos*] si vamos a proponernos realmente construir, no ya el socialismo, sino las etapas más avanzadas del socialismo, si la humanidad no va a renunciar a la hermosa y extraordinaria idea de vivir algún día en la sociedad comunista.

Si hace falta un paradigma, si hace falta un modelo, si hace falta un ejemplo a imitar para llegar a esos tan elevados objetivos, son imprescindibles hombres como el Che. Hombres y mujeres que lo imiten, que sean como él, que piensen como él, que actúen como él y se comporten como él en el cumplimiento del deber, en cada cosa, en cada detalle, en cada actividad; en su espíritu de trabajo, en su hábito de enseñar y educar con el ejemplo; en el espíritu de ser el primero en todo, el primer voluntario para las tareas más difíciles, las más duras, las más abnegadas, el individuo que se entrega en cuerpo y alma a una causa, el individuo que se entrega en cuerpo y alma a los demás, el individuo verdaderamente solidario, el individuo que no abandona jamás a un compañero, el individuo austero; el individuo sin una sola mancha, sin una sola contradicción entre lo que hace y lo que dice, entre lo que practica y lo que proclama; el hombre de acción y pensamiento que simboliza el Che. [*Aplausos*]

Constituye para nuestro país un honor y un gran privilegio haber contado entre sus hijos, aunque no hubiera nacido en esta tierra, ¡entre sus hijos!, porque se ganó el derecho a considerarse y ser considerado hijo de nuestra patria, es un honor y un privilegio para nuestro pueblo, para nuestro país, para nuestra historia, para nuestra Revolución, haber contado entre sus filas con un hombre verdaderamente excepcional como el Che.

Y no es que piense que los hombres excepcionales son escasos, no es que piense que en las grandes masas no haya hombres y mujeres excepcionales por cientos, por miles e incluso por millones. Lo dije ya una vez cuando en aquella amarga circunstancia de la desaparición de Camilo, al hacer la historia de cómo surgió Camilo, dije: "en el pueblo hay muchos Camilo". Podría decir también: en nuestro pueblo, en los pueblos de América Latina y en los pueblos del mundo hay muchos Che.

Pero, ¿por qué los llamamos hombres excepcionales? Porque realmente, en el mundo en que vivieron, en las circunstancias que vivieron, tuvieron la posibilidad y la oportunidad de demostrar todo lo que el hombre con su generosidad y su solidaridad es capaz de sí. Y es que, verdaderamente, pocas veces se dan las circunstancias ideales en que el hombre tiene la oportunidad de expresarse y de reflejar todo lo que lleva dentro, como la tuvo el Che.

Claro está que en las masas hay incontables hombres y mujeres que como resultado, entre otras cosas, del ejemplo de otros hombres, de ciertos valores que se han ido creando, son capaces del heroísmo, incluso de un tipo de heroísmo que yo admiro mucho, el heroísmo silencioso, el heroísmo anónimo, la virtud silenciosa, la virtud anónima. Pero siendo extraño, raro, que se pueda dar todo ese conjunto de circunstancias que produzcan una figura como la del Che, que hoy es un símbolo mayor, es un gran honor y un privilegio que esa figura haya nacido del seno de nuestra Revolución.

Y como una prueba de lo que anteriormente decía acerca de la presencia y vigencia del Che, yo podría preguntar: ¿habría un momento más oportuno para recordar al Che con toda la fuerza, con el más profundo sentimiento de reconocimiento y de gratitud que una fecha como esta, un aniversario como este? ¿Habría algún momento mejor que este, en pleno proceso de rectificación?

¿Y qué estamos rectificando? Estamos rectificando precisamente todas aquellas cosas —y son muchas— que se apartaron del espíritu revolucionario, de la creación revolucionaria, de la virtud revolucionaria, del esfuerzo revolucionario, de la responsabilidad revolucionaria; que se apartaron del espíritu de solidaridad entre los hombres. Estamos rectificando todo tipo de chapucerías y de mediocridades que eran precisamente la negación de las ideas del Che, del pensamiento revolucionario del Che, del estilo del Che, del espíritu del Che y del ejemplo del Che.

Creo, realmente, lo digo con toda satisfacción, que si el Che estuviera sentado aquí en esta silla se sentiría, realmente, jubiloso, se sentiría feliz de lo que estamos haciendo en estos tiempos; como se habría sentido muy desgraciado en ese periodo bochornoso en que aquí empezaron a prevalecer una serie de criterios, de mecanismos y de vicios en la construcción del socialismo que habrían constituido motivo de profunda, de terrible amargura para el Che. [*Aplausos*]

Por ejemplo, el trabajo voluntario, que fue una creación del Che y una de las mejores cosas que nos legó en su paso por nuestra patria y en su participación en nuestra Revolución, decaía cada vez más. Ya era casi un formalismo, en ocasión de una fecha tal y más cual, un domingo, un correcorre en ocasiones para hacer cosas desorganizadas, y prevalecía cada vez más el criterio burocrático, el criterio tecnocrático de que el trabajo voluntario no era cosa fundamental ni esencial; la idea, prácticamente, de que el trabajo voluntario fuera una especie de tontería y perdedera de tiempo, que los problemas había que resolverlos con horas extra, con más y más horas extra, mientras ni siquiera se aprovechaba de una forma correcta la jornada laboral. Ya habíamos caído en el pantano del burocratismo, de las plantillas infladas, de las normas anacrónicas, de la trampa, de la mentira, habíamos caído en un montón de vicios que, realmente, habrían horrorizado al Che.

Porque si al Che le hubiesen dicho que algún día en la Revolución cubana iban a existir unas empresas que por ser rentables robaban, se habría horrorizado; que unas empresas que por ser rentables y repartir premios, no sé cuántas cosas, y primas, vendían los materiales con que tenían que construir y los cobraban como si hubieran construido, el Che se habría horrorizado.

Y les digo que eso pasó en los 15 municipios de la capital de la república, con las 15 empresas de mantenimiento de la vivienda para citar sólo algunas. Aparecían produciendo 8 mil pesos al año, y cuando se acabó el relajo y se puso fin a todo eso, aparecían produciendo 4 mil o menos, entonces ya no eran rentables; eran rentables sólo robando.

Si al Che le hubieran dicho que aparecían unas empresas en que, para cumplir y sobrecumplir fraudulentamente el plan, asignaban al mes de diciembre la producción del mes de enero, el Che se habría horrorizado.

Si al Che le hubieran dicho que había unas empresas que cumplían el plan y repartían premios por cumplir el plan en valores, pero no en surtido, y que se dedicaban a hacer las cosas que les daban más valores y no hacían aquellas que les daban menor ganancia, aunque unas sin otras no sirvieran para nada, el Che se habría horrorizado.

Si al Che le hubieran dicho que iban a aparecer unas normas tan flojas, tan blandengues y tan inmorales que, en ciertas ocasiones, la totalidad casi de los trabajadores las cumplían dos veces, y tres veces, el Che se habría horrorizado.

Si le hubieran dicho que el dinero se iba a empezar a convertir en el instrumento principal, la fundamental motivación del hombre, él, que tanto advirtió contra eso, se habría horrorizado; que las jornadas no se cumplían y aparecían los millones de horas extra; que la mentalidad de nuestros trabajadores se estaba corrompiendo, y que los hombres iban teniendo cada vez más un signo de peso en el cerebro, el Che se habría horrorizado. Porque él sabía que por esos caminos tan trillados del capitalismo no se podía marchar hacia el comunismo, que por esos caminos un día habría que olvidar toda idea de solidaridad humana e incluso de internacionalismo; que por aquellos caminos no se marcharía jamás hacia un hombre y una sociedad nuevos.

Si al Che le hubieran dicho que un día se pagarían primas y más primas, y primas de todas clases, sin que aquello tuviera nada que ver con la producción, el Che se habría horrorizado.

Si hubiese visto un día un conjunto de empresas, plagadas de capitalistas de pacotilla —como les llamamos nosotros—, que se ponen a jugar con el capitalismo, que empiezan a razonar y a actuar como capitalistas, olvidándose del país, olvidándose del pueblo, olvidándose de la calidad, porque la calidad no importaba para nada, sino el montón de dinero que ganara con aquella vinculación; y que un día se iba a vincular no ya sólo el trabajo manual, que tiene cierta lógica, como cortar caña y otras numerosas actividades manuales y físicas, sino que hasta el trabajo intelectual se iba a vincular; que hasta los trabajadores de la radio y la televisión iban a terminar vinculados, y que aquí terminaría por ese camino hasta el cirujano vinculado, sacándole tripas a cualquiera para ganar el doble y el triple.

Digo la verdad, el Che se habría horrorizado, porque esos caminos no conducirán jamás al comunismo, esos caminos conducen a todos los vicios y a todas las enajenaciones del capitalismo. Esos caminos —repito—, y el Che lo sabía bien, no conducirían jamás a la construcción de un verdadero socialismo, como etapa previa y de tránsito hacia el comunismo.

Pero no se imaginen al Che una persona ilusa, una persona idealista, una persona desconocedora de las realidades; el Che comprendía y tomaba en cuenta las realidades; el Che creía en el hombre, y si no se cree en el hombre, si se piensa que el hombre es un animalito incorregible, capaz de caminar sólo si le ponen hierba delante, si le ponen una zanahoria o le dan con un garrote, quien así piense, quien así crea, no será jamás revolucionario; quien así piense, quien así crea, no será jamás socialista; quien así piense, quien así crea, no será jamás comunista. [*Aplausos*]

Y nuestra propia revolución es un ejemplo de lo que significa la fe en el hombre, porque nuestra propia revolución surge de cero, surge de la nada; no se tenía un arma, no se tenía un centavo, no eran siquiera conocidos los hombres que empezaron aquella lucha, y frente a todo aquel poderío, frente a los cientos de millones de pesos, frente a las decenas de miles de soldados, porque nosotros creíamos en el hombre, la revolución fue posible. No sólo fue posible la victoria, fue posible enfrentarse al imperio, llegar hasta aquí y estar acercándose la revolución al vigésimo noveno aniversario de su triunfo. ¿Cómo podía haber sido posible esto sin la fe en el hombre?

Y el Che tenía una gran fe en el hombre, a la vez que era realista. El Che no rechazaba los estímulos materiales, los consideraba necesarios en la etapa de tránsito, en la construcción del socialismo; pero el Che le daba un peso importante, y cada vez mayor, al factor conciencia, al factor moral.

Sería sin embargo una caricatura del Che imaginarse que no era realista y no conocía las realidades de la sociedad y del hombre recién surgidos del seno del capitalismo.

Pero al Che se lo conoce fundamentalmente como hombre de acción, como soldado, como jefe, como militar, como guerrillero, como individuo ejemplar, que era primero en todo, que nunca le pedía a los demás algo que no fuera capaz de hacer él primero; como modelo de hombre virtuoso, honrado, puro, valiente, solidario, todo ese conjunto de virtudes por las cuales lo recordamos y lo conocemos.

El Che era un hombre de pensamiento muy profundo, y el Che tuvo una excepcional posibilidad durante los primeros años de la Revolución de profundizar en aspectos muy importantes de la construcción del socialismo porque, por sus cualidades, cada vez que hacía falta un hombre para un cargo importante, ahí estaba el Che. Era, realmente, multifacético, y cualquier tarea que se le asignara la cumplía con una seriedad y una responsabilidad total.

Estuvo en el INRA [Instituto Nacional de Reforma Agraria], al frente de unas pocas industrias a cargo de esa institución cuando todavía no se habían nacionalizado las industrias fundamentales y sólo había un grupo de fábricas intervenidas; estuvo en el Banco Nacional, otra de las responsabilidades que desempeñó, y estuvo al frente del Ministerio de Industrias, cuando se creó este organismo. Se habían nacionalizado ya casi todas las fábricas, había que organizar todo aquello, había que mantener la producción, y el Che se vio ante aquella tarea, como se vio ante otras muchas. La tomó con una consagración total, le dedicaba día, noche, sábado y domingo, todas las horas, y se propuso realmente resolver trascendentes problemas. Fue cuando se enfrentó a la tarea de aplicar a la organización de la producción los principios del marxismo-leninismo, tal como él lo entendía, tal como él lo veía.

Estuvo años en eso, habló mucho, escribió mucho sobre todos aquellos temas y realmente llegó a desarrollar una teoría bastante elaborada y muy profunda sobre la forma en que, a su juicio, se debía construir el socialismo y marchar hacia la sociedad comunista.

Recientemente se hizo una compilación de todas estas ideas y un economista escribió una obra por la cual recibió un premio en la Casa de las Américas, que tiene el mérito de haber recopilado, estudiado y presentado en un libro la esencia de las ideas económicas del Che, recogidas de muchos de sus materiales hablados o escritos, artículos y discursos sobre cuestión tan decisiva para la construcción del socialismo. La obra se titula *El pensamiento económico de Ernesto Che Guevara*. Es tal el espacio que se ha destinado a recordar otras cualidades, que ese aspecto —pienso yo— es bastante ignorado en nuestro país. Y Che tenía ideas verdaderamente profundas, valientes, audaces, que se apartaban de muchos caminos trillados.

Pero en esencia, ¡en esencia!, el Che era radicalmente opuesto a utilizar y desarrollar las leyes y las categorías económicas del capitalismo en la construcción del socialismo; y planteaba algo en que hemos insistido muchas veces: que la construcción del socialismo y del comunismo no es sólo una cuestión de producir riquezas y distribuir riquezas, sino es también una cuestión de educación y de conciencia. Era terminantemente opuesto al uso de esas categorías que han sido trasladadas del capitalismo al socialismo como instrumentos de la construcción de la nueva sociedad.

Algunas ideas del Che en cierto momento fueron mal interpretadas, e incluso mal aplicadas. Ciertamente nunca se intentó llevarlas seriamente a la práctica, y en determinado momento se fueron imponiendo ideas que eran diametralmente opuestas al pensamiento económico del Che.

No es esta la ocasión de profundizar sobre el tema; me interesa, especialmente, expresar una idea: hoy, en este vigésimo aniversario de la muerte del Che; hoy, en medio del profundo proceso de rectificación en que estamos enfrascados y comprendiendo cabalmente que rectificación no significa extremismo; que rectificación no puede significar idealismo; que rectificación no puede implicar, bajo ningún concepto, falta de realismo; que rectificación, incluso, no puede implicar cambios abruptos.

Partiendo de que rectificación significa —como he dicho— buscar soluciones nuevas a problemas viejos, rectificar muchas tendencias negativas que venían desarrollándose; que rectificación implica hacer un uso más correcto del sistema y los mecanismos con que contamos ahora —un Sistema de Dirección y Planificación de la Economía que, como decíamos en la reunión con las empresas,[5] era un caballo, un penco, cojo, con muchas mataduras, y que estábamos untándole mercurio cromo, recetándole medicinas, entablillándole una pata, arreglando en fin el penco, arreglando el caballo—, lo que procedía ahora era seguir con ese caballo, sabiendo los vicios del caballo, los peligros del caballo, las patadas del caballo, los corcoveos del caballo, y tratar de llevar ese caballo por nuestro camino y no que vayamos por dondequiera marchar el caballo. Hemos planteado: ¡Tomemos las riendas! [*Aplausos*]

Estas cosas son muy serias, muy complicadas, y en esto no se puede estar dando bandazos, ni se pueden realizar aventuras de ninguna clase. De algo vale la experiencia de tantos años, que unos cuantos de nosotros tenemos el privilegio de haber vivido en un proceso revolucionario. Y por eso ahora decimos: no se puede estar cumpliendo el plan en valores, hay que cumplir el plan en surtidos. ¡Lo exigimos terminante-

---

[5] Del 25 al 26 de junio de 1987, los directores de empresas estatales en las provincias de La Habana y Ciudad de La Habana se reunieron para evaluar el avance concreto que las empresas habían conseguido en el año anterior mediante el proceso de rectificación. Fidel Castro fue uno de los que presidió la reunión. El Primer Congreso del Partido Comunista de Cuba, celebrado en 1975, adoptó el Sistema de Dirección y Planificación de la Economía. Este se basa en el sistema del cálculo económico, debatido por Ernesto Che Guevara en el artículo "Sobre el Sistema Presupuestario de Financiamiento", reproducido en el libro *El socialismo y el hombre en Cuba*, Nueva York, Pathfinder, 1992.

mente, y el que no lo cumpla vuela de donde esté, porque no tiene otra alternativa! [*Aplausos*]

Decimos: las obras hay que empezarlas y terminarlas rápido, que no vuelva jamás a suceder lo que nos pasó de los resabios del penco: aquello de que se hacían movimientos de tierra y se ponían unas columnas porque valía mucho, y jamás se terminaba un edificio porque valía poco; aquellas tendencias a decir "cumplí en valores, pero no terminé una sola obra", con lo cual hemos estado enterrando cientos de millones, miles de millones, y no se terminaba nada.

¡Catorce años para construir un hotel! Catorce años enterrando cabillas, arena piedra, cemento, goma, combustible, fuerza de trabajo, antes de que entrara un solo centavo en el país por la utilización del hotel. ¡Once años en terminar nuestro hospital aquí en Pinar del Río! Es verdad que al fin se terminó, y se terminó con calidad, pero cosas de ese tipo no deben volver a ocurrir jamás.

Las microbrigadas,[6] que fueron destruidas en nombre de tales mecanismos, están surgiendo de sus cenizas como el ave Fénix y demostrando lo que significa ese movimiento de masas, lo que significa ese camino revolucionario de resolver problemas que los teóricos, los tecnócratas, los que no creen en el hombre y los que creen en los métodos del mercachiflismo, habían frenado y habían desbaratado. Así iban conduciéndonos a situaciones críticas, y en la capital, donde surgieron una vez —porque duele pensar que hace más de 15 años se había encontrado una excelente solución a un vital problema—, en pleno apogeo fueron destruidas. Así, no había ya ni fuerza para construir viviendas en la capital; los problemas acumulándose, decenas de miles de viviendas apuntaladas y con riesgo de derrumbarse y sacrificar vidas.

Ahora resurgieron las microbrigadas, hay ya más de 20 mil microbrigadistas en la capital, y no están en contradicción con el penco, no están en contradicción con el Sistema de Dirección y Planificación de la Economía, sencillamente porque la fábrica o centro de traba-

---

[6] Este concepto consiste en formar brigadas con trabajadores de un centro de labores, que se ofrecen como voluntarios para ser relevados de sus responsabilidades normales por un periodo de tiempo determinado con el objetivo de participar en la construcción de viviendas, escuelas, guarderías infantiles y otras obras sociales. Suspendidas a mediados de la década del setenta, fueron reiniciadas en 1986. Sin embargo, debido a la escasez de materiales en Cuba, a partir de 1991 sólo se continúan algunos proyectos de construcción considerados prioritarios, y estos, con interrupciones.

jo que los envió les paga, pero el estado le reintegra a la fábrica o al centro de trabajo en cuestión lo que haga por ese salario del microbrigadista; sólo que el microbrigadista allí trabajaba 5 ó 6 horas y aquí trabaja 10, 11 y 12 horas, trabaja por dos hombres, trabaja por tres hombres, y la empresa ahorra.

Nuestro capitalista de pacotilla no puede decir que le están arruinando su empresa; puede decir, por el contrario: "Están ayudando a la empresa, estoy haciendo la producción con 30, 40, 50 hombres menos, gasto menos salario". Puede decir: "Voy a ser rentable, o voy a ser menos irrentable; voy a repartir más premios y primas, puesto que ahora reduzco el gasto en salario". Racionaliza, consigue viviendas para el colectivo de los trabajadores y el trabajador está más satisfecho porque tiene ya la vivienda; construye obras sociales, escuelas especiales, policlínicas, círculos infantiles para los hijos de las mujeres trabajadoras, para la familia. En fin, tantas cosas extraordinariamente útiles como se están haciendo hoy, y el estado impulsa todas esas obras sin gastar un centavo más en salario. ¡Esos sí son milagros!

Podría preguntarles a los mercachifleros, a los capitalistas de pacotilla, a los que tienen fe ciega en los mecanismos y en las categorías del capitalismo: ¿podrían ustedes obrar ese milagro? ¿Podrían ustedes llegar a construir 20 mil viviendas en la capital sin un centavo más de salario? ¿Podrían construir 50 círculos en un año sin un centavo más de salario?, cuando antes había planificados sólo cinco en el quinquenio y no se construían, y cuando 19 500 madres esperaban por el círculo, que no se sabe cuándo llegaría.

Porque al ritmo en que se alcanzaría esa capacidad de matrícula, ¡necesitaríamos 100 años!, fecha para la cual se habrían muerto hace rato, y por suerte, todos los tecnócratas, capitalistas de pacotilla y burócratas que obstruyen la construcción del socialismo. [*Aplausos*] Se habrían muerto, el círculo número 100 no lo habrían conocido jamás. Los trabajadores de la capital, en dos años, van a tener los 100 círculos. Y los trabajadores de toda la isla, en tres años, van a tener los 300 y tantos que necesitan, y van a elevar la capacidad de matrícula en los círculos a 70 u 80 mil, fácilmente, sencillamente, sin gastar un centavo más de salario, sin importar fuerza de trabajo. Porque a ese paso, con las plantillas infladas por todas partes, terminaban trayendo fuerza de trabajo de Jamaica, de Haití, de algunas islas del Caribe, de algún lugar del mundo; a eso era adonde único podían parar.

Hoy se demuestra que en la capital se podría movilizar uno de cada ocho trabajadores, estoy seguro; sería innecesario, porque no habría suficiente material para darles tareas a 100 mil habaneros trabajando, y trabajando cada uno como tres. Estamos viendo ya ejemplos impresionantes de proezas de trabajo, y eso se logra con métodos de masa, con métodos revolucionarios, con métodos comunistas, combinando el interés de las personas que tienen necesidades con el interés de las fábricas y con el interés de toda la sociedad.

No quiero convertirme en juez de las diversas teorías, aunque tengo mis teorías, y sé las cosas en que creo y en las que no creo ni puedo creer. En el mundo se discuten hoy mucho estas cuestiones. Yo sólo pido modestamente, en medio de este proceso de rectificación, en medio de este proceso y de esta lucha —en que vamos a seguir como les explicábamos: con el penco, mientras el penco camine, si camina, y mientras no podamos echar a un lado el penco y sustituirlo por un caballo mejor, pues pienso que nada es bueno si se hace con precipitación, sin análisis y meditación profunda— yo lo que pido modestamente, en este vigésimo aniversario, es que el pensamiento económico del Che se conozca. [*Aplausos*] Se conozca aquí, se conozca en América Latina, se conozca en el mundo: en el mundo capitalista desarrollado, en el tercer mundo y en el mundo socialista. ¡Que también se conozca allí!

Que del mismo modo que nosotros leemos muchos textos de todas clases y muchos manuales, también en el campo socialista se conozca el pensamiento económico del Che, ¡que se conozca! [*Aplausos*] No digo que se adopte, nosotros no tenemos que inmiscuirnos en eso. Cada cual debe adoptar el pensamiento, la teoría, la tesis que considere más adecuada, la que más le convenga, a juicio de cada país. ¡Respeto de manera absoluta el derecho de cada cual a aplicar el método o el sistema que considere conveniente, lo respeto de manera cabal!

Pido simplemente que en un país culto, en un mundo culto, en un mundo donde las ideas se debaten, el pensamiento económico del Che se conozca. [*Aplausos*] En especial que nuestros estudiantes de economía, de los que tenemos tantos y que leen toda clase de folletos, de manuales, de teorías, de categorías capitalistas y de leyes capitalistas, se dignen, para enriquecer su cultura, conocer el pensamiento económico del Che.

Porque sería una incultura creer que hay un solo modo de hacer las cosas y que tiene que ser ese solo modo, surgido de la práctica concreta en determinado tiempo y circunstancias históricas. Lo que pido, lo que me limito a pedir es un poco de más cultura, consistente en conocer otros puntos de vista, puntos de vista tan respetados, tan dignos y tan coherentes como los puntos de vista del Che. [*Aplausos*]

No concibo que nuestros futuros economistas, que nuestras futuras generaciones actúen y vivan y se desarrollen como otra especie de animalito, en este caso el mulo, que tiene sólo las orejeras que le ponen delante para que no pueda mirar a los lados; mulo, además, con la hierba y la zanahoria delante como única motivación, sino que lean, que no se intoxiquen sólo de determinadas ideas, sino que vean otras ideas, analicen y mediten.

Porque si estuviéramos conversando con el Che y le dijéramos: "Mira, nos ha pasado todo esto" —todas esas cosas que yo estuve reflejando anteriormente, qué nos pasó con las construcciones, en la agricultura y en la industria, con los surtidos, con la calidad, con todo eso—, el Che habría dicho: "Yo lo dije, ¡yo lo dije!" El Che habría dicho: "Yo lo advertí, les está pasando precisamente lo que yo creía que les iba a pasar", porque así ha sido, sencillamente. [*Aplausos*]

Quiero que nuestro pueblo sea un pueblo de ideas, de nociones, de conceptos; que analice esas ideas, las medite, si quiere, las discuta. Considero que estas son cosas esenciales.

Puede haber alguna de las ideas del Che muy asociadas al momento inicial de la Revolución, como el relacionado con su criterio de que, cuando se sobrecumplía una norma, el salario no sobrepasara los ingresos que le correspondería a la escala inmediata superior, porque él quería que el trabajador estudiara, y él asociaba su concepción a la idea de que la gente entonces con muy bajos niveles culturales y técnicos se superara. Hoy tenemos un pueblo mucho más preparado, más culto. Se podría discutir si debe ser igual a la escala superior, o a mayores escalas. Se podrían discutir aspectos y cuestiones que se asocien más a nuestras realidades de un pueblo mucho más culto, de un pueblo con mucha mejor preparación técnica, aun cuando no se debe renunciar jamás a la idea de una constante superación cultural y técnica.

Pero hay muchas ideas del Che que son de una vigencia absoluta y total, ideas sin las cuales estoy convencido de que no se puede construir el comunismo, como aquella idea de que el hombre no debe ser corrompido, de que el hombre no debe ser enajenado, aquella idea de que sin la conciencia, y sólo produciendo riquezas, no se podrá construir el socialismo como sociedad superior y no se podrá construir jamás el comunismo. [*Aplausos*]

Pienso que muchas de las ideas del Che, ¡muchas de las ideas del Che!, tienen una gran vigencia. Si hubiéramos conocido, si conociéramos el pensamiento económico del Che, estaríamos 100 veces más alertas, incluso, para conducir el caballo, y cuando el caballo quiera torcer a la derecha o a la izquierda, donde quiera torcer el caballo —aunque sin duda en este caso se trataba de un caballo derechista—, darle un buen halón de freno al caballo y situarlo en su camino, y cuando el caballo no quiera caminar, darle un buen espuelazo. [*Aplausos*]

Creo que un jinete, vale decir un economista, vale decir un cuadro del partido, vale decir un cuadro administrativo armado de las ideas del Che, sería más capaz de conducir el caballo por el camino correcto.

El solo conocimiento de su pensamiento, el solo conocimiento de sus ideas, le permitiría poder decir: "Voy mal por aquí, voy mal por allá, esto es una consecuencia de esto, una consecuencia de lo otro", en tanto el sistema y los mecanismos para construir el socialismo y el comunismo realmente se desarrollen, realmente se perfeccionen.

Y lo digo porque tengo la más profunda convicción que si se ignora ese pensamiento difícilmente se pueda llegar muy lejos, difícilmente se pueda llegar al socialismo verdadero, al socialismo verdaderamente revolucionario, al socialismo con socialistas, al socialismo y al comunismo con comunistas. Estoy absolutamente convencido de que ignorar esas ideas sería un crimen, eso es lo que nosotros planteamos.

Tenemos suficiente experiencia para saber cómo hacer las cosas, y en las ideas del Che, en el pensamiento del Che hay principios valiosísimos, de un valor inmenso, que rebasan simplemente ese marco que muchos puedan tener de la imagen del Che como un hombre valiente, heroico, puro; del Che como un santo por sus virtudes, y un mártir por su desinterés y heroísmo, sino del Che como revolucionario, del Che como pensador, del Che como hombre de doctrina, como hombre de grandes ideas que con una gran consecuencia fue capaz de elaborar instrumentos, principios que, sin duda, son esenciales en el camino revolucionario.

Los capitalistas se sienten muy felices cuando se les empieza a hablar de renta, de ganancia, de interés, de primas, de superprimas; cuando se les empieza a hablar de mercados, de oferta y de demanda, como elementos reguladores de la producción y promotores de la calidad, la eficiencia y todas esas cosas. Porque dicen: eso es lo mío, esa es mi filosofía, esa es mi doctrina, y son felices del énfasis que el socialismo pueda poner en ellos porque saben que son aspectos esenciales de la teoría, de las leyes y de las categorías del capitalismo.

A nosotros mismos nos critican unos cuantos capitalistas; tratan de hacer pensar que no hay realismo en los revolucionarios cubanos, que hay que irse detrás de todos los señuelos del capitalismo y nos enfilan por ello los cañones, pero ya veremos adónde llegamos, incluso, con el penco lleno de mataduras, pero bien conducido el penco, mientras no tengamos nada mejor que el penco; veremos adónde llegamos en este proceso de rectificación con los pasos que estamos dando hoy.

Y por eso, en este vigésimo aniversario, es que hago una apelación a nuestros militantes, a nuestros jóvenes, a nuestros estudiantes, a nuestros economistas, para que estudien ¡y conozcan el pensamiento político y el pensamiento económico del Che!

El Che es una figura de un prestigio enorme, el Che es una figura que tendrá una ascendencia cada vez mayor. ¡Ah!, y desde luego, los frustrados y los que se atreven a combatir las ideas del Che, o a utilizar determinados calificativos con el Che, o a presentarlo como un iluso, como alguien irreal, no merecen el respeto de los revolucionarios. Por eso es que nosotros queremos que nuestros jóvenes tengan ese instrumento, tengan esa arma en la mano, aunque no fuera por ahora más que para decir: no siga este camino errado previsto por el Che; aunque no fuera más que para enriquecer nuestra cultura; aunque no fuera más que para obligarnos a meditar; aunque no fuera más que para profundizar en nuestro pensamiento revolucionario.

Creo, sinceramente, que más que el acto, más que las cosas formales, más que los honores, lo que estamos haciendo con los hechos es, realmente, el mejor homenaje que podemos rendirle al Che. Este espíritu de trabajo que se empieza a ver en tantas partes y del cual esta provincia tiene numerosos ejemplos; esos trabajadores que allá en Viñales trabajan 12 y 14 horas haciendo micropresas, empezándolas y terminándolas unas detrás de otras, y haciéndolas con un gasto equivalente a la mitad de su valor, con lo cual pudiera hablarse de que en comparación con otras obras, si fuéramos a utilizar un término capitalista, aunque el Che era opuesto, incluso, al uso de terminología capitalista para analizar las cuestiones del socialismo, si fuéramos a usar el término de rentabilidad, podríamos decir que aquellos hombres de la brigada de construcción de micropresas que están en Viñales, tienen más de un 100 por ciento de rentabilidad, ¡más de un 100 por ciento de rentabilidad! [*Aplausos*]

¡Ah!, porque algo a lo que el Che le prestó una atención absoluta, total, preeminente, fue a la contabilidad, al análisis de los gastos, al análisis de los costos, centavo a centavo. Che no concebía la construcción del socialismo y el manejo de la economía sin la organización adecuada, el control eficiente y la contabilidad estricta de cada centavo. Che no concebía el desarrollo sin la elevación de la productividad del trabajo. Che, incluso, estudiaba matemática para aplicar fórmulas matemáticas al control de la economía y fórmulas matemáticas para medir la eficiencia de la economía. Che, algo más, soñó con la computación aplicada al manejo de la economía como cosa esencial, fundamental, decisiva para medir la eficiencia en el socialismo.

Y esos hombres que mencionaba han hecho un aporte; por cada peso que cuesta, producen dos pesos; por cada millón de gastos, producen dos millones. Ellos, y los que están trabajando en la presa Guamá, los que están trabajando en el canal, los que están trabajando en la autopista hacia Pinar del Río, los que van a trabajar en la presa del Patate, los que han empezado a trabajar en vías y en la red de agua de la ciudad, hay una serie de colectivos de trabajadores que están llevando a cabo verdaderas proezas; como hombres de vergüenza, hombres de honor, hombres disciplinados, hombres leales al trabajo, están laborando con una enorme productividad.

En días recientes nos reunimos con un grupo de constructores de una avenida en la capital que son todos militantes del partido, o de la juventud, u obreros destacados, alrededor de 200 hombres, de esos hombres a los que en vez de vincularlos —y no digo que la vinculación sea negativa, hay una serie de actividades en que es absolutamente correcta la vinculación—, como estos hombres andan en camiones y máquinas potentes, no les tenemos que decir: "trabajen más", más bien les tenemos que decir: "trabajen menos". Es mucho lo que están haciendo hombres como ellos, es demasiado a veces el esfuerzo, hombres a los que tenemos a veces que decirles: "trabajen menos"; hombres a los que tendríamos que decirles: "den menos viajes", porque ustedes, yendo a la velocidad a la que deben ir, no pueden dar 25 viajes de camión con material de mejoramiento, sino 20, pues no queremos que se maten. Y lo que nos interesa no es lo que hagan, sino la calidad con que lo hagan. Y les decimos: nos interesa mucho más la calidad que la cantidad. [*Aplausos*] La cantidad sin la calidad es botar los recursos, botar el trabajo, botar los materiales.

La voluntad hidráulica que murió —pudiéramos decir— en esos días bochornosos, en ese periodo bochornoso en que no se terminaba nada, se está recuperando, y en la recuperación de la voluntad hidráulica marcha a la vanguardia la provincia de Pinar del Río. [*Aplausos*]

Con el mismo espíritu están trabajando las brigadas de camino en las montañas de Pinar del Río, y con el mismo espíritu se extiende por todo el país este propósito de rescatar la voluntad hidráulica y la voluntad de hacer caminos y carreteras, mejorar la eficiencia de nuestra economía, de nuestras fábricas, de nuestra agricultura, de nuestros centros hospitalarios, de nuestras escuelas, de llevar adelante con energía el desarrollo económico y social del país.

Afortunadamente, en estos años se ha creado un enorme caudal de personas con elevado nivel técnico, un caudal de conocimientos, de experiencias, de técnicos de nivel universitario, de técnicos de nivel medio. Lo que tenemos hoy, cómo se compara con lo que teníamos aquellos primeros años de la Revolución. Cuando el Che estaba al frente del Ministerio de Industrias, cuántos ingenieros tenía el país, cuántos técnicos, cuántos proyectistas, cuántos investigadores, cuántos científicos. Hoy debemos tener alrededor de 20 veces lo que teníamos entonces, quizás más. Si él hubiera dispuesto de la experiencia colectiva de todos estos cuadros de que disponemos hoy, cuánto no habría imaginado que podía hacerse.

Si analizamos sólo en el sector de la medicina, teníamos entonces 3 mil médicos, y hoy tenemos 28 mil. Hoy cada año, en nuestras 21 facultades, graduamos tantos médicos como los que quedaron en nuestro país. ¡Qué privilegio, qué potencia, qué fuerza! Y a partir del año que viene estaremos graduando más médicos cada año que los que quedaron en nuestro país. ¿Podremos o no podremos hacer ahora en el campo de la salud pública lo que nos propongamos hacer? ¡Y qué médicos, que van al campo, que van a las montañas, que van a Nicaragua, que van a Angola, que van a Mozambique, que van a Etiopía, que van a Vietnam, que van a Kampuchea [Camboya], que van al fin del mundo! ¡Esos son los médicos que ha ido formando la Revolución! [*Aplausos*]

Estoy seguro de que el Che se sentiría orgulloso, no de las chapucerías que se han hecho con tanto mercachiflismo; se sentiría orgulloso del nivel cultural que tiene hoy nuestro pueblo, del nivel técnico, de nuestros maestros que fueron a Nicaragua y en número de 100 mil se llegaron a ofrecer a ir a Nicaragua. Se sentiría orgulloso de nuestros médicos dispuestos a ir a cualquier parte del mundo, de nuestros técnicos, ¡de nuestros cientos de miles de compatriotas que han cumplido misiones internacionalistas! [*Aplausos*]

Estoy seguro de que el Che se sentiría orgulloso de ese espíritu, como nos sentimos todos. Pero lo que hemos creado con la cabeza y con el corazón, no podemos permitir que se desbarate con los pies. [*Aplausos*] De eso se trata, y de que con todos estos recursos que hemos creado, con toda esta fuerza, podamos avanzar y podamos aprovechar todas las posibilidades del socialismo, todas la posibilidades de la Revolución, para mover al hombre y marchar adelante. Quiero saber si los capitalistas tienen ese tipo de hombre como el que hemos mencionado aquí.

Como internacionalistas o como trabajadores hay que verlos; hay que reunirse con ellos para ver cómo sienten, cómo piensan, para conocer lo enamorados que están de su tarea, y no es por vicio de trabajar que actúan así, sino por la necesidad de recuperar el tiempo perdido; tiempo perdido en los años de revolución, tiempo perdido durante casi 60 años de república neocolonizada, tiempo perdido en siglos de colonialismo.

¡Tenemos que recuperarlo! Y no hay otra forma de recuperarlo que trabajando duro, no esperar 100 años para hacer 100 círculos en la capital si, realmente, con nuestro trabajo los podemos hacer en dos; no esperar 100 años para hacer 350 en todo el país si, realmente, con nuestro trabajo los podemos hacer en tres; no hay que esperar 100 años para resolver el problema de la vivienda si con nuestro trabajo, nuestra piedra, nuestra arena, nuestros materiales, nuestro cemento producido, incluso, con nuestro petróleo, y nuestro acero producido por nuestros trabajadores, podemos hacerlo en unos pocos años.

Como decía esta tarde en el acto del hospital, el año 2000 está a la vuelta. Tenemos que proponernos ambiciosas metas para el año 2000, no para el año 3000, ni para el 2100 o para el año 2050, y al que nos venga a sugerir tales cosas, decirle: Tú podrás conformarte, ¡nosotros no!, a los que nos ha tocado la misión histórica de crear un país nuevo, una sociedad nueva; a los que nos ha tocado la misión histórica de hacer una revolución y de desarrollar el país; a los que nos ha tocado el honor y el privilegio no sólo de llevar a cabo el desarrollo, sino de llevar a cabo un desarrollo socialista y de trabajar por una sociedad más humana, una sociedad superior.

A los que nos vengan alentando a la holgazanería y a la frivolidad, les vamos a decir: Vamos a vivir incluso más que tú, no sólo mejor que tú, o lo que se viviría si la gente fuera como tú; vamos a vivir más años que tú y vamos a ser más saludables que tú, porque tú, con tu holgazanería, vas a ser un sedentario, un obeso, vas a padecer de problemas cardiacos, problemas circulatorios y todo tipo de calamidades, porque el trabajo no daña la salud, el trabajo ayuda la salud, protege la salud, el trabajo hizo al hombre.

De modo que estos hombres que están haciendo proezas tenemos que convertirlos en modelos; diríamos que estos hombres están cumpliendo la consigna de "¡Seremos como el Che!" Trabajan como trabajó el Che, trabajan como trabajaría el Che. [*Aplausos*]

Cuando se discutía dónde celebrar el acto, había muchos posibles lugares: podía ser en la capital, en la Plaza de la Revolución; podía ser en una provincia; podía ser en muchos de los centros o fábricas en que los trabajadores querían ponerles el nombre del Che.

Analizamos, meditamos, y pensando en esta nueva fábrica, en esta importante fábrica, orgullo de Pinar del Río, orgullo del país, ejemplo de lo que pueden hacer el progreso, el estudio, la educación, cuando en esta provincia hace pocos años tan olvidada y atrasada han sido capaces sus jóvenes trabajadores de manejar una industria tan compleja y tan sofisticada. Baste decir que los salones donde se imprimen esos circuitos tienen 10 veces más limpieza que un salón de operaciones, para poderlos hacer con la calidad requerida. Qué complejas construcciones, qué obra fue necesario hacer, con qué calidad, qué equipamiento y qué trabajo maravilloso están haciendo allí los pinareños. [*Aplausos*]

Cuando nosotros vinimos de visita y lo recorrimos, nos llevamos una impresión inolvidable que trasmitimos a muchos compañeros, que trasmitimos a los compañeros del Comité Central, lo que estaban haciendo en esta fábrica, lo que estaban haciendo en la industria mecánica, industria que también se desarrolla a gran ritmo; lo que estaban haciendo en las construcciones. Veíamos el porvenir de esta industria, como productora de componentes, de tecnología de vanguardia, que va a tener una incidencia enorme en el desarrollo, una incidencia enorme en la productividad, una incidencia enorme en la automatización de los procesos productivos.

Cuando vimos la excelente fábrica que poseían, cuando vimos las ideas que se elaboran y se ejecutan en torno a esta fábrica, que llegará a ser un gran combinado de miles y miles de obreros, orgullo de la provincia y orgullo del país, que en los próximos cinco años recibirá inversiones por valor de más de 100 millones de pesos para convertir esta industria en un gigante. Y cuando supimos que sus trabajadores querían que esta fábrica llevara el nombre del Che, que tanto se preocupó por la electrónica, por la computación, por las matemáticas, la dirección de nuestro partido decidió que fuese aquí el acto de recordación del vigésimo aniversario de la caída del Che, [*Aplausos*] y que esta fábrica lleve el glorioso y querido nombre de Ernesto Che Guevara. [*Aplausos*]

Sé que sus obreros, sus jóvenes trabajadores, sus decenas y decenas de ingenieros, sus cientos de técnicos sabrán honrar ese nombre y sabrán trabajar como hay que trabajar. Y cuando hablamos de trabajo no quiere decir que trabajo sólo sea trabajar 14 horas, 12 ó 10. Muchas veces determinado trabajo, en jornadas de 8 horas, bien realizado, es una proeza. Y hemos visto compañeros y compañeras, sobre todo muchas compañeras, haciendo microsoldaduras, un trabajo duro, un trabajo verdaderamente tenso que requiere un rigor, una atención y una concentración tremenda. Hemos visto y así no nos imaginamos cómo pueden estar 8 horas realizando esa tarea compañeras que hacen hasta 5 mil microsoldaduras en una jornada.

No piensen que creemos, compañeras y compañeros, que sólo trabajando 12 ó 14 horas resolvemos los problemas. Hay actividades en que no se puede trabajar 12 ni 14 horas; hay actividades en que, incluso, 8 horas pueden ser muchas. Y esperamos que un día todas las jornadas no sean iguales; esperamos, incluso, que en ciertas actividades, si tenemos fuerza de trabajo suficiente —y la tendremos si somos racionales en su empleo—, podamos establecer, en ciertas actividades, turnos de 6 horas.

Lo que quiero decir es que ser dignos del ejemplo y del nombre del Che es también saber aprovechar la jornada laboral con adecuada intensidad, velar por la calidad, aplicar el multioficio, evitar los excesos de plantilla, trabajar organizadamente, desarrollar la conciencia.

Yo estoy seguro de que el colectivo de esta fábrica sabrá ser acreedor al honor de que el combinado lleve el nombre del Che; [*Aplausos*] como estamos seguros de que esta provincia ha sido acreedora y será acreedora a que este aniversario se haya celebrado aquí.

Si algo nos faltara por decir esta noche, es que pese a las dificultades; pese a que contamos con menos recursos en divisas convertibles que nunca, por factores que ya hemos explicado; pese a la sequía; pese al recrudecimiento del bloqueo imperialista, a medida que veo cómo reacciona el pueblo, a medida que veo cómo surgen más y más posibilidades, nos sentimos seguros, nos sentimos optimistas, y experimentamos la más profunda convicción de que todo lo que nos propongamos hacer ¡lo haremos! [*Aplausos*]

¡Y lo haremos con el pueblo, lo haremos con las masas, lo haremos con los principios; lo haremos con la vergüenza y el honor de cada uno de nuestros militantes, de nuestros trabajadores, de nuestros jóvenes, de nuestros campesinos, de nuestros intelectuales!

Y digo así, con satisfacción, hoy, que estamos rindiéndole al Che el honor que merece, el tributo que merece; ¡y si él vive más que nunca, la patria vivirá también más que nunca! ¡Si él es un adversario más poderoso que nunca frente al imperialismo, la patria será también más fuerte que nunca frente a ese mismo imperialismo y frente a su podrida ideología! [*Aplausos*] ¡Y si un día escogimos el camino de la revolución, de la revolución socialista, el camino del comunismo, de la construcción del comunismo, hoy estamos más orgullos de haber escogido ese camino porque sólo ese camino es capaz de crear hombres como el Che, es capaz de forjar un pueblo de millones de hombres y mujeres capaces de ser como el Che! [*Aplausos*]

Como decía Martí:[7] ¡Si hay hombres sin decoro, hay hombres que llevan en sí el decoro de muchos hombres! Podríamos añadir: hay hombres que llevan en sí el decoro del mundo, ¡y ese hombre es el Che!

¡Patria o muerte!

¡Venceremos! [*Ovación*]

---

[7] José Martí (1853–1895), héroe nacional cubano; reconocido poeta, escritor, orador y periodista. Fundó el Partido Revolucionario Cubano en 1892 para luchar contra el dominio español y combatir los designios norteamericanos; lanzó la guerra de independencia en 1895; murió en batalla.

Prólogo

PRÓLOGO A LA EDICIÓN PRÍNCIPE, CASA DE LAS AMÉRICAS, 1988

FERNANDO MARTÍNEZ*

En medio del proceso de rectificación de errores y profundización de la lucha por el socialismo en Cuba aparece, en buena hora, este libro sobre el pensamiento económico del Che. La herencia de los grandes revolucionarios, a diferencia de los grandes burgueses, puede dividirse cada vez entre más personas y pueblos, crece incluso en silencio, se multiplica en las experiencias de las luchas de los pueblos; además, no puede ser dilapidada. Y la herencia del Che tiene todas esas características. Por eso la divulgación y los estudios sobre su pensamiento resultan tan necesarios y tan importantes en la actualidad.

Caído de manera tan expresiva de su grandeza, tan palpable, en medio de una etapa en que las rebeldías radicales golpeaban los escombros coloniales, las fortalezas neocoloniales y las formas tradicionales de dominación al interior de las sociedades capitalistas desarrolladas,

---

* Cuba, 1939. Doctor en Derecho por la Universidad de La Habana, 1964. Profesor (1963-71) y Director del Dpto. de Filosofía en esa Universidad (1966-69). Profesor Titular Adjunto desde 1991. Director de la revista *Pensamiento Crítico* (1967-71). Investigador y Jefe de Áreas en los Centros de Estudios sobre Europa (1976-79) y sobre América (1985-96), del Comité Central (CC) del Partido Comunista de Cuba (PCC). Investigador Titular desde 1985, en el Centro Juan Marinello del Ministerio de Cultura desde 1996. Presidente de su Cátedra de Estudios Antonio Gramsci. Premio de Ensayo Casa de las Américas 1989, con *Che, el socialismo y el comunismo*. Es autor de ocho libros, coautor de otros ocho, de capítulos en numerosos libros colectivos; ha publicado unos 200 artículos y ensayos, en Cuba y el extranjero. Investigador Visitante en la UNAM, 1994. Conferencista en unos 20 países.

el Che tuvo un duelo resonante. A diferencia de otros revolucionarios ilustres, a sus enemigos les fue muy difícil denostarlo de inmediato, mientras multitudes lo lloraban con rabia y decisión. Pocos años después, todas las formas de contrarrevolución mundial pasaron a sepultar a este hombre tan peligroso en el olvido imprescindible para salvaguardar sus intereses, utilizando toda la gama de medios que dominan (no hay que subestimar, por ejemplo, el poder que tienen los "modernos" medios de comunicación para multiplicar y orientar, además de sus informaciones, la confusión y el olvido).

El Che se ha mantenido vivo de otro modo. Los vencedores de Vietnam, los combatientes del Cono Sur, el Frente Sandinista, las guerrillas del Salvador y Guatemala, lo han levantado en las banderas de los triunfos o lo han dejado de rescoldo para renovar hogueras. Y su pueblo cubano ha sido capaz de continuar su senda y sus ideales, de convertir sus guerrillas en grandes destacamentos internacionalistas, levantar centenares de escuelas de estudio y trabajo por todo el país, luchar por la economía y creer en el comunismo, encomendar su utopía y sus niños al Che cada mañana, siempre guiado por el que fue su guía desde los días del *Granma*, por Fidel.

No ha habido entre nosotros, sin embargo, estudios serios del pensamiento del Che, ausencia que está inscrita en un cuadro de gran insuficiencia del desarrollo de los estudios sociales que deberemos todavía explicarnos a la luz del propio proceso de rectificación. Carlos Tablada resulta entonces providencial con su estudio del pensamiento económico del Che, ahora que Fidel plantea una y otra vez la necesidad ineludible de repensar toda nuestra actividad económica y el conjunto de nuestras concepciones, de tener nuestra interpretación de las ideas revolucionarias.

Engañosamente providencial: durante dieciocho años (la mitad de su vida) Tablada ha dedicado algunas etapas e innumerables ratos libres en estudios del Che. En su bibliografía puede advertirse el manejo de centenares de escritos, intervenciones, entrevistas del Che —una gran parte de ellos espera su edición— que ha sometido a escrupuloso análisis. Tablada estudió a fondo el pensamiento de Fidel, el proceso de la economía y de la Revolución cubanas en sus diversos campos, los criterios más de una vez polémicos de protagonistas, actores y estudiosos. Marx, Engels y Lenin, las experiencias y las posiciones de los países socialistas, son elementos de la mayor importancia en su reflexión acerca del pensamiento del Che, y también en ellos lo mira o lo contrasta, sobre todo con ayuda de ese monumento mayor del pensamiento acerca de la transición al socialismo y al comunismo que es el leninismo.

No intentaré aquí valorar en detalle lo que este libro aporta, ni la pasión y la prolijidad con que a la vez trata de divulgar el pensamiento económico del Che. Solo trataré por mi parte de referirme brevemente a una cuestión que es clave, tanto para Tablada como para los revolucionarios marxistas-leninistas, la de las relaciones entre el pensamiento económico y la totalidad del proyecto y el pensamiento revolucionarios.

Que economía y política son campos específicos de la realidad y del conocimiento social, que se distinguen y se relacionan entre sí, y que su interacción es indispensable para entenderlas a ambas, son logros que debemos al pensamiento europeo que, con extraordinaria riqueza, acompañó al largo, difícil y colosal proceso social que culminó en el triunfo del capitalismo. Las clases sociales que la economía define y las luchas entre ellas, las motivaciones del individuo ante la economía, fueron temas también desarrollados ya antes de Marx. ¿Cómo se distribuye la riqueza?, inquiere la economía clásica; ¿por qué la sociedad es tan injusta?, preguntan los pensadores radicales. Las respuestas van formando un campo teórico muy relacionado con las revoluciones burguesas, su institucionalización y las primeras explosiones revolucionarias proletarias.

Perfeccionar o destruir es la disyuntiva planteada desde temprano ante las contradicciones del capitalismo: libertad y miseria, producción masiva y lucro, mercado generalizado e individualismo, democracia y represión, progreso y egoísmo. En las condiciones europeas del siglo XIX, Marx produjo sin embargo un pensamiento social revolucionario que trascendió decisivamente a su circunstancia. Junto al conocimiento del modo de producción capitalista, Marx aportó las bases para comprender la producción condicionada del pensamiento social en el capitalismo, y la capacidad de este para integrar las disyuntivas sociales dentro del campo de la reproducción de su dominación.

La revolución proletaria, y no la crítica, será la transformadora, planteó una y otra vez desde sus veinticinco años hasta su muerte. Esta subversión con la práctica revolucionaria deberá ser preparada, organizada y profundizada con la ayuda de la teoría. La crítica de la economía política, como llamó de un modo a otro a la mayoría de sus textos más teóricos, *no puede circunscribirse al terreno de la economía política*. El destino de la teoría marxista será ampliar y profundizar paulatinamente su objeto, primero para lograr *conocer* lo esencial de la condición dominada y la reproducción de la dominación; después, y a partir de la conquista del poder político, para *dirigir* un proceso cada vez más consciente de transición socialista que vaya constituyendo una nueva cultura *diferente y opuesta* a la del capitalismo, que llene progresivamente de un nuevo sentido a la existencia individual y a las relaciones sociales.

El esbozo realizado por Marx de la transición del capitalismo al comunismo parte del centro mismo de su concepción acerca de que es efectivamente lo esencial del capitalismo. Medio siglo después de la publicación del primer tomo de *El capital* (1867) y de la escritura de la *Crítica del Programa de Gotha* (1875, ocultada por sus destinatarios), se puso a la orden del día la cuestión de la transición socialista, gracias a la Revolución de Octubre, la sobrevivencia de Rusia Soviética y la formación de la URSS.

Un maravilloso debate se produjo entonces. ¿Cómo *debe ser* la transición?, ¿cómo es *posible* la transición?, se preguntaron Lenin y los Bolcheviques. Cómo asir el eslabón fundamental en este nuevo escenario, qué grado de tensión, qué combinación ha de existir entre "lo que debe ser" y "lo posible", qué vía y qué métodos son los correctos en cada etapa o situación discernible. Las increíbles vicisitudes de los primeros años del poder soviético fueron la causa y el marco de aquel debate imprescindible en el que las ideas de Marx y Engels recibieron un desarrollo que los pensadores de la Segunda Internacional no pudieron soñar. Sus logros enormes y su detención abrupta no pueden ser tratados aquí; el resultado fue, por una parte, una experiencia invaluable para los movimientos revolucionarios que irían surgiendo en el mundo, y por otra, la cristalización de generalizaciones acerca de la transición socialista de pretendida autoridad y aplicabilidad universales.

Cuarenta años después, en Cuba de 1959-1965 la Revolución de liberación nacional y socialista puso bruscamente sobre el tapete el problema de la transición socialista en medio del Occidente burgués y en la región más preñada de contradicciones de todo el mundo capitalista, la América Latina. Todo el marco al que nos hemos referido, más la compleja formación social resultante del desarrollo del capitalismo colonial y neocolonial en Cuba, su relación con EE.UU., y las tremendas luchas revolucionarias libradas por su pueblo, confluyeron a la hora en que el huracán de liberación, expropiaciones, conquista de la dignidad nacional e individual, cambios sociales superiores a lo imaginado, en la isla en pie de guerra ante el enemigo más fuerte de la historia, debió convertirse en poder ordenado y dirigido a lograr la transición socialista desde un ideal comunista, y por lo tanto internacionalista y de liberación total.

Es ese el teatro de la actividad y el pensamiento del Che como constructor del socialismo, y el ámbito de lo que se expone en este libro. Que el Che sea tan antidogmático y creador no debe llevarnos a olvidar su apego al pensamiento originario del marxismo-leninismo: ambas características pueden darse e influirse mutuamente con resultados valiosísimos. Che retoma verdades centrales de Marx: el capitalismo es la época histórica determinada que establece, con cambios generalizados, la automatización social y el dinero como el nexo real entre las gentes y la expresión social de cada uno; el que posee domina las actividades de los otros; las fuerzas productivas sociales *son* del capital y su crecimiento sólo acrecienta el poder que domina el trabajo; el proceso de producción no sólo crea el producto sino también la necesidad y los hábitos de consumo; etc. La producción es el reino de la reproducción del capitalismo: el poder de la clase revolucionaria que se levantó contra el conjunto de la vida vigente tiene que planear y ejecutar la liquidación progresiva de las relaciones mercantiles generalizadas, sustituyendo el nexo del dinero por la riqueza de la extensión de la cooperación y para ello debe ser un poder social sobre la producción, la distribución, el consumo, la política, la educación, la reproducción de la vida social y las ideas.

Che estudia "hasta el último papel" escrito por Lenin después de la toma del poder, los avatares y las polémicas del nuevo poder soviético, primer gran laboratorio en que tuvo que crearse una nueva economía en que aparecieron nuevos contenidos para la relación "economía-política" y se alteró el papel de las economías respecto al conjunto de la formación social. En trabajos que a su vez deben tornarse polémicos (un ejemplo magistral es "La planificación socialista, su significado", de 1964) Che pone un pensamiento acerca de la economía en la transición socialista que es irreductible al campo que los especialistas tecnocratizados consideran que debe reducirse la economía. No solo es extraeconómica la fuente del mando ejercido sobre la economía. Si la Revolución es capaz de desatar cada vez más y mejor el potencial inmenso de fuerza y entusiasmo del pueblo en marcha por la acción revolucionaria misma, ese potencial resulta decisivo para "forzar la marcha de los acontecimientos [...] dentro de lo que objetivamente es posible", en busca del desarrollo socialista, organizado y consciente.

No se trata de un delirio bien intencionado que olvida las inmensas insuficiencias y poderosos enemigos de todo tipo que tiene ante si el proyecto revolucionario. "La nueva sociedad en formación tiene que competir muy duramente con el pasado [...] por el carácter mismo de este periodo de transición con persistencia de las relaciones mercantiles. La mercancía es la célula económica de la sociedad capitalista [...]." subdesarrollo, ley del valor, dependencia de la economía internacional, individualismo, falta de educación completa para el trabajo social, necesidad de coerción, malos métodos de dirección, interés material individual, relaciones vanguardias-masas y necesidad de establecer "una conexión más estructurada", etc. Podrían listarse largamente los escollos y las fallas que el Che va señalándole al proceso, con la honestidad y el rigor autocrítico que contribuyeron tanto a su inmenso prestigio personal e influencia educativa.

La lucidez extrema, la apreciación de todo lo que está en juego, y de donde están los factores positivos con que se cuenta, es precisamente lo que fundamenta la audacia de su posición. Se trata de la estrategia revolucionaria correcta, diseñada y dirigida por Fidel, que ha permitido el triunfo y la consolidación de la Revolución cubana mediante sucesivos avances, cada uno de ellos imposible o implanteable aparentemente.

Che aclara una y otra vez lo que quiere decirse con la expresión *conciencia*. No es la antítesis de *economía*, es la palanca para lograr que las fuerzas productivas y las relaciones de producción dejen de ser medios para perpetuar la dominación como en el capitalismo. Es, en su desarrollo, el avance de la nueva manera de vivir (o nuevo modo de producción, si usamos la acepción de *La ideología alemana*) frente a la manera de vivir del capitalismo. En el trabajo, por ejemplo, la conciencia debe poder medirse mediante la norma: ella "es la expresión de una obligación moral del trabajador, *es su deber social*". Hay aspectos coactivos en el trabajo, incluso en el voluntario, durante la transición socialista; el que su estimulación se dé a través de combinaciones de estímulos morales y materiales "indica la relativa falta de desarrollo de la conciencia social". Estímulo material directo o individual como forma predominante y conciencia, si son términos contradictorios. Conciencia es también la comprensión que van alcanzando los hombres de los hechos económicos, el grado en que los dominan, mediante el plan. Es un proceso de errores y aciertos en el que inciden contra la transición socialista todos los factores indicados arriba, su coexistencia a escala mundial con el sistema capitalista y el ser históricamente reciente. "¿Por qué pensar que lo que 'es' en el periodo de transición, necesariamente 'debe ser'?", señala el Che al invitar a sus impugnadores a no "desconfiar demasiado de nuestras fuerzas y capacidades".

Hay un carácter contradictorio en el periodo de transición, entre un poder socialista consciente del carácter político, económico e ideológico, por una parte, y los aspectos de la sociedad mercantil generalizada subsistentes a escala nacional e internacional, por otro, expresados en la ley del valor. "[…] la planificación centralizada es el modo de ser de la sociedad socialista, su categoría definitoria y el punto en que la conciencia del hombre alcanza, por fin, a sintetizar la economía hacia su meta, la plena liberación del ser humano en el marco de la sociedad comunista." El sistema de planificación nacional deberá llegar a integrar la economía como un todo único, a partir de las decisiones políticas, pasando por toda la cadena de instancias y unidades de la economía hasta fundirse con la población y volver hasta la dirección política, "formando una gigantesca rueda bien nivelada, en la cual se podrían cambiar determinados ritmos más o menos automáticamente, porque el control de la producción lo permitiría".

Él conoce perfectamente que la sociedad cubana en transición está muy lejos todavía de ese sistema; sin darse un día de descanso el Che está inmerso en numerosas responsabilidades del trabajo práctico de la Revolución, lo que le permite elevar sus extraordinarias capacidades teóricas desde las más cotidianas experiencias concretas, con su carga de complejidades, inconsecuencias, falta de recursos, situaciones absurdas y angustias, y también con sus prometedores signos reales de cambios sociales y humanos. Es ejemplar el rigor con que analiza el carácter incipiente y las imperfecciones del Sistema Presupuestario de Financiamiento que él preconiza y aplica en una parte de la economía nacional.[1] Y es necesario que se conozca todo el conjunto de instituciones de capacitación, de mecanismos de control, supervisión, estimulaciones combinadas, etc., que creó e impulsó infatigablemente para garantizar esos primeros pasos de construcción consciente de las bases de una nueva sociedad. "Lo que nosotros buscamos" —escribió— "es una forma más eficiente de llegar al comunismo".

Crear riquezas con la conciencia y no conciencia con las riquezas, por decirlo con palabras de Fidel; que la sociedad en su conjunto debe convertirse en una gigantesca escuela, para expresarlo con palabras del Che. No son frases felices, sino expresiones condensadas de un proyecto revolucionario comunista para la transición socialista, que produjo en esta primera etapa del proceso cubano riquísimas experiencias económicas, ideológicas y políticas en el camino hacia una democracia de trabajadores, y reflexiones teóricas como las del Che, que profundiza-

---

[1] Ver, por ejemplo, los epígrafes finales de su artículo "Planificación y conciencia en la transición al socialismo: Sobre el Sistema Presupuestario de Financiamiento".

ron y desarrollaron las ideas revolucionarias en nuevas condiciones históricas y geográficas, con aportes de valor permanente.

Ese pensamiento se truncó en el caso del Che, al caer su creador en el combate internacionalista, esa otra dimensión indispensable, sin la cual no hay verdadera marcha hacia el socialismo y el comunismo. También en este campo de la guerra revolucionaria fue un pensador excepcional, y en la búsqueda de caminos para la liberación latinoamericana y la solidaridad entre todos los pueblos del mundo; pero su actuación práctica fue tan ejemplar que ha quedado como un paradigma del revolucionario integral.

Hace exactamente veinte años Che comenzó su *Mensaje a los pueblos del mundo* con palabras de José Martí: "Es la hora de los hornos y no se ha de ver más que la luz". No hablaba para un día. Hoy sigue siendo la hora de los hornos, para la liberación y para la construcción de la nueva sociedad. Y Fidel continúa la acción y la reflexión abiertas por la Revolución cubana, cuando pregunta si la humanidad renunciará al objeto del comunismo ante las realidades de determinadas limitaciones materiales y determinadas características del hombre. Y propone que las sociedades del Tercer Mundo que luchan por resolver las gigantescas necesidades elementales de sus pueblos vuelvan la espalda a los modelos capitalistas de desarrollo y de vida, y que busquemos los objetivos económicos y sociales, materiales y morales que debe plantearse una sociedad del Tercer Mundo de hoy. Y postula que el papel de la educación y la conciencia es fundamental para esos objetivos, y en el caso de nuestra Revolución, para garantizar su vigor y su futuro.

Al ayudar a traer las ideas del Che a la palestra de hoy, el libro que sigue se vuelve un aporte a esa búsqueda necesaria. Tablada ha presentado el conjunto del problema que persigue en su rica y breve "Introducción". No se limita en ella a presentar el contenido del libro y el lugar que tiene lo expuesto en el conjunto del pensamiento del Che; apunta también a inscribir el papel de las ideas y la práctica del Che en una consideración más abarcadora del proceso de transición socialista cubano, y de las experiencias prácticas socialistas y del desarrollo histórico del marxismo-leninismo.

El análisis y la exposición detallada de las concepciones desarrolladas por el Che en el curso de sus actividades de dirección económica en los primeros años de nuestra Revolución ocupa las dos terceras partes del libro. El Sistema Presupuestario de Financiamiento es explicado con rigor y abundancia de fragmentos de textos e intervenciones del propio Che. Entiendo que este es un aporte fundamental del libro de

Tablada porque pone al alcance del lector el conocimiento y la posibilidad de valorar aquel esfuerzo revolucionario de pensar y hacer en el comienzo de la transición al socialismo y al comunismo. La obra se torna así una invitación y un reto a tratar también lo que no ha estado —no podía estar— en el plan del autor: el análisis de la formación social cubana misma y de los cambios y permanencias fundamentales resultantes de los primeros años de la Revolución, del análisis del otro sistema de dirección económica aplicado simultáneamente en Cuba, basado en el cálculo económico, el debate económico de entonces y otros temas necesarios.

Incitar al estudio y al conocimiento de la historia de nuestro socialismo, de los rasgos esenciales de su presente y de sus necesidades y proyectos —y de las luchas por el socialismo en el mundo— es una función que esperamos que pueda cumplir este libro. La gran operación de expropiación del capital que avizoró Carlos Marx hace ciento veinte años debe continuar profundizándose: hay que quitarle a la burguesía el privilegio de la productividad, de la eficiencia, de los recursos, del dominio de la mente y la modificación de las acciones humanas, para hacer un mundo nuevo.

Introducción

Toda revolución socialista se encuentra ante el doble dilema de lograr el perfeccionamiento de los sistemas de dirección y gestión económica y administrativa, por una parte, y la educación comunista de los trabajadores como factor de mejoramiento de la sociedad socialista: en desarrollo y desarrollada, por otra.

Este libro persigue el objetivo de exponer sistematizadamente el pensamiento económico de Ernesto Che Guevara, su surgimiento y desarrollo. Muestra cómo el pensamiento de Che se inscribe en la más pura tradición revolucionaria del marxismo-leninismo.

Los ideólogos burgueses, conocedores de la fuerza comunista de su figura, de su ejemplo y de sus escritos, han pretendido desvirtuarlo de mil modos. Uno de estos métodos ha consistido en tergiversar su pensamiento, ocultarlo, desnaturalizarlo y tratar de contraponerlo al pensamiento marxista-leninista.

El Comandante en Jefe Fidel Castro Ruz declaró:

> [...] los escritos del Che, el pensamiento político y revolucionario del Che tendrán un valor permanente en el proceso revolucionario cubano y en el proceso revolucionario en América Latina. [...] Che llevó las ideas del Marxismo-Leninismo a su expresión más fresca, más pura, más revolucionaria.[1]

---

[1] Fidel Castro Ruz: Discurso pronunciado en la velada solemne en memoria del Comandante Ernesto Che Guevara de la Serna. Plaza de la Revolución, La Habana, 18 de octubre de 1967.

Para muchos estudiosos de la Revolución cubana, existe la confusión, sana en unos y en otros mal intencionada, de identificar el periodo 1966-1970 de errores en la conducción de la economía interna, con el Sistema Presupuestario de Financiamiento creado por Che.

En el informe del Comité Central presentado por Fidel, al Primer Congreso del Partido Comunista de Cuba, el Comandante en Jefe, con la honestidad que lo caracteriza, dejó aclarado lo siguiente:

> En la conducción de nuestra economía hemos adolecido indudablemente de errores de idealismo y en ocasiones hemos desconocido la realidad de que existen leyes económicas objetivas en las cuales debemos atenernos.
>
> En los primeros años de iniciada la construcción del socialismo coexistieron dos sistemas de dirección económica: el financiamiento presupuestario, que abarcaba la mayor parte de la industria, y el cálculo económico, que parcialmente se implantó en la agricultura, el comercio exterior y una parte menor de la industria [...]. Al principio de la Revolución se había discutido algo cuál de los dos sistemas era el más adecuado. Pero no se profundizó ni tomó una decisión al respecto, coexistiendo durante varios años ambos sistemas mencionados.
>
> El hecho es que no existía un sistema único de dirección para toda la economía y en estas circunstancias tomamos la decisión menos correcta, que fue inventar un nuevo procedimiento.
>
> Interpretando idealistamente el marxismo y apartándonos de la práctica consagrada por la experiencia de los demás países socialistas, quisimos establecer nuestros propios métodos.
>
> En consecuencia se estableció una forma de dirección que se apartaba tanto del cálculo económico, que era generalmente aplicado en los países socialistas, como del sistema de financiamiento presupuestario que había comenzado a ensayarse en Cuba.[2]

La actualidad del tema viene dada por la imperiosa necesidad del análisis de la sociedad socialista, su perfeccionamiento y la erradicación de sus fallas y deficiencias, con vistas a acelerar su desarrollo y ponerla a la altura de las exigencias de sus necesidades sociales y sus

---

[2] Fidel Castro Ruz: *Informe Central al Primer Congreso del Partido Comunista de Cuba,* La Habana, Departamento de Orientación Revolucionaria, 1975, pp. 104-06.

deberes internacionalistas. En este contexto, el pensamiento de Ernesto Che Guevara tiene vigencia y aplicación práctica presente y futura en la dirección y gestión de la economía de los países socialistas.

El pensamiento económico-político-ideológico de Che Guevara refleja el resultado de su investigación acerca de las soluciones, dentro de los principios socialistas y con fórmulas socialistas, a los problemas concretos de la implantación del régimen socialista en Cuba y a las fallas que se presentan en el mismo.

Prácticamente en todos los países socialistas se someten a examen los sistemas y métodos de dirección de la economía y las relaciones que se derivan de ellos.

El sistema socialista es muy joven y se construye bajo el cerco, el ataque y el peso de siglos del sistema capitalista. Lo hacen hombres que tienen que salir del cieno burgués, como lo señalaba Carlos Marx, y que en el camino van adquiriendo la experiencia, la ideología y la cultura necesarias para optimizar su gestión.

Por otra parte, como señalara Fidel Castro, los hombres, por errores subjetivos en la construcción de la nueva sociedad, chocamos con dificultades y podemos empezar a inventar de nuevo el capitalismo. De lo que se trata es de superar los idealismos, extremismos, dogmatismos, comprender en toda su dimensión la importancia de la conjugación dialéctica de la inviolabilidad de las leyes generales que rigen la formación económico-social comunista, del aprovechamiento de las experiencias de los países socialistas hermanos. Ignorarlas es caer en brazos del idealismo y del voluntarismo. No prestar atención a las características concretas nacionales o de una región es hundirse en el desconocimiento dogmático antidialéctico.

El pensamiento de Che constituye un rico manantial de ideas y soluciones, de fórmulas socialistas para la construcción de la nueva sociedad.

El campo de esta investigación lo constituyen la obra y la acción de Che en su labor de dirigente de entidades económicas de Cuba en el periodo comprendido entre 1959 y 1965. Sus escritos teóricos, sus declaraciones a la prensa, discursos, entrevistas, notas de libros de estudio, actas, grabaciones, reuniones, misiones gubernamentales, etcétera, que muestran su carácter creador al estilo genuinamente revolucionario y su condición de fiel continuador del pensamiento marxista-leninista.

La actividad de Che en Cuba fue multifacética: médico, guerrillero, comandante, presidente del Banco Nacional de Cuba, ministro de Industrias, jefe de delegaciones comerciales y delegaciones diplomáticas, representante de nuestros pueblos latinoamericanos en eventos internacionales, jefe de regiones militares, escritor, teórico militar y de la política económica y de la economía política en el periodo de transición.

La actividad práctica y teórica de Che en el proceso de eliminación del capitalismo y de la creación del régimen socialista en Cuba, le llevó a concebir y desarrollar el Sistema Presupuestario de Financiamiento; sistema que está formado a su vez por los subsistemas de planificación, organización y formación del trabajo, contabilidad y costos, finanzas, precios, control y supervisión, mecanismos de incentivación, política de cuadros, capacitación, desarrollo científico-técnico, informática, estadísticas, dirección y participación de los trabajadores, entre otros.

Al introducirse en el mundo de la organización y la gestión, Che trató otros asuntos: la lucha contra el burocratismo, el establecimiento de las instituciones económicas y las relaciones entre ellas, las relaciones entre el Partido y el Estado, las relaciones entre la administración y el sindicato, la utilización del principio del centralismo democrático, los estudios socio-psicológicos de la organización y la gestión, la computación y los métodos económico-matemáticos y la empresa socialista.

Algunos de los problemas y subsistemas enunciados los desarrollaremos o esbozaremos en el presente estudio pues la exposición de todos los subsistemas y problemas abordados por Che requiere la labor de un equipo de investigación. En resumen, muestra algunos de los aportes de Che en el pensamiento económico-político-ideológico durante el periodo de transición hacia el socialismo y el comunismo.

Che fue el principal impulsor de la implantación en Cuba de la planificación, de los métodos de control y supervisión, de un sistema de formación de cuadros para la economía que es digno de estudio. Che coadyuvó a la implantación del sistema socialista de producción en la economía cubana.

Che dirigió la industria cubana en los primeros años y llevó a la práctica de forma brillante la organización de la misma bajo los principios de dirección socialista, aplicándolos hasta el nivel del establecimiento o unidad de producción más pequeño.

Che enseñó a los obreros y a los cuadros de dirección el modo de gestión socialista, aplicando las ideas que Fidel tenía al respecto.

Los imperialistas yanquis hicieron lo indecible por despojarnos de todo el personal científico y técnico, de todos los dirigentes y trabajadores administrativos de la industria. Bajo la dirección de Che, los obreros aprendieron a conocer, administrar, dirigir la industria y mitigar el bloqueo, impidiendo la paralización de aquella. En este periodo la producción industrial cubana experimentó un crecimiento sostenido y se sentaron las bases del desarrollo industrial socialista.

La ausencia de otros trabajos de investigación marxista sobre este tema específico convocó a nuestro esfuerzo. Ello obligó —quizás en beneficio de evitar influencias interpretativas— a basarnos exclusivamente sobre ese manantial de inapreciable valor que constituyen las fuentes primarias, así como las intervenciones de Fidel y otros dirigentes. Asimismo revisamos una amplia —casi universal— muestra de la bibliografía nacional y extranjera publicada sobre Che, pero, repetimos, en la que el tema de su pensamiento es tratado de modo colateral. En segundo lugar, se intenta exponer el origen y desarrollo del Sistema Presupuestario de Financiamiento que, como veremos, fue el modo en que la economía cubana y particularmente la industria, comenzó el proceso de socialización. En tercer lugar se devela y se hace explícita la identidad del pensamiento de Che con el de Fidel, su semejanza de principios y objetivo. En cuarto lugar, se demuestra que la obra de Che constituye un aporte invaluable en toda su dimensión para el desarrollo teórico y práctico de la formación económico-social comunista.

Recientemente Fidel expresó:

> [...] yo tengo una gran confianza en el socialismo y tengo muy poca confianza en el capitalismo. Creo que el socialismo ofrece fabulosas posibilidades de desarrollo, la experiencia de nuestro país lo enseña y lo que debe hacerse es perfeccionar el socialismo.
>
> Yo del capitalismo no espero nada ni creo lo más mínimo en el capitalismo. A veces los hombres, por errores subjetivos en la construcción de la nueva sociedad, se encuentran con dificultades y pueden empezar a inventar de nuevo el capitalismo.
>
> El capitalismo está inventado hace mucho tiempo, no hay que volverlo a inventar; el capitalismo fue una sociedad progresista en su tiempo, impulsó extraordinariamente las fuerzas productivas, hasta que se convirtió en un freno de esas fuerzas productivas; el capitalismo tiene experiencias, tiene fórmulas, a veces es más fácil administrar el capitalismo [...]. Bien, entonces no hay que inventar el capitalismo para resolver los problemas del socialismo, lo que hay que hacer es superar, a veces, idealismo, ciertos extremismos, ciertas ilusiones, ciertos errores, e inexperiencias, combinar de una forma correcta los estímulos morales y los estímulos materiales, y, además de eso, aplicar la fórmula socialista

[...]. Yo desconfío mucho del capitalismo, estimula el egoísmo, corrompe a la gente, no desarrolla el espíritu de solidaridad y de fraternidad entre los hombres; sino el egoísmo, el individualismo, y por eso prefiero la fórmula socialista, aun dentro de un país subdesarrollado.

Porque si Marx concibió el socialismo como una etapa ulterior al capitalismo desarrollado, y la vida nos obligó a utilizar el camino socialista para el desarrollo; entonces tenemos que olvidarnos, realmente, del capitalismo y seguir la vía socialista del desarrollo que, a mi juicio, es la única salida para los países del Tercer Mundo [...] el capitalismo es un sistema decadente en la historia, y tendrá que ser sobrepasado por el socialismo, aunque el socialismo tiene todavía muchas fallas, tiene deficiencias, pero las deficiencias no están en el sistema, están en los hombres.[3]

Aspiramos a que el presente trabajo contribuya a la divulgación del pensamiento y la obra de Che y estimule a otros investigadores a abordar el tema y enriquecerlo.

Este es nuestro más puro homenaje a la memoria de Che y a la de aquellos que combatieron a su lado.

La Habana, julio de 1984.

---

[3] Fidel Castro Ruz: Entrevista concedida al periódico *El Día* de México, el 8 de junio de 1985.

PRIMERA PARTE

El sistema de dirección de la economía en el socialismo: cuestiones teóricas y metodológicas en el pensamiento del Che

Capítulo 1

El sistema de dirección económica y sus categorías

Uno de los grandes méritos teóricos de Che radica en haber realizado la síntesis, en sus trabajos sobre el periodo de transición, de dos elementos que en la estructuración de la teoría de Marx y Engels aparecen indisolublemente ligados como un todo único.

El primero de estos dos elementos es la producción económica. El segundo es la producción y reproducción de las relaciones sociales mediante las cuales se realiza la producción económica, esto es, las relaciones económicas y el resto de las relaciones sociales que los hombres establecen en el proceso de producción y fuera de este.

En la teoría de Marx y Engels estos elementos adquieren vida cuando son estimados como elementos de una totalidad (la formación social). Fueron separados por los teóricos burgueses y la socialdemocracia de la Segunda Internacional, vueltos a unir por Lenin en medio de la construcción del primer poder proletario, y separados nuevamente por algunos teóricos contemporáneos.

Del divorcio de estos dos elementos desde la época de la Segunda Internacional resulta la desnaturalización más brutal a la que fue sometida la teoría de Marx y Engels. Constituye el retorno a posiciones filosóficas premarxistas, lo que da origen a la desunión entre teoría y práctica revolucionarias, las que, una sin la otra, pierden su fuerza revolucionaria y sus potencialidades.

La originalidad de Che descansa, entre otras cosas, en el hecho de haber defendido estos y otros importantes principios del marxismo-leninismo en la teoría económica del periodo de transición al comunismo a partir de las nuevas variables presentes, derivadas del sistema socio-económico-político que le tocó vivir.

Che sentó las bases para una teoría del periodo de transición al comunismo cuyo sistema de dirección económica sustenta la posibilidad de edificar la nueva sociedad en un país subdesarrollado por caminos legítimamente revolucionarios. Este sistema considera que la palanca fundamental de la construcción del socialismo en la sociedad humana debe ser la de los estímulos morales, "sin olvidar una correcta utilización del estímulo material, sobre todo de naturaleza social".[1] Modelo que permite, a su vez, desarrollar constantemente la propia teoría como única vía para crear una ciencia marxista-leninista del periodo de transición útil a cada práctica revolucionaria.

Su quehacer revolucionario en las distintas y multifacéticas tareas que como constructor hubo de desempeñar, unido a su incisivo espíritu crítico, su profundo y original pensamiento, lo llevó no sólo a pensar la Revolución en la que él —como miembro de la vanguardia— tenía una destacada participación, sino a aportar sus elementos teóricos en la construcción de la sociedad comunista. Esto implicaba poseer y cultivar un alto espíritu crítico para evitar errores, que obstaculizarían el proceso de creación y desarrollo de nuevas relaciones humanas. El elogio del sistema, por poner sólo un ejemplo, podría devenir freno del proceso revolucionario:

> Desgraciadamente, a los ojos de la mayoría de nuestro pueblo, y a los míos propios, llega más la apología de un sistema que el análisis científico de él. Esto no nos ayuda en el trabajo de esclarecimiento y todo nuestro esfuerzo está destinado a invitar a pensar, a abordar el marxismo con la seriedad que esta gigantesca doctrina merece.[2]

Algún tiempo después, en 1965, Che afirmaría:

> Si a esto se agrega el escolasticismo que ha frenado el desarrollo de la filosofía marxista e impedido el tratamiento sistemático del periodo, cuya economía política no se ha desarrollado, debemos

---

[1] Ernesto Che Guevara: "El socialismo y el hombre en Cuba", artículo principal del libro *El socialismo y el hombre en Cuba*, Nueva York, Pathfinder, 1992, p. 57.

[2] Guevara: "Carta a José Mederos", en la colección de nueve tomos, *Ernesto Che Guevara: Escritos y discursos*, La Habana, Editorial de Ciencias Sociales, 1985, tomo 9, pp. 384-85. A partir de aquí se referirá a esta colección como *Escritos y discursos*.

convenir en que todavía estamos en pañales y es preciso dedicarse a investigar todas las características primordiales del mismo antes de elaborar una teoría económica y política de mayor alcance.[3]

Desde muy temprano Che había tomado conciencia de uno de los hechos teóricos más angustiosos de su época: el estancamiento del pensamiento marxista divulgado.[4]

La Revolución cubana representa un momento crucial en la historia del pensamiento marxista-leninista, momento en que el marxismo-leninismo echó, definitivamente, raíces en Nuestra América, al entroncar, de modo coherente, con las mejores tradiciones revolucionarias. Lo que de forma peyorativa denominan los imperialistas *castrismo* es, en efecto, una etapa vital en el desarrollo de la teoría y la práctica marxista-leninistas.

Al igual que Lenin rescató las ideas revolucionarias del cieno reformista socialdemócrata, Fidel Castro revitalizó el marxismo-leninismo y lo desarrolló de acuerdo con las peculiaridades y exigencias de la revolución latinoamericana. Y pudo hacerlo porque la Revolución cubana, mera apertura de la revolución continental, fue desde el Moncada[5]

---

[3] Guevara: *El socialismo y el hombre en Cuba,* ed. cit., p. 63.

[4] El Comandante Fidel Castro en su discurso pronunciado en conmemoración del día Internacional del Trabajo el Primero de Mayo de 1966 afirmaba:

> Podría decirse que si bien la técnica industrial, la ciencia en general se ha desarrollado de un modo increíble, la ciencia social está todavía bastante subdesarrollada. Y oímos fórmulas. Leemos manuales, pero nada enseña tanto como una revolución, que a la vez hay que saber apreciar y valorar en toda su importancia la experiencia de los demás pueblos, cada pueblo ha de esforzarse no en copiar sino en dar su aporte a esa ciencia subdesarrollada como son las ciencias políticas y sociales.
>
> Nosotros vamos desarrollando nuestras ideas. Entendemos que las ideas marxista-leninistas requieren un incesante desarrollo; entendemos que un cierto estancamiento se ha producido en este campo, y vemos incluso que a veces se aceptan, bastante universalmente, fórmulas, que en nuestra opinión se pueden apartar de la esencia del marxismo-leninismo.

[5] El 26 de julio de 1953, unos 160 combatientes participaron en ataques simultáneos al Cuartel Moncada en Santiago de Cuba y al cuartel de la cercana ciudad de Bayamo, dando inicio a la lucha revolucionaria popular contra la dictadura de Fulgencio Batista. Tras el fracaso del ataque, las fuerzas batistianas asesinaron a más de 50 de los revolucionarios capturados. Fidel Castro, principal líder del grupo y comandante del asalto al Moncada, y otros rebeldes fueron apresados, enjuiciados y condenados a la cárcel. Fueron puestos en libertad en mayo de 1955 después de una campaña pública en su defensa que obligó a Batista a declarar una amnistía.

"rebelión contra las oligarquías y contra los dogmas revolucionarios", como caracterizara Che aquella épica gesta.[6]

Che fue el más brillante y genial modelo de esa escuela de pensamiento y acción revolucionarios, en muchas de cuyas formulaciones y pasajes participó primero, para suscribirlas luego con su sangre. Y Che sería por ello, como Fidel, como Lenin, un profundo crítico de los dogmas y desviaciones que abrían grietas por las que el enemigo de clase pretendía infiltrarse.

Che comprendió la necesidad del análisis crítico en la construcción del socialismo y el comunismo, por lo que una gran parte de sus estudios se dedica a la profundización de la teoría revolucionaria, como necesidad insoslayable para preservarla de las desviaciones teóricas, ideológicas y políticas y hacer de su desarrollo un arma para la construcción práctica de la nueva sociedad.

El espíritu que impregnaba las despiadadas críticas de Marx a la tendencia apologética de la ciencia burguesa guiaría la asunción del marxismo-leninismo por los revolucionarios cubanos. Como dijo Che: "Se debe ser marxista con la misma naturalidad con que se es 'newtoniano' en física, o 'pasteuriano' en biología".[7]

¿Cuál es la economía política de la transición? ¿Existe tal economía política con una especificidad propia? ¿Necesariamente se debe formular una economía política del periodo de transición? En caso afirmativo, ¿sobreviviría al periodo de transición o desaparecería en la sociedad comunista, siendo sustituida por una suerte de "tecnología social"? ¿Qué *políticas económicas* adoptar? ¿Qué relación guardan estas con la economía política del periodo de transición? ¿Cómo se organiza el nuevo orden? Estas y otras interrogantes hervían en los cerebros de los jóvenes revolucionarios quienes buscando en vano la obra donde aparecieran contestadas, se remitirían a los clásicos.

Es conveniente puntualizar que esta búsqueda cubana de las teorías marxistas tuvo motivaciones diferentes que la europea. Allá se trataba de una vuelta al Marx joven, en quien algunos creyeron encontrar las especulaciones antropológicas con que justificar el retorno a viejas posiciones humanistas como vía de escape a las simplificaciones teóricas de algunos manuales y monografías.

---

[6] Guevara: *El diario del Che en Bolivia*, La Habana, Editora Política, 1987, p. 296. Anotación del 26 de julio de 1967.

[7] Guevara: "Notas para el estudio de la ideología de la revolución cubana", en *Escritos y discursos,* ed. cit., tomo 4, p. 203.

Sin embargo, en Marx, como veremos, los dirigentes de la Revolución cubana no encontrarían la "Economía Política de la Transición", pero sí las indicaciones sobre el condicionamiento histórico de todo pensamiento. A su vez, Marx les haría ver que su objeto de estudio siempre fue "el modo de producción capitalista y las relaciones de producción e intercambio a él correspondientes"[8] con vistas a realizar la revolución comunista y que el presente explica el pasado, pero no siempre hay que conocer el pasado para comprender el presente.

> La sociedad burguesa es la más compleja y desarrollada organización histórica de la producción. Las categorías que expresan sus condiciones y la comprensión de su organización permiten al mismo tiempo comprender la organización y las relaciones de producción de todas las formas de sociedad pasadas, sobre cuyas ruinas y elementos ella fue edificada y cuyos vestigios, aún no superados, continúa arrastrando, a la vez que meros indicios previos han desarrollado en ella su significación plena, etcétera.
>
> La anatomía del hombre es una clave para la anatomía del mono. Por el contrario, los indicios de las formas superiores en las especies animales inferiores pueden ser comprendidos sólo cuando se conoce la forma superior.
>
> La economía burguesa suministra así la clave de la economía antigua, etcétera. Pero no ciertamente al modo de los economistas, que cancelan todas las diferencias históricas y ven la forma burguesa en todas las formas de sociedad. Se puede comprender el tributo, el diezmo, etcétera, cuando se conoce la renta del suelo. Pero no hay por qué identificarlos.
>
> Además, como la sociedad burguesa no es en sí más que una forma antagónica de desarrollo, ciertas relaciones pertenecientes a formas de sociedad anteriores aparecen en ella sólo de manera atrofiada o hasta disfrazadas. Por ejemplo la propiedad comunal. En consecuencia, si es verdad que las categorías de la economía burguesa poseen cierto grado de validez para todas las otras formas de sociedad, esto debe ser tomado *cum grano salis* [con humor]. Ellas pueden contener estas formas de un modo desarrolla-

---

[8] Carlos Marx: *El capital*, México, Siglo XXI Editores, 1975-85, cuyos tres libros están contenidos en ocho tomos. Prólogo a la primera edición, libro primero, tomo 1, p. 6.

do, atrofiado, caricaturizado, etcétera, pero la diferencia será siempre esencial.[9]

Así, la idea de la especificidad del nuevo régimen se perfilaba cada vez con mayor nitidez. La revolución soñada y pensada por Marx y Engels expresa un viraje, no sólo en la historia sino en la forma de hacer la historia. Por primera vez el hombre asume conscientemente la tarea de la organización social. Con la posibilidad de decisión sobre los niveles económico-políticos, se convierte en arquitecto de su destino. Hasta ese momento, la sociedad escindida y disparada en distintas direcciones, sin conciencia de las fuerzas que entraban en juego en el devenir histórico, había sido en gran medida juguete de estas fuerzas.

Una imagen exacta de esta forma "ciega" de hacer historia nos la brindan Marx y Engels en el Manifiesto del Partido Comunista:

> Las relaciones burguesas de producción y cambio, las relaciones burguesas de propiedad, toda esta sociedad burguesa moderna, que ha hecho surgir como por encanto tan potentes medios de producción y de cambio, se asemeja al mago que ya no es capaz de dominar los poderes infernales que ha desencadenado con sus conjuros.[10]

La sociedad producía una historia aparentemente incoherente y contradictoria como ella misma, en la que las fuerzas económicas, entonces ajenas a toda conciencia, se imponían como leyes suprahumanas, y eran por ello la única pista posible para que la ciencia social dilucidara aquel problema y alcanzara sus primeras conclusiones. Las tendencias y regularidades que en los distintos niveles caracterizan al régimen capitalista sólo fueron captadas y explicadas racionalmente con la aparición de la economía política como ciencia social. Aún entonces la apologética de la ciencia burguesa impidió detectar muchos de sus rasgos significativos. El marxismo, como conciencia crítica de la realidad capitalista, logró, finalmente, aprehenderla en gran medida.

Sin embargo, es obvio que el conocimiento de la problemática social no era un factor suficiente —aunque sí importante— para su sujeción a la voluntad humana. Conocer el significado de la plusvalía no elimina, *per se*, su existencia; se precisa barrer con las estructuras que la originan.

---

[9] Marx: *Introducción a la crítica de la economía política (Grundrisse)*, México, Siglo XXI Editores, 1980, p. 320. El subrayado es de Marx.

[10] Marx y Engels: *El manifiesto comunista*, Nueva York, Pathfinder, 1992, p. 28.

Para eliminar la estructura sociopolítica burguesa y apropiarse de su existencia, las fuerzas revolucionarias encontraron dos instrumentos: la revolución y la dictadura del proletariado. Con el primero derrocarían al gobierno burgués; con el segundo destruirían su Estado, lo sustituirían y someterían a las fuerzas sociales a su arbitrio, iniciando una nueva forma de hacer historia: el proyecto revolucionario se expresaba ahora a través del plan económico. A la conciencia de la realidad se sumaba el poder de decisión sobre ella.

En esta situación, ¿cuáles son los elementos de la posible teoría?

Todo indica que las decisiones que se toman centralmente pueden ayudar a organizar de manera progresiva los distintos elementos de la sociedad, permitiendo, con el decursar del tiempo, equipar a estos elementos con algunas de las regularidades y tendencias más significativas del pensamiento científico. Pero estas tendencias ya no se "impondrán con férrea necesidad" sobre los hombres puesto que han sido, de hecho, el fruto de su acción consciente y continúan dependiendo de ella.

> Después de la Revolución de Octubre de 1917, de la revolución de Lenin, el hombre ya adquirió una nueva conciencia. Aquellos hombres de la Revolución Francesa, que tantas cosas bellas dieron a la humanidad, que tantos ejemplos dieron, y cuya tradición se conserva, eran, sin embargo, simples instrumentos de la historia. Las fuerzas económicas se movían y ellos interpretaban el sentir popular, el sentir de los hombres de aquella época, y algunos intuían más lejos aún, pero no eran capaces todavía de dirigir la historia, de construir su propia historia conscientemente.
>
> Después de la Revolución de Octubre se ha logrado eso, y después de la Segunda Guerra Mundial, ya el bloque de los países que integran el campo de la paz y del socialismo es muy fuerte. Ya hay mil millones de hombres que dirigen la historia, que la construyen, que saben lo que están haciendo. Y entre esos mil millones, como una gota, pero como una gota diferenciable, con características propias y con todo nuestro orgullo, están los siete millones de cubanos.[11]

---

[11] Guevara: "Discurso pronunciado en el acto de entrega de Certificados de Trabajo Comunista", 11 de enero de 1964, en la edición en siete tomos *El Che en la revolución cubana*, La Habana, Ministerio del Azúcar, 1966, tomo V, pp. 9-10. Ver la bibliografía en este libro.

El corolario alcanzado era el siguiente: cada proceso de transición al comunismo —si bien enmarcado en la semejanza que le otorgan sus premisas (dictadura del proletariado, socialización de los medios de producción, etcétera) y sus objetivos (creación de la sociedad comunista)— reviste una especificidad incuestionable que brota de las decisiones particulares que las distintas direcciones políticas toman como respuesta a los problemas que les sugieren sus diferentes realidades.

Las implicaciones metodológicas de este descubrimiento eran grandes. Por un lado quedaba al desnudo un peligro: la importación de soluciones extrapoladas a los problemas reales que había que enfrentar. Por otro lado, quedaba claro que los problemas que cada proceso revolucionario ha debido afrontar se relacionan íntimamente con el marco histórico en el que este ha tenido lugar y deben ser captados como experiencias en esa dimensión.

Había, pues, que estructurar un modelo de construcción comunista que respondiera a las valoraciones críticas de las experiencias de otros pueblos en el camino hacia una sociedad socialista, y a las características socio-económicas, históricas, ideológicas y culturales de la Revolución cubana comenzada en 1868.[12]

Che estudió detenidamente el periodo de transición y las acepciones que de él se tenían en la teoría y en la práctica. La lectura del *Manual de economía política* de la Academia de Ciencias de la URSS, le hizo escribir la siguiente nota:

> Aquí se escamotea impúdicamente un tramo. Marx habla de la transición del capitalismo al comunismo, el texto del capitalismo al socialismo.
>
> Para Marx, evidentemente, el período de dictadura del proletariado es el que se llama socialismo ahora. Lenin trata el problema de la misma manera en "Estado y la Revolución" y explica que no podía ir contra los hechos en "Más vale poco y bueno" (no estoy seguro si es en ese trabajo, fue uno de las últimas cosas que escribió).
>
> Ni siquiera Lenin previó este nuevo período; la realidad le dio hecho, y ahora no lo quieren ver.[13]

---

[12] La guerra revolucionaria por la independencia de Cuba comenzó con una guerra de 10 años iniciada en 1868.

[13] Guevara: "Notas al *Manual de economía política* de la Academia de Ciencias de la URSS" [inédito].

Y un poco más adelante en la lectura del manual citado, Che escribe:

> Oportunismo de poca monta, la dictadura del proletariado es un régimen de violencia contra la burguesía; está claro que la intensidad de la lucha depende de la resistencia de los explotadores, pero nunca será un régimen de agua de rosas, o se lo comen.[14]

Pocos años después, el golpe de Estado al gobierno democrático del Dr. Salvador Allende, corroboraba en América Latina, una vez más, este acierto. La burguesía local y el imperialismo estadounidense organizaron un golpe de Estado, masacraron a miles de chilenos desarmados, y establecieron una de las dictaduras más sanguinarias del mundo occidental con el visto bueno de todo Occidente y bendecida por el Vaticano.

Y Che continúa profundizando en el concepto de dictadura del proletariado y en la realidad que lo circunda:

> La forma en que está redactado el párrafo indica una verdad que no se dice claramente: La URSS constituye un sistema mundial del socialismo con un solo país socialista (ella misma). En otras palabras, la URSS impone el socialismo mediante la fuerza de las armas a los países de democracia popular.[15]

Unas notas más adelante Che retoma el tema:

> Esto no lo ha corroborado la práctica en la URSS ni en las democracias populares. Las diferencias y los antagonismos son palpables y se contradicen en escaseces y carestías periódicas.
>
> No hay que buscar alianzas sin fusión; no se trata de una dictadura policlasista, sino de la dictadura del proletariado y la abolición de clases.[16]

Se trataba, por tanto, para los revolucionarios cubanos, de formular una concepción general del *modo* en que se realizaría la transición al comunismo, por lo que el modelo debía ser *integral,* esto es, debía abarcar todos los niveles (económico, político, jurídico, ideológico, etcétera) de la formación social, de manera coherente. Tal modelo debía tender, además, a generar la conciencia de su provisionalidad: es un

---

[14] Ibídem.
[15] Ibídem.
[16] Ibídem.

instrumento que requiere de su renovación constante para revolucionar la realidad.

En su formulación, la ideología establece las metas, y la ciencia puntualiza las posibilidades de alcanzarlas y estructura las vías de hacerlo. Nadie puede hacer ciencia de lo inexistente; por ello la ideología y la conciencia de *lo que se quiere superar* desempeñan un papel importante.

Para Che, "El sistema presupuestario *es parte de una concepción general* del desarrollo de la construcción del socialismo y debe ser estudiado entonces en su conjunto".[17]

La racionalidad del modelo económico debía, pues, estar en consecuencia con la *racionalidad social* del modelo y no a la inversa. Dicho de otro modo, la racionalidad social requiere la racionalidad económica como premisa, pero la racionalidad económica no expresa la racionalidad social *per se*. No se trata aquí de la cantidad y calidad de bienes materiales elaborados sino del *modo* en que se producen, y de las relaciones sociales que se desprenden de dicha manera de producir.

La concepción general en la que se formularía el modelo quedaba sintetizada en la respuesta tajante de Che a una pregunta periodística:

> El socialismo económico sin la moral comunista no me interesa. Luchamos contra la miseria, pero al mismo tiempo luchamos contra la alienación. Uno de los objetivos fundamentales del marxismo es hacer desaparecer el interés, el factor "interés individual" y provecho de las motivaciones sicológicas.
>
> Marx se preocupaba tanto de los hechos económicos como de su traducción en la mente. Él llamaba eso un "hecho de conciencia". Si el comunismo descuida los hechos de conciencia puede ser un método de repartición, pero deja de ser una moral revolucionaria.[18]

En esta certera negación conceptual, Che fijaba el objetivo estratégico, y con este, la concepción general de la transición que proponía.

---

[17] Guevara: "Reuniones bimestrales, 12 de octubre de 1963". En dichas reuniones participaban los directores de empresas, los delegados provinciales y los viceministros del Ministerio de Industrias, a cuyo cargo estaba Guevara. En *El Che en la revolución cubana,* ed. cit., tomo VI, p. 387. El subrayado es del autor.

[18] Entrevista concedida a Jean Daniel en Argelia, titulada "La profecía del Che" y recogida del texto publicado por la Editorial Escorpión en Buenos Aires, en 1964. Fue publicada por primera en la edición del 25 de julio de 1963 de *L'Express;* en *El Che en la revolución cubana,* ed. cit., tomo IV, pp. 469-70.

Así quedaba establecido el objetivo último de todo esfuerzo: la estructuración social que provocara el condicionamiento óptimo para el *tipo* de "naturaleza humana" al que se aspiraba. El hombre *nuevo* surgiría como resultado de la labor revolucionaria y del nivel de conciencia inherente a las estructuras creadas por él mismo, se apropiaría de su misma existencia al dominar las fuerzas que antes le imponían su destino y que ahora dominaría y dirigiría. La dirección de los procesos sociales se haría consciente y masiva. La masa se elevaría al nivel de la actual vanguardia y a escalones aún más altos.[19] El poder no sería solamente *popular;* sería el poder del pueblo. Che tenía confianza en la capacidad de autotransformación humana.

Marx y Engels expresaron en *La ideología alemana* lo siguiente:

> Que tanto para engendrar en masa esta conciencia comunista como para llevar adelante la cosa misma, *es necesaria una transformación en masa de los hombres, que sólo podrá conseguirse mediante un movimiento práctico, mediante una revolución;* y que, por consiguiente, la revolución no sólo es necesaria porque la clase *dominante* no puede ser derrocada de otro modo, sino también porque *únicamente por medio de una revolución logrará la clase que derriba salir del cieno* en que se hunde y volverse capaz de fundar la sociedad sobre nuevas bases.[20]

Che pensaba que la transformación de la conciencia humana debía comenzar en la primera fase del periodo de transición: del capitalismo al comunismo. Era del criterio que la nueva conciencia social no se obtendría como resultado final de una primera etapa de desarrollo de la base material y técnica que se traduciría en una mayor eficiencia económica.

Che entendía que la creación de la nueva conciencia social requería el mismo esfuerzo que el que dedicáramos al desarrollo de la base material del socialismo. Y veía en la conciencia un elemento activo, una fuerza material, un motor de desarrollo de la base material y técnica. No concebía que pudiera relegarse a un segundo plano la conciencia y

---

[19] "Nuestra aspiración es que el partido sea de masas, pero cuando las masas hayan alcanzado el nivel de desarrollo de la vanguardia, es decir, cuando estén educadas para el comunismo". En Guevara: *El socialismo y el hombre en Cuba,* ed. cit., p. 67.

[20] Marx y Engels: "Feuerbach: oposición entre las concepciones materialista e idealista" (primer capítulo de *La ideología alemana*), en *Obras escogidas*, Moscú, Editorial Progreso, 1973, tomo I, p. 38. El subrayado es del autor.

cuidaba que los métodos y los medios a utilizar para lograr el *fin* no fueran a alejarlo o desnaturalizarlo.

Che no idealizaba a los hombres ni a las clases ni a la masa. Conocía bien teórica y prácticamente sus aspiraciones, sus anhelos, su psicología, su ideología y la "herencia" que arrastraban de la sociedad capitalista. Tenía presente el sentido histórico de todo pensamiento y conducta y era fiel a los principios marxista-leninistas en la interpretación que hacía al respecto.[21]

La sociedad socialista hay que construirla con los hombres que luchan por salir del cieno burgués pero no sometiéndose a sus motivaciones pasadas. Hay que conjugar lo viejo y lo nuevo de forma dialéctica.

Para Che, base material y riqueza económica, desarrollo de las fuerzas productivas y desarrollo de la producción,[22] relaciones sociales de producción y relaciones económicas, producción y reproducción de la vida material y producción y reproducción de bienes de consumo, no son conceptos idénticos. Es por ello que la riqueza de las categorías marxistas, que rebasa el elemento económico para brindar una visión compleja e inteligible de la realidad, no es reductible a conceptos económicos cuyos equivalentes pueden hallarse fácilmente en cualquier historia del pensamiento económico burgués. Son las relaciones sociales de producción las que condicionan la conciencia social de una época y no las relaciones puramente *económicas*. Che creía que la equiparación de conceptos diversos como los anteriormente mencionados puede conducir a la formulación de modelos de construcción socialista que no incluyen el elemento político-ideológico y que, por referirse

---

[21] En 1845 con su *Tesis sobre Feuerbach* Marx rebasaba esta noción antropológica y falsa del ser humano. En la sexta tesis afirmaba certeramente:

> Feuerbach resuelve la esencia religiosa en la esencia *humana*. *Pero la esencia humana no es algo abstracto* e inmanente a cada individuo. Es en su realidad *el conjunto de las relaciones sociales*. Feuerbach, quien no entra en la crítica de esta esencia real, se ve, por tanto, obligado:
>
> 1. a prescindir del proceso histórico plasmando el sentimiento religioso de por sí y presuponiendo un individuo humano abstracto, aislado.
>
> 2. la esencia solo puede concebirse, por tanto, de un modo "genérico", como una generalidad interna, muda, que une de un modo *natural* a los individuos.

En Marx y Engels, *Obras escogidas,* ed. cit., tomo I, p. 9; el subrayado es del autor.

[22] "De todos los instrumentos de producción, la fuerza productiva más grande es la propia clase revolucionaria". Marx: *Miseria de la filosofía*, Moscú, Editorial Progreso, 1979, p. 142.

exclusivamente al nivel económico, olvidan la importancia de los factores superestructurales.

Che entendía que si se seguía esta lógica de pensamiento, la primera fase del comunismo se podía identificar como una etapa de transformaciones *económicas,* o para ser más exacto, de desarrollo *económico,* de la cual surgirían de forma *natural,* en la segunda etapa, las nuevas formas de conciencia social. Y esta manera de abordar el problema de la transición podía indicar que la *base* y la *superestructura* son fenómenos independientes que pueden ser abordados en etapas diferenciadas, o al menos, que el segundo es un elemento pasivo.[23] Coincidía con Marx en el sentido "de que, por tanto, *las circunstancias hacen al hombre* en la misma medida en que éste hace a las circunstancias".[24] Y coincidía en el ordenamiento de factores que hace Marx en su *Crítica del Programa de Gotha* para caracterizar el comunismo:

> En la fase superior de la sociedad comunista, cuando haya desaparecido la subordinación esclavizadora, de los individuos a la división del trabajo, y con ella, la oposición entre el trabajo intelectual y el trabajo manual; *cuando el trabajo no sea solamente un medio de vida, sino la primera necesidad vital; cuando, con el desarrollo de los individuos en todos sus aspectos, crezcan también las fuerzas productivas* y corran a chorro lleno los manantiales de la riqueza colectiva.[25]

Como se puede apreciar, el factor "riqueza colectiva" está antecedido por toda una serie de elementos que lo condicionan, entre los cuales, y precediéndolo directamente, se sitúa "el desarrollo de los individuos en todos sus aspectos".

Che pensó en lo que se entiende por racionalidad económica; comprobó como esta siempre gira sobre los conceptos de eficiencia, pro-

---

[23] Marx explicó su propio enfoque:

> El modo de producción dado y las relaciones de producción correspondientes al mismo, en suma, "la estructura económica de la sociedad es la base real sobre la que se alza una *superestructura* jurídica y política, y a la que corresponden determinadas formas sociales de conciencia", ese enfoque para el cual "el modo de producción de la vida material condiciona en general el proceso de la vida social, política y espiritual". [El subrayado es del autor.]

[24] Marx y Engels: "La ideología alemana", *Obras escogidas,* ed. cit., tomo I, p. 39. El subrayado es de Marx y Engels.

[25] Marx: "Crítica del Programa de Gotha", *Obras escogidas,* ed. cit., tomo III, p. 15. El subrayado es del autor.

ductividad, utilidad máxima, decisión óptima, beneficio, etcétera, y se percató de que falta, sin embargo, la pregunta: ¿Cuál es el objetivo que se persigue con la aplicación de estos métodos económicos? Si se trata simplemente del *desarrollo* económico entonces no importarían los *métodos* que se emplearan con ese fin, ya que este objetivo se identifica con la racionalidad social. No es lo mismo si se entiende que la sociedad persigue objetivos superiores y más complejos que el desarrollo del nivel económico. De esta forma de razonar se desprendería que entre esos objetivos de mayor alcance y la gestión económica existe una vinculación orgánica que se relaciona con la pregunta: ¿En qué forma han de comportarse los elementos económicos para lograr los objetivos que la sociedad persigue en su conjunto?

Así quedaría delimitado el papel de la racionalidad económica, que aparecería como uno de los elementos a través de los cuales se establece la racionalidad social, a la cual se subordina.

> Si el estímulo material se opone al desarrollo de la conciencia, pero es una gran palanca para obtener logros en la producción, ¿debe entenderse que la atención preferente al desarrollo de la conciencia retarda la producción? En términos comparativos, en una época dada, es posible, aunque nadie ha hecho los cálculos pertinentes; nosotros afirmamos que en tiempo relativamente corto el desarrollo de la conciencia hace más por el desarrollo de la producción que el estímulo material y lo hacemos basados en la proyección general del desarrollo de la sociedad para entrar al comunismo, lo que presupone que el trabajo deje de ser una penosa necesidad para convertirse en un agradable imperativo.[26]

No se trata, pues, de una opción inocente entre una u otra posición teórica que pudiera resultar de nuestro agrado; la dimensión real del problema se capta al tomar conciencia de que la opción implica de inmediato la estructuración del conjunto de relaciones materiales ideológicas que sellarán la producción de la vida y la conciencia futura. No basta, por tanto, con que la propiedad de los medios de producción sea estatal para suscribir la afirmación socialista de un régimen de producción.

Había que ver, pues, las formas en que está estructurado el aparato de dirección estatal, el carácter de los incentivos empleados, las formas

---

[26] Ver el artículo de Guevara: "Planificación y conciencia en la transición al socialismo: Sobre el Sistema Presupuestario de Financiamiento", *El socialismo y el hombre en Cuba,* ed. cit., p. 88.

mismas de propiedad que coexistan o no y su extensión (social o cooperativa, por ejemplo), la existencia y acción del mercado y/o del plan, según sea el caso, la existencia o no de una vasta producción mercantil, etcétera. Estos son los elementos que configuran un determinado modo de producción, un determinado modo de actividad, un determinado modo de manifestar su vida los individuos, cuya formación ideológica brotará continuamente de tal estructura.

Che pensaba que los avances, estancamientos o retrocesos operados en el plano ideológico no pueden explicarse de manera simplista a partir del mejor o peor trabajo político y de educación ideológica que se haya realizado. Aquellos se hallan condicionados por ese conjunto de relaciones materiales al que nos referimos.

La formación de generaciones que trascienden los egoísmos y ambiciones que movieron al hombre en las sociedades de clase, no es consecuente con el principio del interés material directo como palanca *fundamental* impulsora de la construcción de la sociedad nueva. Che insistía en la necesidad de tener presentes algunos asertos esenciales del marxismo: aquellos de la coincidencia de la producción de la vida material y la conciencia, de las relaciones entre la base y la superestructura, de la coincidencia de la modificación de las circunstancias y de la actividad humana.

Che prevenía contra el peligroso sendero del pragmatismo ante estas realidades, por lo que la búsqueda de los parámetros de nuestra transición seguía siendo para él una necesidad vital.

En *La ideología alemana,* primer genial escrito conjunto de Marx y Engels, había quedado develado el modo en que las relaciones materiales (estructura), y dentro de estas particularmente las económicas, sobredeterminaban, condicionaban, las relaciones ideológicas (superestructura) propias de aquellas. Este descubrimiento, de cardinal importancia, hacía posible la aparición de una genuina ciencia social: el materialismo histórico.

Sin embargo, resulta curioso que en la bibliografía llegada a manos de Che sobre la transición, publicada en las más diversas latitudes y con variadas procedencias ideológicas, no se aborde claramente la cuestión del modo en que la nueva organización económica de la sociedad y la remodelación de las relaciones sociales en general condicionan las formas en conciencia social.

En la bibliografía a la que nos referimos predominan dos tipos de aproximación al problema:

> Primero: la instauración de la dictadura del proletariado garantiza *per se* la aparición progresiva de la conciencia comunista.

Segundo: la cuestión económica es tratada de modo independiente de las formas superestructurales que la acompañan.

Ambas concepciones expresan una incomprensión de la medular tesis marxista-leninista sobre la base y la superestructura sociales, y pueden ser fuente de graves errores no sólo de orden teórico, sino también —y principalmente— de carácter práctico.

En el primer caso hay que comenzar por decir que "dictadura del proletariado" es una abstracción, síntesis de muchas otras, que expresa un fenómeno objetivo compuesto por multitud de aspectos. Por ello no hay que identificar el triunfo revolucionario con la instauración de la dictadura revolucionaria en su forma más compleja y acabada. El triunfo permite la iniciación del proceso de instauración progresiva de esa dictadura, proceso que tiene sus etapas y que, sin duda, tiene que concentrar su esfuerzo principal en la lucha contra los elementos contrarrevolucionarios y en la consolidación del poder revolucionario en su primera fase.

La dictadura del proletariado, tal y como fue concebida por los clásicos del marxismo, era el proceso mediante el cual, una vez tomado el poder, se liquidarían las relaciones sociales de producción que caracterizan al capitalismo sustituyéndolas por otras de nuevo tipo (comunistas). No es la liquidación de individuos físicamente, es la eliminación progresiva de las relaciones capitalistas de producción y de explotación del hombre por el hombre, es la eliminación de las desigualdades colosales que provoca el régimen capitalista y el paso a la creación de nuevas relaciones sociales de producción, enfiladas no a perpetuar a una nueva clase dominante y a una nueva élite, sino a eliminar todas las clases sociales.

Para Che también dictadura del proletariado significaba:

> Los casos de China, Vietnam y Cuba ilustran lo incorrecto de la tesis [se refiere a la misión del proletariado expuesta en el *Manual de economía política* de la Academia de Ciencias de la URSS ya citado como la única clase que realiza la revolución socialista]. En los dos primeros casos la participación del proletariado fue nula o pobre, en Cuba no dirigió la lucha el partido de la clase obrera, sino un movimiento proclasista que se radicalizó luego de la toma del poder político.
>
> Falso de toda falsedad. No hay punto de contacto entre las masas proletarias de los países imperialistas y los dependientes; todo contribuye a separarlas y crear antagonismos entre ellas. Tam-

bién es falso que el proletariado (se distingue claramente el proletariado de estos países de la ideología del proletariado) sea el que cumpla el papel dirigente en la lucha de liberación, en la mayoría de los países semicoloniales. La escala es esta: los proletarios de los imperialistas reciben las migajas de la explotación colonial y se vuelven cómplices de los monopolistas; los obreros de los países dependientes reciben un salario varias veces menor, pero un salario al fin y tiene cierta estabilidad en sus puestos sobre los que pesa una gran oferta de trabajo de campesinos sin tierra y desalojados. Los campesinos de estos países son despojados de sus tierras para crear la posesión latifundista y la oferta de trabajo; su economía natural desaparece y nada la reemplaza; son los auténticos miserables de este momento en la gran mayoría de los países. Son fuerza revolucionaria.[27]

Puede decirse que la dictadura proletaria implica la formación de la conciencia comunista. Pero se trata de una implicación programática, de una meta a ser alcanzada.

Ahora bien, la cuestión de si se alcanza o no, si se logra en un plazo más breve o más largo, depende de la práctica misma de dicha dictadura, de la visión política de sus líderes, de las posibilidades reales endógenas y exógenas que se les presenten para su realización y de muchos otros factores. La Revolución del 59 pudo sobrevivir por la mayoritaria participación de la población, por los mecanismos de comunicación y de consenso que se establecieron entre la población y sus dirigentes, por la concepción inicial de que el socialismo se construye consciente y voluntariamente.

De todo ello se desprende una enseñanza: el triunfo revolucionario inicial abre la *posibilidad* del cambio social pero no es una garantía *per se* de este. La vanguardia deberá promover de modo dirigido y consciente la creación de las estructuras que permitan generar la actitud comunista en las nuevas generaciones y no abandonar a la espontaneidad este delicado proceso.

En relación con la segunda concepción a la que hacíamos referencia, aquella que tiende a abordar las cuestiones de la economía de la transición de modo independiente, desvinculadas de los aspectos superestructurales, es preciso subrayar que Che afirmaba que esta concepción tiende a provocar peligrosos errores conceptuales y prácticos.

---

[27] Guevara: "Notas al *Manual de economía política* de la Academia de Ciencias de la URSS" [inédito].

Existe la tendencia entre algunos economistas a tratar de modo técnico, académico, los asuntos que competen a su campo de estudio, procurando dejar a un lado las consideraciones de orden político, ideológico o filosófico, por considerar que la inclusión de tales elementos reduce y/o vicia el nivel de cientificidad de sus aseveraciones teóricas. Se trata de una posición falsa y equivocada en cualquier caso, pero cuando, además, el asunto analizado es precisamente la economía socialista (de transición), tal actitud es fuente de numerosos errores de consecuencias incalculables.

Esta actitud explica la existencia de una bibliografía sobre la economía de la transición en la que los problemas de orden político e ideológico y el juego de relaciones complejas de la base y la superestructura en esa etapa son dejados al margen de toda consideración.

Como aseverara Che, es precisamente esa actitud la que hace posible el peligro de que "los árboles impidan ver el bosque" y que persiguiendo el desarrollo económico se haga uso indiscriminado de las "armas melladas que nos legara el capitalismo", sólo para descubrir más tarde que las nuevas formas y *estructuras económicas* establecidas han hecho su trabajo de zapa sobre la conciencia[28] pues la perpetuación y el desarrollo de las leyes y categorías económicas del capitalismo prolongan las relaciones sociales de producción burguesas y con ellas los hábitos de pensamiento y motivaciones de la sociedad capitalista. En suma, es esa actitud tecnocrática, administrativista la que, por una ausencia total de análisis de la problemática base-superestructura en el tránsito, abre ancho cauce al revisionismo en el terreno teórico y a la contrarrevolución en el práctico, de modo consciente o inconsciente, propóngaselo o no el autor.

La forma en que cada una de las nuevas estructuras económicas e instituciones condiciona y se expresa en las motivaciones del hombre corriente, resulta un aspecto vital que debe ser estudiado en cualquier ensayo sobre el periodo de transición.

La comprensión del fenómeno base-superestructura en esa etapa le permitía a Che asumir una posición revolucionaria en relación con la economía socialista en la que la racionalidad económica *per se* no aparecía como indicador seguro de la transformación revolucionaria.

Sucede en ocasiones que en el análisis de determinadas causas de tensiones o anomalías ocurridas de modo ocasional y que pueden estar vinculadas a la actividad enemiga o ser aprovechadas por el adversario,

---

[28] Guevara: *El socialismo y el hombre en Cuba*, ed. cit., p. 57.

se utiliza un punto de vista estrechamente superestructural, y se las achaca a métodos políticos erróneos, falta de relación orgánica entre el gobierno y la masa, mal trabajo político partidario, etcétera. En ningún momento se incluye el análisis de la *estructura económica* de esa sociedad, la que aparece "más allá de toda sospecha" por su declarado carácter socialista. Sin embargo, resulta claro que dicha estructura es el resultado de acciones humanas tan conscientes como la puesta en marcha de un programa de instrucción política, y que es, por lo tanto, factible que posea defectos —deficiencias o desviaciones— debidos a errores y malas interpretaciones por parte de los seres humanos que la crearon: defectos que en modo alguno son inherentes al carácter socialista de la economía y que es preciso detectar y corregir para hacer más saludable esta y la sociedad en general pues su existencia afecta toda la superestructura, y dentro de ella, el propio trabajo político, el cual resulta la base condicionadora de la conciencia social de esta etapa.

No se trata tampoco de que un vulgar economicismo nos lleve a achacar a la estructura económica la causa de cualquier anomalía en el terreno superestructural, pero sí de que aquella, en tanto base, no sólo no debe colocarse "al margen de toda sospecha" cuando algo ocurre, sino que debe ser "el primer sospechoso" a ser "interrogado".

Sin embargo, en muchas ocasiones el debate no ha transitado de modo consecuente ese camino de análisis integral y riguroso. Por lo general, el planteo o replanteo del problema se produce al detectarse una crisis en el funcionamiento de la economía y por ello la discusión tiende inevitablemente a girar en torno a la eficiencia económica y a apoyarse en la conciencia de la necesidad de optar por un nuevo modelo de dirección económica que sea capaz de alcanzar dicha eficiencia, superando así al modelo que prevaleció hasta entonces.

A pesar de ello no se trata aquí de un monopolio o estado capitalista sino de una revolución, que persigue como objetivo estratégico supremo el establecimiento de un nuevo orden de relaciones humanas: las comunistas. Por ello la discusión tiene en este caso profundas y complejas implicaciones que trascienden al campo económico y que precisan de un delicado, detallado y comprensivo examen.

No obstante, repetimos: la bibliografía a la que hicimos referencia, que nos informa sobre los debates de este tipo ocurridos en diversos momentos históricos, tiende en su casi totalidad a concentrarse en los aspectos técnicos y administrativos del problema y a omitir la dimensión socio-política de las opciones debatidas. Esto acarrea a su vez nuevos defectos en los análisis futuros, ya que la legitimidad, validez u operatividad del sistema de dirección aplicado se mide en términos estrictos de eficiencia económica y todas las investigaciones que se realizan para comprobar lo acertado o no de la opción tomada se centran en el análisis de los índices de eficiencia económica.

El peligro contenido en esta deficiencia metodológica consiste en que, de verse afectada negativamente la superestructura por las relaciones económicas existentes y de no ser, además, analizado este elemento en cualquier posterior debate sobre una posible transformación de estas relaciones, la posibilidad de que se establezca una dinámica de progresivas regresiones en la conciencia social se acrecienta de modo dramático.

A esta relación dialéctica era a la que hacía alusión Che al recalcar que los mecanismos de la economía de mercado y el uso indiscriminado e irreflexivo del incentivo material directo como propulsor de la producción tendían a adquirir fisonomía propia e imponer su dinámica independiente en el conjunto de las relaciones sociales. A tal posibilidad era a la que se refería también Lenin cuando después de implantada la Nueva Política Económica, clamaba por dar término al repliegue y pasar nuevamente a la ofensiva contra el capitalismo. Desgraciadamente, Lenin no vivió lo bastante para elaborar la estrategia y la táctica del repliegue y de la ofensiva.[29]

> No. El interés personal debe ser reflejo del interés social, basarse en aquel para movilizar la producción es retroceder ante las dificultades, darle alas a la ideología capitalista. Es en el momento crucial de la URSS, saliendo de la guerra civil larga y costosa, cuando Lenin, angustiado ante el cuadro general, retrocede en sus concepciones teóricas y el comienzo de un largo proceso de hibridación que culmina con los cambios actuales en la estructura de la dirección económica.[30]

---

[29] Ante el IX Congreso del Partido Comunista de Rusia, en marzo de 1922, Lenin dijo:

Hemos retrocedido durante un año. Ahora debemos declarar en nombre del partido: ¡Basta! El objetivo que perseguíamos con nuestro repliegue ha sido alcanzado. Este periodo toca a su fin o ha finalizado ya. Ahora pasa a primer plano otro objetivo: el de reagrupar las fuerzas. Hemos llegado a un nuevo punto. En su conjunto hemos llevado a cabo el repliegue, a pesar de todo, con relativo orden.

V. I. Lenin: "Informe político del Comité Central del PC(b) de Rusia al XI Congreso del Partido", *Obras completas*, Moscú, Editorial Progreso, 1975-85, tomo 45, pp. 93-94.

[30] Guevara: "Notas al *Manual de economía política* de la Academia de Ciencias de la URSS" [inédito].

Era preciso, por tanto, un modelo para la transición con el cual transformar las estructuras capitalistas y avanzar hacia formas de conciencia y producción comunistas.

La primera dificultad saltó de inmediato: ¿Cómo elaborar una teoría sobre una *transición no realizada?* ¿Cómo ejecutar el análisis científico de un objeto inexistente? La solución sería darse a la transformación práctica de las circunstancias *dentro de una concepción general* de los fines perseguidos. De esta manera, las medidas prácticas tendrían una coherencia interna dada por la concepción que las enmarcaba. Así adquirirían el nivel de un sistema[31] cuyo modelo[32] sería establecido por tal concepción general. Esta concepción funcionaría como premisa teórica, en la que se producirían los reajustes necesarios a partir de la información recibida en la retroalimentación del modelo.

Mientras, la concepción general del modelo le fijaba su objetivo estratégico: la configuración de un nuevo modo de producción, de un conjunto nuevo de relaciones sociales esencialmente antagónico del capitalista; en suma, el cambio de las circunstancias y la coincidente transformación de los hombres en comunistas, antípodas del *homo economicus* de las sociedades de clase, en particular del régimen capitalista, desde un país subdesarrollado como Cuba.

No se trata aquí del romanticismo revolucionario que sueña con paraísos utópicos: es evidente que el objetivo estratégico de la primera sociedad construida en forma consciente ha de ser, precisamente, el desarrollo de la conciencia.

Por otro lado, es cierto que el *hombre nuevo* no puede ser definido con exactitud, pero es perfectamente claro *cómo no queremos que sea.* Así, el hombre nuevo es la antípoda del *homo economicus* de la "pre-

---

[31] Entendemos —y utilizamos— por sistema "un conjunto de elementos, propiedades y relaciones que perteneciendo a la realidad objetiva, representa para el investigador el objeto de su estudio o análisis. Un sistema es un todo, y como tal es capaz de poseer propiedades o resultados que no es posible hallar en sus componentes vistos en forma aislada. Todo este complejo de elementos, propiedades, relaciones y resultados se produce en determinadas condiciones de espacio y tiempo". Orlando Borrego: *Acerca de los problemas del perfeccionamiento de la dirección económica en Cuba,* Tesis de Candidato a Doctor en Ciencias Económicas, Moscú, 1979.

[32] Entendemos por modelo el ordenamiento del pensamiento que enseña el funcionamiento y el ulterior desarrollo del objeto de estudio, en nuestro caso, la economía del país. La modelación es el factor de enlace entre la realidad y la teoría, de donde un modelo es una representación de un sistema.

historia de la humanidad", como definiera Marx este largo camino de miserias y luchas por darle al mundo una nueva faz.

Por esta razón de lo que se trata es de detectar las estructuras que engendran los egoísmos y ambiciones humanas para barrerlas, suplantándolas por nuevas instituciones y mecanismos sociales capaces de moldear las generaciones venideras con una visión diferente.

Reiteramos: no es romanticismo, sino la comprensión marxista-leninista de que el ser social determina la conciencia social y de que la transformación de ambos sólo puede resolverse en la práctica y en forma coincidente.

Una vez fijada la meta, se precisaba evaluar las posibilidades de alcanzarla, o sea, evaluar el conjunto de elementos que objetivamente condicionaban la voluntad de transformación revolucionaria estableciendo el marco probabilístico de su acción *en aquel momento*. Estos factores objetivos establecían, pues, los límites y posibilidades *iniciales* de la actividad revolucionaria. Los comunistas, reconociendo desde un principio esta realidad objetiva, se proponían transformarla, apoyándose en los elementos de esta que le resultaban favorables, ampliando, de tal manera, el marco probabilístico.

Se trataba, por tanto, de la adopción de la más genuina posición marxista ante la falsa dicotomía "determinista-voluntarista". El hombre, en efecto, se encuentra siempre en una situación histórica dada en cuya creación no participó directamente, sino que la "hereda" de las generaciones que lo precedieron; tales son las condiciones *objetivas* que *enfrenta* de manera ajena a su voluntad y que condicionan *en cada momento* su acción; pero precisamente *es su acción la que moviéndose en ese marco probabilístico lo transforma, creando una nueva situación objetiva en la que surgen nuevas opciones y posibilidades*.

Por esta razón, el modelo transicional realizado por Che esquiva felizmente los polos de la dicotomía mencionada. No es voluntarista, porque está concebido sobre el estricto conocimiento de la realidad objetiva que tendría que enfrentar en la observancia de las leyes que rigen la formación económico-social comunista y de las experiencias de los países socialistas hermanos. No es determinista, porque el modelo no está concebido para *adecuarse* a esa realidad sino para transformarla.

¿Y cuál era la fisonomía de la realidad cubana a principios de la década de los sesenta?

Cuba era un país de agricultura atrasada y monoproductora, de escasa industria; con notable retraso tecnológico y bajos índices de productividad, incapaz de autoabastecerse; de economía abierta; con absoluta dependencia de comercio exterior, pero sin flota mercante; con una fuerza laboral poco calificada, nutrida por escasos técnicos e ingenieros; sin fuentes energéticas y sin una organización de los recursos hidráulicos que permitiera a la agricultura —pilar básico de la economía nacional— enfrentar los fenómenos temporales y climáticos; con necesidades sociales de todo tipo que se habían acumulado durante décadas; y con un grave problema de desempleo pendiente de solución. Además, éramos una neocolonia.

Cuba también era un país pequeño con una aceptable red vial si la comparamos con la de otros países latinoamericanos en aquel momento, con una notable red de comunicaciones que iban desde el télex hasta el teléfono pasando por la radio, la microonda, el cable, el telégrafo y la televisión. Durante la década del cincuenta, las compañías norteamericanas tomaron a Cuba como campo experimental donde poner a prueba sus últimas innovaciones en materia de comunicaciones, lo que determinó un crecimiento desproporcionado de estas en comparación con cualquier país latinoamericano e incluso —proporcionalmente— con EE.UU., donde nunca llegaron a aplicarse sistemas de comunicaciones instalados en Cuba. Algunas corporaciones extranjeras habían implantado las últimas innovaciones técnicas en lo que a contabilidad, organización y dirección de la producción y control económico se refiere.

En su artículo "Sobre el Sistema Presupuestario de Financiamiento", Che transcribe una larga cita del economista polaco Oscar Lange en la que este hace un inventario de las últimas adquisiciones técnico-económicas del capitalismo de Estado. Che agrega de inmediato: "Es de hacer notar que Cuba no había efectuado su tránsito, ni siquiera iniciado su revolución cuando esto se escribía. Muchos de los adelantos técnicos que Lange describe existían en Cuba".[33]

Por otro lado, la Revolución cubana se inauguraba en un momento histórico singular: coincidía con la existencia de un ya poderoso campo socialista cuya consolidación económica, militar y política era notoria e incuestionable. También coincidía con un desarrollo inusitado de la ciencia y la tecnología mundial —en particular la cibernética, la electrónica y la informática—, significativo a los efectos de la organiza-

---

[33] Guevara: "Planificación y conciencia en la transición al socialismo: Sobre el Sistema Presupuestario de Financiamiento", *El socialismo y el hombre en Cuba*, ed. cit., p. 82.

ción económica. He aquí, pues, un hecho vital de nuestra realidad objetiva: Cuba no estaba sola, como lo había estado la Rusia bolchevique.

Este conjunto de factores indicaba la posibilidad y la necesidad de construir un modelo de dirección de la economía que —apoyándose en la experiencia de los países socialistas, en el sistema de comunicaciones existente, en la magnitud geográfica de la nación y en los últimos adelantos de las técnicas económicas de análisis, control y organización de la producción— centralizase la gestión administrativa, lo que, contando con indicadores adecuados, permitiría el paso a la consolidación de una economía planificada.

Resulta conveniente destacar que las exigencias de Che no eran fruto de un extremismo dogmático, ni del temor al "contagio" capitalista. Al mismo tiempo que denunciaba con vehemencia los peligros implícitos en el intento por parte de algunos economistas de entender la economía socialista mediante las categorías de la economía política del capitalismo, señalaba la posibilidad de apoderarse de las últimas adquisiciones técnico-económicas capitalistas en materia de control, organización y contabilidad de las empresas y la producción. Así, refiriéndose a estos sistemas de control afirmaba:

> Nos decía que no íbamos a inventar nada nuevo, que esa era la contabilidad de los monopolios, y es verdad, tiene mucha similitud con la contabilidad de los monopolios, pero nadie puede negar que los monopolios tienen un sistema de control muy eficiente y los centavitos los cuidan mucho, no les importa tener muchos millones, siempre cuidan mucho los centavos y las técnicas de determinación de los costos son muy rigurosas.[34]

Sin embargo, en presencia de la utilización de categorías de la economía política del capitalismo, tales como mercado, interés, estímulo material directo y beneficio, opinaba Che:

> Las últimas revoluciones económicas de la URSS se semejan a las que tomó Yugoslavia cuando eligió el camino que la llevaría a un retorno gradual hacia el capitalismo. El tiempo dirá si es un accidente o entraña una definida corriente de retroceso.

> Todo parte de la errónea concepción de querer construir el socialismo con elementos del capitalismo sin cambiarles *realmente* la

---

[34] Guevara: "Reuniones bimestrales, 21 de diciembre de 1963", *El Che en la revolución cubana,* ed. cit., tomo VI, p. 421.

significación. Así se llega a un sistema híbrido que arriba a un callejón sin salida difícil preceptiblemente que obliga a nuevas concesiones a las palancas económicas, es decir, al retroceso.[35]

En ese sentido es de recalcar también la insistencia de Che en que no se empleasen términos tomados de la economía política capitalista para describir o expresar los fenómenos de la transición, no sólo por la confusión que esto implica en el análisis, sino porque el empleo de tales categorías va configurando una lógica en la que el pensamiento marxista queda desnaturalizado.

Es muy discutible la existencia de estas llamadas categorías económicas. A lo más, se podrá decir que son categorías económicas de la URSS, no del socialismo (cálculo económico, por ejemplo).

Una vez lanzados por la concepción simbolizada por el cálculo económico las relaciones capitalistas se van imponiendo, aunque siempre en horizontes limitados.[36]

El problema, pues, no era nada sencillo. Se trataba de la estructuración de las formas específicas de nuestra transición en momentos en que no existía siquiera una teoría desarrollada sobre el periodo, sino solamente el arsenal de las experiencias previas de los otros países del campo socialista.

---

[35] Guevara: "Notas al *Manual de economía política* de la Academia de Ciencias de la URSS" [inédito].

[36] Ibídem.

Capítulo 2

El concepto marxista de la política como la expresión concentrada de la economía y su importancia para la dirección de la economía en el socialismo

La construcción del modelo al que hemos hecho referencia debería vincularse orgánicamente con la concepción general que de la especificidad de nuestra transición tenía la dirección revolucionaria, de manera que pudiera inscribirse coherentemente en ella, para funcionar como uno de sus mecanismos.[1] Esto es, el sistema de dirección de la economía que se sugería debería contribuir, de manera esencial, al objetivo estratégico perseguido: la estructuración de un nuevo orden social y la formación de un nuevo tipo de hombre, el comunista. Nuevo orden social en que los hombres dejaran de ser lobos, en que desapareciera la explotación del hombre por el hombre y el individualismo, y diera paso al desarrollo pleno de cada individualidad.

La relación coherente entre el subsistema de funcionamiento económico y el sistema de dirección socialista era vital para garantizar que la batalla contra la miseria implicara la simultánea creación de la nueva conciencia comunista. La medida en que el modelo de funcionamiento económico propuesto (Sistema Presupuestario de Financiamiento) contribuyera al logro de los objetivos estratégicos enmarcados en la concepción general de nuestra transición, indicaría su capacidad para armonizar la racionalidad social y la económica.

---

[1] En un folleto publicado en enero de 1921, Lenin escribió: "La política es la expresión concentrada de la economía. [...] La política no puede dejar de tener supremacía sobre la economía. Pensar de otro modo significa olvidar el abecé del marxismo". Lenin: "Una vez más acerca de los sindicatos", *Obras completas*, Moscú, Editorial Progreso, 1975-85, tomo 42, p. 289.

El Sistema Presupuestario de Financiamiento, considerado como un modelo de funcionamiento de la economía socialista, debería, pues, demostrar su éxito en dos terrenos: desde el punto de vista técnico, debería acreditar su capacidad para realizar una eficiente gestión administrativa; desde el punto de vista estructural, debería integrarse de manera tal que cumpliese con los requisitos político-ideológicos del periodo de transición en que se insertaba, impulsando, de modo esencial, la transformación comunista del conjunto de las relaciones sociales, esto es, el proceso gradual de eliminación del egoísmo, la desigualdad y la miseria moral que crea y desarrolla las relaciones capitalistas de producción. Sus éxitos en el campo económico garantizaban la posibilidad de construcción del nuevo orden, pero la *manera* en que tales éxitos se lograban tenía una importancia esencial: esta condicionaba la remodelación social que se pretendía. En otras palabras: los éxitos económicos serían realmente tales en la medida en que, tanto por sus resultados finales como por la manera en que fueran logrados, implicaran un impulso decisivo a la formación de nuevas relaciones sociales más humanas y, por tanto, de nuevas formas de conciencia social.

De aquí un hecho importante a tener en cuenta: la efectividad del Sistema Presupuestario de Financiamiento no se evalúa exclusivamente por la optimización de los recursos a su alcance, ni por el monto cuantitativo de los beneficios y utilidades obtenidos por sus empresas, sino también por su capacidad para optimizar la gestión económica en función del desarrollo de la educación comunista, por su capacidad para armonizar los objetivos estratégicos y tácticos, sociales y económicos; en suma: por su capacidad para armonizar la racionalidad social y la económica.

Como economista revolucionario, Che no perdía de vista ni un instante que la racionalidad económica *per se* no podía ser en el socialismo el indicador de la racionalidad social; la formación de un nuevo tipo de relación humana habría de ser el objetivo central de todo esfuerzo y los demás factores serían positivos o negativos en la medida en que contribuyeran a acelerarlo o alejarlo. De otro modo se corría el gravísimo riesgo de que la necesidad de extirpar la miseria acumulada durante siglos llevara a la vanguardia revolucionaria a situar el éxito productivo como la única meta central, perdiendo de vista la razón de ser de la Revolución. La persecución de logros puramente económicos podría llevar en tal caso a la aplicación de métodos que, aunque resultaran económicamente exitosos a corto plazo, podrían hipotecar el futuro de la creación de una sociedad justa, por el progresivo deterioro del proceso de concientización. Nadie como Che para describir este fenómeno:

> En estos países no se ha producido todavía una educación completa para el trabajo social y la riqueza dista de estar al alcance de las masas mediante el simple proceso de apropiación. El subdesarrollo por un lado y la habitual fuga de capitales hacia países "civilizados" por otro, hacen imposible un cambio rápido y sin sacrificios. Resta un gran tramo a recorrer en la construcción de la base económica y la tentación de seguir los caminos trillados del interés material, como palanca impulsora de un desarrollo acelerado, es muy grande.
>
> Se corre el peligro de que los árboles impidan ver el bosque. Persiguiendo la quimera de realizar el socialismo con la ayuda de las armas melladas que nos legara el capitalismo (la mercancía como célula económica, la rentabilidad, el interés material individual como palanca, etcétera), se puede llegar a un callejón sin salida. Y se arriba allí tras de recorrer una larga distancia en la que los caminos se entrecruzan muchas veces y donde es difícil percibir el momento en que se equivocó la ruta. Entre tanto, la base económica adoptada ha hecho su trabajo de zapa sobre el desarrollo de la conciencia. Para construir el comunismo, simultáneamente con la base material, hay que hacer al hombre nuevo.[2]

Y, una vez más, puntualizaba:

> No se trata de cuántos kilogramos de carne se come o de cuántas veces por año pueda ir alguien a pasearse en la playa, ni de cuántas bellezas que vienen del exterior puedan comprarse con los salarios actuales. Se trata, precisamente, de que el individuo se sienta más pleno, con mucha más riqueza interior y con mucha más responsabilidad.[3]

La racionalidad económica, por tanto, se expresaba para Che en la óptima utilización posible de los recursos en función del desarrollo multilateral de la sociedad y de la educación comunista.

No se trata de que la construcción comunista sea compatible con la quiebra económica, sino de que la eficiencia de la gestión administrati-

---

[2] Guevara: *El socialismo y el hombre en Cuba*, Nueva York, Pathfinder, 1992, p. 57.
[3] Ibídem, p. 68.

va en el socialismo no puede medirse *exclusivamente* por el monto de valores creados, sino por la medida en que las estructuras de funcionamiento económico contribuyan a aproximar la sociedad nueva, mediante la transformación de los hombres, ahora condicionados socialmente en un sentido comunista, a partir, precisamente, de tales estructuras.

El peso que tienen los logros económicos y aquellos obtenidos en el proceso de concientización, en relación con el comunismo, quedan claramente fijados por Che:

> El socialismo no es una sociedad de beneficencia, no es un régimen utópico, basado en la bondad del hombre como hombre. El socialismo es un régimen al *que se llega históricamente,* y que tiene como base la socialización de los bienes fundamentales de producción y la distribución equitativa de todas las riquezas de la sociedad, dentro de un marco en el cual haya producción de tipo social.[4]

> En nuestra posición *el comunismo es un fenómeno de conciencia y no solamente un fenómeno de producción;* [...] no se puede llegar al comunismo por la simple acumulación mecánica de cantidades de productos, puestos a disposición del pueblo. Ahí se llegará a algo, naturalmente, de alguna forma especial de socialismo. A eso que está definido por Marx como comunismo y lo que se aspira en general como comunismo, a eso no se puede llegar si el hombre no es consciente. Es decir, si no tiene una conciencia nueva frente a la sociedad.[5]

La concepción antes expuesta es posible sintetizarla apretadamente en la frase que a continuación transcribimos, dicha por Che en su discurso pronunciado en homenaje a obreros destacados y trabajadores de la República Democrática Alemana, el 21 de agosto de 1962: "Productividad, más producción, conciencia, eso es la síntesis sobre la que se puede formar la sociedad nueva."[6]

---

[4] Guevara: "Discurso en la asamblea general de trabajadores de la 'Textilera Ariguanabo'", pronunciado en el acto de presentación de los obreros de la planta electos como militantes del Partido Unido de la Revolución Socialista, 24 de marzo de 1963. Ver *Escritos y discursos,* La Habana, Editorial de Ciencias Sociales, 1985, tomo 7, p. 47. El subrayado es del autor.

[5] Guevara: "Reuniones bimestrales, 21 de diciembre de 1963", *El Che en la revolución cubana,* La Habana, Ministerio del Azúcar, 1966, tomo VI, p. 423. El subrayado es del autor.

[6] Guevara: "Discurso en homenaje a obreros que superaron la producción y a trabajadores de la RDA", 21 de agosto de 1962, *Escritos y discursos,* ed. cit., tomo 6, p. 229.

Resulta en extremo importante el esclarecimiento de esta cuestión, pues el revisionismo en las teorías sobre la transición, a veces encubierto bajo fórmulas tecnocráticas asociadas con teorías que utilizan sociólogos burgueses con el fin de argumentar la caducidad del marxismo-leninismo, tiene su base en la separación de los elementos económicos y político-ideológicos y en la primacía que en dichas teorías adquiere la formulación de los modelos de funcionamiento económico cuyo objetivo central es la optimización de los beneficios, y en las que la razón de ser de la Revolución queda francamente al margen del debate. "Ocupémonos de optimizar el crecimiento económico, que lo otro vendrá después", es su consigna; y así intenta introducir de contrabando la fruta podrida del capitalismo.

Bastaría con analizar las motivaciones del ciudadano común de la "sociedad de consumo" norteamericana para comprender que opulencia y conciencia comunista no guardan relación alguna.

El 4 de abril de 1982, en la clausura del IV Congreso de la Unión de Jóvenes Comunistas, Fidel expresaba:

> El marxismo-leninismo tiene que continuar desarrollándose en la práctica de todos los días en un sentido revolucionario, y veremos si hay revolución que retroceda si se aplican correctamente los principios del marxismo-leninismo, y si se aplican creadoramente y, sobre todo, si se aplica el principio de aplicar los principios. Porque luego surgen los problemitas, cuando no se aplican correctamente los principios que tanto explotan los enemigos del socialismo, que tanto explotan los capitalistas para tratar de darle oxígeno a su sistema decrépito, inhumano y prehistórico.
>
> Pero esa parte nos corresponde a nosotros, los revolucionarios. Porque es fácil equivocarse, y muchas veces se cometen equivocaciones, y las equivocaciones son el resultado de falta de análisis serio, profundo; resultado de falta de análisis colectivo, que es uno de los principios fundamentales también del marxismo-leninismo.
>
> [...]
>
> Sin embargo, nosotros hemos tenido que adoptar determinadas medidas, porque nos las impone la necesidad y nos las impone la realidad. Ayudan, desarrollan la economía, el desarrollo de la economía aumenta los recursos, aumenta las posibilidades de desarrollo de la sociedad y aumenta la riqueza de la sociedad. Si no hay riqueza, habrá pocas cosas que distribuir.

Esa es una realidad, y la Revolución, en la rectificación de sus errores de idealismo, abordó valientemente y adoptó las medidas pertinentes; pero se producen contradicciones. Y tenemos que evitar que las fórmulas socialistas comprometan la conciencia comunista; tenemos que evitar que las fórmulas socialistas comprometan nuestros más hermosos objetivos, nuestras aspiraciones, nuestros sueños comunistas; tenemos que evitar que el descuido ideológico y la no comprensión de estas verdades hipotequen la meta de formar un hombre comunista. [...]

No sólo sobre la base de la abundancia de riquezas se puede hablar de conciencia comunista, ni nadie puede esperar por eso.

A mi juicio, el desarrollo de la sociedad comunista es algo en que el crecimiento de las riquezas y de la base material tiene que ir aparejado con la conciencia, porque puede ocurrir, incluso, que crezcan las riquezas y bajen las conciencias [...] y tengo la convicción de que no es sólo la riqueza o el desarrollo de la base material lo que va a crear una conciencia ni mucho menos. Hay países con mucha más riqueza que nosotros, hay algunos. No quiero hacer comparaciones de ninguna clase, no es correcto. Pero hay experiencias de países revolucionarios donde la riqueza avanzó más que la conciencia, y después vienen, incluso, problemas de contrarrevoluciones y cosas por el estilo. Puede haber, quizás, sin mucha riqueza mucha conciencia. [...]

Hay que buscar fórmulas socialistas a los problemas y no fórmulas capitalistas, porque no nos damos cuenta y empiezan a corroernos, empiezan a contaminarnos.[7]

Con clara conciencia de estos problemas, Che seleccionaba cuidadosamente los elementos que integrarían el Sistema Presupuestario de dirección de la economía, sus formas institucionales, sus mecanismos de control y motivación, etcétera. A 90 millas de las costas imperialistas el socialismo cubano no se podía dar el lujo de no ver el bosque y errar el camino.

---

[7] Fidel Castro: "Discurso de clausura del IV Congreso de la Unión de Jóvenes Comunistas", 4 de abril de 1982, *Fidel Castro: Discursos en tres congresos*, La Habana, Editora Política, 1982, pp. 86-87, 98-100, 109. Publicado también en el diario *Granma*, el 6 de abril de 1982.

CAPÍTULO 3

**LA CORRELACIÓN ENTRE EL SISTEMA
PRESUPUESTARIO DE FINANCIAMIENTO
Y EL CÁLCULO ECONÓMICO EN LA DIRECCIÓN
DE LA ECONOMÍA SOCIALISTA**

Uno de los momentos más controvertidos en la literatura del periodo de transición al comunismo lo constituye, sin lugar a dudas, la serie de medidas que fueron tomadas en Rusia en los primeros años de la década del veinte y que fueron bautizadas como Nueva Política Económica (NEP).[1]

Che, en su trabajo titulado "Sobre el Sistema Presupuestario de Financiamiento", escribía:

> Las tesis de Lenin[2] se demuestran en la práctica logrando el triunfo en Rusia dando nacimiento a la URSS. Estamos frente a un fenómeno nuevo: el advenimiento de la revolución socialista en un solo país, económicamente atrasado, con 22 millones de kiló-

---

[1] Los criterios expuestos por Lenin en artículos y discursos sobre la NEP pueden hallarse en los tomos 42-45 de sus *Obras completas*, Moscú, Editorial Progreso, 1975-85. Esta edición en 54 tomos es la más completa en español y corresponde a la quinta edición de las obras de Lenin en ruso.

[2] Las tesis de Lenin a las que se refiere Che —citadas también por este en la misma obra—, son las siguientes:

> La desigualdad del desarrollo económico y político es una ley absoluta del capitalismo. De aquí se deduce que es posible que la victoria del socialismo empiece por unos cuantos países capitalistas, e incluso por un solo país capitalista. El proletariado triunfante de este país, después de expropiar a los capitalistas y de organizar la producción socialista dentro de sus fronteras, se enfrentaría con el resto del mundo, con el mundo capitalista, atrayendo a su lado a las clases oprimidas de los demás países, levantando en ellos la insurrección contra los capitalistas, empleando en caso necesario, incluso la fuerza de las armas contra las

metros cuadrados, poca densidad de población, agudización de la pobreza por la guerra y, como si todo esto fuera poco, agredido por las potencias imperialistas.

Después de un periodo de comunismo de guerra, Lenin sienta las bases de la NEP y, con ella, las bases del desarrollo de la sociedad soviética hasta nuestros días.

Aquí precisa señalar el momento que vivía la Unión Soviética y nadie mejor que Lenin para ello:

"Así, pues, en 1918 mantenía la opinión de que el capitalismo de estado constituía un paso adelante en comparación con la situación existente entonces en la república soviética. Esto suena muy extraño y, seguramente, hasta absurdo, pues nuestra república era ya entonces una república socialista; entonces adoptábamos cada día con el mayor apresuramiento —quizás con un apresuramiento excesivo— diversas medidas económicas nuevas, que no podían ser calificadas más que de medidas socialistas. Y, sin embargo, pensaba que el capitalismo de estado representaba un paso adelante, en comparación con aquella situación económica de la república soviética, y explicaba esta idea enumerando simplemente los elementos del régimen económico de Rusia. Estos elementos eran, a mi juicio, los siguientes: (1) forma patriarcal, es decir, más primitiva, de la agricultura; (2) pequeña producción mercantil (incluidos la mayoría de los campesinos que venden su trigo); (3) capitalismo privado; (4) capitalismo de estado; y (5) socialismo. Todos estos elementos económicos existían, a la sazón, en Rusia. Entonces me planteé la tarea de explicar las relaciones que existían entre esos elementos y si no sería oportuno considerar a algunos de los elementos no socia-

---

clases explotadoras y sus estados. La forma política de la sociedad en que triunfe el proletariado, derrocando a la burguesía, será la república democrática, que centralizará cada vez más las fuerzas del proletariado de dicha nación o de dichas naciones en la lucha contra los estados que aún no hayan pasado al socialismo. Es imposible suprimir las clases sin una dictadura de la clase oprimida, del proletariado. La libre unión de las naciones en el socialismo es imposible sin una lucha tenaz, más o menos prolongada, de las repúblicas socialistas contra los estados atrasados.

V. I. Lenin: "La consigna de los Estados Unidos de Europa", *Obras completas*, ed. cit., tomo 26, p. 378.

listas, precisamente al capitalismo de estado, superior al socialismo. Repito: a todos les parece muy extraño que un elemento no socialista sea apreciado en más y considerado superior al socialismo en una república que se proclama socialista. Pero comprenderéis la cuestión si recordáis que nosotros no considerábamos, ni mucho menos, el régimen económico de Rusia como algo homogéneo y altamente desarrollado, sino que teníamos plena conciencia de que, al lado de la forma socialista, existía en Rusia la agricultura patriarcal, es decir, la forma más primitiva de economía agrícola. ¿Qué papel podía desempeñar el capitalismo de estado en semejante situación?

[...]

"Después de haber subrayado que ya en 1918 considerábamos el capitalismo de estado como una posible línea de repliegue, paso a analizar los resultados de nuestra nueva política económica. Repito: entonces era una idea todavía muy vaga; pero en 1921, después de haber superado la etapa más importante de la guerra civil, y de haberla superado victoriosamente, nos enfrentamos con una gran crisis política interna —yo supongo que es la mayor— de la Rusia soviética, crisis que suscitó el descontento no sólo de una parte considerable de los campesinos, sino también de los obreros. Fue la primera vez, y confío en que será la última en la historia de la Rusia soviética, que grandes masas de campesinos estaban contra nosotros, no de modo consciente, sino instintivo, por su estado de ánimo. ¿A qué se debía esta situación tan original y, claro es, tan desagradable para nosotros? La causa consistía en que habíamos avanzado demasiado en nuestra ofensiva económica, en que no nos habíamos asegurado una base suficiente, en que las masas sentían lo que nosotros no supimos entonces formular de manera consciente, pero que muy pronto, unas semanas después, reconocimos: que el paso directo a formas puramente socialistas de economía, a la distribución puramente socialista, era superior a nuestras fuerzas y que si no estábamos en condiciones de efectuar un repliegue, para limitarnos a tareas más fáciles, nos amenazaría la bancarrota."[3]

---

[3] Lenin: "Cinco años de la revolución rusa y perspectivas de la revolución mundial", *Obras completas*, ed. cit., tomo 45, pp. 296-99.

Como se ve, la situación económica y política de la Unión Soviética hacía necesario el repliegue de que hablara Lenin. *Por lo que se puede caracterizar toda esta política como una táctica estrechamente ligada a la situación histórica del país, y, por tanto, no se le debe dar validez universal a todas sus afirmaciones. Nos luce que hay que considerar dos factores de extraordinaria importancia para su implantación en otros países:*

(1) Las características de la Rusia zarista en el momento de la revolución, incluyendo aquí el desarrollo de la técnica a todos los niveles, el carácter especial de su pueblo, las condiciones generales del país, en que se agrega el destrozo de una guerra mundial, las devastaciones de las hordas blancas y los invasores imperialistas.[4]

(2) Las características generales de la época en cuanto a las técnicas de dirección y control de la economía.[5]

Evidentemente, Che pensaba que la NEP constituía una política de *emergencia,* de carácter *transitorio* y que no fue *nunca* considerada por Lenin como una fase del periodo de transición al comunismo, obligada para todo país que comenzase la construcción de la sociedad comunista. Era la respuesta táctica a la situación política, económica, social e histórica *específica* de la Rusia de esos años:

La referencia a la NEP es escueta, pero constituye uno de los pasos atrás más grandes dados por la URSS. Lenin la comparó a la paz de Brest-Litovsk. La decisión era sumamente difícil y a juzgar por las dudas que se traducían en el espíritu de Lenin al fin de su vida, si este hubiera vivido unos años más hubiera corregido sus efectos más retrógrados. Sus continuadores no vieron el peli-

---

[4] Al hablar de las hordas blancas se refiere a las fuerzas contrarrevolucionarias organizadas por los latifundistas y capitalistas en el ex imperio zarista de Rusia tras la Revolución de Octubre. Recibieron el apoyo de invasiones militares por parte de las principales potencias imperialistas. Tropas alemanas ocuparon territorios que abarcaban un tercio de la población del ex imperio zarista; los gobiernos británico y japonés ocuparon el puerto oriental de Vladivostok; y los gobiernos de Londres y Washington capturaron los puertos norteños de Murmansk y Arjangelsk, y sus alrededores.

[5] Guevara: "Planificación y conciencia en la transición al socialismo: Sobre el Sistema Presupuestario de Financiamiento", *El socialismo y el hombre en Cuba,* Nueva York, Pathfinder, 1992, pp. 78-81. El subrayado es del autor.

gro y así quedó constituido el gran caballo de Troya del socialismo: el interés material directo como palanca económica. La NEP no se instala contra la pequeña producción mercantil, sino como exigencias de ella.[6]

Wlodzimierz Brus,[7] uno de los más notables representantes de una de las corrientes de opinión distintas a la de Che, planteaba:

> El paso a la Nueva Política Económica cambió parcialmente la situación entre los teóricos. Apareció la necesidad de elaborar teóricamente la función de las formas de relación de mercado entre ciudad y campo, y las consecuencias motivadas por el resurgimiento de la economía mercantil-monetaria en el mismo sector socialista (cálculo económico). El análisis de los procesos de mercado y de las conclusiones que resultan para la planificación va a ocupar un lugar importante, tanto en la política económica como en las discusiones teóricas. Se tomó en consideración especialmente la problemática monetaria.
>
> En este momento empiezan a aparecer los primeros signos indicadores de un cambio de opinión en los economistas marxistas sobre las relaciones entre plan y mercado. En algunos, la idea de que el mercado y las formas mercantil-monetarias sean lo contrario de la planificación, empieza a transformarse en el concepto de mercado como mecanismo partiendo del plan.[8]

Pero entre la opinión de Lenin y la posición de los economistas que sustentan una apreciación de la NEP y del periodo de transición distinta a la de Che, hay una enorme diferencia.

---

[6] Guevara: "Notas al *Manual de economía política* de la Academia de Ciencias de la URSS" [inédito].

[7] Wlodzimierz Brus nació en 1921 en Pick cerca de Varsovia. Se doctoró en 1950 en la Escuela Central de Planificación y Estadística de Varsovia. Ha sido director de la cátedra de Economía Política del Instituto de Ciencias Sociales y de la Escuela Central de Planificación y, entre 1957 y 1962, vicepresidente del Consejo Económico de la Presidencia del Consejo de Ministros. Su influencia político-económica se hizo sentir en el periodo gubernamental de Gomulka. En marzo de 1968 fue expulsado del Comité Central del Partido Comunista Polaco y algunas semanas después del propio partido. También fue separado de todos sus cargos académicos por sus posiciones revisionistas.

[8] Wlodzimierz Brus: *El funcionamiento de la economía socialista,* Barcelona, Editorial OIKOS-TAU, 1969, p. 61.

Desde las *Tesis de Abril*[9] el líder bolchevique había planteado la imposibilidad, sin ayuda de la revolución internacional y dadas las condiciones rusas, de acometer la construcción socialista, *i.e.*, la primera fase de la revolución comunista, una vez derrocado el poder burgués. Cuando los seudorrevolucionarios mencheviques[10] comenzaron a mofarse de la revolución *que ellos no supieron hacer,* por su impotencia temporal para acometer las tareas transicionales, Lenin ripostaba certero:

> "Rusia no ha alcanzado tal nivel de desarrollo de las fuerzas productivas que haga posible el socialismo". Todos los héroes de la Segunda Internacional, y entre ellos, naturalmente, Sujánov, van y vienen con esta tesis como chico con zapatos nuevos. Repiten de mil maneras esta tesis indiscutible y les parece decisiva para enjuiciar nuestra revolución.
>
> Pero ¿y si lo peculiar de la situación llevó a Rusia a la guerra imperialista mundial, en la que intervinieron todos los países más o menos importantes de Europa Occidental, y puso su desarrollo al borde de las revoluciones de Oriente que estaban comenzando y en parte habían comenzado ya, en unas condiciones que nos permitían poner en práctica precisamente esa alianza de la "guerra campesina" con el movimiento obrero, de la que escribió como de una perspectiva probable en 1856 un "marxista" como Marx, refiriéndose a Prusia?[11]

---

[9] Las tesis de Lenin, "Las tareas del proletariado en la presente revolución", redactadas inmediatamente tras su llegada a Rusia en abril de 1917, orientaron al Partido Bolchevique para dirigir a los obreros y campesinos hacia la toma del poder. Ver *Obras completas*, ed. cit., tomo 31, pp. 21-25.

[10] Los mencheviques comenzaron como fracción minoritaria del Partido Obrero Socialdemócrata de Rusia en su segundo congreso en 1903, en oposición a la mayoría (los bolcheviques) del Partido dirigido por Lenin. Ellos se opusieron a la toma del poder por los obreros y campesinos, so pretexto ideológico de que lo único que estaba al orden del día en Rusia era una revolución burguesa. Después de 1907 se fueron desplazando más a la derecha, participaron en el gobierno provisional —un régimen procapitalista— a principios de 1917, y se opusieron a la Revolución de Octubre de 1917. Sujánov, al que Lenin respondía, fue miembro de los mencheviques de 1909 a 1919 y escribió *Apuntes sobre la revolución* en siete tomos.

[11] Al evaluar las perspectivas de un auge revolucionario en Alemania, Marx escribió lo siguiente en una carta a Engels en 1856: "En Alemania todo dependerá de la posibilidad de respaldar la revolución proletaria con alguna segunda edición de la guerra campesina. Entonces todo saldrá a pedir de boca". Marx, carta a Engels del

¿Y si una situación absolutamente sin salida que, por lo mismo, decuplicaba las fuerzas de los obreros y los campesinos, nos brindaba la posibilidad de pasar de manera distinta de lo ocurrido en todos los demás países del Occidente de Europa a la creación de las premisas fundamentales de la civilización? ¿Ha cambiado a causa de eso la pauta general del devenir de la historia universal? ¿Ha cambiado por ello la correlación esencial de las clases fundamentales en cada país que entra, que ha entrado ya en el curso general de la historia universal?

Si para crear el socialismo se exige un determinado nivel cultural (aunque nadie puede decir cuál es este determinado "nivel cultural", ya que es diferente en cada uno de los países de Europa Occidental), ¿por qué, pues, no podemos comenzar primero por la conquista revolucionaria de las premisas para este determinado nivel, y lanzarnos *luego*, respaldados con el poder obrero y campesino y con el régimen soviético, a alcanzar a otros pueblos?[12]

Los vaivenes a los que se vio sometida la Revolución (guerra civil, invasión extranjera, caos económico, sabotaje, etcétera), y que la obligaron a adoptar líneas de acción necesarias para la supervivencia pero para las cuales no estaba preparada (nacionalizaciones punitivas, requisición agrícola forzosa), nunca llevaron a Lenin al olvido de aquella realidad.

En el otoño de 1921, la situación era, por otro lado, demasiado patética para que el más romántico revolucionario pudiera desconocerla. Las sublevaciones campesinas se sucedían, el proletariado virtualmente había desaparecido, los marineros de Kronstadt se rebelaban contra el poder revolucionario, el país se hallaba agotado por las guerras (la Primera Guerra Mundial, luego la Guerra Civil), millones de rusos morían literalmente de hambre,[13] la economía sufría un colapso que tendía a perpetuarse y la revolución internacional no se había producido: "[Estamos] completamente 'solos', nos dijimos".[14]

---

16 de abril de 1856, en Marx y Engels: *Obras escogidas*, Moscú, Editorial Progreso, 1973, tomo I, p. 543.

[12] Lenin: "Nuestra revolución (A propósito de los apuntes de N. Sujánov)", *Obras completas,* ed. cit., tomo 45, pp. 396-97. El subrayado es de Lenin.

[13] El IX Congreso de Soviets, celebrado en diciembre de 1921, calculó que el número de personas directamente afectadas por la hambruna fue de no menos de 22 millones.

[14] Lenin: "Discurso pronunciado en el pleno del Soviet de Moscú", *Obras completas,* ed. cit., tomo 45, p. 320.

Es en medio de ese indescriptible y angustioso contexto donde se plantea la opción: "o relaciones económicas de este tipo o nada".[15] Resulta entonces importante volver a subrayar dos cosas:

- la NEP fue el resultado de una coyuntura en la historia del movimiento revolucionario.

- Lenin la concibió como un repliegue táctico que le permitiría crear "las premisas fundamentales de la civilización"[16] para luego abordar las tareas socialistas.

La coyuntura se expresaba en la ruptura de la alianza obrero-campesina en un momento en que, además, esta era casi inexistente. Ello se sumaba a la ausencia de la revolución internacional, condición inexcusable para llevar la rusa a sus últimas consecuencias. La afirmación de Lenin al respecto era tajante:

> Cuando nosotros estipulamos una política que ha de existir largos años, no olvidamos un momento siquiera que la revolución internacional, el ritmo y las condiciones de su desenvolvimiento pueden cambiarlo todo.[17]

Se trataba, pues, de construir al comienzo sólidos puentes "que, en un país de pequeños campesinos, lleven al socialismo a través del capitalismo de estado".[18]

No era el periodo de transición al comunismo. Dos factores, no previstos en la teoría, se habían conjugado para darle existencia a esta fase. Primero, la revolución se había producido en un país imperialista de desarrollo muy desigual. Segundo, el triunfo revolucionario no había rebasado las fronteras del país. El hecho de que la NEP no representaba en modo alguno la transición al comunismo sino que era un intento desesperado y audaz por lograr las "premisas fundamentales de la civi-

---

[15] Lenin: "Informe al X Congreso del Partido Comunista (bolchevique) Ruso sobre la sustitución del sistema de contingentación por el impuesto en especie", *Obras completas,* ed. cit., tomo 43, p. 68.

[16] Lenin: "Nuestra revolución (A propósito de los apuntes de N. Sujánov)", *Obras completas,* ed. cit., tomo 45, p. 396.

[17] Lenin: "Discurso de clausura en la X Conferencia del PC(b)R", *Obras completas,* ed. cit., tomo 43, p. 347.

[18] Lenin: "Con motivo del cuarto aniversario de la Revolución de Octubre", *Obras completas,* ed. cit., tomo 44, p. 158.

lización", para entonces abordar la problemática transicional, no siempre resultaba evidente, por lo que algunos perdían la conexión entre el repliegue y la aspiración ofensiva:

> Hay que mostrar esta ligazón, para que la veamos con claridad nosotros, para que la vea todo el pueblo y para que toda la masa campesina vea que existe un vínculo entre la vida presente, dura, inauditamente desolada, extremadamente miserable y angustiosa, y el trabajo que se lleva a cabo *en aras de remotos ideales socialistas*.[19]

Las medidas tomadas implicaban un "retroceso hacia el capitalismo",[20] esta realidad fue lo suficientemente obvia como para provocar el apoyo de la contrarrevolución a estas medidas. Lenin afirmó:

> En este sentido es en el que hay que hablar sobre la suspensión del repliegue, y de una u otra manera sería justo convertir esta consigna en resolución del congreso.

> En relación con esto quisiera referirme al problema siguiente ¿qué es la Nueva Política Económica de los bolcheviques: evolución o táctica? Así planteaban el problema los de *Smena Vej*,[21] los cuales, como saben ustedes, representan una corriente que ha prendido entre los emigrados rusos, una corriente sociopolítica encabezada por los dirigentes demócratas constitucionalistas más destacados, por algunos ministros del ex gobierno de Kolchak,[22] gentes que llegaron a la convicción de que el poder soviético construye un estado ruso, razón por la cual hay que seguirlo. "Pero, ¿qué estado construye este poder soviético? Los comunistas dicen que un es-

---

[19] Lenin: "Informe político del Comité Central del PC(b)R" al XI Congreso del partido, *Obras completas,* ed. cit., tomo 45, p. 83. El subrayado es del autor.

[20] Lenin: "Informe sobre la sustitución del sistema de contingentación por el impuesto en especie" dado ante el X Congreso del PC(b)R, *Obras completas,* ed. cit., tomo 43, p. 60.

[21] *Smena Vej* fue el nombre de una colección de artículos publicados en Praga en 1921, y luego de un periódico editado en París entre octubre de 1921 y marzo de 1922.

[22] Alexandr Kolchak fue un almirante zarista que después de la Revolución de Octubre estableció un gobierno antibolchevique en Siberia. Los ejércitos blancos que él dirigió en Siberia durante la Guerra Civil fueron derrotados por el Ejército Rojo. Kolchak fue ejecutado en febrero de 1920 por su responsabilidad en la contrarrevolución armada.

tado comunista, asegurando que se trata de una cuestión de táctica: en el momento difícil, los bolcheviques engatusarán a los capitalistas privados; y luego, dicen, se saldrán con la suya. Los bolcheviques pueden decir todo cuanto les plazca, *pero, en realidad, esto no es táctica, sino evolución, una degeneración interna, llegarán a un estado burgués común, y nosotros debemos apoyarlos*. La historia sigue diferentes derroteros", así razonan los de *Smena Vej*.

Algunos de ellos se hacen pasar por comunistas, pero hay personas más francas, entre ellas Ustriálov. Creo que fue ministro en el gobierno de Kolchak. Este no está de acuerdo con sus camaradas y dice: "En cuanto al comunismo, pensad lo que queráis, pero yo repito que no es táctica, sino evolución". *Entiendo que este Ustriálov nos aporta un gran beneficio con esta declaración franca. Nos toca oír muchas veces al día, sobre todo a mí, por el cargo que ocupo, melosas mentiras comunistas, y las náuseas que esto produce son a veces de muerte.*

Y he aquí que, a cambio de estas mentiras comunistas, aparece el número de *Smena Vej* y dice sin ambages: "Vuestras cosas, en general, no marchan como os lo imagináis, sino que, en realidad, rodáis hacia la vulgar charca burguesa, y allí se agitarán los banderines comunistas con toda clase de palabrejas".

Esto es muy provechoso, porque en ello vemos no ya la simple repetición de la cantilena que oímos constantemente en torno nuestro, sino sencillamente la verdad de clase del enemigo de clase. Conviene mucho fijarse en cosas como esta que se escriben no porque en el estado comunista se suela escribir así o porque esté prohibido escribir de otra manera, sino porque es efectivamente la verdad de clase, expresada de un modo burdo y franco por el enemigo de clase. "Estoy de acuerdo con el apoyo al poder soviético en Rusia —dice Ustriálov, a pesar de haber sido demócrata constitucionalista, burgués y defensor de la intervención—, y estoy de acuerdo con el apoyo al poder soviético porque ha adoptado un camino por el cual se desliza hacia un vulgar poder burgués". Esto es una cosa muy útil y que, a mi entender, hay que tener presente: es mucho mejor para nosotros cuando los de *Smena Vej* escriben de tal manera, que cuando algunos de ellos se fingen casi comunistas, tanto que desde lejos quizás resulte difícil distinguirlos [...]. Hay que decir con franqueza que tales enemigos sinceros son útiles. Hay que decir con franqueza que cosas como las que dice Ustriálov son posibles. La historia conoce conversiones de toda clase; en política no es cosa seria, ni mucho menos, confiar en la convicción, en la lealtad y otras magníficas cualidades morales. Cualidades morales magníficas las posee sólo contado número de personas, pero las que deciden el desenlace histórico son las grandes masas, las cuales, si este pequeño número de personas no se adapta a ellas, a veces no se paran en pelillos.

Ha habido múltiples ejemplos de ello, por lo cual debemos saludar esta declaración franca de los de *Smena Vej*. El enemigo dice la verdad de clase, señalándonos el peligro que se alza ante nosotros. El enemigo se esfuerza para que este se haga inevitable. Los de *Smena Vej* expresan el estado de espíritu de miles y decenas de miles de toda clase de burgueses o de empleados soviéticos, que participan en nuestra nueva política económica.

Este es el peligro principal y verdadero. Y por ello hay que prestar a este problema la mayor atención: en efecto, ¿quién vencerá a quién? Yo he hablado de la emulación. No nos atacan directamente, no nos agarran por el pescuezo. *Aún queda por ver lo que pasará mañana; pero hoy no nos atacan con las armas en la mano y, a pesar de todo, la lucha con la sociedad capitalista se ha vuelto cien veces más encarnizada y peligrosa, porque no siempre vemos con claridad* dónde *está el enemigo que se nos enfrenta y quién es nuestro amigo.*

He hablado de la emulación comunista no desde el punto de vista de la simpatía con el comunismo, sino desde el punto de vista del desarrollo de las formas de la economía, así como de las formas del régimen social. Esto no es una emulación, esto es una lucha desesperada, furiosa, una lucha a muerte entre el capitalismo y el comunismo, que si no es la última, está muy cerca de serlo.[23]

Lenin, que no se cansaba de comparar la NEP con la Paz de Brest-Litovsk, no pretendía tampoco dulcificar la cruda realidad.[24] Más aún, prefería llamar las cosas por su nombre para evitar peligrosas confusiones:

---

[23] Lenin: "Informe político del Comité Central del PC(b)R" al XI Congreso del partido, *Obras completas,* ed. cit., tomo 45, p. 100-02. El subrayado es del autor.

[24] El tratado de Brest-Litovsk puso fin a la guerra alemana contra el nuevo gobierno soviético en marzo de 1918. Lenin argumentó que había que aceptar las condicio-

¿Qué es la libertad de intercambio? *Libertad de intercambio es libertad de comercio, y libertad de comercio significa un retroceso hacia el capitalismo.* La libertad de intercambio y la libertad de comercio significan el intercambio de mercancías entre los pequeños propietarios por separado. Todos los que hemos estudiado aunque sólo sea el abecé del marxismo sabemos que de este intercambio y de esta libertad de comercio se desprende *necesariamente* la división del productor de mercancías en dueño del capital y dueño de la mano de obra, la división en capitalistas y obreros asalariados, es decir, la reconstitución de la esclavitud capitalista asalariada, que no cae del cielo, sino que surge en todo el mundo precisamente de la economía agrícola mercantil. Esto lo sabemos perfectamente en teoría, y en Rusia todo el que examine la vida y las condiciones de la economía del pequeño agricultor no puede menos de verlo.[25]

Los cambios de forma en la construcción socialista están motivados por las circunstancias de que, en toda la política de transición del capitalismo al *socialismo,* el Partido Comunista y el Poder Soviético emplean ahora métodos especiales para esta transición, actúan en una serie de aspectos por métodos diferentes que antes, conquistan una serie de posiciones mediante un nuevo "rodeo", por decirlo así, *realizan un repliegue* para pasar nuevamente, más preparados, a la ofensiva *contra el capitalismo.* Particularmente son *admitidos hoy* y se desarrollan el libre comercio y el capitalismo, que deben estar sujetos a una regulación por el estado, y, por otra parte, las empresas estatales se reorganizan sobre la base de la llamada *autogestión financiera, es decir, del principio comercial,* lo que dentro de las condiciones de atraso cultural y de agotamiento del país, *inevitablemente hará surgir, en mayor o menor grado, en la conciencia de las masas la contraposición entre la administración de determinadas empresas y los obreros que trabajan en ellas.* [...] La reorganización de las empresas del estado

---

nes —muy desfavorables— impuestas por los capitalistas alemanes porque la continuación de la guerra habría destrozado la alianza obrero-campesina sobre la cual se basaba el gobierno soviético y su capacidad de autodefensa.

[25] Lenin: "Informe sobre la sustitución del sistema de contingentación por el impuesto en especie" dado ante el X Congreso del PC(b)R, *Obras completas,* ed. cit., tomo 43, p. 60-61. El subrayado es del autor.

sobre la base de *la llamada autogestión financiera está ligada inevitable e indisolublemente* con la nueva "política económica".[26]

A pesar de su carácter transicional la NEP dejó una herencia negativa en el campo de las teorías económicas: la concepción que identifica la racionalidad económica y la racionalidad social, diluyendo la segunda en la primera. La identificación —surgida en un momento en que la eficiencia de la gestión económica determinaba la supervivencia del poder obrero— impregnó la mente de algunos economistas que, pese a todas las advertencias de Lenin, comenzaron a ver en la NEP una forma necesaria y única de socialismo. En 1921 encontramos las raíces de la utilización y el desarrollo de la ley del valor en el socialismo, de la autogestión financiera, de la cooperativa agrícola como forma de propiedad socialista, etcétera. Así, las categorías de la NEP reaparecieron de un modo utilitario pues permitían "el aumento de la productividad". De este modo, dejaron de advertir, además, que los aumentos y disminuciones cualitativos de las formas de conciencia social no son fácilmente mensurables y que son estos factores los que decidirán finalmente el sentido de la vida futura.

Para Che: "Es muy discutible la existencia de estas llamadas categorías económicas. A los más, se podría decir que son categorías económicas de la URSS, no del socialismo (cálculo económico, por ejemplo)."[27]

Para Carlos Marx, el periodo de transición al comunismo es un proceso único con dos fases: dictadura del proletariado (socialismo) y comunismo. Con la situación específica de la Rusia de 1921, cierta literatura generaliza la situación trágica de la URSS de estos años y da carácter de "ley objetiva" a la fase de NEP; se determinan tres fases *obligadas* para todo proceso socialista, en vez de dos como apuntó Marx.

Che pensaba, al igual que Lenin, que la NEP constituyó un paso atrás. No hay que olvidar que Lenin la comparó con la Paz de Brest-Litovsk. Las circunstancias en que se desarrollaba la gloriosa revolución de los Soviets eran muy complejas. La decisión era sumamente difícil. La lectura de los últimos escritos y pronunciamientos del líder

---

[26] "El papel y las tareas de los sindicatos en las condiciones de la Nueva Política Económica", resolución del Comité Central del PC(b)R, 12 de enero de 1922, cuyo proyecto de tesis fue redactado por Lenin. Ver *Obras completas,* ed. cit., tomo 44, pp. 352-54.

[27] Guevara: "Notas al *Manual de economía política* de la Academia de Ciencias de la URSS" [inédito].

de la revolución nos permite percatarnos de las dudas que lo invadían acerca de la NEP.

Che pensaba que la NEP no se crea contra la pequeña producción mercantil, sino más bien como exigencia de ella. Opinaba que era un error esencial por parte de los soviéticos la utilización de las categorías capitalistas en el periodo de transición, su uso y teorización:

> Se insiste: no son instrumentos, sino concesiones que configuran el híbrido. Se habla de que no hay capital y se cobra interés, ¿sobre qué? Debe ser de la nada en forma de dinero.[28]

Y para que no quede lugar a dudas de la claridad y profundidad del análisis del Che, al referirse a la economía política soviética escribe:

> Se pretende conocer leyes económicas cuya existencia real es discutible. El resultado es que se topen a cada vuelta de esquina con las leyes económicas del capitalismo que subsisten en la organización económica soviética, se los dará con un nuevo nombre y se continúa adelante con el autoengaño, ¿hasta cuándo? No se sabe, ni como se solucionará la contradicción.[29]

Para Che el cálculo económico no era socialismo:

> Siempre ha sido oscuro el significado de "cálculo económico", cuya significación real parece haber sufrido variaciones en el transcurso del tiempo, lo extraño es que se pretenda hacer figurar esta forma de gestión administrativa de la URSS como una categoría económica definitivamente necesaria. Es usar la práctica como rasero, sin la más mínima abstracción teórica, o peor, es hacer un uso indiscriminado de la apologética. El cálculo económico constituye un conjunto de medidas de control, de dirección y de operación de empresas socializadas, en un período, con características peculiares.[30]

Che llama la atención sobre el contrasentido de los soviéticos:

> Todos los residuos del capitalismo son utilizados al máximo para eliminar el capitalismo. La dialéctica es una ciencia no una jerigonza. Nadie explica científicamente este contrasentido.[31]

---

[28] Ibídem.
[29] Ibídem.
[30] Ibídem.
[31] Ibídem.

Para Che el XX Congreso de la URSS no implicó un cambio encaminado a la rectificación que diera paso a un intento de marchar realmente hacia una sociedad socialista. Más bien percibió y vaticinó lo contrario:

> Desgraciadamente no ha sido así. Luego de un letargo, caracterizado por la apologética más desenfadada, el XX Congreso del PCUS dio el sacudión, pero no hacia adelante; comprimidos por el agotamiento de las posibilidades de desarrollo, debido a la hibridación del sistema económico y presionados por la superestructura los dirigentes soviéticos dieron pasos atrás que se complementan con la nueva organización de la industria. Al letargo sucede la regresión, pero ambos mantienen la misma característica dogmática.[32]

En este cisma de la sociedad soviética, Che evalúa entre otras cosas, un elemento crucial en su concepción de la sociedad socialista, y que los soviéticos menospreciaron desde sus inicios:

> En pretendidos errores de Stalin está la diferencia entre una actitud revolucionaria y otra revisionista. Aquél ve el peligro en las relaciones mercantiles y trata de salirle al paso rompiendo lo que se opone, la nueva dirección, por el contrario, cede a los impulsos de la superestructura y acentúa la acción mercantil, teorizando para ello que el aprovechamiento total de estos jaloneos económicos llevan al comunismo. Hay pocas voces que se opongan públicamente, mostrando así el tremendo crimen histórico de Stalin: el haber despreciado la educación comunista e instituido el culto irrestricto a la autoridad.[33]

Aprovecho el hecho de las reflexiones anteriores de Che, para salirme un poco del capítulo que escribo, para dar a conocer la opinión que se había formado Che a mediados de los años sesenta de los congresos del PCUS:

> Sobre los congresos soviéticos se pueden adoptar dos posturas: someterlos a una crítica profunda o ignorarlos. Aprobarlos mecánicamente conduce a choques más peligrosos aún.[34]

---

[32] Ibídem.
[33] Ibídem.
[34] Ibídem.

Fidel Castro apenas asistió a los congresos del PCUS, como solían hacer la totalidad de los jefes de partidos de la Europa del Este y una mayoría de los secretarios generales de los partidos comunistas del planeta.

Che tuvo la oportunidad de constatar por sí mismo y por otros, al callejón sin salida que llevaba el cálculo económico. A su regreso de Moscú a fines de 1964, comparte con sus compañeros de dirección del Ministerio de Industrias sus vivencias al respecto, que los cubanos masivamente pudimos experimentar en los años siguientes a 1975, cuando implantaron el cálculo económico en la nación; contaba el Che:

> En Moscú tuve una reunión con todos los estudiantes, entonces sale por allí uno y me hace las tres preguntas de rigor: La Ley del Valor en el socialismo; la Autogestión… Unas preguntas para contestar porque era una información general, pero ellos están al tanto de todas las cosas de Cuba y entonces más o menos era una cosa de preguntas y respuestas. Entonces les dije: Bueno, esto es un problema ya de tipo muy específico, no vamos a discutir aquí, (habían una serie de compañeros soviéticos), plantear los problemas ahí. Entonces los invité a la Embajada. Ahora, bueno, vamos a ver a los economistas. En seguida se ofrecieron una serie de voluntarios de automatización, en resumidas cuentas, se me juntaron como 50. Yo fui dispuesto a dar una tremendísima batalla contra el sistema de autogestión. Bueno, pues yo nunca había tenido un auditorio en ese tipo de descarga más atento, más preocupado y que más rápido entendió las razones mías. ¿Ustedes saben por qué? Porque estaban ahí, y porque muchas de las cosas que yo las digo, y que las digo aquí en forma teórica porque no las sé, ellos sí la saben. Las saben porque están ahí, van al médico, cuando van al restaurante, cuando van a comprar algo a las tiendas, van a las tiendas, y entonces pasan hoy en la Unión Soviética cosas increíbles. Entonces esa ligazón que tú dices, de la autogestión entre la masa, es mentira. En la autogestión lo que hay es una valoración del hombre por lo que rinde, que eso el capitalismo lo hace perfectamente, perfectísimamente, pero tampoco hay ninguna ligazón entre la masa y el dirigente, ninguna. Es decir, que si nosotros tenemos aquí defectos que estábamos anotándolos para corregirlos, ese defecto no se corrige con el método de darle un peso más a aquel que de esto o un peso más a aquel que de aquello, de ninguna manera (…) Ahora, frente a todos esos fracasos que han ocurrido, ¿Cuál ha sido la reacción? No ir a las

fuentes a ver dónde están los errores, sino tratar... ahí en Moscú empleaba el cine un avioncito, que creo que es bastante justo. En un momento dado el avión, el aviador se da cuenta que ha perdido el rumbo, está totalmente perdido. Este aviador en vez de volver a su punto de partida para tomar un punto verdadero, está corrigiendo el rumbo ahí donde se dio cuenta de que lo había perdido, pero el que él se haya dado cuenta que lo había perdido en esos momentos no quiere decir que es allí donde lo perdió. Y de esto es donde parte toda una serie de aberraciones. Aberraciones que se producen en qué. Bueno, ustedes van a ver. En Yugoslavia hay la Ley del Valor; en Yugoslavia se cierran fábricas por incosteables; en Yugoslavia hay delegados de Suiza y Holanda que buscan mano de obra ociosa y se la llevan a su país a trabajar en qué condiciones, en las condiciones de un país imperialista con la mano de obra extranjera, donde hay toda una serie de reglamentos y regulaciones para que sea la última cosa. Así van esos compañeros yugoslavos a trabajar como agricultores o como obreros a esos países donde escasea la mano de obra y expuestos por supuesto a quedar en cualquier momento en la calle. Prácticamente son, en ese sentido, portorriqueños en Estados Unidos (...) En Polonia, se va por el camino yugoslavo (...) En Checoslovaquia y en Alemania ya se empieza a estudiar también el sistema yugoslavo para aplicarlo. Entonces tenemos que ya hay una serie de países que están todos cambiando el rumbo, ¿frente a qué? Frente a una realidad que no se puede desconocer, y es que, a pesar de que no se diga, el bloque occidental de países europeos está avanzando a ritmos superiores al bloque de la democracia popular. ¿Por qué? Ahí, en vez de ir al fondo de ese por qué, que hubiera de resolver el problema se ha dado una respuesta superficial y entonces se trata el mercado (inaudible), reforzar el mercado, empezar la Ley del Valor, reforzar el estímulo material. Todo el mundo, todo lo que sea estímulo material... todos los directores cada vez ganan más. Hay que ver el último proyecto de la RDA, la importancia que tiene la gestión del director, es decir, en la retribución la gestión del director. Todo eso está sucediendo por fallas de principios que no son suficientemente analizadas. Por eso insisto tanto y ya no hablo más.[35]

---

[35] Guevara: "Reuniones bimestrales, 5 de diciembre de 1964", *El Che en la revolución cubana*, La Habana, Ministerio del Azúcar, 1966, tomo VI, pp. 565-66, 570-71.

Como veremos en el capítulo siguiente, el Sistema Presupuestario de Financiamiento constituyó el modo en que se socializó y funcionó la industria cubana. Esa fue la forma en que se instauraron las relaciones socialistas de producción en la casi totalidad del sector industrial cubano.

SEGUNDA PARTE

El sistema de dirección de la economía en la primera etapa de la construcción del socialismo en Cuba

Capítulo 4

El surgimiento del Sistema Presupuestario de Financiamiento

El Sistema Presupuestario de Financiamiento surge como un conjunto de medidas prácticas (centralización de fondos bancarios de las empresas, etcétera) ante problemas concretos del sector industrial (empresas con recursos financieros sobrantes y otras sin ellos, por ejemplo). En ese momento la Revolución enfrentaba aún problemas sociales tales como el desempleo. Estas medidas evolucionaron progresivamente hasta formar un cuerpo coherente de consideraciones políticas y económicas cuya formulación teórica comenzó a perfilarse alrededor de los años 1962-1963 y cuya aplicación práctica quedó restringida al sector industrial.

El 7 de octubre de 1959 Fidel anunciaba la designación de Che para ocupar el cargo de jefe del Departamento de Industrialización del Instituto Nacional de Reforma Agraria.[1]

---

[1] La creación del Departamento de Industrialización del Instituto Nacional de Reforma Agraria (INRA) se oficializa por la Resolución No. 94 del 21 de noviembre de 1959.

El 26 de noviembre de ese mismo año, el Consejo de Ministros nombra a Che, presidente del Banco Nacional. Esta nueva responsabilidad no le impide la atención del Departamento de Industrialización y demás responsabilidades que se le van asignando.

Al crearse en 1961 un Ministerio de Industrias separado, encabezado por Ernesto Guevara, el INRA continuó a cargo de las empresas industriales que estaban directamente vinculadas a la agricultura, con excepción de los centrales azucareros, que pasaron al Ministerio de Industrias hasta la creación en 1964 del Ministerio del Azúcar. Fue nombrado ministro el co. Orlando Borrego, quien era, hasta ese mo-

Che, desde la epopeya de la Sierra Maestra,[2] había mostrado su espíritu constructor. Con el fin de resolver los problemas de abastecimiento del Ejército Rebelde creó diversos talleres como la armería, la sastrería, la panadería, el de calzado, la tasajera, el de tabacos y cigarros, etcétera. Al triunfo, al ser nombrado jefe de la Fortaleza de La Cabaña, en La Habana, manifestó igual inclinación.

El Departamento de Industrialización se creaba para dar respuesta al desarrollo industrial que la Reforma Agraria generaba.[3] También, en la práctica, pasó a administrar una serie de industrias y pequeños talleres, "chinchales", que provenían, algunos, de las intervenciones dictadas porque sus propietarios, representantes del viejo régimen, se habían enriquecido a costa del erario público; otros, porque sus dueños los habían abandonado al marchar hacia el extranjero o por conflictos laborales.[4]

En los primeros meses de la Revolución, el peso de las industrias y fábricas que atendía el departamento fue creciendo. En la medida en que avanzó la Revolución y se produjo la ola de intervenciones y nacionalizaciones en la segunda mitad de 1960, aquel alcanzó más del 60 % del total del sector industrial, y en 1961 llegó a más del 70 %.

El Sistema Presupuestario de Financiamiento fue el modo en que se organizó y funcionó la economía estatal cubana en el sector industrial en una fase tan temprana de la Revolución socialista. Los antecedentes

---

mento, viceministro primero del Ministerio de Industrias. Entre 1962 y 1965, Carlos Rafael Rodríguez dirigió el INRA.

[2] Se refiere al periodo de guerra revolucionaria contra la dictadura de Batista, cuando el Ejército Rebelde, bajo la dirección de Fidel Castro, tenía su base operativa en la Sierra Maestra sobre la costa suroriental de Cuba.

[3] La Ley de Reforma Agraria promulgada el 17 de mayo de 1959 limitó las propiedades individuales a 30 caballerías (400 hectáreas). Al aplicarse la ley se confiscaron las grandes haciendas en Cuba, muchas de las cuales eran propiedad de compañías estadounidenses. La ley además les otorgó a los aparceros, arrendatarios y colonos el título a las tierras que trabajaban. Una segunda Ley de Reforma Agraria, promulgada el 4 de octubre de 1963, limitó las propiedades individuales a 5 caballerías (67 hectáreas).

[4] En noviembre de 1959, el Gobierno revolucionario aprobó una ley que autorizó que el Ministerio del Trabajo "interviniera" las empresas, asumiendo el control de su administración sin cambiar su propietario. En muchos casos se tomó esta acción a iniciativa de los obreros para impedir la descapitalización, el sabotaje de la producción, medidas antiobreras u otros abusos patronales. Los dueños privados de las empresas intervenidas guardaban el derecho de percibir ganancias. El Gobierno

del Sistema Presupuestario de Financiamiento están en esta etapa, en el Departamento de Industrialización del INRA. Muchas de las fábricas y pequeños "chinchales" que pasaron a ser administrados por el departamento carecían de fondos para comprar las materias primas y materiales y para pagarles a los trabajadores. Algunas de estas fábricas eran necesarias por su tipo de producción, otras lo eran en menor medida.

En ese momento se tomó la decisión de unir los fondos de todas las fábricas y "chinchales" en un fondo centralizado en el que todos los establecimientos depositaban sus ingresos y del que extraían los recursos programados para su gestión, de acuerdo con un presupuesto. De este modo se contribuía a no aumentar el desempleo que aún padecíamos en esa fecha y a que la sociedad continuara recibiendo los productos que fabricaban, aunque no todos los talleres fueran rentables en ese instante.

Che llevó a cabo una política encaminada a fundir los "chinchales", a crear talleres mayores, donde se pudiera introducir la técnica, aumentar la productividad y disminuir los costos. El personal que resultaba excedente lo reubicaba en la rama de la producción que lo requería; a los que no tenían ubicación les pagaba para que elevaran su calificación técnica y cultural. Che defendió por encima de todo que no existieran plazas ficticias. En una reunión que tuvo el 16 de marzo de 1962 sostuvo:

> ¿Qué es mejor para el estado: mantener la ineficiencia absurda de todas nuestras industrias en el día de hoy, para que todo el mundo esté trabajando y reciba un subsidio disfrazado, o aumentar la productividad al máximo y recoger todos los excedentes de trabajo, que reciban un salario también por estudiar y por capacitarse ya como trabajo central, hacer del trabajo central de ellos la capacitación? Es una interrogante que nosotros la hemos resuelto diciéndonos que es mucho más útil para el país aumentar la productividad del trabajo, no solamente el trabajo más intenso de cada obrero, sino fundamentalmente mediante la racionalización del trabajo y, en algunos casos, mediante la mecanización.[5]

---

revolucionario continuó con este procedimiento hasta fines de 1961, cuando se nacionalizaron las principales ramas industriales de la economía.

[5] Guevara: "Intervención en una reunión". Discurso pronunciado en una reunión con los directores y jefes de capacitación de las empresas consolidadas y secretarios de educación y de trabajo de los veinticinco sindicatos nacionales de industrias, 16 de marzo de 1962, *El Che en la revolución cubana*, La Habana, Ministerio del Azúcar, 1966, tomo IV, pp. 105-06.

En el acápite dedicado al sistema salarial, se exponen las razones socio-económicas de Cuba a inicios de la década de 1960 que hacían que la decisión del estudio fuera la más acertada en nuestras condiciones.

La sección de Finanzas, Contabilidad y Presupuestos del Departamento de Industrialización administraba el fondo centralizado. Para esto, Che estableció los presupuestos y un programa de ejecución, acorde a un plan anual. Le correspondieron también a este departamento los primeros pasos que se dieron en nuestro país en la planificación.

El Banco Nacional era el depositario del fondo centralizado. El Departamento de Industrialización le enviaba copia de los presupuestos de las unidades y las agencias bancarias no efectuaban pagos superiores a lo estipulado en el presupuesto.[6]

El 13 de junio de 1959, cuatro meses antes de ser nombrado jefe del Departamento de Industrialización, Che partió hacia el extranjero al frente de una delegación de Gobierno que lo llevó a visitar Egipto, India, Japón, Indonesia y Yugoslavia.

De la visita de seis días a este último país escribió un informe del que extraemos algunos fragmentos:

> Todas las colectividades de Yugoslavia, ya sean campesinas u obreras industriales, se guían por el principio de lo que ellos llaman la autogestión. Dentro de un plan general, bien definido en cuanto a sus alcances, pero no en cuanto a su desarrollo particular, las empresas luchan entre ellas dentro del mercado nacional como una entidad privada capitalista.
>
> Se podría decir a grandes rasgos, caricaturizando bastante, que la característica de la sociedad yugoslava es la de un capitalismo empresarial con una distribución socialista de las ganancias, es decir, tomando cada empresa, no como un grupo de obreros sino como una unidad, esta empresa funcionaría aproximadamente dentro de un sistema capitalista, obedeciendo las leyes de la oferta y la demanda y entablando una lucha violenta por los precios y la calidad con sus similares, realizando lo que en economía se llama la libre concurrencia. Pero no debemos nunca perder de vista que las ganancias totales de esa empresa se van a distribuir, no en la forma desproporcionada de una empresa capitalista, sino entre los obreros y empleados del núcleo industrial.

---

[6] En *Nuestra Industria: Revista Económica*, editada por el Ministerio de Industrias, se expone, en los artículos de diversos compañeros, el funcionamiento contable-financiero del sistema.

Dar un diagnóstico definitivo, una opinión sobre este tipo social, es muy arriesgado en el caso mío, sobre todo porque no conozco personalmente las manifestaciones ortodoxas del comunismo, como son las de los demás países unidos en el Pacto de Varsovia, del cual Yugoslavia no es partícipe. [...] Esta libertad de discusión se puso de manifiesto cuando me preguntaron en una amable reunión de sobremesa, en una de las repúblicas que constituyen la federación, mi opinión sobre el sistema yugoslavo; opinión difícil que, en términos generales aún hoy, después de comprender algo más su mecanismo no puedo expresar, simplemente, muy interesante por todo lo que de nuevo traía hasta nosotros, miembros de un país capitalista en proceso de desarrollo económico y en lucha por su liberación nacional, la imagen de un país comunista y, al mismo tiempo, con un comunismo que se aleja de la ortodoxia expresada en los libros comunes, para adquirir una serie de características propias; *peligroso, porque la competencia entre empresas dedicadas a la producción de los mismos artículos, introduciría factores de desvirtuación de lo que presumiblemente sea el espíritu socialista*. Esos fueron mis planteamientos exponiendo al mismo tiempo un ejemplo práctico de los males que podría acarrear, en mi concepto, el sistema.[7]

Para nosotros estas notas resultan muy valiosas porque en fecha tan temprana como en agosto de 1959, en su primer contacto con una economía regida por la llamada autogestión financiera o cálculo económico, sin conocimiento directo de otros países socialistas, ni de literatura económica especializada, sin tener un puesto en el Gobierno que lo obligara a ocuparse de estos problemas, como lo tuvo después, Che manifiesta su preocupación por el sistema conocido porque "introduciría factores de desvirtuación de lo que presumiblemente sea el espíritu socialista".

Meses después, al tener la responsabilidad directa de la administración, organización y desarrollo de la industria cubana, esta experiencia pesó en las decisiones que fueron conformando el Sistema Presupuestario de Financiamiento.

En el mes de febrero de 1961 el Gobierno revolucionario aprobó varias leyes referentes a la estructura político-económica del país. En-

---

[7] Guevara: "Yugoslavia, un pueblo que lucha por sus ideales", *El Che en la revolución cubana,* ed. cit., tomo I, pp. 33-35. El subrayado es del autor.

tre estas estaba la creación del Ministerio de Industrias, y se designó a Che para la jefatura de este nuevo organismo.[8]

En el acápite del capítulo primero, dedicado al sistema de dirección económica y sus categorías, vimos sucintamente otra característica que los revolucionarios cubanos no podían desconocer para la formulación del modelo de dirección económica del país. El Sistema Presupuestario de Financiamiento se desarrolló con el objetivo de eliminar la anarquía heredada y fortalecer al Estado revolucionario, que recibió una estructura económico-social neocolonial y subdesarrollada pero también una aceptable red vial, con una buena red de comunicaciones que abarcaban el télex, el teléfono, la radio, la microonda, el cable, el telégrafo y la televisión. Algunas corporaciones extranjeras habían implantado en nuestro país las más avanzadas técnicas para la organización, la dirección, el control, la programación de la producción y la contabilización de la gestión económica del capitalismo monopolista de Estado.

Muchas de las empresas extranjeras habían implantado el control centralizado, cuya sede estaba en La Habana o en EE.UU. Existían en Cuba oficinas de contadores públicos que dominaban estas novísimas técnicas y había cierta divulgación de estas entre los cuadros de administración de las empresas cubanas.

Che, en la conformación del Sistema Presupuestario de Financiamiento, se basó en:

· las técnicas contables avanzadas que permitían un mayor control y una eficiente dirección centralizada, así como en los estudios y aplicación que efectuaba el monopolio de los métodos de centralización y descentralización;[9]

---

[8] El Departamento de Industrialización del INRA se disolvió. Las otras leyes eran la nueva Ley del Banco Nacional de Cuba, en la que se centralizaba el sistema bancario, la Ley Orgánica del Ministerio de Hacienda y la Ley Orgánica de la Junta Central de Planificación.

[9] "La Empresa Consolidada del Petróleo, formada a partir de la unificación de las tres refinerías imperialistas existentes (Esso, Texaco y Shell) mantuvo y, en algunos casos, perfeccionó sus sistemas de controles y es considerada modelo en este ministerio [de Industrias]. En aquellas en que no existía la tradición centralizadora ni las condiciones prácticas, estas fueron creadas sobre la base de una experiencia nacional, como en la Empresa Consolidada de la Harina, que mereció el primer lugar entre las del viceministerio de la industria ligera", en Guevara: "Planificación y conciencia en la transición al socialismo: Sobre el Sistema Presupuestario de Financiamiento", *El socialismo y el hombre en Cuba*, Nueva York, Pathfinder, 1992, p. 82.

- las técnicas de computación aplicadas a la economía y a la dirección; igualmente, los métodos matemáticos aplicados a la economía;[10]
- las técnicas de programación y control de la producción;
- las técnicas del presupuesto como instrumento de planificación y control por medio de las finanzas;
- las técnicas de control económico por métodos administrativos;
- la experiencia de los países socialistas.

Y el espíritu del sistema Che lo sintetiza del siguiente modo:

> Nosotros planteamos aquí un sistema centralizado de la dirección de la economía, con un control bastante riguroso de las empresas; pero además con un control consciente de los directores de empresas y considerar el conjunto de la economía como una gran empresa y tratar de establecer la colaboración entre todos los participantes como miembros de una gran empresa, en vez de ser lobitos entre sí, dentro de la construcción del socialismo.[11]

El nombre de Sistema Presupuestario de Financiamiento proviene de que la empresa entrega al presupuesto nacional todos sus ingresos, esto es, no acumula ni retiene en efectivo en una cuenta propia. La empresa, además, gasta de acuerdo con el plan financiero, por lo que recibe del presupuesto disponibilidades de fondos que le son situados en una agencia bancaria que registra las operaciones de la empresa en tres cuentas: la de salarios, la de inversiones, y la de otros gastos.[12]

De este modo, la empresa recibe todos los fondos que necesita para efectuar sus actividades, por lo que resulta innecesaria la solicitud del crédito bancario y toda la ficción contable que trae aparejada. Che aplica aquí el mismo sistema que tiene un consorcio multinacional altamente tecnificado en las relaciones que existen entre la casa matriz y

---

[10] En diciembre de 1959 Che comienza a estudiar matemáticas superiores con el doctor Salvador Vilaseca. Este le impartió clases hasta que Che partió de Cuba en 1965 para realizar misiones internacionalistas en África y Bolivia.

[11] Guevara: "Reuniones bimestrales, 21 de diciembre de 1963", *El Che en la revolución cubana,* ed. cit., tomo VI, p. 420.

[12] El 31 de diciembre de 1962, mediante la Ley 1084 se oficializó la interconexión entre las operaciones y los planes financieros de las empresas y el presupuesto nacional. Y el 23 de agosto de 1963, mediante la Ley 1122 se oficializó el Sistema Presupuestario de Financiamiento.

sus subsidiarias. La única fuente de financiamiento que tiene la empresa es el presupuesto nacional. En el capítulo 6, "El papel del dinero, la banca y los precios", exponemos en detalle la concepción de Che al respecto.

En una reunión bimestral del Consejo de Dirección del Ministerio de Industrias, Che expresó:

> Creo que el Sistema de Financiamiento Presupuestario significa por todas sus concepciones, un paso de avance que permite al menos estar prestos, cuando nosotros queramos profundizar más en este análisis, a tomar las medidas necesarias y a impulsarlas sin que tenga que sufrir una gran conmoción sobre el sistema, porque evidentemente es un camino que va en el sentido de la administración, por un sendero progresista, que es el sendero de los monopolios. Esto puede parecer una cosa contradictoria, pero es real. El análisis marxista se basa en el desarrollo del capitalismo hasta en sus últimos extremos y en la contradicción que en definitiva da origen a la sociedad de transición; eso no se produce porque después aparece el capitalismo monopolista y aparece la teoría de Lenin del eslabón más débil que lo aplica la Unión Soviética.[13] La Unión Soviética no es entonces un ejemplo típico de un país capitalista plenamente desarrollado que pasa al socialismo. El sistema como lo tomaron los soviéticos no estaba desarrollado, de ahí entonces se partió con toda una serie de líneas que eran prestadas, incluso del capitalismo premonopolista, y por eso el sistema de autogestión financiera desde el punto de vista del desarrollo de la sociedad industrial es más atrasado que el sistema monopolista implantado en Cuba en algunas empresas. Es decir que el sistema

---

[13] Lenin repitió este punto en varias ocasiones, por ejemplo en su discurso para conmemorar el primer aniversario de la Revolución de Octubre, cuando dijo:

> Siempre nos hemos percatado de que si hemos tenido que empezar la revolución, que dimanaba de la lucha en todo el mundo, no ha sido en virtud de méritos algunos del proletariado ruso o en virtud de que él estuviera delante de otros; antes al contrario, sólo la debilidad peculiar, el atraso del capitalismo y, sobre todo, las agobiadoras circunstancias estratégicas y militares nos hicieron ocupar, por la lógica de los acontecimientos, un lugar delante de otros destacamentos, sin esperar a que éstos se acercasen, se alzasen.

Lenin: "VI Congreso Extraordinario de los Soviets de Toda Rusia: Discurso sobre el aniversario de la revolución, 6 de noviembre de 1918", *Obras completas*, Moscú, Editorial Progreso, 1975-85, tomo 37, p. 142.

de cálculo del financiamiento presupuestario, del sistema de monopolio, es más progresista que el sistema de autogestión.[14]

En su trabajo titulado "Sobre el Sistema Presupuestario de Financiamiento" Che señalaba, a propósito de la utilización de tales técnicas:

> Con esta serie de citas [se refiere a fragmentos de escritos de Marx, Stalin y del economista polaco Oscar Lange], hemos pretendido fijar los temas que consideramos básicos para la explicación del sistema:
>
> Primero: El comunismo es una meta de la humanidad que se alcanza conscientemente; luego, la educación, la liquidación de las taras de la sociedad antigua en la conciencia de las gentes, es un factor de suma importancia, sin olvidar claro está, que sin avances paralelos en la producción no se puede llegar nunca a tal sociedad.
>
> Segundo: Las formas de conducción de la economía como aspecto tecnológico de la cuestión, deben tomarse de donde estén más desarrolladas y puedan ser adaptadas a la nueva sociedad. La tecnología de la petroquímica del campo imperialista puede ser utilizada por el campo socialista sin temor de *contagio* de la ideología burguesa. En la rama económica (en todo lo referente a normas técnicas de dirección y control de la producción) sucede lo mismo.
>
> Se podría, si no es considerado demasiado pretencioso, parafrasear a Marx en su referencia a la utilización de la dialéctica de Hegel y decir de estas técnicas que han sido puestas al derecho.
>
> Un análisis de las técnicas contables utilizadas hoy habitualmente en los países socialistas nos muestra que entre ellas y las nuestras media un concepto diferencial, que podría equivaler al que existe en el campo capitalista, entre capitalismo de competencia y monopolio. Al fin, las técnicas anteriores sirvieron de base para el desarrollo de ambos sistemas, *puestas sobre los pies,* de ahí en adelante se separan los caminos, ya que el socialismo tiene sus propias relaciones de producción y, por ende, sus propias exigencias.
>
> Podemos decir pues, que como técnica, el antecesor del Sistema Presupuestario de Financiamiento es el monopolio imperialista

---

[14] Guevara: "Reuniones bimestrales, 11 de julio de 1964", *El Che en la revolución cubana,* ed. cit., tomo VI, pp. 506-07.

radicado en Cuba, y que había sufrido ya las variaciones inherentes al largo proceso de desarrollo de la técnica de conducción y control que va desde los albores del sistema monopolista hasta nuestros días en que alcanza sus niveles superiores.[15]

Sobre este mismo tema, Che señaló lo siguiente:

> Entonces, lo importante no es quién inventó el sistema, en definitiva el sistema de contabilidad que se aplica en la Unión Soviética también lo inventó el capitalismo, ahora, al aplicarse en la Unión Soviética, ya no interesa quién lo inventó. [...] En esto sucede exactamente igual y nosotros no tenemos por qué tenerles miedo a las técnicas capitalistas de control. [...] Exactamente en ese mismo sentido está el problema del control, el problema del cálculo presupuestario. Eso es en cuanto a la técnica general en cálculo presupuestario. Ahora, naturalmente, los capitalistas hacen el cálculo presupuestario sobre una base, sobre la base de una cierta autonomía de las fábricas o empresas y sobre el interés material directo de cada uno de los que ahí participan y la autonomía está en relación con el interés, es una condición *sine qua non*, no pueden estar separadas.[16]

Resulta, entonces, necesario diferenciar entre las formas de conducción de la economía desde el punto de vista técnico de la cuestión (y Che era de opinión de que se tomaran estas técnicas de donde estuvieran más desarrolladas y que pudieran adaptarse a la nueva sociedad, sin temor de *contagio* de la ideología burguesa, *siempre que se limitara* a la adopción o asimilación de normas técnicas de dirección y control de la producción), y las formas de conducción en su aspecto ideológico, que, para Che, no deben perdurar y desarrollarse sobre la base de mecanismos de incentivación y de criterios de dirección de la economía inherentes al régimen capitalista de producción. Vale decir, Che acepta la asimilación crítica de los adelantos tecnológicos en la dirección y control económicos, pero rechaza la utilización y desarrollo de las armas melladas que nos legara el capitalismo.

---

[15] Guevara: "Planificación y conciencia en la transición al socialismo: Sobre el Sistema Presupuestario de Financiamiento", *El socialismo y el hombre en Cuba*, ed. cit., pp. 83-84. El subrayado es de Guevara.

[16] Guevara: "Reuniones bimestrales, 21 de diciembre de 1963", *El Che en la revolución cubana*, ed. cit., tomo VI, pp. 421-22.

Che no pensó nunca que el Sistema Presupuestario de Financiamiento era un todo acabado. En el momento de él partir en 1965 a tareas internacionalistas, el sistema requería de desarrollo en algunos aspectos y de correcciones en otros.

No hay mejor crítico del Sistema Presupuestario que el propio Che. En las numerosas reuniones del Ministerio de Industrias en que participaba, en los discursos pronunciados en colectivos obreros, en comparecencias por televisión, etcétera, no dejaba de señalar las debilidades que aún tenía que eliminar el Sistema Presupuestario:

> ¿Cuáles son las debilidades fundamentales del sistema? Creemos que, en primer lugar, debe colocarse la inmadurez que tiene. En segundo lugar, la escasez de cuadros realmente capacitados en todos los niveles. En tercer lugar, la falta de una difusión completa de todo el sistema y de sus mecanismos para que la gente lo vaya comprendiendo mejor. Podemos citar también la falta de un aparato central de planificación que funcione de la misma manera y con absoluta jerarquía, lo que podría facilitar el trabajo. Citaremos las fallas en abastecimiento de materiales, fallas en el transporte, que a veces nos obligan a acumular productos y, en otras, nos impiden producir; fallas en todo nuestro aparato de control de calidad y en las relaciones (muy estrechas, muy armónicas y muy bien definidas, debían ser) con los organismos de distribución, particularmente el MINCIN [Ministerio de Comercio Interior]; y con algunos organismos suministradores, particularmente el MINCEX [Ministerio de Comercio Exterior] y el INRA. Todavía es difícil precisar cuáles fallas son producto de debilidades inherentes al sistema y cuáles otras debidas sustancialmente a nuestro grado de organización actual.
>
> La fábrica en este momento no tiene, ni la empresa tampoco, un estímulo material de tipo colectivo; no responde esto a una idea central de todo el esquema, sino a no haber alcanzado la suficiente profundidad organizativa en los momentos actuales, para poder hacerlo sobre otras bases que no sean el simple cumplimiento o sobrecumplimiento de los principales planes de la empresa, por razones que ya hemos apuntado anteriormente.
>
> Se le imputa al sistema una tendencia al burocratismo, y uno de los puntos en los cuales debe insistirse constantemente es en la racionalización de todo el aparato administrativo para que aquél sea lo menor posible. Ahora bien, desde el punto de vista del análi-

sis objetivo es evidente que mucha menos burocracia existirá cuanto más centralizadas estén todas las operaciones de registro y de control de la empresa o unidad, de tal manera que si todas las empresas pudieran tener centralizadas todas sus facetas administrativas, su aparato se reduciría al pequeño núcleo de dirección de la unidad y al colector de informaciones para pasarlas a la central.

Eso, en el momento actual [1964], es imposible, sin embargo, tenemos que ir a la creación de unidades de tamaño óptimo, cosa que se facilita mucho por el sistema, al establecerse las normas de trabajo, de un solo tipo de calificación salarial, de manera que se rompen las ideas estrechas sobre la empresa como centro de acción del individuo y se va volcando más a la sociedad en su conjunto.[17]

Y agregó al respecto:

Nuestra tarea es seguir perfeccionando el sistema administrativo, que no es más que un sistema, el Sistema de Financiamiento Presupuestario; ir buscando las causas, los motores realmente internos, las raras interrelaciones que existen en el socialismo entre el hombre, el individuo y la sociedad, para poder utilizar las armas nuevas que se ofrecen y desarrollarlas al máximo, cosa que no ha sucedido todavía. Allí no les pueden dar naturalmente solución.[18]

Che se hallaba en plena búsqueda y profundización, tanto en la teoría y en la organización práctica de las unidades de producción y servicios, como en los mecanismos de educación y de formación de una conciencia ajena a la lógica y a los valores del capital.

¿Cómo armonizar la organización y desenvolvimiento de la economía con la participación real de la población? ¿Cómo desarrollar la técnica y la implantación de las relaciones que implica su asunción en el sistema productivo y el control efectivo por parte de la gente tanto en el proceso como en sus resultados? Che sabía a esta altura que el sistema soviético no permitía la participación de los trabajadores en la dirección de los centros de producción y en los niveles superiores. ¿Qué hacer en Cuba?

---

[17] Guevara: "Planificación y conciencia en la transición al socialismo: Sobre el Sistema Presupuestario de Financiamiento", *El socialismo y el hombre en Cuba*, ed. cit., pp. 108-09.

[18] Guevara: "Reuniones bimestrales, 11 de julio de 1964", *El Che en la revolución cubana*, ed. cit., tomo VI, pp. 506-507.

En teoría, en los documentos de los congresos de los partidos comunistas del Campo Socialista, en sus textos teóricos y de divulgación, se afirmaba que la planificación socialista garantizaba *per se* la participación de los productores. ¿Por qué en la realidad no participaban? ¿Qué mecanismos, ideología, estructuras, impedían su participación real?

Comentando una afirmación del *Manual de economía política* soviético, ya citado, Che escribía:

> las masas tienen que tener participación en la enunciación del plan que es de su incumbencia, el cumplimiento debe tender a hacerse mecánico, porque debe ser dominio de la técnica.[19]

> Frente a la concepción del plan como una decisión económica de las masas, conscientes de su pueblo, se da la de un placebo, donde las palancas económicas deciden su éxito. Es mecanicista, antimarxista. Las masas deben tener la posibilidad de dirigir sus destinos, resolver cuánto va para la acumulación y cuánto para el consumo, la técnica económica debe operar con estas cifras y la conciencia de las masas asegurar el cumplimiento. El estado actúa sobre el individuo que no cumple su deber de clase, penalizándolo o premiándole en caso contrario, estos son factores educativos que contribuyeron a la transformación del hombre, como parte del gran sistema educacional del socialismo. Es el deber social del individuo el que lo obliga a actuar en la producción, no su barriga. A esto debe tender la educación.[20]

¿Cómo arribó Ernesto a estas apreciaciones a mediados de los sesenta? ¿Por qué dedicó una buena parte de su tiempo a estos temas, en los precisos momentos en que había partido de Cuba sin retorno posible a la dirección económica de la Isla y en plenos preparativos de la apertura del frente guerrillero sudamericano? ¿Por qué la mayoría de sus escritos que nos ha legado en sus estancias en África, Praga, Pinar del Río previa partida a Bolivia, y en la campaña boliviana, se refieren a la transición socialista, al análisis del conjunto del sistema socialista y de los errores que se habían cometido y apuntaban —para Che— a un callejón sin salida y a la vuelta del capitalismo? ¿Cuáles fueron sus primeros análisis al respecto?

---

[19] Guevara: "Notas al *Manual de economía política* de la Academia de Ciencias de la URSS" [inédito].

[20] Ibídem.

Capítulo 5

La planificación como función principal de dirección en la economía socialista

En la obra de Marx y Engels aparece nítidamente delimitado uno de los conceptos claves del periodo de transición: el plan. Desde las *Tesis sobre Feuerbach* y *La ideología alemana* (ambas escritas entre 1845 y 1846), pasando por *El manifiesto comunista* (1848), *La contribución a la crítica de la economía política* (1859) y culminando en *El capital* y la *Crítica del Programa de Gotha,* Marx y Engels, ya sea de manera implícita o explícita, nos enuncian los elementos que conforman el concepto de *plan* y su papel en el periodo de transición y en la sociedad comunista.

Este concepto aparece vinculado a los conceptos de revolución anticapitalista y dictadura del proletariado. Esto es, revolución anticapitalista, instauración de la dictadura del proletariado y planificación son conceptos indisolublemente ligados en la teoría marxista. Significan la síntesis de un nuevo modo de hacer la historia. Expresan el hecho de que por primera vez en la historia de la humanidad, los hombres se arrogan el papel de transformar la sociedad conscientemente. La planificación pasa a ser la función a través de la cual los hombres pueden conocer la realidad, decidir sobre ella y crear y conformar, por lo tanto, su presente y su futuro. Con el marxismo, "El hombre deja de ser esclavo e instrumento del medio y se convierte en arquitecto de su propio destino".[1] Esto lo escribió Ernesto apenas 22 meses después del triunfo del 59. Al final de su vida escribió:

---

[1] Guevara: "Notas para el estudio de la ideología de la revolución cubana", 8 de octubre de 1960, *Escritos y discursos,* La Habana, Editorial de Ciencias Sociales, 1985, tomo 4, p. 203.

Este es el punto más débil, pero importante, de la llamada economía política socialista. La Ley fundamental citada puede ser de orden moral, colocarse a la cabeza del programa político del gobierno proletario, pero nunca económico. Por otra parte, ¿cuál sería esta ley económica fundamental, en caso de existir? Creo que sí existe y que debe considerarse a la planificación como tal. La planificación debe calificarse como la primera posibilidad humana de regir las fuerzas económicas. Esto daría que la ley económica fundamental es la de interpretar y dirigir las leyes económicas del período.

Para mí no está suficientemente claro. Hay que insistir en el tema."[2]

Pero volvamos a los inicios.

Con la planificación económica los hombres pueden someter, dentro del marco probabilístico de su realidad objetiva, por primera vez en la historia, a las fuerzas económicas, que hasta la revolución comunista se movían ajenas a la conciencia de los hombres, y, sin que estos, como voluntad consciente organizada, pudiesen determinar sobre ellas.

Con la realización de la revolución anticapitalista, la instauración de la dictadura del proletariado y la planificación de la producción social, cierra lo que hubo de llamar Marx la prehistoria de la humanidad y se abre una nueva etapa que se caracteriza, como hemos apuntado, porque el hombre se convierte en arquitecto de su propio destino. Es por esto que, a diferencia de otros conceptos aceptados en la teoría y la práctica del periodo de transición, la planificación constituye un concepto clave, decisivo, fundamental, en la construcción del comunismo y *constituye el elemento que caracteriza y define* en su conjunto al periodo de transición y a la sociedad comunista.

Podemos, pues, decir que la planificación centralizada es el modo de ser de la sociedad socialista, su categoría definitoria y el punto en que la conciencia del hombre alcanza, por fin, a sintetizar y dirigir la economía hacia su meta, la plena liberación del ser humano en el marco de la sociedad comunista.[3]

---

[2] Guevara: "Notas al *Manual de economía política* de la Academia de Ciencias de la URSS" [inédito].

[3] Guevara: "Planificación y conciencia en la transición al socialismo: Sobre el Sistema Presupuestario de Financiamiento", *El socialismo y el hombre en Cuba,* Nueva York, Pathfinder, 1992, p. 99.

El plan, en el periodo de transición al comunismo, tiene la función de fijar, mantener y establecer cómo serán, en el presente y en el futuro, las proporciones de los bienes que la sociedad posee. En este sentido, el plan tiene características similares a la ley del valor. Lo que lo hace diferenciable, específico, es su carácter de instrumento que los hombres *crean, conforman, dominan y utilizan* conscientemente. El plan constituye el *único* instrumento que admite desarrollar las fuerzas productivas, hacer realidad la formación de nuevas relaciones humanas, la creación de un hombre nuevo y la llegada al estadío de la sociedad comunista. Che pensaba, pues, que reducir este concepto a una noción económica es deformarlo *a priori* y limitar sus posibilidades. El plan, para Che, abarca el conjunto de las relaciones *materiales* (en la acepción que del término posee Marx).

Por esa razón, la planificación debe contemplar y conjugar dos elementos:

- la creación de las bases para el desarrollo económico de la nueva sociedad, su regulación y su control;
- la creación de un nuevo tipo de relaciones humanas, del hombre nuevo.

Esto nos plantea un principio del plan, y, por lo tanto, del periodo de transición al comunismo, imposible de omitir, so pena de deformarlo y poner en juego el proyecto comunista mismo: la eficacia del plan no la podemos enjuiciar *solamente* por la optimización de la gestión económica, y por ende, de los bienes económicos que posea la sociedad, ni por las ganancias obtenidas en el proceso productivo.

La eficacia del plan estriba en su potencialidad para optimizar la gestión económica en función del objetivo que se persigue: la sociedad comunista. En otras palabras, estriba en su aptitud para conjugar la racionalidad social con la racionalidad económica, en la medida en que logre que el aparato económico cree la base técnico-material de la nueva sociedad y al mismo tiempo coadyuve a la transformación de los hábitos y valores de los hombres que participan en el proceso productivo y ayude a crear e inculcar los nuevos valores comunistas.

La casi totalidad de la literatura sobre la economía política del periodo de transición carece de un instrumental conceptual original, acorde con la materia que se intenta apropiar. De tal modo, se fuerza el propio objeto de estudio desde el punto de vista teórico cuando se le aplican las categorías marxistas pertenecientes al análisis del régimen capitalista. Con ello la teoría pierde la posibilidad de situarse críticamente frente a la nueva realidad. Esto es, si se emplean esas categorías, y la estructura y las relaciones que tienen estas en el discurso marxista —como elementos de la formación social capitalista—, será difícil apropiarse de una realidad de la cual se desconoce su individualidad en el plano teórico.

Se trata a la planificación como un ente económico al que hay que "conocerle la vuelta". Se olvida que la planificación es la primera etapa en la lucha del hombre por adquirir pleno dominio sobre las cosas. Casi se puede decir, que la idea de la planificación es un estado de espíritu, condicionado por la presión de los medios de producción y la conciencia de la posibilidad de dirigir las cosas, de quitarle al hombre su condición de cosa económica.[4]

La ley del valor es uno de los elementos de la teoría económica marxista extrapolado de su contexto y convertido en uno de los pilares fundamentales de más de una teoría sobre la economía política del periodo de transición.

Antes de emitir cualquier consideración al respecto, a los efectos de nuestros propósitos, es necesario remitirnos a Marx, muy especialmente al capítulo de *El capital* consagrado a la teoría del valor. No pretendemos realizar una exposición sobre el valor. Nos limitaremos a destacar algunas consideraciones y juicios emitidos por Marx.

El carácter de la teoría del valor de Marx difiere de la de sus predecesores y contemporáneos porque realiza la fusión de dos elementos que, hasta ese instante, se analizaban por separado. Estos elementos que aparecen indisolublemente ligados en la teoría del valor de Marx son la relación cuantitativa entre los productos y la relación históricamente condicionada entre los productores.

En el capítulo 1, Marx comienza su exposición con el análisis de la mercancía. Señala que una mercancía es un valor de uso —u objeto de utilidad— y un valor. Para Marx el valor es una categoría social que expresa un conjunto de relaciones sociales vigentes en un momento histórico determinado. La producción y reproducción de esta relación social que toma corporeidad en la producción de mercancías no constituye la forma universal de la existencia económica. Para Marx las categorías que explicitan el modo de producción capitalista son "formas del pensar socialmente válidas, y por tanto objetivas, para las relacio-

---

[4] Guevara: "Notas al *Manual de economía política* de la Academia de Ciencias de la URSS" [inédito].

nes de producción que caracterizan *ese* modo de producción social *históricamente determinado:* la producción de mercancías".[5]

En el análisis del valor está presente, más que en ningún otro lugar de la teoría marxista, el carácter social de las categorías, esto es, que dichas categorías expresan relaciones históricamente dadas entre hombres. Y es el caso que las relaciones sociales en el régimen capitalista aparecen como relaciones entre cosas. Marx lo demuestra dentro del capítulo 1 de *El capital* en el epígrafe titulado "El fetichismo de la mercancía y su secreto".

Esto constituye el centro de su teoría del valor. La relación cuantitativa entre cosas, entre las mercancías, no es más que la forma exterior en que se manifiestan las relaciones sociales entre los hombres. Y Marx lo expresa así:

> Lo misterioso de la forma mercantil consiste sencillamente, pues, en que la misma refleja ante los hombres el carácter social de su propio trabajo como caracteres objetivos inherentes a los productos del trabajo, como propiedades sociales naturales de dichas cosas, y, por ende, en que también refleja la relación social que media entre los productores y el trabajo global, como una relación social entre los objetos, existente al margen de los productores. Es por medio de este *quid pro quo* [tomar una cosa por otra] como los productos del trabajo se convierten en mercancías, en cosas sensorialmente suprasensibles o sociales. [...] Lo que aquí adopta, para los hombres, la forma fantasmagórica de una relación entre cosas, es sólo la relación social determinada existente entre aquéllos. [...] A esto llamo el fetichismo que se adhiere a los productos del trabajo no bien se los produce como mercancías, *y que es inseparable de la producción mercantil.*
>
> Ese carácter fetichista del mundo de las mercancías se origina, como el análisis precedente lo ha demostrado, en la peculiar índole social del trabajo que produce mercancías.[6]

Para Marx la ley del valor constituía la explicación de la forma en que se producía el equilibrio general del régimen capitalista. Lo que

---

[5] Marx: *El capital,* México, Siglo XXI Editores, 1975-85, libro primero, tomo I, p. 93. El subrayado es de Marx.

[6] Ibídem, pp. 88-89. El subrayado es del autor.

Marx nombraba ley del valor no era otra cosa que la explicación teórica del modo en que se establece el equilibrio entre distintas fuerzas económicas en la sociedad capitalista. Estas son, a saber, el número en que se producen las mercancías; la medida en que se intercambian estas, y la proporción en que se reparte la fuerza de trabajo entre los diferentes sectores de la economía, así como la asignación de los recursos entre estos sectores.

Es en esta dirección que cobra claridad el objetivo del concepto de valor en Marx. Este concepto nos permite apropiarnos de la estructura del régimen capitalista y del movimiento interno de dicha estructura que, como se demuestra a lo largo del capítulo 1 de *El capital,* el sistema esconde a las miradas de los hombres.

Para resumir la idea que a nuestro entender hilvana toda la exposición anterior y que está presente a lo largo de toda la teoría de Marx, reproducimos el siguiente fragmento de *El capital*:

> Ahora bien, es indudable que la economía política ha analizado, aunque de manera incompleta, el valor y la magnitud del valor y descubierto el contenido oculto en esas formas. Sólo que nunca llegó siquiera a plantear la pregunta de por qué ese contenido adopta dicha forma; de por qué, pues, el trabajo se presenta *en el valor,* de a qué se debe que la medida del trabajo conforme a su duración se represente en la *magnitud del valor* alcanzada por el producto del trabajo. *A formas que llevan escrita en la frente su pertenencia a una formación social donde el proceso de producción domina al hombre, en vez de dominar el hombre a ese proceso.*[7]

Pensamos que se puede sintetizar la posición de Che referida a la ley del valor y a la utilización de esta y demás categorías capitalistas en la dirección económica del periodo de transición y en la creación de la teoría de la construcción de la sociedad comunista, en los aspectos siguientes:

1. Negación de la vigencia *rectora* de la ley del valor en el periodo de transición al comunismo.
2. Distinción entre *admitir* la existencia en el periodo de transición de una serie de fuerzas, de relaciones capitalistas que obligadamente han subsistido, de las que la ley del valor, dado su carácter de ley económica, esto es, de expresión de tendencias, pudiera

---

[7] Ibídem, pp. 97-99. El subrayado es del autor.

dar explicación; y *afirmar* la posibilidad de utilizar de forma consciente en la gestión económica la ley del valor y demás categorías que resulten de su uso.

3. Rechazo a que la caracterización del periodo de transición al comunismo, ni aun en sus primeros momentos, tenga que venir dada por la ley del valor y demás categorías mercantiles que su uso implica.

4. Rechazo a la concepción que no sólo preconiza la utilización de la ley del valor y de las relaciones monetario-mercantiles en el periodo de transición, sino que además afirma la necesidad de *desarrollar* dichas relaciones capitalistas como vehículo para alcanzar la sociedad comunista.

5. Negación de la inevitabilidad del uso de la "categoría *mercancía* en la relación entre empresas estatales" y consideración de "todos los establecimientos como parte de la única gran empresa que es el estado".[8]

6. Necesidad de establecer una política económica tendente a extinguir paulatinamente las categorías antiguas entre las que se incluye el mercado, el dinero (en tanto se distorsionan sus funciones) y, por lo tanto, la palanca del interés material directo, o, por mejor decir, las condiciones que provocan la existencia de estas.

7. Rechazo a la práctica de utilizar las categorías capitalistas. Cuando se usan las categorías capitalistas, tales como "la mercancía como célula económica, la rentabilidad, el interés material individual como palanca, etcétera",[9] en la construcción de la nueva sociedad, toman rápidamente existencia *per se*, imponiendo a la postre su propia fuerza en las relaciones entre los hombres.

8. Admisión de que el libre juego de la ley del valor, en el periodo de transición al comunismo, implica la imposibilidad de reestructurar las relaciones sociales en su esencia, al perpetuarse "el cordón umbilical"[10] que une al hombre enajenado con la socie-

---

[8] Guevara: "Planificación y conciencia en la transición al socialismo: Sobre el Sistema Presupuestario de Financiamiento", *El socialismo y el hombre en Cuba*, ed. cit., p. 98.

[9] Guevara: *El socialismo y el hombre en Cuba*, ed. cit., p. 57.

[10] Ibídem, p. 55.

dad, y que conduce, en última instancia, a la aparición de un sistema híbrido donde el vuelco trascendental de la naturaleza social del hombre y de la sociedad no llegará a producirse.

9. La construcción del socialismo y el comunismo es producción y conciencia simultáneamente.

Las propias definiciones del plan y de la ley del valor explicitadas hacen imposible su coexistencia en el periodo de transición al comunismo. Esto sólo es permisible en la primera fase de la transición, como formas heredadas del sistema anterior, periodo que comienza entre el momento de destrucción de la maquinaria política burguesa y la instauración de la dictadura del proletariado y el paso de los medios de producción de manos de los capitalistas a manos del Estado revolucionario. En este periodo no se deben desarrollar las relaciones monetario-mercantiles, sino las nuevas relaciones socialistas, y la ley del valor no se debe eliminar por decreto, sino que tiene que experimentar un proceso de extinción paulatina en la medida que se desarrollen las nuevas formas inherentes al sistema que construimos.

A medida que van pasando a manos del Estado revolucionario los medios de producción, surgen y se establecen nuevas relaciones de producción. A esta etapa debe corresponder una nueva concepción de la producción, de sus móviles y de sus fines, nuevos *modos* de operar los mecanismos de control, organización, dirección e incentivación.[11] En esta etapa, suelen perdurar medios de producción en manos de capitalistas y pequeños productores privados y cooperativistas, pero aún en este momento en que existe producción mercantil para un sector de la esfera productiva, ya *no rige de forma "pura" la ley del valor*.

El Estado revolucionario, con las medidas que va tomando, tanto en el plano social en general, como en el estrictamente económico, hace que se distorsione el funcionamiento de la ley del valor. Medidas tales como la rebaja de los alquileres de las viviendas, la asistencia médica y social gratuita o a "precios por debajo de los estipulados en el mercado", el control y la fijación de los precios con vistas a combatir la espe-

---

[11] "Que todas las anteriores revoluciones dejaban intacto el modo de actividad y sólo trataban de lograr otra distribución de ésta, una nueva distribución del trabajo entre otras personas, al paso que la revolución comunista va dirigida contra el *carácter* anterior de actividad". Del capítulo primero de *La ideología alemana* publicado en Marx y Engels: *Obras escogidas,* Moscú, Editorial Progreso, 1973, tomo I, p. 38. El subrayado es de Marx y Engels.

culación contrarrevolucionaria, el control de divisas, el control del comercio exterior, el control del comercio interior mayorista, la entrada a la vida económica del país en revolución de sectores que hasta ese momento se hallaban marginados, las medidas tendentes a liquidar el desempleo, etcétera, *dictan en la práctica la imposibilidad de que rija la ley del valor.*

El valor aquí no establece la cantidad en que se producen las mercancías; el número en que se intercambian estas; la proporción en que se adjudica la fuerza de trabajo entre los diferentes sectores de la economía y el modo en que se asignan los recursos entre estos sectores. Ha dejado de ser mecanismo regulador con carácter de ley.

El hecho de que los precios no se formen espontáneamente, como resulta de la fluctuación de la oferta y la demanda en el mercado, con todas las consecuencias e implicaciones que ello trae y que explican la forma automática, anárquica, y también brutal en que se establecen las proporciones y el equilibrio en la sociedad capitalista, tiene una importancia esencial.

> [¿] por qué no pensar que el Estado, como parte de su acción social, renuncie a obtener el precio del trabajo adicional en determinada mercancía, y por tanto, la venda por debajo de su valor y, hasta de su costo? Nada hay que lo impida.[12]

La dirección de la Revolución en esta etapa establece la distribución con arreglo a su proyecto político, a las condiciones concretas del país y del resto del mundo, y a su poder político-ideológico-militar, no sobre la base del valor. El plan central es un objetivo, un ideal a alcanzar.

Che lo expresa así:

> Es un simple problema de oferta y demanda que puede ser resuelto por el precio. Lo fundamental es que la demanda solvente concuerde con la oferta a nivel global, y luego que la oferta de productos esenciales alcance a satisfacer las necesidades; el resto es, nuevamente, un problema de ahorro. Pero subsiste la idea sobre si, en la sociedad socialista —para ser más concretos, en la sociedad soviética— subsiste o no la contradicción antagónica entre los valores.[13]

---

[12] Guevara: "Notas al *Manual de economía política* de la Academia de Ciencias de la URSS" [inédito].

[13] Ibídem.

Lo importante son los datos globales de rentabilidad de la gestión social productiva. ¿Qué quiere decir esto? Que sobre la base del análisis exacto y riguroso de los costos de producción y del valor de los bienes producidos, el socialismo puede racionalmente permitirse el lujo, imposible para una sociedad capitalista, de establecer precios por encima o por debajo del valor de aquellos, intercambiándolos a condición de mantener a escala global los índices de rentabilidad y eficiencia requeridos.

Lo correcto es decir que el ahorro es lo fundamental. Bajar los precios porque el valor es la forma capitalista, la socialista lo puede hacer aun cuando el valor permanezca inalterable, e incluso, suba. Esa es su ventaja social.[14]

Se pudiera ver en ese hecho la prueba de que, en última instancia, la ley del valor rige en el socialismo ya que se precisa de ese equilibrio social global.

Puro sueño. El equilibrio económico (entendido aquí como "rentabilidad" global de la gestión social productiva) es un rasgo inherente a cualquier sociedad. Ninguna tribu podría haber siquiera sobrevivido, y mucho menos desarrollado, de consumir más de lo que era capaz de producir. Ahora bien, ese principio elemental, esa racionalidad económica, *no* es la ley del valor. De serlo habría que plantearse que dicha ley es *universal,* que ha regido y regirá siempre, de modo inexorable. La ley del valor es, simplemente la teoría que explica el *modo* en que dicho equilibrio se establece, de forma espontánea, en la sociedad burguesa. El plan, por su parte, es el *modo* en que se obtiene este equilibrio de modo consciente y racional, en las sociedades socialistas y comunistas.

Por otra parte está claro que la función del plan, y la ventaja que su existencia supone en relación con el capitalismo, no estriba ni mucho menos en establecer cuánto cuesta elaborar cada producto para fijar el precio de ese artículo específico. De seguirse esa lógica, el plan resultaría un absurdo y perdería su ventaja esencial, pues de hecho quedaría sometido a la ley del valor. Por ese camino se llega un día a renegar del socialismo como le sucedió al economista Ota Sik de Checoslovaquia y al economista Wlodzimierz Brus de Polonia. En los años sesenta ellos argumentaron que la liberación definitiva de los mecanismos de mer-

---

[14] Ibídem.

cado ahorraría millones de operaciones matemáticas a las comisiones nacionales de planificación, ya que la ley del valor, por sí sola, establecería espontáneamente los precios sin necesidad de todo ese "fatigoso" trabajo.

La función del plan es otra: la de ser instrumento de la construcción racional y consciente de la sociedad nueva. Su ventaja principal radica precisamente en que no tiene que someterse, como el empresario capitalista, al nivel de rentabilidad de una unidad de producción o de todo un sector productivo, sino que puede financiar centralmente, y con arreglo a proporciones globales, toda su gestión. La clave de su éxito es, por otro lado, el rigor, detalle, exactitud y minuciosidad que se alcance en la obtención de los datos y el análisis de estos.

Ernesto no deja suelto la interrelación con el mercado mundial:

> Al desarrollarse el mercado mundial se crea un valor mundial con el que hay que comparar el valor local. El desdeñar eso provocó la caída vertical del comercio exterior de los países socialistas con un amplio comercio exterior. El cambio de trabajo vivo se hace cada vez más desigual hasta el momento en que la técnica empieza un cambio cualitativo, y los productos dejaron de encontrar mercado. Además, es importante esto para el intercambio entre países socialistas de distinto desarrollo.[15]

Analizado desde otro plano, el solo hecho de que los precios de los productos no constituyen en este momento una emanación de su valor y del mecanismo de la oferta y la demanda, sería suficiente para permitir la afirmación de que no actúa la ley del valor. A partir de ese momento el equilibrio global no se produce a través de los mecanismos en que se da la ley del valor, sino por la acción de decisiones conscientes.

Incluso cuando hayamos aceptado la existencia de la producción mercantil —debido a la supervivencia de pequeños productores privados y cooperativistas—, no se puede afirmar totalmente que el intercambio entre el sector estatal y el sector privado se efectúa teniendo en cuenta las reglas que imperan en una transacción mercantil dentro de una sociedad en que rige la ley del valor. De hecho, el dinero que opera en la referida transacción *no constituye* medida de valor. Téngase presente que, en la operación de intercambio entre el sector privado, no se enfrentan iguales cantidades de trabajo socialmente necesario, debido a

---

[15] Ibídem.

que los precios de las mercancías no se fijan atendiendo a su valor y al mecanismo de la oferta y la demanda. También los medios de producción utilizados por el sector privado, tanto su cantidad como los precios a que se venden por el Estado, son asignados por este último atendiéndose a una determinada política económica, instrumentada como voluntad en el plan.

Un aspecto no menos importante que los abordados hasta ahora lo constituye la relación que ha de existir entre la planificación y las categorías y los mecanismos a través de los cuales ella ha de expresarse.

La posición de Che en este aspecto es la siguiente: el hecho de que subsista producción mercantil en el periodo de transición durante un determinado tiempo *no implica* que el plan deba usar mecanismos capitalistas para su funcionamiento y expresarse a través de categorías capitalistas.

El Sistema Presupuestario de Financiamiento no sólo constituye un hecho original —en la teoría del periodo de transición existente hasta el momento de su aparición— por su concepción general sobre la naturaleza de la construcción de la sociedad comunista. Es, además, un modelo de dirección y control de la economía del periodo de transición al comunismo que constituye un arma para la destrucción de las relaciones económicas capitalistas, de las categorías mercantiles y de las formas ideológicas capitalistas. Es, en suma, promotor fundamental de las nuevas formas de relaciones humanas y de la conciencia comunista.

Transcribimos a continuación los criterios que desarrolla Che acerca de la ley del valor desde la visión del Sistema Presupuestario de Financiamiento en contraposición al llamado Cálculo Económico. Primeramente reproducimos lo contenido en su trabajo "Sobre el Sistema Presupuestario de Financiamiento" bajo el epígrafe titulado "Acerca de la ley del valor":

> Una diferencia profunda (al menos en el rigor de los términos empleados) existe entre la concepción de la ley del valor y la posibilidad de su uso consciente, planteada por los defensores del cálculo económico y la nuestra.
>
> Dice el *Manual de economía política*:[16]
>
> "Por oposición al capitalismo, donde la ley del valor actúa como una fuerza ciega y espontánea, que se impone a los hombres, en la

---

[16] El *Manual de economía política* fue publicado por el Instituto de Economía de la Academia de Ciencias de la URSS.

economía socialista se tiene conciencia de la ley del valor y el estado la tiene en cuenta y la *utiliza* en la práctica de la dirección planificada de la economía.

"El conocimiento de la acción de la ley del valor y su *inteligente utilización* ayudan necesariamente a los dirigentes de la economía a encauzar racionalmente la producción, a mejorar sistemáticamente los métodos de trabajo y a aprovechar las reservas latentes para producir más y mejor".

Las palabras subrayadas por nosotros indican el espíritu de los párrafos.

La ley del valor actuaría como una fuerza ciega pero conocida y, por tanto, doblegable, o utilizable por el hombre.

Pero esta ley tiene algunas características: Primero, está condicionada por la existencia de una sociedad mercantil. Segundo, sus resultados no son susceptibles de medición *a priori* y deben reflejarse en el mercado donde intercambian productores y consumidores. Tercero, es coherente en un todo, que incluye mercados mundiales y cambios y distorsiones que en algunas ramas de producción se reflejan en el resultado total. Cuarto, dado su carácter de ley económica actúa fundamentalmente como tendencia y, en los periodos de transición, su tendencia debe ser lógicamente a desaparecer.

Algunos párrafos después, el manual expresa:

"El estado socialista utiliza la ley del valor, realizando por medio del sistema financiero y de crédito el control sobre la producción y la distribución del producto social.

"El dominio de la ley del valor y su utilización con arreglo a un plan representan una enorme ventaja del socialismo sobre el capitalismo. Gracias al dominio sobre la ley del valor, su acción en la economía socialista no lleva aparejado el despilfarro del trabajo social inseparable de la anarquía de la producción, propia del capitalismo. La ley del valor y las categorías con ella relacionadas —el dinero, el precio, el comercio, el crédito, las finanzas— son utilizadas con éxito por la URSS y por los países de democracia popular, en interés de la construcción del socialismo y del comunismo, en el proceso de dirección planificada de la economía nacional".

Esto sólo puede considerarse exacto en cuanto a la magnitud total de valores producidos para el uso directo de la población y los respectivos fondos disponibles para su adquisición, lo que podría hacer cualquier ministro de Hacienda capitalista con unas finanzas relativamente equilibradas. Dentro de ese marco, todas las distorsiones parciales de la ley caben.

Más adelante se apunta:

"La producción mercantil, la ley del valor y el dinero sólo se extinguirán al llegar a la fase superior del comunismo. Pero, para crear las condiciones que hagan posible la extinción de la producción y la circulación mercantiles en la fase superior del comunismo, es necesario *desarrollar* y utilizar la ley del valor y las relaciones monetario-mercantiles durante el periodo de construcción de la sociedad comunista".

¿Por qué *desarrollar*? Entendemos que durante cierto tiempo se mantengan las categorías del capitalismo y que este término no puede determinarse de antemano, pero las características del periodo de transición son las de una sociedad que liquida sus viejas ataduras para ingresar rápidamente a la nueva etapa. La *tendencia* debe ser, en nuestro concepto, a liquidar lo más vigorosamente posible las categorías antiguas entre las que se incluye el mercado, el dinero y, por tanto, la palanca del interés material o, por mejor decir, las condiciones que provocan la existencia de las mismas. Lo contrario haría suponer que la tarea de la construcción del socialismo en una sociedad atrasada, es algo así como un accidente histórico y que sus dirigentes, para subsanar el *error,* deben dedicarse a la consolidación de todas las categorías inherentes a la sociedad intermedia, quedando sólo la distribución del ingreso de acuerdo al trabajo y la tendencia a liquidar la explotación del hombre por el hombre como fundamentos de la nueva sociedad, lo que luce insuficiente por sí solo como factor del desarrollo del gigantesco cambio de conciencia necesario para poder afrontar el tránsito, cambio que deberá operarse por la acción multifacética de todas las nuevas relaciones, la educación y la moral socialista, con la concepción individualista que el estímulo material directo ejerce sobre la conciencia frenando el desarrollo del hombre como ser social.

Para resumir nuestras divergencias: consideramos la ley del valor como parcialmente existente, debido a los restos de la sociedad mercantil subsistentes, que se refleja también en el tipo de cambio que se efectúa entre el Estado suministrador y el consumidor; creemos que, particularmente en una sociedad de comercio exterior muy desarrollado, como la nuestra, la ley del valor en escala internacional debe reconocerse como un hecho que rige las transacciones comerciales, aun dentro del campo socialista y reconocemos la necesidad de que este comercio pase ya a formas más elevadas en los países de la nueva sociedad, impidiendo que se ahonden las diferencias entre países desarrollados y los más atrasados por la acción del intercambio. Vale decir, es necesario hallar fórmulas de comercio que permitan el financiamiento de las inversiones industriales en los países en desarrollo, aunque esto contravenga los sistemas de precios existentes en el mercado mundial capitalista, lo que permitirá el avance más parejo de todo el campo socialista, con las naturales consecuencias de limar asperezas y cohesionar el espíritu del internacionalismo proletario (el reciente acuerdo entre Cuba y la URSS, es una muestra de los pasos que se pueden dar en este sentido). Negamos la posibilidad del uso consciente de la ley del valor, basado en la no existencia de un mercado libre que exprese automáticamente la contradicción entre productores y consumidores; negamos la existencia de la categoría *mercancía* en la relación entre empresas estatales, y consideramos todos los establecimientos como parte de la única gran empresa que es el Estado (aunque, en la práctica, no sucede todavía así en nuestro país). La ley del valor y el plan son dos términos ligados por una contradicción y su solución; podemos, pues, decir que la planificación centralizada es el modo de ser de la sociedad socialista, su categoría definitoria y el punto en que la conciencia del hombre alcanza, por fin, a sintetizar y dirigir la economía hacia su meta, la plena liberación del ser humano en el marco de la sociedad comunista.[17]

En su trabajo "Consideraciones sobre los costos de producción", Che escribe:

> La base por la cual se rige el mercado capitalista es la ley del valor y ésta se expresa directamente en el mercado. No se puede

---

[17] Guevara: "Planificación y conciencia en la transición al socialismo: Sobre el Sistema Presupuestario de Financiamiento", *El socialismo y el hombre en Cuba,* ed. cit., pp. 95-99. El subrayado es de Che.

pensar en el análisis de la ley del valor extraída de su medio natural que es aquél; de otra forma, puede decirse que la expresión propia de la ley del valor es el mercado capitalista. Durante el proceso de construcción de la sociedad socialista, muchas de las relaciones de producción van cambiando a medida que cambia el dueño de los medios de producción y el mercado deja de tener las características de libre concurrencia (aún considerando la acción de los monopolios) y adquiere otras nuevas, ya limitado por la influencia del sector socialista que actúa en forma consciente sobre el fondo mercantil.[18]

En su polémico trabajo titulado "Sobre la concepción del valor", Che apuntaba:

Pasando al comienzo del primer párrafo del artículo comentado,[19] diremos que no es exacta esta apreciación. Nosotros consideramos el problema del valor en otra forma. Me refiero al artículo publicado en *Nuestra Industria: Revista Económica,* número uno.[20]

Decía allí:

"Cuando todos los productos actúan de acuerdo con precios que tienen ciertas relaciones internas entre sí, distinta a la relación de esos productos en el mercado capitalista, se va creando una nueva relación de precios que no tiene parangón con la mundial. ¿Cómo hacer para que los precios coincidan con el valor? ¿Cómo manejar conscientemente el conocimiento de la ley del valor para lograr el equilibrio del fondo mercantil por una parte y el reflejo fiel

---

[18] Guevara: "Consideraciones sobre los costos de producción como base del análisis económico en las empresas sujetas al sistema presupuestario", junio de 1963, *Escritos y discursos,* ed. cit., tomo 7, p. 97.

[19] Se refiere al artículo de Alberto Mora, entonces ministro de Comercio Exterior, titulado "En torno a la cuestión del funcionamiento de la ley del valor en la economía cubana en los actuales momentos", publicado en la revista *Comercio Exterior.* Se reprodujo en el número de octubre de 1963 de *Nuestra Industria: Revista Económica,* publicación del Ministerio de Industrias, junto al artículo de Guevara. Este último, "Sobre la concepción del valor", aparece en el número 2 de la revista *Nueva Internacional.*

[20] Guevara: "Consideraciones sobre los costos de producción como base del análisis económico en las empresas sujetas al sistema presupuestario", junio de 1963, *Escritos y discursos,* ed. cit., tomo 7, p. 97.

en los precios por otra? Este es uno de los problemas más serios planteados a la economía socialista".

Es decir, no se está impugnando la vigencia de la ley del valor, se está considerando que esta ley tiene su forma de acción más desarrollada a través del mercado capitalista y que las variaciones introducidas en el mercado por la socialización de los medios de producción y los aparatos de distribución, conllevan cambios que impiden una inmediata calificación de su acción.

Sostenemos nosotros que la ley del valor es reguladora de las relaciones mercantiles en el ámbito del capitalismo y, por tanto, en la medida en que los mercados sean distorsionados por cualquier causa, así mismo sufrirá ciertas distorsiones la acción de la ley del valor.

La forma y la medida en que esto se produzca no han sido estudiadas con la misma profundidad con que Marx llevó a cabo su estudio sobre el capitalismo. Este y Engels no previeron que la etapa de transición pudiera iniciarse en países económicamente atrasados y, por ende, no estudiaron ni meditaron sobre las características económicas de aquel momento.

Lenin, a pesar de su genialidad, no tuvo el tiempo preciso para dedicar largos estudios —toda la vida que le dedicara Marx— a los problemas económicos de esta etapa de transición en la cual se conjuga el hecho histórico de una sociedad que sale del capitalismo sin completar su desarrollo de esa etapa (y en la que se conservan restos de feudalismo todavía) con la concentración en manos del pueblo de la propiedad de los medios de producción.

Este es un hecho real cuya posibilidad fue prevista por Lenin en sus estudios sobre el desarrollo desigual del capitalismo, el nacimiento del imperialismo y la teoría del desgajamiento de los eslabones más débiles del sistema en momentos de conmoción social como son las guerras.

Él mismo probó, con la revolución rusa y la creación del primer estado socialista, la factibilidad del hecho, pero no tuvo tiempo de continuar sus investigaciones ya que se dedicó de lleno a la consolidación del poder, a participar en la revolución, como anunciara en el abrupto final de su libro *El estado y la revolución*. (La suma de los trabajos de Lenin sobre la economía del periodo de transición nos sirve de valiosísima introducción al tema pero le faltó el desarrollo y la profundización que el tiempo y la experiencia debían darle.)[21]

¿Cómo intentó Che poner en práctica estas concepciones? ¿Cómo se vinculaba su concepción del plan con el resto de las categorías que conformaban su propuesta integral de transición del capitalismo al comunismo en la Cuba de los sesenta?

---

[21] Guevara: "Sobre la concepción del valor (Contestando algunas afirmaciones sobre el tema)", en *Nueva Internacional,* No. 2, pp. 161-63.

Capítulo 6

El papel del dinero, la banca y los precios

Por un problema metodológico, hemos considerado este el momento apropiado para exponer las concepciones de Che sobre el dinero, aunque el lector podrá encontrar en las páginas precedentes, en especial las dedicadas a la exposición de la ley del valor, implícitamente, algunos elementos básicos de su concepción.

Consecuente con su convicción de que las características del periodo de transición y la teoría que le enuncia poseen distinta naturaleza a las del régimen capitalista, Che le asigna al dinero un papel diferente al que le confieren los partidarios del cálculo económico. Sus ideas acerca del papel a desempeñar por el dinero en el periodo de transición se hacen inteligibles, en el seno de su concepción del periodo de transición, y es precisamente en este contexto donde obtienen toda su relevancia. Las podemos hallar fundamentalmente a lo largo de sus trabajos escritos entre 1963 y 1965 y muy especialmente en sus artículos "Planificación y conciencia en la transición al socialismo: Sobre el Sistema Presupuestario de Financiamiento" y "La banca, el crédito y el socialismo". Ambos estudios poseen un carácter polémico. No obstante, el primero de ellos se acerca más a una exposición positiva del Sistema Presupuestario de Financiamiento, propugnado por Che. También usaremos las reflexiones y notas al margen que le provocó la lectura del *Manual de economía política* de la Academia de Ciencias de la URSS.

Con el objetivo de no alterar el modo en que aborda Che el problema que nos atañe, realizaremos la exposición de su concepción sobre el dinero y la banca en el periodo de transición, observando en lo posible el orden de exposición de Che en ambos estudios. Nos ahorraremos al exponer, por razones obvias, el origen de la banca, sus características y funciones en el régimen capitalista de producción.[1]

El dinero constituye un producto de las relaciones mercantiles y, por tanto, expresa determinadas relaciones de producción. Es, por ello, una categoría social, históricamente condicionada por dichas relaciones. No es posible destruir en un solo día las relaciones mercantiles; estas están presentes en el periodo de transición. Su presencia será relativamente larga según el ritmo de desarrollo de las nuevas relaciones de producción y según la política que se adopte hacia ellas, pero en todo caso las relaciones mercantiles deben ser combatidas. La tendencia es la de que, de manera paulatina, se vayan extinguiendo hasta su total desaparición pues su desarrollo pone en peligro la realización misma del proyecto comunista.

Lo antes expuesto es extensible al papel de la banca en el periodo de transición. Che señalaba:

> Es importante consignar para fines ulteriores, que el dinero refleja las relaciones de producción; no puede existir sin una sociedad mercantil. Podemos decir también que un banco no puede existir sin dinero y, por ende, que la existencia del banco está condicionada a las relaciones mercantiles de producción, por elevado que sea su tipo.[2]

De las cinco funciones que la forma dinero posee en toda producción mercantil, según el estudio de Marx, sólo dos de ellas deben subsistir en el periodo de transición. Estas son:

- el dinero aritmético, o sea, medida de valores, y
- el *dinero como medio de circulación y/o distribución* entre el estado y los pequeños propietarios privados que aún subsistan y el pueblo como consumidor.[3]

---

[1] Ver Marx: *El capital,* en particular el libro primero, capítulo III, "El dinero, o la circulación de mercancías" y la quinta sección del libro tercero, capítulos XXI–XXXVI, "Escisión de la ganancia en interés y ganancia empresarial", México, Siglo XXI Editores, 1975-85. Ver además Guevara: "La banca, el crédito y el socialismo", *Escritos y discursos,* La Habana, Editorial de Ciencias Sociales, 1985, tomo 8. En ese artículo se encuentra la caracterización que realiza Che de la banca a través de una inteligente utilización de pasajes de *El capital.*

[2] Guevara: Ibídem, p. 40.

[3] Las otras tres funciones del dinero mencionadas por Marx son: atesoramiento, medio de pago y dinero mundial (divisas). Ver "El dinero, o la circulación de mercancías", *El capital,* ed. cit., libro primero, capítulo III, pp. 158-178.

Comparando el Sistema Presupuestario de Financiamiento y el cálculo económico, Che afirmaba:

> Otra diferencia es la forma de utilización del dinero; en nuestro sistema sólo opera como dinero aritmético, como reflejo, en precios, de la gestión de la empresa, que los organismos centrales analizarán para efectuar el control de su funcionamiento; en el cálculo económico es no sólo esto, sino también medio de pago que actúa como instrumento indirecto de control, ya que son estos fondos los que permiten operar a la unidad y sus relaciones con el banco son similares a las de un productor privado en contacto con bancos capitalistas a los que deben explicar exhaustivamente sus planes y demostrar su solvencia. Naturalmente, en este caso no opera la decisión arbitraria sino la sujeción a un plan y las relaciones se efectúan entre organismos estatales.[4]

Asimismo en *El capital,* podemos leer:

> La función del dinero como medio de pago trae consigo una contradicción no mediada. En la medida en que se compensan los pagos, el dinero funciona sólo *idealmente como dinero de cuenta* o medida de los valores. En la medida en que los pagos se efectúan realmente, el dinero ya no entra en escena como medio de circulación, como forma puramente evanescente y mediadora del metabolismo, sino como la encarnación individual del trabajo social, como la existencia autónoma del valor de cambio, como mercancía absoluta.[5]

La supervivencia del dinero y su uso para expresar el valor de los productos, y como medio de distribución, vienen dados por la existencia de un sector privado y del pueblo como consumidor. Estas funciones del dinero desaparecerán con el desarrollo de la nueva sociedad y no implican un peligro para la formación de la conciencia comunista y de las nuevas relaciones humanas.

La certeza de Che de que el dinero funciona como dinero aritmético viene avalada, entre otras razones, por el desarrollo de las técnicas más modernas en lo que a organización, control, dirección y análisis econó-

---

[4] Guevara: "Planificación y conciencia en la transición al socialismo: Sobre el Sistema Presupuestario de Financiamiento", *El socialismo y el hombre en Cuba*, Nueva York, Pathfinder, 1992, pp. 85-86. El subrayado es de Che.

[5] Marx: *El capital,* ed. cit., libro primero, tomo I, p. 168. El subrayado es de Marx.

micos ha desarrollado el sistema imperialista. Incluso los monopolios yanquis habían instrumentado la idea de la utilización del dinero aritmético para operar entre sus unidades componentes y, de este modo, evitar gastos innecesarios. Para ellos, ya resultaba absurdo cobrarles y pagarles a sus unidades. El desarrollo de las referidas técnicas relega el dinero al papel de simple expresión del valor de lo producido.

El uso del dinero como medida de valores supone que se utilice para reflejar en forma de precios la gestión de la empresa. De este modo, el dinero aritmético sirve de instrumento para el análisis por los organismos centrales de la economía, del funcionamiento de las empresas. El dinero actúa, entonces como *indicador económico*.

Che afirma: "Coqueteo con la verdad. Es la masa de mercancías la que da la firmeza de la moneda, no el oro que sirve de garantía para lograr lo necesario en el mercado capitalista mundial."[6]

Che arriba a la conclusión de que en la URSS y demás países del Este, el dinero había alcanzado un protagonismo que negaba y cerraba el camino para la creación de una nueva economía ajena a los mecanismos capitalistas: "Esta es la raíz de la cuestión: el dinero es, sino el árbitro, al menos el Gran César, el que mide triunfos y fracasos."[7]

El Sistema Presupuestario de Financiamiento le otorga a las finanzas un contenido y un papel distintos al que les confiere el Cálculo Económico. Las finanzas dejan de ser el mecanismo mediante el cual se controla, dirige, analiza y organiza la economía. La compulsión financiera se sustituye por una compulsión técnico-administrativa. Che explicaba:

> Con todas ellas [se refiere a la organización, control, costo, inventarios, etcétera] y en perfeccionamiento nuestro aparato, nosotros podemos obviar el problema de la autonomía financiera y convertir la compulsión financiera (porque en definitiva la autonomía financiera no es más que la compulsión de tipo financiero) en una compulsión de tipo administrativo, de tal manera que al vigilar esos aparatos y al tener los lugares, los centros donde se permita, donde se puedan ver los resultados concretos de las tareas de las fábricas, e inmediatamente se dé la voz de alarma en cuanto el plan en algunas facetas esté incumpliéndose y se pueda remediar el problema.[8]

---

[6] Guevara: "Notas al *Manual de economía política* de la Academia de Ciencias de la URSS" [inédito].

[7] Ibídem.

[8] Guevara: "Reuniones bimestrales, 20 de enero de 1962", *El Che en la revolución cubana*, La Habana, Ministerio del Azúcar, 1966, tomo VI, p. 151.

Hay medidas administrativas. Hay una cosa que nosotros tenemos que tener presente. ¿Acaso, señores, la masa obrera de una fábrica norteamericana tenía algún cariño por el dueño? Absolutamente ningún cariño, y ¿había una vigilancia policial para vigilar la producción? No la había porque hay una serie de mecanismos administrativos que cuando se fracasa en la producción permiten que se tomen medidas administrativas que hacen que el señor obrero que se descuida gane menos, reciba en su propio cuerpo la medida de su falla, tranquilamente, y así separar a cualquiera que cometa errores; de manera que no es ningún secreto vigilar la buena marcha de un centro de trabajo.[9]

El Sistema Presupuestario de Financiamiento concibe a las empresas como partes de un todo, de una gran empresa: el Estado; ninguna empresa puede, ni necesita, tener fondos propios. Las empresas bajo este sistema pueden tener en el banco cuentas separadas para la extracción y el depósito:

Consecuentemente con la forma de utilizar el dinero, nuestras empresas no tienen fondos propios; en el banco existen cuentas separadas para extraerlos y depositarlos, la empresa puede extraer fondos según el plan, de la cuenta general de gastos y de la especial para pagar salarios, pero al efectuar un depósito, este pasa a poder del Estado automáticamente.

Las empresas de la mayoría de los países hermanos tienen fondos propios en los bancos que refuerzan con créditos de los mismos por los que pagan interés sin olvidar nunca que estos fondos propios, al igual que los créditos, pertenecen a la sociedad expresando en su movimiento el estado financiero de la empresa.[10]

La propiedad social de los medios de producción dentro de la esfera estatal, por medio de la aplicación de este sistema financiero para las transacciones que entre sí realicen las empresas socialistas, permite la conversión de la compraventa mercantil en entrega de productos, limita la función del dinero como medio de pago, reduciéndola a medida de valor, y elimina la función de las cuen-

---

[9] Ibídem, pp. 180-81.
[10] Guevara: "Planificación y conciencia en la transición al socialismo: Sobre el Sistema Presupuestario de Financiamiento", *El socialismo y el hombre en Cuba,* ed. cit., pp. 85-86. El subrayado es de Che.

tas a cobrar y a pagar como instrumento de crédito, transformándolas conceptualmente en simples actos administrativos o de contabilidad que se representan físicamente por órdenes de compensación al solo efecto del control bancario.[11]

Se deslizan aquí dos incorrecciones graves. La primera es que el acto de compraventa significa el traslado de la mercancía de un proveedor a otro, y mercancía, lo vimos al principio, es todo producto susceptible de cambios de propiedad. La segunda es que se explica esto por la diversidad de formas de propiedad social, en todo caso, se podría admitir la compraventa para las relaciones entre koljoses y el resto de la propiedad social, no imponerla a toda ella.[12]

Che continúa profundizando en el tema y disiente de los teóricos soviéticos:

Negación completa del principio de compraventa. En general, los autores [del *Manual de economía política* de la Academia de Ciencias de la URSS] aplican los nombres de categorías capitalistas a cosas diferentes y de allí surge también la contradicción. Si se dijera, por ejemplo, contrato de entrega, quedaría resuelto el problema. Pero detrás de la aparentemente inofensiva impresión de las formulaciones se esconden algo más grave: Existen verdaderas contradicciones entre las empresas, con choque de intereses; cosa lógica, ya que el sistema se asemeja mucho al capitalista en sus mecanismos de acción.[13]

El sistema bancario está llamado a desaparecer a largo plazo en el periodo de transición al comunismo. Sobrevivirá durante el periodo en que perduren las relaciones mercantiles. Como puntualizara Che:

En los periodos de construcción de la sociedad socialista cambian todos los conceptos que amparan la vida política del banco y debe buscarse otro camino para utilizar su experiencia.[14]

---

[11] Ver Álvarez Rom: "Sobre el método de análisis de los sistemas de financiamiento", en *Cuba Socialista,* No. 35, La Habana, julio de 1964, donde aborda estas cuestiones.
[12] Guevara: "Notas al *Manual de economía política* de la Academia de Ciencias de la URSS" [inédito].
[13] Ibídem.
[14] Guevara: "La banca, el crédito y el socialismo", *Escritos y discursos*, ed. cit., tomo 8, p. 42.

El banco deja de tener un papel hegemónico en la economía como producto de las transformaciones que en las relaciones económico-sociales sufre la sociedad. Sus funciones económicas no son las mismas que las que tenía en el capitalismo. No posee un capital propio ni puede actuar como si lo tuviese. Por tanto sólo puede subsistir como propiedad del Estado que lo utiliza para determinadas funciones económicas. Es el Estado el que engloba toda la economía, y el banco es un instrumento para determinadas funciones. No es posible pretender "que el banco siga manteniendo una posición hegemónica en la economía, independientemente de los cambios económico-sociales",[15] "el Banco para nosotros debe ser un viceministerio del Ministerio de Hacienda, y no debe tener la autonomía que hoy la ley le confiere".[16]

El que el Sistema Presupuestario de Financiamiento sea partidario de la centralización, no entraña que sea el banco, precisamente, el que asuma la máxima responsabilidad de la contabilidad y el control del Estado, ni que dicte la política económica de la nación.

> Existe aquí la creencia generalizada de que la relación directa con el banco garantiza el análisis de todos los factores de la producción y la imposibilidad de burlar la atención vigilante de ese organismo, lo que no es más que un espejismo en las condiciones actuales de Cuba, y el banco tiene pruebas fehacientes de ese aserto en sus relaciones con los organismos de autogestión.

En el año 1931, [José] Stalin hacía el siguiente análisis:

> "Pero esto no es todo. A lo citado hay que añadir la circunstancia de que, como consecuencia de la mala gestión administrativa, los principios de rentabilidad se han encontrado enteramente comprometidos en toda una serie de nuestras empresas y organizaciones económicas. Es un hecho que en una serie de empresas y organizaciones económicas hace tiempo que se acabó de contar, de calcular y de establecer balances justificativos de los ingresos y de los gastos. Es un hecho que en una serie de empresas y organizaciones económicas las nociones de 'régimen de economía', 'reducción de gastos improductivos', 'racionalización de la producción', se pasaron hace tiempo de moda. Por lo visto, cuentan con

---

[15] Ibídem, p. 57.
[16] Guevara: "Reuniones bimestrales, 12 de septiembre de 1964", *El Che en la revolución cubana*, ed. cit., tomo VI, p. 531.

que el Banco de estado 'de todas maneras librará las cantidades necesarias'. Es un hecho que en los últimos tiempos los precios de coste en una serie de empresas han empezado a subir. Se les señaló la necesidad de bajar los precios de coste en un 10 por 100 y más, y en lugar de eso los han elevado".[17]

> Lo citamos simplemente *para demostrar que se impone una tenaz tarea de organización administrativa antes de poder implantar cualquier sistema, y ése debe ser el sentido de nuestro esfuerzo principal en el momento actual.*[18]

Y escribe Che en sus notas:

> Lo importante es que en el socialismo el banco podía ser una simple caja, función indispensable, por otra parte. Toda la importancia asignada a los bancos nace de lo varias veces repetido: el establecer un sistema de control con todas las características capitalistas buscando al máximo la automatización del proceso por la vía del dinero.[19]

En igual medida, que el dinero sea un medio de pago no presupone la necesidad del crédito. Bien puede funcionar como dinero aritmético en todas las transacciones entre empresas estatales y cooperativas. Históricamente, la necesidad del crédito responde a la forma que adoptó el joven estado soviético para controlar y dirigir su economía.

Bajo el Sistema Presupuestario de Financiamiento el banco no tiene como función la concesión de créditos, menos aún la de obtener dividendos por concepto de interés. Che fundamenta su opinión reproduciendo algunos pasajes de *El capital*. He aquí algunos de estos fragmentos:

> No debe olvidarse, sin embargo, que, en primer lugar, el dinero —en forma de metal precioso— sigue siendo la base de la que *jamás* puede desprenderse, por la naturaleza misma de la cosa, el régimen de crédito. Y, en segundo lugar, que el sistema de crédito presupone el monopolio de los medios sociales de producción (bajo

---

[17] José Stalin: *Cuestiones del leninismo*, Moscú: Ediciones en Lenguas Extranjeras, 1941, p. 416. Citado por Guevara: "La banca, el crédito y el socialismo", *Escritos y discursos*, ed. cit., tomo 8, pp. 50-51.

[18] Guevara: "La banca, el crédito y el socialismo", *Escritos y discursos,* ed. cit., tomo 8, pp. 50-51. El subrayado es del autor.

[19] Guevara: "Notas al *Manual de economía política* de la Academia de Ciencias de la URSS" [inédito].

forma de capital y de propiedad territorial) en manos de particulares, es decir, que este sistema es de por sí, de un lado, *una forma inmanente del sistema capitalista de producción* y de otra parte, una fuerza motriz que impulsa su desarrollo hasta su forma última y más alta.

El sistema bancario es, por su organización formal y su centralización, como se expresó ya en 1697 en *Some Thoughts of the Interests of England, el producto más artificioso y refinado que el régimen capitalista de producción ha podido engendrar...*

Finalmente, no cabe la menor duda de que el sistema de crédito actuará como un poderoso resorte en la época de transición del régimen capitalista de producción al régimen de producción del trabajo asociado, pero solamente como un elemento en relación con otras grandes conmociones orgánicas del mismo régimen de producción. En cambio, las ilusiones que algunos se hacen acerca del poder milagroso del sistema de crédito y del sistema bancario en un sentido socialista, nacen de la ignorancia total de lo que es el régimen capitalista de producción y el régimen de crédito como una de sus formas. *Tan pronto como los medios de producción dejen de convertirse en capital (lo que implica también la abolición de la propiedad privada del suelo), el crédito como tal no tendrá ya ningún sentido,* cosa que, por lo demás, han visto incluso los sansimonianos. Y, por el contrario, mientras perdure el régimen capitalista de producción perdurará como una de sus formas el capital a interés y seguirá formando, de hecho, la base de su sistema de crédito. Sólo ese mismo escritor sensacionalista, Proudhon, que pretende dejar en pie la producción de mercancías y al mismo tiempo abolir el dinero, era capaz de soñar ese dislate del *crédit gratuit,* pretendida realización de los buenos deseos del pequeño burgués.[20]

Cuando el banco está cobrando determinado interés a las empresas estatales —el que lo haga de acuerdo a un plan y no surja la tasa de interés de forma espontánea como sucede en el capitalismo, no altera en lo más mínimo nuestro razonamiento—, por los fondos suministra-

---

[20] Marx subrayó las palabras "jamás" y "crédit gratuit"; el resto del subrayado es de Che. Citado en su artículo "La banca, el crédito y el socialismo", en *Escritos y discursos,* ed. cit., tomo 8, pp. 44-46. Ver también el capítulo XXXVI, "Condiciones precapitalistas", en el libro tercero, tomo VII, de *El capital,* ed. cit., pp. 781-83.

dos a estas, está cobrando por el uso de un dinero que no le pertenece, lo que constituye una función típica de la banca privada.

El interés es una categoría capitalista, más aun pertenece a la etapa fetichista del capitalismo y consiste en cobrar por el uso del dinero. Si no hay capital cómo puede haber interés?[21]

Los bancos socialistas efectúan una operación simbólica cuando prestan dinero a interés, ya que prestan el dinero de otra empresa, realizan una operación fetichista:

El capital ficticio, es producto del crédito y este del préstamo y los bancos. Al prestar dinero a interés los bancos socialistas realizan una típica operación fetichista, agravada por el hecho de que están prestando el dinero de otra empresa que lo depositara allí.[22]

Che recurre a Marx:

Si Marx ha formulado, como hemos visto, que la abolición de la propiedad privada le quita todo el sentido al crédito como tal, ¿qué decir del interés?

Dice Marx:

"Es en el capital a interés donde la relación capitalista cobra su forma más externa y más fetichista. Aquí nos encontramos con D–D', dinero que engendra más dinero, valor que se valoriza a sí mismo, sin el proceso intermedio entre ambos extremos. En el capital comercial D–M–D', existe, por lo menos, la forma general del movimiento capitalista, aunque sólo se mantenga dentro de la órbita de la circulación, razón por la cual la ganancia aparece aquí como simple ganancia de enajenación; no obstante, aparece como producto de una *relación* social y no como producto exclusivo de un *objeto* material. La forma del capital mercantil representa, a pesar de todo, un proceso, la unidad de fases contrapuestas, un movimiento que se desdobla en dos actos antagónicos, en la compra y la venta de la mercancía. En D–D', o sea en la fórmula del capital a interés, se esfuma".[23]

---

[21] Guevara: "Notas al *Manual de economía política* de la Academia de Ciencias de la URSS" [inédito].

[22] Ibídem.

[23] Guevara: "La banca, el crédito y el socialismo", *Escritos y discursos,* ed. cit., tomo 8, p. 46. La cita de Marx pertenece a *El capital,* ver "Enajenación de la relación de

Y continúa Che:

> teniendo en cuenta que técnicamente el interés no es un elemento de costo de las empresas, sino una deducción del plus-trabajo del obrero para la sociedad, que debía constituir un ingreso del Presupuesto Nacional, ¿no es éste en realidad el que está financiando los gastos de operaciones del aparato bancario en forma sustancial?[24]

Tiempo después Che escribió:

> El que el dinero sea un medio de pago no presupone la necesidad del crédito, puede funcionar como dinero aritmético en todas las transacciones entre empresas estatales y cooperativas. El crédito, su necesidad, responde a la forma adoptada por la sociedad soviética para controlar y dirigir su economía; una vez más, no es privativo del socialismo sino de esta forma específica de socialismo.[25]

Che está convencido que la organización económica de la banca influye en la superestructura y tiene implicaciones ideológicas. Refiriéndose a la banca soviética escribe:

> También posee filiales en Londres y París (un poco enmascarados). Uno se puede preguntar si todo esto no influirá en los métodos y concepciones de la dirigencia soviética, así como las instituciones crediticias pertenecientes al partido argentino influyen en su línea de acción política.[26]

En cuanto a las inversiones, Che plantea:

> El banco lo que hace es distribuir los recursos del Presupuesto Nacional asignados por el plan de inversiones y situarlos a disposición de los aparatos inversionistas correspondientes.
>
> Este aspecto del financiamiento y control de las inversiones, particularmente en lo que se refiere a las construcciones, así como el sistema de crédito bancario y el interés, constituyen diferencias sustanciales entre el sistema que en este artículo se denomina au-

---

capital bajo la forma del capital que devenga interés", capítulo XXIV del libro tercero, tomo 7, p. 499. El subrayado es de Marx.

[24] Ibídem, p. 47.

[25] Guevara: "Notas al *Manual de economía política* de la Academia de Ciencias de la URSS" [inédito].

[26] Ibídem.

tonomía económica y el de financiamiento presupuestario. El financiamiento y control de las inversiones será objeto de un artículo del compañero Álvarez Rom,[27] ya que la importancia y extensión del tema así lo requieren. Sin embargo, expondremos los fundamentos de este procedimiento, exposición ya hecha por el Ministerio de Hacienda en el Fórum de Inversiones.

Hacienda llega a la conclusión de que todo el embrollo existente actualmente en cuanto al control de las inversiones, se debe a la concepción mercantil que la ampara. Todavía pensamos en el banco como representante de los monopolios, su cancerbero, vigilando el tipo y la efectividad de la inversión.

En un régimen de presupuesto, con los controles funcionando adecuadamente, el banco no tiene por qué tener participación en la decisión de la inversión, que es una tarea económico-política (JUCEPLAN [Junta Central de Planificación]). En el control físico de la inversión el banco no debe participar —esto obligaría a crear un aparato enorme y sin sentido— y sí el organismo inversionista directamente interesado, en tanto que el control financiero lo puede llevar Hacienda, que es responsable del presupuesto estatal, único lugar donde se debe recoger el plus-producto para darle la utilización adecuada. El banco debiera ocuparse, en buena ley, de cuidar del cumplimiento de la metodología de la extracción de fondos, que es su función específica.[28]

Como ya planteamos en páginas precedentes, para el Sistema Presupuestario de Financiamiento las empresas estatales forman parte de la única gran empresa que es el Estado, a diferencia del sistema de autogestión financiera, en que toda unidad productiva constituye una empresa. El Sistema Presupuestario fundamenta su parecer desde dos ángulos, el técnico-económico y el ideológico. "Una empresa es un conglomerado de fábricas o unidades que tienen una base tecnológica parecida, un destino común para su producción o, en algún caso, una localización geográfica limitada."[29] Desde el ángulo ideológico, la

---

[27] Che se refiere al artículo "Sobre el método de análisis de los sistemas de financiamiento", en revista *Cuba Socialista,* No. 35, La Habana, julio de 1964.
[28] Guevara: "La banca, el crédito y el socialismo", *Escritos y discursos,* ed. cit., tomo 8, p. 46.
[29] Guevara: "Planificación y conciencia en la transición al socialismo: Sobre el Sistema Presupuestario de Financiamiento", *El socialismo y el hombre en Cuba,* ed. cit., p. 85.

fundamentación está dada a lo largo de las páginas anteriores. En el sistema de autogestión financiera, las relaciones entre empresas son muy similares a las existentes en el régimen capitalista: toda transferencia de productos entre empresas estatales se realiza bajo el mecanismo de la compraventa, de modo que los productos de una empresa estatal poseen las propiedades características de una *mercancía*.

La diferencia antes apuntada es imprescindible para comprender el modo en que cada sistema concibe el financiamiento de las empresas. Che afirmaba:

> Nosotros consideramos que el sistema de crédito bancario y la compra-venta mercantil dentro de la esfera estatal, cuando se usa el Sistema de Financiamiento Presupuestario, son innecesarios.
>
> Para comprender la diferencia entre ambos sistemas [...] es necesario tener en cuenta que todas estas categorías surgen como consecuencia de la consideración individualizada de patrimonios independientes y sólo conservan su forma a manera de instrumento para poder controlar la economía nacional, ya que la propiedad de hecho es de todo el pueblo. Esta ficción que llega a dominar la mente de los hombres [...] se elimina con la aplicación del Sistema de Financiamiento Presupuestario.[30]

---

[30] A continuación Che reproduce unos fragmentos de un trabajo de Luis Álvarez Rom:

> En este sistema [presupuestario de financiamiento] el principio del rendimiento comercial dentro de la esfera estatal, es estrictamente formal y dominado por el plan, solamente a los efectos del cálculo económico, la contabilidad, el control financiero, etc.; pero nunca llegará a predominar en forma fetichista sobre el contenido social de la producción, ya que como la empresa no tiene patrimonio contrapuesto al estado, no retiene, ni acumula, por lo tanto, en fondos propios, el resultado de su producción ni la reposición de sus costos. En el sistema presupuestario, la compra-venta mercantil sólo tiene lugar allí donde el estado vende (sin comillas) a otras formas de propiedad; y en la realización de este acto de cambio mercantil de carácter esencial, la empresa traslada al presupuesto nacional, a través del cobro y depósito del precio de la mercancía vendida, la totalidad de los costos y acumulaciones internas que han tenido lugar desde el primero hasta el último acto de producción y comercialización. De esta manera, si alguno de los actos formales intermedios de "pago y cobro", que no son más que compensaciones contables sin efecto económico, no llegaran a complementarse por falta de organización o negligencia, etcétera, el fondo de acumulación nacional no sería perjudicado si el último acto de cambio, que es el único de contenido esencialmente económico, se realiza. Este sistema debilita el concep-

El financiamiento a una empresa se realiza, por un lado, para compensar, a los efectos de la contabilidad y control social, a otra empresa por el trabajo materializado; y por otro lado, para retribuir el trabajo vivo agregado en cada proceso de la producción social. Si el primero de estos actos es formal y sin contenido económico, ya que es compensatorio; y si el segundo es la entrega del salario al trabajador, que se realiza después de haber sido empleada su fuerza de trabajo en la producción de valor de uso, ¿cuál es la conclusión que se deriva de estas premisas? Que es el trabajador el que efectivamente da crédito.[31]

Partiendo de los presupuestos dados en los acápites anteriores, Che hace su incursión en los mecanismos de formación de los precios. Le resulta de inmediato evidente que los mecanismos de control de mercado, al estipular los precios, buscan la coincidencia entre la oferta y la demanda en cada unidad o mercancía, dejando incluso un margen de utilidad para la empresa. De hecho, el plan se supedita, en esta concepción, a la ley del valor y no a la inversa. El mercado, por lo tanto, sigue operando, con la "incomodidad" propia de un capitalismo concurrencial que fuese víctima de la intromisión estatal en su gestión administrativa.

En un sistema centralizado se podrían plantear otras soluciones:

A. Evitar los desequilibrios económicos mediante cálculos matemáticos precisos que estudien los datos de producción y las fluctuaciones en la demanda, así como la situación de la circulación monetaria y el poder adquisitivo. Con esos datos se procedería a una *política de precios* que entonces se establecería con criterios político-sociales y cuya resultante final mantendría, al mismo tiempo, la racionalidad económica.

B. Sustituir el sistema de impuesto de circulación sobre las mercancías (estipulado en las economías que se rigen por la autogestión financiera) por una escala salarial o descuento que man-

---

to de patrimonio de grupos individualizados en fábricas del estado, lo cual es objetivamente beneficioso al desarrollo filosófico del marxismo-leninismo. Hace innecesario el impuesto y el préstamo con interés, ya que la empresa no retiene ni acumula en fondos propios, eliminando, desde ahora, en su fondo y en su forma, categorías que en el desarrollo del proceso comenzarán a luchar entre sí.

[31] Guevara: "La banca, el crédito y el socialismo", *Escritos y discursos*, ed. cit., tomo 8, pp. 53-55.

tuviera el equilibrio requerido desde una perspectiva global. Dicha escala puede establecerse gracias al análisis preciso del monto total del fondo salarial, el circulante y valor global de la producción (entendido aquí como suma total de precios).
Refiriéndose a esto Che manifestó:

> El *impuesto de circulación* es una ficción contable mediante la cual se mantienen determinados niveles de rentabilidad a las empresas, encareciendo el producto para el consumidor, de tal manera que se nivela la oferta de artículos con el fondo de la demanda solvente; creemos que es una imposición del sistema pero no una necesidad absoluta y trabajamos sobre fórmulas que contemplen todos estos aspectos.[32]

C. Lograr la estabilización global del fondo mercantil y la demanda solvente mediante directivas de los organismos encargados de la regulación del comercio interior. Es preciso anotar que en la referida estabilización, el hecho de que una serie de mercancías imprescindibles para la vida del hombre se entreguen a precios por debajo de su costo no atenta contra la economía del país, si al fijar los precios de otra serie de artículos no vitales lo hacemos elevando estos, por encima de su valor. El precio individual en el socialismo puede alejarse del valor tanto como se considere necesario. *Lo fundamental son las proporciones globales.*

D. Completar el sistema con estudios sociológicos que detecten qué tipos de productos son necesarios y en qué cantidades; los datos provenientes de la base serían procesados centralmente junto con los otros: capacidades productivas, costos, plan de distribución de la renta nacional, etcétera, y todo luego sería integrado en el plan. Los mecanismos de partido, sindicato, etcétera, servirían antes y después para viabilizar las inquietudes, polémicas o sugerencias de corrección al plan, entre el Gobierno y la masa.

E. Asumir que el Sistema Presupuestario de Financiamiento rechaza la utilización de la compulsión financiera como principio directriz en la implantación de los mecanismos de control que los organismos directores y supervisores de la economía han de usar

---

[32] Guevara: "Planificación y conciencia en la transición al socialismo: Sobre el Sistema Presupuestario de Financiamiento", *El socialismo y el hombre en Cuba*, ed. cit., pp. 99-100. El subrayado es de Che.

en su gestión. El Sistema Presupuestario establece una compulsión de tipo administrativo y enfoca los esfuerzos de los organismos en la planificación y en el desarrollo tecnológico, propugnando este desarrollo como la vía para la optimización del aparato productivo y estatal.

Lo antes expuesto posee una estrecha relación con el proceso de formación de los precios. El Sistema Presupuestario de Financiamiento no tiene entre sus métodos el estímulo de la producción mediante el precio, lo cual sí haría una economía de mercado.

F. Situar precios diferenciales a los productos de la tierra, porque el costo es muy diferente de acuerdo con el rendimiento del suelo. Esto evitaría la diferenciación de las colectividades agrícolas en ricas y pobres. La aplicación de los principios enunciados en el punto C coadyuvaría a la obtención de éxitos notables en esta esfera económica.

> Se olvidan de dos cosas: primero, la técnica es fundamental. Segundo, en los productos de la tierra debe de haber precios diferenciales, porque el costo es muy diferente de acuerdo con la productividad de la tierra. El hecho de que existan koljoses ricos y pobres se debe fundamentalmente a este hecho. Si se hubiera creado un método diferente al del estímulo de la producción mediante el precio se hubieran logrado éxitos notables hace mucho tiempo.[33]

También sería bueno apuntar la necesidad no solamente de estudiar los fenómenos de oferta y demanda, sino de controlar y dirigir la demanda hacia objetivos acordes a la racionalidad social. Los economistas que defienden la utilización del mercado como la única vía para resolver en forma automática las millares de ecuaciones que implican las "opciones" individuales del consumidor olvidan que las teorías sobre la "autonomía del consumidor", del consumidor como dictador de la producción, han perdido toda respetabilidad aun dentro de la teoría económica burguesa. Es archisabido que las apetencias y tendencias de consumo se *crean* y *dirigen* a través de la publicidad.

En una sociedad socialista el comportamiento del consumidor puede y debe ser también controlado y manejado para evitar que surjan con-

---

[33] Guevara: "Notas al *Manual de economía política* de la Academia de Ciencias de la URSS" [inédito].

tradicciones entre este y los principios y fines de la sociedad en su conjunto. Al igual que la sociedad reprime, en aras de la convivencia, toda una serie de instintos humanos naturales, también debe controlar los hábitos de consumo. Una sociedad que se deje orientar por las espontáneas apetencias de consumo restringe sistemáticamente sus recursos, que de ese modo tienen que ser desviados de sus funciones principales para dedicarse a la satisfacción de necesidades que se reproducen y multiplican a cada instante.

Sentado, pues, que de lo que se trata es de establecer el equilibrio global de la oferta y la demanda mediante la fijación de precios por el plan, establecidos con criterios político-sociales, queda aún un grave problema por resolver: ¿cuál sería la base de formación de precios *reales* a los efectos de análisis económicos?

Che buscaba una primera solución:

> Entre los múltiples problemas planteados a la economía socialista en la práctica de la planificación, surge el análisis de la gestión de las empresas, considerando las nuevas situaciones creadas por el desarrollo de la Revolución socialista.
>
> La base por la cual se rige el mercado capitalista es la ley del valor y ésta se expresa directamente en el mercado. No se puede pensar en el análisis de la ley del valor extraída de su medio natural que es aquél; de otra forma, puede decirse que la expresión propia de la ley del valor es el mercado capitalista. Durante el proceso de construcción de la sociedad socialista, muchas de las relaciones de producción van cambiando a medida que cambia el dueño de los medios de producción y el mercado deja de tener las características de libre concurrencia (aún considerando la acción de los monopolios) y adquiere otras nuevas, ya limitado por la influencia del sector socialista que actúa en forma consciente sobre el fondo mercantil.
>
> En el caso nuestro, frente a la carencia de mercancías se hubiera producido inmediatamente un proceso de aumento de los precios en el mercado y se hubiera nivelado nuevamente la relación de oferta-demanda. Pero establecimos rígidas congelaciones de precios, manteniendo un sistema de racionamiento en el cual el valor real de las mercancías no se puede expresar a través del mercado, el que tiene ahora distintas características. Aunque el racionamiento es una situación transitoria, con el correr de los años, la econo-

mía planificada dentro de los límites de un país, va separando sus propias realidades de las realidades del mundo exterior.

En el intrincado proceso de producción y distribución de los productos, intervienen materias primas y gastos de todo tipo, que van determinando un precio. Cuando todos los productos actúan de acuerdo con precios que tienen una cierta relación interna entre sí, distinta a la relación de esos productos en el mercado capitalista, se va creando una nueva relación de precios que no tiene parangón con la mundial.

¿Cómo hacer para que los precios coincidan con el valor? ¿Cómo manejar conscientemente el conocimiento de la ley del valor para lograr el equilibrio del fondo mercantil por una parte, y el reflejo fiel en los precios por otra? Este es uno de los problemas más serios planteados a la economía socialista. [...]

Insistimos en el análisis del costo, pues parte de nuestra concepción está referida a la no necesaria coincidencia o relación íntima entre el costo de producción y el precio del sector socialista. (Para Cuba, país de poco desarrollo, de grandes intercambios comerciales externos, las relaciones con el resto del mundo son fundamentales.)

Por ello planteamos que no debe desligarse de ninguna manera la estructura general de los precios internos y la de los precios del mercado externo; bien entendido que estos precios se refieren solamente a la esfera socialista, donde cumplen las funciones fundamentales de dinero aritmético, es decir, de forma de medición.

Frente a esto, se objeta las innumerables dificultades provocadas por la distorsión ya existente con respecto a los precios externos y avances tecnológicos, distorsiones temporales o la acción de los monopolios sobre los mercados, que hacen variar diariamente los precios del mercado internacional. Nosotros, aun cuando no hemos llegado todavía al análisis completo de este problema, consideramos que podría obviarse, estableciendo un sistema general que contemplará una cierta medida histórica de los precios del mercado mundial capitalista, con las correcciones que puedan introducirse por la acción de los precios del mercado socialista (por otra parte muy cercanos en la actualidad, en cuanto al mercado externo, con el mercado capitalista) y un factor de aumento por los fletes a pagar desde el origen hasta nuestro país. Los precios así fijados funcionarían, durante ciertos periodos, sin alteraciones.

Si se tomaran los precios de los artículos fundamentales de la economía y, basados en ellos, por cálculos aproximativos se establecieran los demás, se llegaría a un nivel histórico ponderado de los precios del mercado mundial que permitiría medir automáticamente la eficiencia relativa de todas las ramas de la economía en el mercado mundial.

Se observa también que la estructura de los precios de los productos dará una imagen deformada de la productividad nacional, ya que mide sólo la eficiencia media mundial y se provocarían peligrosas tendencias de consumo, basadas en los precios tentadores de productos cuyo trabajo invertido en él es muy superior a lo que denota la comparación mundial.

Esta objeción tiene validez y habría que buscar algunos números índices con que designar los productos de acuerdo con su rentabilidad, para la planificación correcta. Como este sistema está basado en un control central de la economía y una mayor centralización de decisiones, la rentabilidad relativa sería sólo un índice, ya que, lo que realmente interesa, es la rentabilidad general del aparato productivo. Este se mediría, si fuera posible —y como aspiración permanente— en términos de valor mundial; si no, inexcusablemente, en cuanto al nivel de precios a la población.

Esto no quiere decir, ni remotamente, que ya tendremos asegurado un criterio para las nuevas inversiones y que de acuerdo con los costos de nuestras industrias y los posibles costos de las nuevas inversiones, se decidiera de acuerdo con nuestras posibilidades de acumulación, automáticamente, las líneas a establecer. Precisamente no sería así porque la ley del valor se expresa relativamente pura en el mercado mundial y en nuestro medio interno estará muy influida por la incidencia del sector socialista y el trabajo socialmente necesario, a nivel local, para producir determinados artículos, sin contar con que es posible que nos interese desarrollar mucho más algún tipo de producto que no sea el más rentable, pero sí, estratégicamente, más considerado o, simplemente, más beneficioso para la población.

No hay que olvidar, una vez más lo recalcamos, que existirá un precio a la población que puede estar relativamente divorciado del precio interno de contabilidad de las empresas que se rijan por este sistema. Con este esquema tendríamos inmediatamente el espejo donde se reflejara toda la marcha de la economía en un momento dado. En este tipo de organización, no necesariamente del total del país, pero sí de algunas ramas de la industria, podríamos aplicar un sistema cada vez más perfeccionado de análisis económico.

El costo sería el que realmente daría el índice de la gestión de la empresa; no importa que éstos fueran mayores o menores que el nivel de los precios del sector socialista o, incluso, en determinados casos aislados, a los que se vendiera el producto al pueblo, *ya que lo que interesa es el análisis continuado de la gestión de la empresa, a través de un determinado tiempo, medido por su éxito en rebajar los costos.* En el precio se reflejaría, en este caso, el análisis automático de la rentabilidad en relación con los precios mundiales. Para ello hay que trabajar más seriamente en estos problemas que todavía son tratados en forma esquemática y sin un profundo análisis.[34]

Usamos esta extensa cita para poner en evidencia, una vez más, que el Sistema Presupuestario de Financiamiento no es sinónimo de despilfarro, descontrol o bancarrota económica y que los recursos los puede controlar tan bien como la autogestión.

Diez meses después de haber publicado el artículo arriba citado, reafirmaría su concepción sobre la formación de los precios en su ensayo "Planificación y conciencia en la transición al socialismo: Sobre el Sistema Presupuestario de Financiamiento":

En la teoría de la formación de los precios tenemos también divergencias profundas. En la autogestión se forman los precios "atendiendo a la ley del valor", pero no se explica (hasta donde nuestros conocimientos alcanzan) cuál expresión de la ley del valor se toma. Se parte del trabajo socialmente necesario para producir un artículo dado pero se ha descuidado el hecho de que el trabajo socialmente necesario es un concepto económico-histórico y, por lo tanto, cambiante, no sólo a nivel local (o nacional) sino en tér-

---

[34] Guevara: "Consideraciones sobre los costos de producción como base para el análisis económico en las empresas sujetas al sistema presupuestario", *Escritos y discursos*, ed. cit., tomo 7, pp. 97-98, 100-02. El subrayado es del autor.

minos mundiales; los continuos avances en la tecnología, consecuencia en el mundo capitalista de la competencia, disminuyen el gasto de trabajo necesario, y, por tanto, el valor del producto. Una sociedad cerrada puede ignorar los cambios durante determinado tiempo, pero siempre habría que volver a estas relaciones internacionales para cotejar su valor. Si una sociedad dada los ignora durante un lapso largo, sin desarrollar fórmulas nuevas y exactas en su reemplazo, creará interconexiones internas que configuren su propio esquema del valor, congruente en sí mismo, pero contradictorio con las tendencias de la técnica más desarrollada (el ejemplo del acero y el plástico), esto puede provocar atrasos relativos de alguna importancia y, en todo caso, distorsiones a la ley del valor en escala internacional que hagan incomparables las economías...

Consideramos que es necesaria una estabilización global del fondo mercantil y la demanda solvente: el Ministerio de Comercio Interior [MINCIN] se encargaría de nivelar la capacidad de compra de la población con los precios de las mercancías ofrecidas, considerando siempre que toda una serie de artículos de carácter fundamental para la vida del hombre deben ofrecerse a precios bajos, aunque en otros menos importantes, se cargue la mano con manifiesto desconocimiento de la ley del valor en cada caso concreto.

Aquí surge un gran problema, ¿cuál será la base de formación de precios reales que adopte la economía para el análisis de las relaciones de producción? Podría ser el análisis del trabajo necesario en términos cubanos. Esto traería aparejado distorsiones inmediatas y la pérdida de visión de los problemas mundiales por las necesarias interrelaciones automáticas que se crearían. Podría tomarse, en contrario, el precio mundial; esto acarrearía la pérdida de visión de los problemas nacionales, ya que nuestro trabajo no tiene productividad aceptable en términos mundiales en casi ninguna rama.

Proponemos, como primera aproximación al problema, que se considere la creación de índices de precios basados en lo siguiente:

Todas las materias primas de importación tendrán un precio fijo, estable, basado en una media del mercado internacional más unos puntos por el costo de transporte y del aparato de comercio exterior. Todas las materias primas cubanas tendrían el precio de su costo de producción real en términos monetarios. A ambos se les agregarían los gastos de trabajo planificados más el desgaste de los medios básicos para elaborarlas y ese sería el precio de los productos entregados entre empresas y al comercio interior, pero constantemente estarían afectados por índices que reflejaran el precio de esa mercancía en el mercado mundial más los costos de transporte y de comercio exterior. Las empresas que operan por el régimen de financiamiento presupuestario trabajarían sobre la base de sus costos planificados y no tendrían beneficios; todos los lograría el MINCIN (naturalmente, esto se refiere a aquella parte del producto social que se realiza como mercancía, es lo fundamental como fondo de consumo); los índices nos dirían continuamente (al aparato central y la empresa) cuál es nuestra real efectividad y evitaría tomar decisiones equivocadas. La población no sufriría nada con todos estos cambios, ya que los precios por la mercancía que compra están fijados independientemente, atendiendo a la demanda y la necesidad vital de cada producto.

Por ejemplo, para calcular el monto de una inversión, haríamos el cálculo de materias primas y equipos directamente importados, el gasto de los equipos de construcción y montaje, el costo de los salarios planificados, atendiendo a las posibilidades reales y un cierto margen para el costo del aparato constructor. Esto podría darnos, al finalizar la inversión, tres cifras: una, el costo real en dinero de la obra; otra, lo que debía costar la obra según nuestra planificación; la tercera, lo que debería costar en términos de productividad mundial. La diferencia entre la primera y la segunda se cargaría a la ineficiencia del aparato constructor; la diferencia entre la segunda y la tercera sería el índice, en el sector de que se trate, de nuestro atraso.

Esto nos permite tomar decisiones fundamentales sobre el empleo alternativo de materiales tales como el cemento, el hierro, los plásticos; los techos de fibrocemento, aluminio o zinc; las tuberías de hierro, plomo o cobre; el uso de ventanas de madera, hierro o aluminio, etcétera.

Todas las decisiones pueden apartarse del óptimo matemático atendiendo a razones políticas, de comercio exterior, etcétera, pero siempre tendríamos el espejo de los sucesos reales en el mundo frente a nuestro trabajo. Los precios nunca estarán separados de su imagen mundial, que será cambiante en determinados años, de acuerdo con los adelantos de la tecnología y donde cada vez tendrán mayor preeminencia el mercado socialista y la división internacional del trabajo, luego de lograr un sistema socialista mundial de precios más lógico que el usado actualmente.

Podríamos seguir abundando en este interesantísimo tema, pero es preferible dejar aquí esbozadas algunas ideas primarias y aclarar que todo esto necesita una elaboración posterior.[35]

Otra de los grandes lagunas que existe en el conocimiento de la práctica y de la elaboración teórica realizadas por Che, es su estilo y método sistemático de autocrítica y de búsqueda de la verdad. Han creado un Che idealista alejado de la realidad, ingenuo, desconocedor de la naturaleza humana y de las realidades económicas que vivía en el primer quinquenio de la Revolución de 1959.

A continuación transcribo algunos pasajes que nos permitirán arribar a un conocimiento más objetivo, imparcial, del quehacer práctico y teórico de Ernesto Che Guevara de la Serna:

> Sobre la Disciplina Financiera: Medidas a adoptar cuando se produzcan violaciones de las mismas. Yo quería hacer una última advertencia. Al principio de año les avisé de las consecuencias que puede tener la indisciplina, sobre todo en un aspecto fundamental que es los ajustes de inventarios. Se los dije que íbamos a tomar medidas drásticas y que esto es una advertencia seria que se sabía. Y todos los contadores saben que esto es una cosa que no se puede hacer. Sistemáticamente, semana a semana en la Circular 90 tenemos que analizar un ajuste de inventario, incumpliendo las reglamentaciones. Esto provoca ahí, verdaderamente la oportunidad máxima del robo individual. Es más peligrosa que todas las otras; las otras son indisciplinas organizativas que hay que corregir, que son muy malas pero que en definitiva provocan una debilidad en la gestión de la empresa y no va más allá. Los ajustes de inventarios en la forma que se están haciendo provocan la posibilidad del robo directo, cosa que no está excluida por ningún decreto. Las posibilidades del robo existen y existirán durante mucho tiempo en el socialismo hasta que ya haya cambiado la menta-

---

[35] Guevara: "Planificación y conciencia en la transición al socialismo: Sobre el Sistema Presupuestario de Financiamiento", *El socialismo y el hombre en Cuba*, ed. cit., pp. 99, 100-02.

lidad de la gente. Los controles en los almacenes son deficientes y los sistemas que tienen para hacer ajustes son muy elementales, cosa que no la voy a admitir. (...) Han pasado casi ocho meses o quizás más, de aquella advertencia y los directores de empresas siguen permitiendo (semana a semana lo vemos) que hagan los ajustes de inventarios. No sé si es un desconocimiento completo de las reglas elementales de la contabilidad, o si es un conformismo de los directores, pero sí sé que se produce y es grave. (...) pero a mí me da la impresión de que estamos por lo menos empezando una de esas etapas de estancamiento que suceden en el Ministerio [de Industrias] cada cierto tiempo donde empiezan las cosas, es decir, no se ve avance. Después de un salto de calidad tan grande como hemos dado, en general, eso se nota claramente. A mí me da la impresión que hemos agotado en cierta medida nuestra capacidad de dirección con la organización actual y también la capacidad de movilización propia de las empresas, y que estamos entrando a este quietismo que ha caracterizado al Ministerio durante cierta etapa y que lo hemos detectado más o menos rápidamente y hemos salido a tomar medidas.[36]

Che Guevara vincula esta realidad descrita en las páginas y capítulos precedentes, a la solución que los países socialistas daban a sus problemas económicos, sociales y políticos prácticos, y las vinculaba con el futuro próximo por el tipo de soluciones que estaban tomando en los años sesenta. Veamos:

Quería decirles que yo estaba leyendo algunas cosas de los análisis que estaban ocurriendo ahora en el campo socialista por los problemas que han tenido y precisamente estaba leyendo la Resolución del Pleno del XIV Congreso del Partido Polaco, una síntesis hecha por el pleno del Partido, por el Presidium; además algunas intervenciones de compañeros del Buró Político donde se plantean todos los mismos problemas que a nosotros nos achacan como debilidad del Sistema [se refiere al Sistema Presupuestario de Financiamiento]. En Polonia, donde nadie puede sospechar que haya otra cosa que el llamado cálculo económico, los problemas de las inversiones, los problemas de los costos, la gente que ingresa, los trabajadores ingresan —hasta ellos estaban hablando—, in-

---

[36] Guevara: "Reuniones bimestrales, 12 de septiembre de 1964", *El Che en la revolución cubana*, ed. cit., tomo VI, pp. 539-40.

gresan de bomberos de las fábricas y de cuidadores de puertas de la fábrica; los trabajadores administrativos que aumentan, el poco análisis de los costos que hacen las fábricas, como se preocupan de aumentar la producción sin cuidarse de surtir y como los productos en la distribución quedan sin distribuir; toda una serie de problemas que se nos achacan a nosotros como característica del Sistema de Financiamiento Presupuestario, están ahí escritos, uno por uno, por los polacos; después nosotros los vamos a publicar, no en el próximo número de *Nuestra Industria Económica* [sic], pero probablemente en el otro, porque es interesante ver como los argumentos están rebatidos exactamente por gente de la autoridad del Partido Polaco. Es decir, que los problemas que se plantean y las debilidades que tiene nuestro Sistema, la debilidad que tenemos nosotros, que no son debilidades de un sistema financiero sino son debilidades de una economía que ha cambiado su composición, su característica y que todavía considero que en todo el mundo socialista no se ha encontrado exactamente los estudios necesarios para cambiarlos por la mecánica capitalista y el funcionamiento de la Ley del Valor. La solución que se le piensa dar a estos problemas en Polonia es el libre fuero de la Ley del Valor, es decir la vuelta al capitalismo; esta solución se había aplicado en Polonia en el campo donde se descolectivizó la agricultura; entonces este año la agricultura polaca debido a las sequías y todas las calamidades naturales está peor que antes, ha tenido problemas más serios, es decir que ese camino, el camino a donde conduce en definitiva el cálculo económico cuando llega desde el punto de vista filosófico, cuando llega como debe llegar a un callejón sin salida conduce por la lógica de los hechos a tratar de resolverlo por el mismo sistema, aumentar el estímulo material, la dedicación de la gente específicamente a su interés material y por ahí al libre fuero de la Ley del Valor y por ahí al resurgimiento en cierta manera de categorías ya estrictamente capitalistas; cosa que ha sucedido hace tiempo y que ahora Polonia lo está probando y que creo que también van a probarlo otros países socialistas.[37]

Veamos en el próximo capítulo las consecuencias de este rumbo en las relaciones internacionales.

---

[37] Guevara: "Reuniones bimestrales, 11 de julio de 1964", *El Che en la revolución cubana*, ed. cit., tomo VI, pp. 504-506.

Capítulo 7

El intercambio desigual

El Comandante en Jefe Fidel Castro, en una gira por los países socialistas, expresó un principio de vital importancia para la Revolución:

> nosotros pensamos en nuestros deberes con el resto del mundo. En la medida en que tengamos un pueblo fuertemente educado en las ideas internacionalistas, en la solidaridad, con plena conciencia de los problemas del mundo de hoy, tendremos un pueblo más preparado para cumplir su deber internacional.
>
> No se puede hablar de la solidaridad en el seno del pueblo si no se crea al mismo tiempo la solidaridad entre todos los pueblos. De lo contrario, se cae en el egoísmo nacional.
>
> ¿Qué enseñó la burguesía a los pueblos? El nacionalismo egoísta y estrecho. ¿Qué le enseñó al individuo? El egoísmo individual.
>
> La ideología burguesa es la expresión de los egoísmos individuales y de los egoísmos nacionales. La ideología marxista-leninista es la expresión de la solidaridad entre los individuos y la solidaridad entre los pueblos.[1]

En los escritos y discursos de los dirigentes de la Revolución se sugieren las bases teórico-administrativas para restringir los efectos

---

[1] "Discurso pronunciado en el acto de masas en Katowice, Polonia, 7 de junio de 1972", publicado en la colección de discursos de Fidel Castro, *El futuro es el internacionalismo*, La Habana, Instituto Cubano del Libro, 1972, p. 237; y en *Resumen Semanal Granma*, 18 de junio de 1972.

negativos de la ley del valor en las relaciones comerciales internacionales con respecto a los países subdesarrollados *revolucionarios*. Este esfuerzo requiere una efectiva división internacional del trabajo, conjuntamente con el desarrollo de un mercado socialista: un mercado con una concepción diferente al mercado capitalista mundial. Che explicaba:

> reconocemos la necesidad de que este comercio [*dentro* del campo socialista] pase ya a formas más elevadas en los países de la nueva sociedad, impidiendo que se ahonden las diferencias entre los países desarrollados y los más atrasados por la acción del intercambio. Vale decir, es necesario hallar fórmulas de comercio que permitan el financiamiento de las inversiones industriales en los países en desarrollo, aunque esto contravenga los sistemas de precios existentes en el mercado mundial capitalista, lo que permitirá el avance más parejo de todo el campo socialista, con las naturales consecuencias de limar asperezas y cohesionar el espíritu del internacionalismo proletario (el reciente acuerdo entre Cuba y la URSS es una muestra de los pasos que se pueden dar en este sentido).[2]

Las ideas de Che sobre el intercambio desigual se encuentran contenidas, fundamentalmente, en el discurso que pronunciara en la Conferencia Mundial de Comercio y Desarrollo, en Ginebra, el 25 de marzo de 1964, y en su intervención en el Segundo Seminario Económico de Solidaridad Afroasiático, en Argel, el 24 de febrero de 1965. También en sus escritos posteriores a abril de 1965, cuando parte de Cuba. Creemos que el mejor modo de transmitir al lector las ideas de Che al respecto sea transcribir fragmentos medulares de los discursos y escritos referidos:

> De todo esto debe extraerse una conclusión: el desarrollo de los países que empiezan ahora el camino de la liberación debe costar a los países socialistas. Lo decimos así, sin el menor ánimo de chantaje o de espectacularidad, ni para la búsqueda fácil de una aproximación mayor al conjunto de los pueblos afroasiáticos; es una convicción profunda. No puede existir socialismo si en las conciencias no se opera un cambio que provoque una nueva acti-

---

[2] Guevara: "Planificación y conciencia en la transición al socialismo: Sobre el Sistema Presupuestario de Financiamiento", *El socialismo y el hombre en Cuba*, Nueva York, Pathfinder, 1992, p. 98.

tud fraternal frente a la humanidad, tanto de índole individual, en la sociedad en que se construye o está construido el socialismo, como de índole mundial en relación con todos los pueblos que sufren la opresión imperialista.

Creemos que con este espíritu debe afrontarse la responsabilidad de ayuda a los países dependientes y que no debe hablarse más de desarrollar un comercio de beneficio mutuo basado en los precios que la ley del valor y las relaciones internacionales del intercambio desigual, producto de la ley del valor, oponen a los países atrasados.

¿Cómo puede significar "beneficio mutuo", vender a precios de mercado mundial las materias primas que cuestan sudor y sufrimientos sin límites a los países atrasados y comprar a precios de mercado mundial las máquinas producidas en las grandes fábricas automatizadas del presente?

Si establecemos ese tipo de relación entre los dos grupos de naciones, debemos convenir en que los países socialistas son, en cierta manera, cómplices de la explotación imperial. Se puede argüir que el monto del intercambio con los países subdesarrollados, constituye una parte insignificante del comercio exterior de estos países. Es una gran verdad, pero no elimina el carácter inmoral del cambio.

Los países socialistas tienen el deber moral de liquidar su complicidad tácita con los países explotadores del Occidente.[3]

Más de una interpretación distorsionada ha surgido en torno a los planteamientos de Che arriba expuestos. Una de ellas tiende a ver en aquellos una proposición de ayuda indiscriminada a las naciones subdesarrolladas, y por ello se plantea refutarlos, demostrando con hechos que muchos países subdesarrollados a los cuales el campo socialista les ha facilitado créditos con un bajo o ningún interés y les ha cedido recursos para el desarrollo, han utilizado dichas relaciones y ayuda para presionar y chantajear al imperialismo y obtener innúmeras prebendas de este. En relación con esto, es necesario subrayar que la lectura

---

[3] Guevara: "Discurso en el Segundo Seminario Económico de Solidaridad Afroasiática", 24 de febrero de 1965, *Escritos y discursos*, La Habana, Editorial de Ciencias Sociales, 1985, tomo 9, pp. 343-44. El seminario se celebró en Argel.

cuidadosa de sus palabras indica claramente que Che, en el discurso de Argel, condicionaba la política que propugnaba para el campo socialista y los países subdesarrollados revolucionarios a los siguientes requisitos:

> Cada vez que se libera un país, dijimos, es una derrota del sistema imperialista mundial, pero debemos convenir en que el desgajamiento no sucede por el mero hecho de proclamarse una independencia o lograrse una victoria por las armas en una revolución; sucede cuando el dominio económico imperialista cesa de ejercer sobre un pueblo. Por lo tanto, a los países socialistas les interesa como cosa vital que se produzcan efectivamente estos desgajamientos y es nuestro deber internacional, el deber fijado por la ideología que nos dirige, el contribuir con nuestros esfuerzos a que la liberación se haga lo más rápida y profundamente que sea posible. [...] *No hay otra definición del socialismo, válida para nosotros, que la abolición de la explotación del hombre por el hombre.* [...] Sin embargo, el conjunto de medidas propuestas no se puede realizar unilateralmente. El desarrollo de los subdesarrollados debe costar a los países socialistas, de acuerdo. Pero también deben ponerse en tensión las fuerzas de los países subdesarrollados *y tomar firmemente la ruta de la construcción de una sociedad nueva —póngasele el nombre que se le ponga— donde la máquina, instrumento de trabajo, no sea instrumento de explotación del hombre por el hombre. Tampoco se puede pretender la confianza de los países socialistas cuando se juega al balance entre capitalismo y socialismo,* y se trata de utilizar ambas fuerzas como elementos contrapuestos, para sacar de esa competencia determinadas ventajas. Una nueva política de absoluta seriedad debe regir las relaciones entre los dos grupos de sociedades. Es conveniente recalcar, una vez más, que *los medios de producción deben estar preferentemente en manos del estado,* para que vayan desapareciendo gradualmente los signos de la explotación.[4]

Otros economistas, obviando el análisis a fondo del problema, se creen en el deber de justificar la existencia del intercambio desigual entre países socialistas y países de orientación socialista declarando que los primeros no son los causantes de la presente situación, lo que incuestionablemente es cierto, pero no constituye, en cualquier caso,

---

[4] Ibídem, pp. 342-44, 347. El subrayado es del autor.

justificación válida para basar el comercio en las reglas del mercado capitalista. Al respecto aclara Che:

> Muchos países subdesarrollados, analizando sus males, llegan a una conclusión de bases aparentemente lógicas: expresan que si el deterioro de los términos del intercambio es una realidad objetiva y base de la mayoría de los problemas, debido a la deflación de los precios de las materias primas que exportan y al alza de los precios de los productos manufacturados que importan, todo esto en el ámbito del mercado mundial, al realizarse las relaciones comerciales con los países socialistas en base a los precios vigentes en estos mercados, estos se benefician con el estado de cosas existentes, ya que son, en general, exportadores de manufacturas e importadores de materias primas.
>
> Nosotros debemos contestar honesta y valientemente que esto es así; pero con la misma honestidad se debe reconocer que aquellos países no han provocado esa situación (apenas absorben el diez por ciento de las exportaciones de productos primarios de los países subdesarrollados al resto del mundo), y que, por circunstancias históricas, se han visto obligados a comerciar en las condiciones existentes en el mercado mundial, producto del dominio imperialista sobre la economía interna y los mercados externos de los países dependientes. No son estas las bases sobre las cuales los países socialistas establecen su comercio a largo plazo con los países subdesarrollados.
>
> [...]
>
> En muchas oportunidades los mismos países que reclaman un trato preferencial unilateral a los desarrollados sin exclusión, considerando, por tanto, en este campo a los países socialistas, ponen trabas de todo tipo al comercio directo con aquellos estados, existiendo el peligro de que se pretenda comerciar a través de subsidiarias nacionales de las potencias imperialistas que pudieran obtener así ganancias extraordinarias, por la vía de la presentación de un país dado como subdesarrollado con derecho a la obtención de preferencias unilaterales.[5]

---

[5] Guevara: "Discurso pronunciado en la Conferencia de Naciones Unidas sobre Comercio y Desarrollo", 25 de marzo de 1964, *Escritos y discursos*, ed. cit., tomo 9, pp. 266-67.

Pensamos que hay otra razón, además de las aportadas por los dirigentes de la Revolución, que demuestra la justeza de las tesis de la Revolución cubana, que corrobora la validez de sus planteamientos.

Carlos Marx en sus manuscritos que datan de 1857-1859, titulados posteriormente *Fundamentos de la crítica de la economía política (Grundrisse)* nos da a conocer la posibilidad de que dos países intercambien entre sí equivalentes y se llegue hasta el punto de que ambos obtengan ventajas en dicho comercio y que, no obstante, una nación "explote y robe constantemente a la otra":

> *Dos naciones pueden efectuar cambios entre sí según la ley de la ganancia, de manera que ambas se beneficien, aunque una explote y robe constantemente a la otra.*
>
> Del hecho que la ganancia puede mantenerse por debajo de la plusvalía, y por tanto el capital cambiarse con ganancia sin que se valorice en el sentido estricto de la palabra, se desprende que no solamente los capitalistas privados, sino naciones enteras, pueden constantemente efectuar cambios entre sí, e incluso repetir dichos cambios a un ritmo de expansión en constante crecimiento, sin que por ello obtengan ganancias en grados iguales.
>
> Una nación puede apropiarse constantemente una fracción del plustrabajo de la otra sin darle nada a cambio, excepto que la medida utilizada aquí no es la del cambio entre capitalistas y obreros.[6]

También, en la sección tercera del tomo III de *El capital*, titulada "Ley de la baja tendencial de la tasa de ganancia", Marx aborda de forma tangencial el problema que examinamos:

> Otra interrogante —que por su especialización se halla, en realidad, más allá de los límites de nuestra investigación— es la siguiente: ¿resulta acrecentada la tasa general de ganancia en virtud de la tasa de ganancia más elevada que obtiene el capital invertido en el comercio exterior, y especialmente en el comercio colonial?
>
> Los capitales invertidos en el comercio exterior pueden arrojar una tasa de ganancia superior porque, *en primer lugar, en este caso se compite con mercancías producidas por otros países con*

---

[6] Marx, traducido de *Grundrisse. Foundations of the Critique of Political Economy (Rough Draft)* [Grundrisse. Fundamentos de la crítica de la economía política (borrador)], Londres, Penguin Books, 1973, p. 872. El subrayado es de Marx.

menores facilidades de producción, de modo que el país más avanzado vende sus mercancías por encima de su valor, aunque más baratas que los países competidores. En la medida en que aquí el trabajo del país más adelantado se valoriza como trabajo de mayor peso específico, aumenta la tasa de ganancia al venderse como cualitativamente superior el trabajo que no ha sido pagado como tal. La misma relación puede tener lugar con respecto al país al cual se le envían mercancías y del cual se traen mercancías; a saber, que dicho país dé mayor cantidad de trabajo objetivado *in natura* [en especie] que el que recibe, y que de esa manera, no obstante, obtenga la mercancía más barata de lo que él mismo podría producirla. Es exactamente lo mismo que el fabricante que utiliza un nuevo invento antes de generalizarse, vendiendo más barato que sus competidores, no obstante lo cual *vende su mercancía por encima de su valor individual, es decir que valoriza como plustrabajo la fuerza productiva específicamente más elevada del trabajo que ha empleado. De esa manera, realiza una plusganancia.*[7]

La tesis de Che sobre el intercambio desigual alcanza su mayor grado de fundamentación teórica con los párrafos de Marx antes transcritos.

Che explicaba que los países socialistas más desarrollados pueden contribuir al desarrollo de los países dependientes y, no obstante, participar en mayor o en menor escala en la explotación de estos últimos, de mantenerse como norma el ejercicio del comercio exterior sobre la base de los mecanismos de mercado y la ley del valor. El país más atrasado saldría beneficiado del comercio con el país socialista desarrollado y, no obstante, parte de sus riquezas se traspasarían al país socialista sin retribución similar recíproca. Puede ocurrir "que dicho país [dependiente] dé mayor cantidad de trabajo objetivado *in natura* que el que recibe, y que de esa manera, no obstante, obtenga la mercancía más barata de lo que él mismo podría producirla". Intercambio de equivalentes, pero intercambio desigual. La solución, como apuntábamos anteriormente, Che la avizora con una transformación, una verdadera revolución en las relaciones internacionales entre los países socialistas desarrollados y los países subdesarrollados de orientación socialista. Y planteaba:

---

[7] Marx: *El capital*, México, Siglo XXI Editores, 1975-85, libro tercero, tomo VI, p. 304. El subrayado es del autor.

> Un gran cambio de concepción consistirá en cambiar el orden de las relaciones internacionales; no debe ser el comercio exterior el que fije la política sino, por el contrario, aquel debe estar subordinado a una política fraternal hacia los pueblos.[8]

Al mismo tiempo que la ley del valor no necesariamente debe regir las relaciones comerciales, tampoco debe regir las relaciones políticas entre los países socialistas y los países subdesarrollados de orientación socialista:

> No hay fronteras en esta lucha a muerte; no podemos permanecer indiferentes frente a lo que ocurre en cualquier parte del mundo; una victoria de cualquier país sobre el imperialismo es una victoria nuestra, así como la derrota de una nación cualquiera es una derrota para todos. El ejercicio del internacionalismo proletario es no sólo un deber de los pueblos que luchan por asegurar un futuro mejor; además, es una necesidad insoslayable.[9]

Es conocido el carácter desigual que ha caracterizado el desarrollo del sistema capitalista mundial. Con Lenin y con la Revolución de Octubre conocimos que la lucha contra el imperialismo y su destrucción no se decidirán en sus primeras etapas, al menos en una lucha final y frontal. Todo lo contrario. Se irán desgajando una serie de países del sistema capitalista mundial —como ha venido ocurriendo— que tomarán el único medio que tienen para construir su nuevo orden social, el comunismo. Es una obligación internacionalista del campo socialista —sin siquiera considerar todo lo que tiene de conveniente para su propia supervivencia— el acelerar ese proceso y ofrecer ayuda a todo país que realice una revolución anticapitalista, o al menos, que manifieste los síntomas de una revolución anticapitalista. La ayuda oportuna de la URSS a Cuba desde sus primeros enfrentamientos con EE.UU. coadyuvó a que nuestro pueblo resistiera el bloqueo impuesto por el imperialismo, a que no muriéramos por hambre, y contribuyó a la radicalización acelerada del proceso revolucionario cubano. Che, tanto en su trabajo titulado "Sobre el Sistema Presupuestario de Financiamiento", como en numerosos discursos como los pronunciados en

---

[8] Guevara: "Discurso en el Segundo Seminario Económico de Solidaridad Afroasiática", 24 de febrero de 1965, *Escritos y discursos*, ed. cit., tomo 9, p. 345. El subrayado es del autor.

[9] Ibídem, p. 342.

Argel, en Ginebra o en la ONU, exalta la oportuna y fundamental solidaridad que nuestro país recibió del campo socialista y especialmente de la URSS. El Comandante Fidel Castro en su viaje a Chile expresaba:

> Nuestras relaciones podemos llamarlas, con el campo socialista así, con la palabra buenas. Con la Unión Soviética, muy buenas. ¿Que hemos tenido contradicciones? Sí, en algunos momentos hemos tenido algunas contradicciones. Pero para nosotros está presente el hecho y la circunstancia de que en los momentos decisivos de nuestra revolución, en los momentos de vida o muerte de nuestro país, cuando nos quitaron toda la cuota azucarera, cuando nos quitaron todo el petróleo —y habrían condenado a nuestro pueblo a la muerte por hambre o al exterminio—, cuando preparaban invasiones contra nosotros, nosotros tuvimos el mercado soviético, los abastecimientos de combustibles de la Unión Soviética. [...]
>
> Nos enviaron todas las armas que nosotros necesitábamos. Y nos han apoyado políticamente. E invariablemente, indefectiblemente, a lo largo de todos estos años nos han dado una extraordinaria ayuda, con un incuestionable espíritu internacionalista. [...]
>
> Porque aparentemente lo que habían querido es que cuando el bloqueo yanqui, cuando nos quitaron el petróleo y cuando nos iban a invadir, nosotros no hubiéramos tenido nadie que nos ayudara. ¡Qué triste y qué doloroso y qué duro habría sido para los millones de cubanos que esas circunstancias se hubieran presentado! Y ocurrió precisamente la ayuda, la solidaridad. Eso es lo que tanto irrita a los reaccionarios, porque descubrieron que por primera vez en el mundo había la posibilidad de que un pequeño país resistiera, había la posibilidad de que un pequeño país en este continente se pudiera mantener frente a todas esas fechorías y todas esas agresiones.[10]

Che proponía, en suma, que la nueva ética enunciada por Marx y Engels debía estructurarse de forma permanente entre los países socialistas desarrollados o más desarrollados y los países subdesarrollados

---

[10] De la conferencia de prensa ofrecida por Fidel Castro a periodistas durante su visita a Chile, 3 de diciembre de 1971, *Cuba-Chile: Encuentro simbólico de dos procesos históricos*, La Habana, Ediciones Políticas, Comisión de Orientación Revolucionaria del Comité Central del Partido Comunista de Cuba, 1972, pp. 507-08.

de orientación socialista que hayan emprendido la construcción de un nuevo orden social. Así, Che citaba en Argel, como ejemplo y valioso antecedente para una nueva normación de los precios, el caso de Cuba con algunos países socialistas:

> Tenemos que preparar las condiciones para que nuestros hermanos entren directa y conscientemente en la ruta de la abolición definitiva de la explotación, pero no podemos invitarlos a entrar si nosotros somos cómplices de esa explotación. Si nos preguntaran cuáles son los métodos para fijar precios equitativos, no podríamos contestar, no conocemos la magnitud práctica de esta cuestión, sólo sabemos que, después de *discusiones políticas,* la Unión Soviética y Cuba han firmado acuerdos ventajosos para nosotros, mediante los cuales llegaremos a vender hasta cinco millones de toneladas a precios fijos superiores a los normales en el llamado mercado libre mundial azucarero.[11]

Se reafirma, una vez más, que la práctica de una nueva ética (internacionalismo proletario), no sólo debía regir en la fijación de los precios de los artículos destinados al intercambio. Che la extiende también al problema de los créditos:

> Analizaremos brevemente el problema de los créditos a largo plazo para desarrollar industrias básicas. Frecuentemente nos encontramos con que los países beneficiarios se aprestan a fundar bases industriales desproporcionadas a su capacidad actual, cuyos productos no se consumirán en el territorio y cuyas reservas se comprometerán en el esfuerzo.
>
> Nuestro razonamiento es que las inversiones de los estados socialistas en su propio territorio pesan directamente sobre el presupuesto estatal y no se recuperan sino a través de la utilización de los productos en el proceso completo de su elaboración, hasta llegar a los últimos extremos de la manufactura. Nuestra proposición es que se piense en la posibilidad de realizar inversiones de ese tipo en los países subdesarrollados.
>
> De esta manera se podría poner en movimiento una fuerza inmensa, subyacente en nuestros continentes que han sido miserable-

---

[11] Guevara: "Discurso en el Segundo Seminario Económico de Solidaridad Afroasiática", 24 de febrero de 1965, *Escritos y discursos*, ed. cit., tomo 9, pp. 344-45. El subrayado es del autor.

mente explotados, pero nunca ayudados en su desarrollo, y empezar una nueva etapa de auténtica división internacional del trabajo basada, no en la historia de lo que hasta hoy se ha hecho, sino en la historia futura de lo que se puede hacer.

Los estados en cuyos territorios se emplazarán las nuevas inversiones tendrían todos los derechos inherentes a una propiedad soberana sobre los mismos sin que mediare pago o crédito alguno, quedando obligados los poseedores a suministrar determinadas cantidades de productos a los países inversionistas, durante determinada cantidad de años y a un precio determinado.

Es digna de estudiar también la forma de financiar la parte local de los gastos en que debe incurrir un país que realice inversiones de este tipo. Una forma de ayuda que no signifique erogaciones en divisas libremente convertibles, podría ser el suministro de productos de fácil venta a los gobiernos de los países subdesarrollados, mediante créditos a largo plazo.[12]

Por lo antes expuesto se impone la evaluación de los acuerdos de cooperación económica entre Cuba y la URSS, ya que *los referidos acuerdos constituyen, precisamente, la materialización de las ideas expuestas por Che.*[13]

Creemos indispensable transcribir a continuación fragmentos de la comparecencia del Comandante en Jefe Fidel Castro ante los medios de radiodifusión del país, efectuada el 3 de enero de 1973, para informar a nuestro pueblo y al mundo de los acuerdos económicos suscritos con la URSS:

Otro de los problemas que tienen los países subdesarrollados es la cuestión de los créditos para el desarrollo. No sólo la deuda, sino los créditos para su ulterior desarrollo. En general, esos créditos en el mundo capitalista son escasos, además, son a corto plazo y son créditos con intereses muy altos.

---

[12] Ibídem, pp. 345-46.

[13] Ver el contenido de los cinco convenios en Fidel Castro: "Informe al pueblo cubano sobre los acuerdos suscritos con la Unión Soviética", en *Granma,* La Habana, 4 de enero de 1973. Aparece también en *La revolución de octubre y la revolución cubana*, La Habana, Ediciones del Departamento de Orientación Revolucionaria del Comité Central del Partido Comunista de Cuba, 1977, pp. 227-33.

Nosotros, desgraciadamente, en ocasiones tenemos que adquirir equipos e instalaciones industriales en el área capitalista, y los créditos son con altos intereses y a plazos cortos —cinco años y, por excepción, en algunos casos hemos obtenido hasta ocho años—. En ese aspecto se manifiesta mucho la presión del imperialismo en todas partes, y durante muchos años incluso logró que a Cuba no se le concediera crédito de ninguna clase prácticamente en ningún país capitalista. Después, a medida que su influencia en el mundo fue perdiendo peso, se abrieron en cierto modo las puertas del crédito capitalista a Cuba; pero en general son esas las condiciones para Cuba y para los demás países: de alto interés y a corto plazo.

Otro problema muy serio para los países subdesarrollados es el problema del intercambio desigual, que consiste en el hecho de que los productos del mundo industrializado tienen cada año más precio. Eso se puede apreciar en cualquier artículo: desde un ómnibus cualquiera, un equipo de construcción cualquiera, un transporte cualquiera, una instalación industrial cualquiera.

Todos esos productos, las materias primas y los demás artículos del mundo industrializado, crecen anualmente de precio. Si nosotros comparamos los precios ahora con los precios de hace diez años, nos encontramos que esos productos prácticamente valen el doble, cuestan ahora el doble que hace diez años cualquiera de ellos, sobre todo los equipos y las instalaciones industriales.

Pero, por otra parte, los productos del mundo subdesarrollado, que por lo general son productos primarios o algunas producciones agrícolas, suelen tener cada año menos precio. [...]

Este es el problema que se ha dado en llamar el problema del intercambio desigual. Es una cuestión que aparece también en todas las conferencias económicas de carácter internacional, en todos los organismos de las Naciones Unidas; uno de los temas que más se debaten.

De modo que el mundo tiene la situación de deudas cada vez mayores, con créditos altos, condiciones apremiantes; créditos para el desarrollo a corto plazo, con intereses muy altos, en condiciones muy duras. Y por último, el intercambio desigual: precios más caros para los productos de los países industrializados, y precios más baratos para los productos de los países subdesarrollados.

Estos son problemas muy serios que preocupan hoy a una gran parte del mundo, y que no tienen hasta ahora solución y no aparece la solución por ninguna parte.

A la luz de estos hechos es como podemos valorar la importancia que tienen estos acuerdos suscritos con la Unión Soviética. [...]

Constituye también, a nuestro juicio, un ejemplo sin precedentes, puesto que nosotros creemos que no existe ningún precedente en la historia de tales relaciones económicas, entre un país como la Unión Soviética y un pequeño país como Cuba, dadas las condiciones en que Cuba ha tenido que luchar por su vida, a 90 millas de Estados Unidos, y soportando durante todos estos años —desde el triunfo de la Revolución prácticamente— un bloqueo criminal por parte de Estados Unidos. [...]

Creo que las relaciones entre la Unión Soviética y Cuba pasarán a la historia como modelo de relaciones verdaderamente fraternales, verdaderamente internacionalistas y verdaderamente revolucionarias.[14]

Doce días después de haber hablado Fidel, el periódico *Granma*, órgano oficial del Comité Central del Partido Comunista de Cuba, en editorial titulado "Los convenios con la URSS", subrayaba las ideas esenciales expresadas por Fidel en su intervención. Se daba prueba así una vez más de la coherencia ininterrumpida de las posiciones de nuestra Revolución, y de la indivisibilidad del pensamiento y acción revolucionarios de Che y Fidel. Se confirmaba que las ideas que vertió Che en 1964 y 1965 —al representar a nuestro país en eventos internacionales— marcan la senda por la cual han de transitar los países que se den a la tarea de la construcción de la sociedad comunista (tanto aquellos que tienen un alto desarrollo como los que aspiran lograr ese desarrollo a través del socialismo). Por todo lo anterior creemos necesario transcribir algunos fragmentos del referido editorial:

> porque en los convenios suscritos el objetivo no es ni la ganancia ni la acumulación de riquezas, sino el hombre.
>
> porque las partes contratantes han reivindicado a ese hombre y este ha adquirido su verdadera dimensión y toda su dignidad, y ha

---

[14] Ibídem, pp. 227-28, 231, 233.

> creado un genuino sentido de justicia e igualdad y trabaja con una conciencia nueva y con un espíritu nuevo...
>
> El valor extraeconómico de los convenios está dado en lo que representan para el mundo como cuestión de principios, en lo que expresan del espíritu internacionalista de la Unión Soviética, en lo que patentizan el sentido de generosidad y desinterés del pueblo soviético.[15]

Che Guevara expresa en sus últimos escritos valoraciones críticas al modo en que los países del campo socialista realizaban su comercio, y pasa a describir y a analizar las causas. Veamos algunas de ellas.

Che relaciona constantemente todos los mecanismos de funcionamiento económico con el ideal a alcanzar, lo real en los países socialistas con los principios éticos y formas de organización y gestión más avanzados. Un ejemplo de lo anterior lo podemos apreciar en la siguiente cita donde Che vincula el internacionalismo con las relaciones comerciales:

> De la sociedad de que se trate, lo que implica una contradicción con la otra parte. Esto plantea el problema del internacionalismo proletario en las relaciones entre Estados de diferente nivel de desarrollo. Es necesario crear índices de productividad que obliguen al país más desarrollado a vender más barato y a comprar más caro a los países de menor desarrollo o, al menos, vender más barato o comprar más caro.[16]

Che contrasta la práctica del CAME con el internacionalismo y las contradicciones existentes en el seno del campo socialista:

> La olla de grillos que es el CAME desmiente también esto en la práctica. Se están refiriendo a un ideal que solo puede establecerse mediante el verdadero ejercicio del internacionalismo proletario, pero que lamentablemente, falta hoy día.[17]

Y la nota precedente que escribió el Che no deja lugar a dudas de su valoración:

---

[15] *Resumen Semanal Granma*, 21 de enero de 1973.
[16] Guevara: "Notas al *Manual de economía política* de la Academia de Ciencias de la URSS" [inédito].
[17] Ibídem.

La última parte del párrafo [se refiere a lo escrito en el *Manual de economía política* de la URSS en relación a las prácticas dentro del campo socialista] es un metódico compendio de inexactitudes. Se dan fenómenos de expansión, de cambio de no equivalentes, de competencia, hasta cierto punto de explotación y ciertamente de sojuzgamiento de los estados débiles por los fuertes.[18]

Referente a los créditos internacionales y al comercio exterior en el campo socialista, Che escribió:

> La forma esencialmente igual; varía el contenido en alguna medida pero lo inmoral —si tratamos de moral— es cobrar interés por el capital, el monto del interés es secundario. Además, los precios y la calidad de los artículos producidos los sitúan muchas veces fuera del mercado internacional capitalista. Hay ejemplos abundantes en Cuba y todo el mundo. La URSS y China han seguido una política más consecuente con el internacionalismo proletario en este aspecto.[19]

> La base del comercio es el precio del mercado internacional y este está tasado por el intercambio desigual. Suponiendo que se den algunas ventajas, como precios fijos durante algunos años, esto no significa anular el intercambio desigual, sino mitigarlo, en todo caso. De ahí que las relaciones de este tipo contribuyan al enriquecimiento del país industrial en desmedro del exportador de materias primas.[20]

Che no se limita a exponer sus críticas al intercambio desigual, busca también las causas de la dejación de los principios en la práctica política y en la fundamentación teórica de los soviéticos:

> Sería bueno precisar más el punto, y sobre todo, como interpretan los dirigentes soviéticos el paso al comunismo en un solo país y los problemas de relaciones internacionales, concretamente el carácter cada vez más agresivo del imperialismo norteamericano. Cómo influye el presupuesto de defensa de la URSS y otros países que dependen de su ayuda, en el desarrollo de la sociedad. Carácter del intercambio.[21]

---

[18] Ibídem.
[19] Ibídem.
[20] Ibídem.
[21] Ibídem.

Refiriéndose a la tesis soviética de la Coexistencia pacífica, escribió:

> Esta es una de las más peligrosas tesis de la URSS, que puede aprobarse. Como una posibilidad extraordinaria, pero no convertirse en el lema motivo de una política. Tampoco ahora las masas son capaces de impedir la guerra, las manifestaciones contra lo de Viet-Nam se deben a que la sangre corre. Es el heroísmo del pueblo viet-namita en lucha el que impone la solución; la política de apaciguamiento, por otro lado, ha reforzado la agresividad yanki.[22]

En el día de hoy —julio de 1984— en que hago la lectura final de mi investigación iniciada el 1º de junio de 1969, y teniendo en cuenta lo vivido en los últimos diez años bajo el cálculo económico y la copia del modelo soviético, puedo afirmar que Che no se equivocó en ninguna de sus afirmaciones y críticas a las prácticas y concepciones comerciales del campo socialista entre ellos y con los países del Tercer Mundo.

Che analizó las consecuencias nocivas del cálculo económico y de toda la concepción soviética sobre el socialismo en las relaciones comerciales internacionales. Me atrevo a afirmar que la tendencia actual —1984— es a profundizar estos desvaríos y dejación del ideal socialista original de la Revolución bolchevique.

---

[22] Ibídem.

Capítulo 8

Che y el trabajo voluntario

Ernesto Che Guevara fue el promotor original en Cuba del trabajo voluntario que se convierte, en su calidad de factor ideológico, económico y moral, en un elemento importante dentro del sistema de dirección económica desarrollado por Che:

> Porque el socialismo, ahora en esta etapa de construcción del socialismo y comunismo, no se ha hecho simplemente para tener nuestras fábricas brillantes, se está haciendo para el hombre integral; el hombre debe transformarse conjuntamente con la producción que avance y no haríamos una tarea adecuada si solamente fuéramos productores de artículos, de materia prima, y no fuéramos a la vez productores de hombres.[1]

En esta labor, el trabajo voluntario tiene un valor incalculable. Lenin fue el primero que se percató de ello y lo dejó plasmado en su artículo "Una gran iniciativa".[2] Este ensayo es de importancia capital y total vigencia en nuestra década y en las venideras hasta llegar al comunismo, ya que en esta sociedad, cuando el trabajo deje de ser una obligación para convertirse en una necesidad espiritual, será voluntario.

Lenin avizora en el trabajo voluntario el germen de una revolución respecto al trabajo, el inicio de una revolución esencial respecto al tra-

---

[1] Guevara: "Discurso pronunciado en la clausura del seminario 'La Juventud y la Revolución' ", 9 de mayo de 1964, *Escritos y discursos,* La Habana, Editorial de Ciencias Sociales, 1985, tomo 8, p. 79.

[2] Lenin: *Obras completas*, Moscú, Editorial Progreso, 1975-85, tomo 39, pp. 1-31.

bajo, ya que representa un modo efectivo de lucha contra el egoísmo pequeñoburgués, contra las lacras heredadas del capitalismo.

En el surgimiento y desarrollo del trabajo voluntario, Lenin subraya la creación de las nuevas relaciones sociales, la nueva actitud ante el trabajo, una nueva disciplina laboral, consciente y libre, de los trabajadores. Habla de la creación de un tipo más elevado de organización social del trabajo que la capitalista que conjugue los adelantos científico-técnicos capitalistas con la agrupación de los trabajadores conscientes, el incremento de la productividad del trabajo y la importancia de la emulación socialista.

El pensamiento de Che es un desarrollo lógico de la ideología revolucionaria desarrollada por Marx, Engels y Lenin. El pensamiento del Guerrillero Heroico constituye un rico manantial de ideas y soluciones, de fórmulas socialistas para la construcción de la nueva sociedad. Y el trabajo voluntario es un ejemplo fehaciente.

Una de las tareas más importantes en el periodo de transición, a realizar simultáneamente con la socialización de la propiedad sobre los medios de producción, es la creación de una nueva actitud ante el trabajo. Y uno de los hechos concretos más significativos de los cambios que generan las relaciones de producción socialistas es el surgimiento de una nueva modalidad de trabajo: el trabajo voluntario. Para Che, el trabajo voluntario "es el que se realiza fuera de las horas normales de trabajo sin percibir remuneración económica adicional. El mismo puede realizarse dentro o fuera de su centro de trabajo".[3]

Con la abolición de la propiedad privada sobre los medios de producción, surge la propiedad social socialista. Esta forma de propiedad determina, condiciona la existencia de otro modo de producción completamente distinto al capitalista. Logra la unión no antagónica de las fuerzas de trabajo con los medios de producción, así como el carácter del trabajo bajo un nuevo principio: la eliminación de la explotación del hombre por el hombre. La fuerza de trabajo deja de ser una mercancía y el trabajo adquiere objetivamente el contenido de relaciones de ayuda mutua y compañerismo. El trabajo se empieza a realizar no sólo en interés individual, sino colectivo y social. También sabemos que la socialización de la propiedad sobre los medios de producción no basta para provocar un cambio en los individuos.

---

[3] Guevara: "El trabajo voluntario, escuela de conciencia comunista", Discurso pronunciado en la entrega de Certificados de Trabajo Comunista, 15 de agosto de 1964, *El socialismo y el hombre en Cuba*, Nueva York, Pathfinder, 1992, p. 124.

La actitud comunista ante el trabajo consiste en los cambios que van ocurriendo en la mente del individuo, cambios que necesariamente serán largos y que no se puede aspirar a que sean completos en un corto periodo en los cuales el trabajo ha de ser lo que todavía es hoy, esa obligatoriedad compulsiva social para transformarse en una necesidad social.[4]

El trabajo voluntario contribuye a que, de manera paulatina, se genere una identidad y sentido de realización individual con la tarea laboral cotidiana. Por supuesto, también genera un mayor desarrollo económico y en su realización los trabajadores rompen los récords de productividad alcanzados en las jornadas de trabajo habituales. Pero en nuestra sociedad la importancia capital del trabajo voluntario radica en su papel educador. Su objetivo primario es la educación comunista del nuevo hombre. Constituye "una escuela creadora de conciencia, es el esfuerzo realizado en la sociedad y para la sociedad como aporte individual y colectivo, y va formando esa alta conciencia que nos permite acelerar el proceso del tránsito hacia el comunismo".[5] "El trabajo voluntario es parte de esa tarea de educación, de que hemos hablado a los compañeros. En los lugares donde no se pueda hacer, no hay que inventarlo".[6]

Pero Che no sólo se preocupó de la definición teórica y de la importancia del trabajo voluntario, sino que dedicó iguales esfuerzos a su organización, instrumentación, modalidades, control y desarrollo. Para él, la organización es el elemento primordial del desarrollo del trabajo voluntario. Luchaba para que no se pierda tiempo en este. Destacaba que se hace trabajo voluntario no con el propósito de quemar energías físicas sino para incorporarlas "a un trabajo que rinda algo y que sirva de formador de conciencia".[7]

Che percibía el trabajo voluntario como un modo eficaz de dirección:

---

[4] Guevara: "Discurso pronunciado en la clausura del seminario 'La Juventud y la Revolución' ", *Escritos y discursos,* ed. cit., tomo 8, p. 77.

[5] Guevara: "El trabajo voluntario, escuela de conciencia comunista", *El socialismo y el hombre en Cuba,* ed. cit., p. 124.

[6] Guevara: "Discurso pronunciado en la entrega de premios a los ganadores de la Emulación Socialista en el Ministerio de Industrias", 22 de octubre de 1964, *Escritos y discursos,* ed. cit., tomo 8, p.

[7] Guevara: "Reuniones bimestrales, 11 de julio de 1964", *El Che en la revolución cubana,* La Habana, Ministerio del Azúcar, 1966, tomo VI, p. 510.

Nosotros tenemos hace dos años la determinación de que todos los directores del Ministerio [de Industrias] y los directores de empresas vayan el mes de vacaciones a trabajar a la producción. El acuerdo después no se cumplió porque hay directores que no lo cumplen y nosotros no los forzamos al máximo por considerar que trabajan mucho más de ocho horas y son medidas que conflictivamente no dan ningún resultado, traen nada más que resquemores y cosas de esas, pero está planteado de ir [...] yo sistemáticamente antes de las 240 horas iba mi día de vacaciones [...] por nada de la vida salía de la producción, porque considero que es útil para uno, el ir a la producción; desgraciadamente la utilidad mía es muy poca porque yo no puedo hablar con los obreros, porque cada vez que voy a hablar con un obrero resulta que ya él no se va, que le toca la guardia de la milicia, y todas esas cosas (risas), pero realmente quisiera estar en un lugar donde la gente puede hablar de verdad y respondiera preguntas. Eso se ha planteado para todos los directores de empresas que trabajen en sus empresas y trabajen como obreros (...) yo iba a la mina El Mono en octubre del 62 cuando vino el molote aquel, es decir que es una vieja cosa nuestra de meternos en la producción. Ahora nosotros decimos: compañeros, no vayan a trabajar si no quieren a la producción, métanse en una fábrica, resuelvan los problemas de una fábrica pero en una fábrica.[8]

Y en octubre de 1964 retoma el tema nuevamente:

> es necesario establecer una campaña para el trabajo en fábricas durante las vacaciones, instrucciones que habían sido dadas a los Directores, que gracias al trabajo voluntario se ha revitalizado, pero que debe ser tomada como una verdadera instrucción política. Es imprescindible que Directores, Administradores y otros dirigentes participen en la tarea manual directamente. Aunque será voluntaria y separada de la anterior de democión obligatoria [...] Los compañeros que realizan cualquiera de estas tareas de asesoramiento, no deberán presentar informes, salvo que hayan detectado anormalidades que constituyen delitos contra la Revolución o contra el Estado, para prever y conservar el espíritu de una ayuda desinteresada y cálida de un grupo de gentes o de personas individuales a otras; de manera que todas las debilidades sean analiza-

---

[8] Ibídem, p. 511.

das con el solo objeto de superarlas y que no sirva de ninguna manera como antecedente para tomar acciones futuras.[9]

En la reunión histórica —por su valioso contenido— del 5 de diciembre de 1964, Che le expresa a sus compañeros del consejo de dirección del Ministerio de Industrias:

> Y nosotros preocupados, ya no solamente por el socialismo, además de eso establecemos, creo que por primera vez en el mundo, ya lo podemos decir sin que suene petulante, por primera vez en el mundo un sistema marxista, socialista, congruente o aproximadamente congruente, en el cual se pone el hombre en el medio, se habla del individuo, se habla del hombre y de la importancia que tiene como factor esencial de la Revolución. Ahora, no somos capaces de desarrollar los sistemas que hagan que ese hombre rinda lo que debe rendir y las fallas en nuestra mecánica hace que tendamos a convertirlo en máquina, incluso como en las cosas como en el trabajo voluntario, se transforma en mecanismo (...) Que el hombre sienta la necesidad de hacer trabajo voluntario es una cosa interna y que el hombre sienta la necesidad de hacer trabajo voluntario por el ambiente es otra. Las dos deben estar unidas. El ambiente debe ayudar a que el hombre sienta la necesidad de hacer trabajo voluntario, pero si es solamente el ambiente, las presiones morales las que obliguen a hacer al hombre trabajo voluntario, entonces continúa aquello que mal se llama la enajenación del hombre, es decir, no realiza algo que sea una cosa íntima, una cosa nueva, hecha en libertad y no que sigue esclavo del trabajo. Y entonces pierde mucho el trabajo voluntario, y eso nosotros lo vemos, alguna gente lo hace (...). No hemos sido capaces de darle el contenido que debe tener.[10]

Che insistía que hay que llevar el trabajo voluntario a las masas con organización y contenido para lograr que las personas se sientan útiles, "es decir, la identificación del hombre con el trabajo es algo que hay que conseguir, hay que organizarlo".[11] Resaltaba la importancia del control: el más estricto control del resultado del trabajo realizado, sin burocratismo.

---

[9] Guevara: "Reuniones bimestrales, octubre de 1964", *El Che en la revolución cubana*, ed. cit., tomo VI, pp. 724-26.
[10] Ibídem, pp. 562-563.
[11] Ibídem, p. 508.

El total de trabajadores del Ministerio de Industrias que alcanzaron Certificados de Trabajo Voluntario fue de mil dos; al principio eran novecientos y pico, al final han aparecido más. Estas son las cosas negativas, porque todo es trabajo voluntario, todo es expresión del entusiasmo de la gente, pero sin control no podemos construir el socialismo y también el trabajo voluntario hay que controlarlo bien, no burocráticamente, sino controlarlo bien.[12]

El valor del ejemplo de los dirigentes es también esencial para crear una nueva sociedad y no es ajeno al trabajo voluntario:

Y quisiera que todos tuvieran la seguridad [...] que en nuestro Ministerio trabajamos con el sentido de que es la obligación de los dirigentes el ir a la cabeza. Que cada vez que tratamos de lanzar una consigna nosotros vamos a la cabeza; ya sea en trabajo voluntario, ya sea en la capacitación, en cualquiera de las cosas que nosotros consideramos problemas fundamentales, tratamos de ir a la cabeza. Esa es una vieja herencia histórica del pueblo de Cuba. En todas las luchas de liberación, sus dirigentes han estado a la cabeza y han sucumbido muchas veces. Primero, Narciso López, fue fusilado. Después, en otra época, Agramonte murió en acción. Céspedes murió con un arma en la mano, no siendo Presidente pero defendiéndose en las zonas rebeldes. Maceo murió en combate. Martí que no era militar, murió en combate. Máximo Gómez siempre dirigió los combates en primera línea. Después, en nuestra época, Mella fue asesinado también por el imperialismo. Camilo estuvo siempre al frente de sus tropas. Y por último, compañeros, desde la época de la Sierra, y ahora cada vez que se arma cualquier clase de lío, de cualquier tipo, nuestra preocupación es que ya Fidel va a meterse directamente allí. Y es nuestra preocupación porque lo estimamos y lo respetamos como el dirigente de todos nosotros, como el hombre capaz de dirigir a Cuba en situaciones sumamente difíciles. Pero en su actitud de no permitir nunca que le impidan llegar a donde él estima que debe estar alentando a su pueblo, en Playa Girón, o en un ciclón, o en cualquier tipo de acontecimiento que demande la presencia de los dirigentes. Es por eso que tiene la confianza, la fe de todo el pueblo,

---

[12] Guevara: "Entrega certificado de trabajo comunista, 15 de octubre de 1964", *El Che en la revolución cubana*, ed. cit., tomo V, pp. 226 -227.

y que tiene la estatura que tiene Fidel, no solamente en Cuba, sino en América y en el mundo.[13]

Como modalidades Che aceptaba:

el trabajo productivo industrial o agrícola, trabajo de enseñanza educativa no remunerada, trabajo técnico. Se le dará categoría de trabajo técnico a la brigada de técnicos que se cree en un momento determinado para la realización de una tarea específica.[14]

Che no concebía que se pudiera realizar en un centro laboral trabajo voluntario en una tarea en la que no se hubiese cumplido antes la norma de trabajo. El trabajo voluntario se desnaturaliza y se distorsiona cuando en este se enmascara la ineficiencia de los cuadros y la indisciplina de los trabajadores. No concebía que se pudiera incumplir la norma de trabajo y luego con trabajo voluntario tapar la falta de exigencia y la indisciplina. Para Che tiene más importancia la formación del hombre que el resultado de la faena realizada en el trabajo voluntario.

Para eliminar esta situación Che se empezó a preocupar por los sistemas que motivan al hombre a dar lo que se espera que entregue a la sociedad. Aunque esta preocupación surge en él desde sus primeros trabajos sobre la transición, se revela con mayor fuerza en 1964 y principalmente al final de ese año.

---

[13] Guevara: "Entrega de premios de la Emulación socialista. 22 de octubre de 1964", *ed. cit.*, tomo V, pp. 252 -253.

[14] Guevara: "El trabajo voluntario, escuela de conciencia comunista", *El socialismo y el hombre en Cuba,* ed. cit., p. 125.

Capítulo 9

El sistema de incentivación

Uno de los elementos del Sistema Presupuestario de Financiamiento que es usual encontrar distorsionado en una vasta literatura referida a la Revolución cubana y al pensamiento de Che es el de los mecanismos de incentivación. A menudo se trata de identificar sus propuestas sobre el particular con una concepción romántica e idealista en la que se hace caso omiso de las realidades del proceso de desarrollo de la conciencia social durante el periodo de transición para dar paso a una postura voluntarista en la que la conciencia comunista viniese dada por decreto del gabinete.

Muy por el contrario. Pese a su fe inquebrantable en la capacidad transformadora de los hombres, Che comprendía que la nueva conciencia era el resultado de un proceso progresivo de transformación de las estructuras sociales vigentes de las que inevitablemente surge. Por lo tanto, reconocía que las posibilidades de transformar al hombre estaban dadas —más que por llamados a la conciencia— por la transformación de las relaciones sociales de producción y la correcta selección de las palancas motivadoras de su acción.

Apoyado en esta realidad Che articuló un sistema basado en los siguientes pilares:

I. sistema salarial;

II. estímulos;

III. emulación.

Antes de pasar a desarrollar en forma sintética los aspectos esenciales del tema, queremos subrayar que para el logro de la mayor efectividad en el trabajo, Che insistía a nivel global en tres condiciones:

- perfeccionamiento de la planificación;
- organización;
- exigencia en el control.

Las formas orgánicas que adopta este cuerpo de normas administrativas y sus niveles de gestión no es posible abordarlas aquí. Ahora sólo pretendemos subrayar la importancia que tenía y tiene actualmente la toma de conciencia de estos aspectos.[1]

I. El sistema salarial

Para Che resultaba claro que el sistema salarial que se implantara debía inscribirse, de modo coherente, en la línea política e ideológica de la Revolución socialista, o sea, en los principios marxista-leninistas, pero era consciente de que esa transformación se lograría sólo de forma paulatina:

> Porque el salario es un viejo mal, es un mal que nace con el establecimiento del capitalismo cuando la burguesía toma el poder destrozando al feudalismo, y no muere siquiera en la etapa socialista. Se acaba, como último resto, se agota, digamos, cuando el dinero cesa de circular, cuando se llegue a la etapa ideal, al comunismo.
>
> En salario, es decir, en dinero, se mide la distinta calificación de todos los que reciben algo por trabajar. En dinero se mide también el espíritu de trabajo de cada uno de los que trabajan en sus distintas calificaciones. El dinero es la única medida que puede abarcarlo todo, y en la época de la construcción del socialismo, en que todavía existen relaciones mercantiles, nosotros tenemos que trabajar con el dinero.[2]

Más tarde precisaría:

---

[1] Notas de una entrevista realizada por el autor en 1979, al Dr. Orlando Borrego Díaz, viceministro primero de Che en el Ministerio de Industrias.

[2] Guevara: "Discurso pronunciado en el acto de entrega de premios a los 45 obreros más destacados del Ministerio de Industrias", 30 de abril de 1962, *Escritos y discursos,* La Habana, Editorial de Ciencias Sociales, 1985, tomo 6, pp. 157-58.

Es decir, nosotros estamos en una época en que la injusticia no es desterrada, no la podemos desterrar absolutamente, no podemos dar a cada cual según su necesidad. Estamos en la construcción del socialismo, tenemos que dar a la gente según su trabajo, tenemos que corregir las injusticias poco a poco, y tenemos que hacerlo discutiendo siempre con los trabajadores.[3]

Naturalmente, nosotros todavía estamos en la etapa de la construcción del socialismo, del periodo de transición, en que hay que dar a cada cual según su trabajo, no a cada cual según su necesidad, que es de una etapa posterior.[4]

El salario es el reconocimiento por parte de la sociedad de que un individuo ha cumplido un deber social. Se basa en las necesidades de los obreros en cada etapa, es decir, es el valor de la fuerza de trabajo por toda, cuyo precio fija la sociedad de acuerdo con su nivel de desarrollo.[5]

Che comprendía que el pragmatismo y el tecnocratismo no son buenos consejeros de las revoluciones. Soluciones técnicas a corto plazo podrían surgir muchas, pero algunas podían hipotecar el futuro de la Revolución e implicar retrocesos en los postulados ideológicos de esta. El sistema —y las soluciones para su instrumentación— debía ser analizado, no sólo desde el punto de vista de las ventajas técnicas y económicas que podía representar, sino también teniendo presente las implicaciones ideológicas que traería aparejadas.

El sistema salarial debía tener por base el principio del pago con arreglo a la cantidad y calidad del trabajo. Debía potenciar los valores comunistas que iban surgiendo en el proceso revolucionario. Debía fomentar la utilización de los estímulos morales, así como que la política salarial adoptada hiciera uso de los estímulos materiales aún vigentes heredados del capitalismo con la necesaria lucidez, de modo tal que no produjera un desarrollo de estos, sino todo lo contrario.

---

[3] Guevara: "Discurso pronunciado en el acto de entrega de premios a los obreros más destacados durante 1962", 27 de enero de 1963, *El Che en la revolución cubana*, La Habana, Ministerio del Azúcar, 1966, tomo IV, p. 341.

[4] Guevara, comparecencia televisada "Acerca de la implantación de normas de trabajo y escala salarial en los sectores industriales", 26 de diciembre de 1963, *Escritos y discursos,* ed. cit., tomo 7, p. 181.

[5] Guevara: "Notas al *Manual de economía política* de la Academia de Ciencias de la URSS" [inédito].

Los asuntos relacionados con el salario, la organización, la normación del trabajo y las formas de pago son aspectos de fundamental importancia en el conjunto de todos los elementos que intervienen en la economía e inciden en el equilibrio de la estructura económica. En el socialismo asociamos el término *equilibrio* al concepto de *racionalidad del sistema*.

En el capitalismo, el equilibrio se expresa mediante las leyes específicas que actúan en la dinámica del sistema económico, de acuerdo a la racionalidad del mismo. Y la dinámica del sistema tiene su expresión en el mercado. Es precisamente allí donde acude el capitalista en busca de todos los elementos necesarios para realizar su función. Él trata de garantizar la marcha del proceso productivo y adquirir los medios de producción y la fuerza de trabajo como mercancías. Luego vuelve al mercado para realizar el producto creado y materializar en dinero la plusvalía de que se apropia en el proceso de producción.

Para el capitalista, por lo tanto, es racional el hecho de apropiarse del trabajo excedente del obrero. Por eso cuando calcula "su costo de producción", lo hace en términos del capital desembolsado; es decir, para él, costo de producción = $C + V$, donde C es el capital constante y V el capital variable.[6]

El capitalista no cuenta en los gastos de trabajo necesarios para la obtención de la mercancía aquella parte del trabajo no retribuido al obrero, de la cual se apropia en forma de plusvalía. La racionalidad del sistema en este sentido está en función de obtener el costo de producción más bajo y apropiarse en el mercado de la diferencia entre el precio de venta y su "precio de costo".

Al capitalista, como sabemos, no le interesa el valor de uso de la mercancía como un fin, sino como un medio para obtener lo que le interesa: el valor. Por ello, el concepto de efectividad de su gestión viene dado única y exclusivamente por la medida en que pueda extraer más plusvalía del trabajador. En el capitalismo, *racionalidad* y *efectividad* son términos que se divorcian del verdadero contenido de su utilidad social. No interesa producir para satisfacer necesidades con un contenido de tipo social, sino que se realiza la actividad de producción con el único interés de obtener más plusvalía.

---

[6] Acerca de la producción de plusvalía, ver Marx: *El capital*, libro primero, especialmente la "Sección segunda: la transformación de dinero en capital" y la "Sección tercera: producción del plusvalor absoluto", México, Siglo XXI Editores, 1975-85.

Para el logro de los objetivos anteriormente explicados, el sistema capitalista ha desarrollado sus propios instrumentos de organización y control. Las empresas capitalistas modernas cuentan con un eficaz aparato organizativo para su gestión. Las técnicas organizativas del capitalismo han llevado el control hasta los elementos más insignificantes que intervienen en el proceso de producción y distribución. No pueden ignorarse los exigentes métodos de control y normación puestos en práctica tradicionalmente por el capitalismo, y que en su etapa más moderna permiten la medición más precisa de los insumos productivos, inventarios, etcétera, todo en función de la racionalidad y efectividad del sistema. El salario y la motivación del trabajador constituyen eslabones del sistema necesarios y atendidos con el fin de producir más plusvalía.

Si volvemos los ojos al socialismo, es obvio que tenemos ante nosotros conceptos muy distintos en términos de racionalidad y efectividad. Es claro que para garantizar la mejor gestión, los mecanismos a utilizar son necesariamente distintos.

Marx, cuando define sus ideas acerca del valor y los gastos del trabajo, plantea que el costo de producción real no es aquel anteriormente expresado por $C + V$, según lo calcula el capitalista individual. Sostiene que, por el contrario, el costo de producción real viene dado por $C + V + P$, donde P también es gasto de trabajo. Es precisamente ese gasto de trabajo del que se apropia el capitalista cuando realiza su mercancía. Sin embargo, cuando vamos a estudiar la racionalidad y la efectividad del socialismo como sistema económico, podemos partir de que el producto viene dado en una primera aproximación por $C + V + P$, donde P ya no es plusvalía, sino el plusproducto que crea el obrero con un sentido de *efecto social*, resultado opuesto al ya examinado para el capitalismo. Igualmente, los gastos de trabajo necesarios para la obtención del producto deben ser analizados con un sentido diferente de como lo hacemos para el capitalismo.

Como se produce con el interés de obtener un efecto social distinto, es claro que van a intervenir elementos de tipo cualitativo que no son tenidos en cuenta en una economía capitalista regida por la ley del valor. Estos elementos cualitativos son definidos por la política económica que tracen el Partido y el Gobierno para una etapa determinada. Ya no será la ley del valor con la espontaneidad del mercado lo que defina la racionalidad del sistema y su efectividad sobre la base de intereses individuales. La producción en este caso tiene un contenido social específico, divergente del contenido capitalista. Aquí la gestión será consciente, y el sustituto de la ley del valor será la planificación.

El *control* adquiere una importancia de primer orden, precisamente porque se trata de medir el *efecto social* del esfuerzo productivo y de los gastos de trabajo en un marco donde el desarrollo progresivo de la conciencia del trabajador no garantiza hasta una etapa determinada la materialización de los postulados que plantea la propia racionalidad del sistema. Aquí se vuelve a plantear que el salario y la motivación —con un contenido distinto al de la sociedad capitalista— constituyen tan sólo dos eslabones de la cadena que es el sistema. Al respecto, Che señalaba:

> Al entrar en una sociedad nueva no puede considerarse el trabajo como la parte negra de la vida, sino todo lo contrario. Tenemos que caminar sobre una base fundamental, hacer del trabajo una necesidad moral, una necesidad interna, ese tiene que ser el proceso educativo de los años que vienen.
>
> Es necesario que se quite el aspecto erróneo, propio de una sociedad explotadora, de que el trabajo es la necesidad desgraciada del hombre y aparezca el otro aspecto del trabajo, como la necesidad interna del hombre.[7]
>
> porque consideramos, en primer lugar, que cuando nosotros vamos a situarnos frente al salario entregado a un trabajador por cumplir una norma de trabajo, no debemos interpretar que le estamos dando un salario por vender su fuerza de trabajo, no podemos decir simplemente que el trabajador trabaja porque si no trabaja no come. En la sociedad socialista o en la construcción del socialismo el trabajador trabaja porque es su deber social, tiene que cumplir su deber social. Ese deber social es el de rendir un esfuerzo medio, de acuerdo con su calificación, y recibir, por lo tanto, un salario individualizado, de acuerdo con esa calificación, en esta etapa de construcción, en este periodo de transición y, al mismo tiempo, todos los beneficios que la sociedad otorga.[8]

Para el logro de la efectividad del trabajo, acorde con su utilidad social, será más importante aún la implantación de los métodos de

---

[7] Guevara: "Discurso pronunciado en la entrega de premios a obreros más destacados del mes de julio", 15 de septiembre de 1962, *El Che en la revolución cubana,* ed. cit., tomo IV, p. 262.

[8] Guevara: "Acerca de la implantación de normas de trabajo y escala salarial en los sectores industriales", *Escritos y discursos,* ed. cit., tomo 7, p. 179.

planificación, organización y control más exigentes, de tal forma que hasta el menos importante elemento que participe en el proceso productivo sea controlado con precisión.

El 26 de diciembre de 1963, Che compareció en la televisión para explicar y responder a las preguntas que le hicieron sobre las normas de trabajo y la escala salarial. Allí explicó lo siguiente:

> De la época capitalista heredamos una cantidad enorme de salarios distintos, una variedad enorme de salarios distintos para las mismas calificaciones. Como ustedes saben, en la época capitalista, el salario es el producto de la venta de la fuerza de trabajo, y está influido por la lucha de clases.
>
> Además, Cuba, por el hecho de ser un país neocolonial, dominado por el imperialismo norteamericano, fue en una época campo de inversión de las industrias manufactureras norteamericanas, que aplicaron tasas de salarios que para Cuba eran desconocidas por su generosidad, pero que significaban honorarios varias veces menores que el que, en las mismas condiciones, recibían los obreros en Estados Unidos.
>
> Todo esto hizo que se acentuara la complejidad del problema salarial y que aumentaran los tipos de salarios. Se puede calcular que en Cuba había unos 90 mil salarios diferentes, y que había aproximadamente unas 25 mil calificaciones salariales diferentes.[9]

De 1959 a 1961 la situación descrita por Che empeoró debido a la lucha de algunos sindicatos y a la política de los burgueses de aumentar los salarios por temor a que se originasen conflictos que desembocaran en la intervención del gobierno revolucionario, o con el fin de desestabilizar la economía por la vía inflacionaria. Las administraciones revolucionarias contribuyeron a empeorar el caos existente al fijar salarios arbitrarios.

Se arribó a 1962 con una difícil situación organizativa que podríamos resumir de este modo:

· gran diversidad de salarios y diferentes tarifas para una misma ocupación;

· desproporciones salariales entre ramas;

---

[9] Ibídem, pp. 163-64.

- diferentes denominaciones para una misma ocupación;
- inexistencia de contenidos de trabajo y requisitos de calificación;
- diversos sistemas de pago para un mismo trabajo;
- ausencia de normas de trabajo;
- carencia casi total de técnicos en organización del trabajo.[10]

En 1962, el Ministerio de Industrias y el Ministerio del Trabajo emprendieron la tarea de elaborar un sistema de organización y normación del trabajo, íntimamente vinculado a la creación de un sistema salarial. El mismo debía convertirse en impulsor del desarrollo de la economía y de la conciencia comunista y tener en cuenta el insuficiente y pobre nivel de calificación promedio de la fuerza laboral de nuestro país, desde el punto de vista técnico, para la expansión agrícola e industrial. El sistema salarial a crear debía tender a estimular a los obreros para que elevaran su nivel cultural-técnico y, de este modo, incrementar el desarrollo de nuestro pueblo.

Entre las tareas más importantes acometidas en ese periodo figuraban:

- elaborar la lista y nomenclatura única de ocupaciones;
- confeccionar los contenidos de trabajo y requisitos de calificación, y evaluar, desde el punto de vista de su complejidad más de 10 634 ocupaciones distribuidas en 340 calificadores;
- reordenar las tarifas existentes (miles) reduciéndolas a unas 41 para toda la economía;
- clasificar los centros laborales del país a los efectos del personal dirigente;
- evaluar y clasificar ocupaciones atendiendo a las condiciones laborales anormales de trabajo;
- preparar unos 5 mil técnicos en la materia y organizar los aparatos de dirección dedicados a esta actividad;
- efectuar cursos de adiestramiento para los cuadros de dirección política, administrativa y sindical en todo el país;
- elaborar una escala única para toda la economía;

---

[10] Ver *La organización salarial en Cuba (1959–1981)*, La Habana, Departamento de Orientación Revolucionaria, Comité Central del Partido Comunista de Cuba, 1983.

- establecer normas de producción en los centros donde sea posible.[11]

Los elementos componentes del sistema elaborados bajo la dirección de Che se pueden resumir en los puntos siguientes:

A. La escala salarial.

B. Los calificadores de ocupaciones. Calificación de los trabajadores.

C. Las tarifas.

D. Las normas de trabajo.

E. Las formas y sistemas de pagos.

A. *La escala salarial*

Con la escala salarial Che introducía y sentaba el principio de distribución socialista con arreglo a la cantidad y calidad del trabajo, al establecer los distintos grados de complejidad de los trabajos existentes para todo el país. La escala tenía dos elementos fundamentales: el número de grupos y los coeficientes.

Los grupos determinan los distintos grados de complejidad que tienen los trabajos y se establecen atendiendo a la calificación indispensable que deben tener los obreros, a la tecnología, la complejidad y organización de la producción. Los coeficientes determinan los distintos grados de complejidad de los grupos en relación con el primer grado que tiene siempre por coeficiente la unidad. Por esto los coeficientes de los otros grupos expresaban cuántas veces ellos eran más complejos que el primero. Che explicó:

> La primera tarea era llevar todos estos salarios a grupos que reflejaran aproximadamente las mismas características y en los que pudiera condensarse toda esta enorme cantidad de salarios distintos en cuanto a pagos y, además, de calificaciones distintas. Para esto se empezó confeccionando una primera tabla que incluía doce calificaciones salariales. Después la práctica nos fue mostrando que era mejor, más lógico, llevarlo a sólo ocho calificaciones salariales y, al mismo tiempo, aplicar escalas por trabajos realiza-

---

[11] Ibídem.

dos en condiciones peligrosas o nocivas, y desde extrema peligrosidad o extremadamente nocivas, pero sobre la base de las mismas ocho escalas salariales.[12]

En un informe redactado al implantarse el nuevo sistema salarial se señalaba:

> [La escala] abarca el 98 por ciento de los obreros, quedando aproximadamente sólo el 2 por ciento fuera de sus límites. Además, la cantidad de ocho grupos es suficiente para organizar correctamente el salario. Al unificarse las distintas tarifas en ocho grupos se establece, en primer lugar, un incentivo sensible para el obrero a fin de elevar su calificación y, en segundo lugar, se facilita y reduce la forma de computar y contabilizar el salario.[13]

B. Los calificadores de ocupaciones. Calificación de los trabajadores

Una de las mayores dificultades que confrontaba la Revolución en sus primeros años era el bajo nivel de calificación de nuestros trabajadores. Che insistía en la necesidad de elevar la capacidad y calificación técnico-cultural de los trabajadores como requisito para el avance en la construcción de la nueva sociedad. En toda organización del salario de los obreros y de los sueldos de los trabajadores administrativos, personal técnico y dirigente, debía ponerse especial énfasis en el desarrollo e incremento de la calificación y capacidad. El sistema salarial propugnado por Che y el Ministerio del Trabajo apuntaba en este sentido. La capacitación constituía uno de los principios y uno de los pilares fundamentales del sistema.

Como hemos señalado, el sistema salarial estaba compuesto por una escala de grupos dividida en ocho niveles o calificaciones salariales. La diferencia existente entre un grupo y otro de la escala no sólo viene dada por el salario sino por el grado de calificación.

Un trabajador que aspirara a ganar por encima del salario correspondiente a su grupo salarial lo podría hacer por el sistema de primas, con el sobrecumplimiento de su norma. Pero el sistema de salario a tiempo

---

[12] Guevara: "Acerca de la implantación de normas de trabajo y escala salarial en los sectores industriales", *Escritos y discursos,* ed. cit., tomo 7, p. 164.

[13] Augusto Martínez Sánchez: "La implantación del nuevo sistema salarial en las industrias de Cuba", en *Cuba Socialista,* No. 26, octubre de 1963, p. 10.

y con primas estipulaba una limitación: nunca podría pagarse una cantidad tal que igualara las entradas del trabajador con las de los del escalafón o grupo superior en la escala. El trabajador sólo podría obtener un nivel salarial superior si se capacitaba.

Che lo explica del modo siguiente:

> Se ha impugnado precisamente esta medida de no pagar todo el exceso de cumplimiento [...] no solamente no se paga una parte del sobrecumplimiento, sino que ese sobrecumplimiento tiene un límite, tiene el límite de su categoría salarial superior. [...]
>
> ¿Por qué? Precisamente para tratar de luchar contra uno de los grandes males que nosotros consideramos que tiene el sistema —que puede ser considerado casi de destajo, el sistema de pago de salario a tiempo, con premio completo— y es el del poco interés por la calificación.
>
> Nosotros exigimos una calificación mayor de los trabajadores. Apelamos a la conciencia de los trabajadores —es nuestro deber— y se responde en general a este llamamiento; pero, además, hay que tomar medidas de tal índole que aseguren que sea realmente un imperativo de carácter económico la calificación. De tal manera que el trabajador no podrá llegar nunca a recibir un salario superior al de la tarifa inmediata siguiente a la que él tiene, en la que él está calificado, por más que sobrecumpla las metas de producción.
>
> [...]
>
> De manera tal que nosotros tratamos por todos los medios de que el trabajador comprenda la importancia que tiene calificarse para obtener un salario mayor.[14]

Che, al abordar el problema de la calificación, no pierde oportunidad para subrayar su conexión con los otros elementos del sistema:

> Es decir, la calificación de los trabajadores está directamente relacionada con su producción y la producción de los trabajadores, la norma de trabajo y de calidad, es el deber social de cada obrero para con toda la comunidad que le da su trabajo, le garantiza la

---

[14] Guevara: "Acerca de la implantación de normas de trabajo y escala salarial en los sectores industriales", *Escritos y discursos*, ed. cit., tomo 7, pp. 179-81.

comida a sus hijos, le garantiza el bienestar social mínimo, las atenciones, los servicios mínimos y se preocupa porque estas atenciones y estos servicios vayan creciendo más a medida que aumente nuestra capacidad de producción.[15]

El sistema salarial implantado poseía el calificador de ocupaciones, que servía para calificar los trabajos y determinar a qué grupo de la escala pertenecía cada obrero. Permitía la diferenciación del pago del trabajo en relación con la calificación del obrero, esto es, de la calidad del trabajo. En los calificadores se hacían las descripciones de los diversos trabajos, la calificación requerida y el grupo de complejidad que le pertenecía según la escala. Se hicieron dos calificadores, los de ocupaciones más comunes y las propias a cada rama de la producción.[16]

C. Las tarifas

Las tarifas determinaban el nivel de pago del trabajo por hora o por día:

Las tarifas horarias de la escala aprobada son las que siguen:

I	II	III	IV	V	VI	VII	VIII
0.48	0.56	0.65	0.76	0.89	1.05	1.23	1.49

La tarifa horaria del primer grupo se fijó en 48 centavos, partiendo de dos factores: en primer lugar, que en este salario comienzan las concentraciones normales de obreros —el 19.11 por ciento de los obreros perciben un salario horario que oscila entre 45-49 centavos—; en segundo lugar, porque el salario mínimo establecido por la legislación vigente, de 85.00 pesos mensuales, coincide con la tarifa horaria establecida para el primer grupo de la escala. Las tarifas se diferencian según las condiciones en que se realizan los trabajos. Se han establecido tres condiciones de trabajo: normales, nocivas o peligrosas. Los obreros que trabajen en las condiciones del primer tipo, percibirán su salario según la tarifa de la escala; en las del segundo, percibirán un incremento del 20 por

---

[15] Guevara: "En la clausura del Consejo Nacional de la Central de Trabajadores de Cuba", 15 de abril de 1962, *Escritos y discursos*, ed. cit., tomo 6, p. 143.

[16] Augusto Martínez Sánchez: "La implantación del nuevo sistema salarial en las industrias de Cuba", en *Cuba Socialista,* No. 26, octubre de 1963, p. 11.

ciento sobre la tarifa normal, y en las del tercer tipo, tendrán un incremento del 35 por ciento.[17]

Sin embargo, se respetarían los salarios superiores en virtud de que estos fueron conquistas sindicales de los obreros en el antiguo régimen. En un informe publicado en *Cuba Socialista* sobre el nuevo sistema se afirmaba:

> [El sistema salarial respetará] los ingresos actuales en cada puesto de trabajo o cargo. Esto requiere que los salarios de los obreros que se encuentran por encima de la tarifa correspondiente a su calificación en la escala de grupos, se integren en dos partes: salario tarifado, que será el básico; y remuneración adicional, que es el exceso sobre la tarifa que la revolución conserva por las conquistas de los trabajadores en las viejas luchas libradas contra el régimen capitalista. Al adquirir los obreros una calificación superior, su salario subirá hasta el que señala la tarifa para dicha calificación. Y la remuneración adicional disminuirá en la misma medida, conservándose dicha remuneración mientras la totalidad de los ingresos del trabajador no se confunda con el salario correspondiente a su calificación en la escala de grupos.[18]

Che explicó lo anterior del modo siguiente en una comparecencia ante la televisión para dar a conocer el sistema:

> Pero ocurrió otro fenómeno muy distinto. Y es que toda una serie de industrias, particularmente las industrias a que me he referido anteriormente, que en general respondían al capital extranjero y de acuerdo con la lucha establecida por los distintos sindicatos y por los distintos sectores del país, tenían salarios más altos que los que actualmente se contemplan.
>
> En algunos casos las reducciones serían extremadamente grandes, y, en general, naturalmente que sería una medida sumamente impopular el reducir todo a una sola escala salarial, máxime cuando esta escala salarial no se puede decir que es la escala justa en términos absolutos, es la escala justa en estos momentos de Cuba, y, por lo tanto, en nuestras condiciones de subdesarrollo es una escala relativamente baja.

---

[17] Ibídem, pp. 10-11.
[18] Ibídem, p. 9.

Por eso establecimos la retribución adicional, que fue bautizada como plus y ha quedado en el conocimiento de todos los obreros como plus. [...]

Es decir, que hay un grupo de obreros que recibirán el salario dividido en dos partes: su salario básico —el que le corresponde por alguna de las ocho categorías— y el plus que corresponde a su salario histórico.

Para considerar los premios por sobreproducción solamente se tendrá en cuenta el salario básico, sin embargo, todo el salario intervendrá en las penas por no cumplir las normas.[19]

La decisión política adoptada en las circunstancias de la Cuba de 1963 era la acertada, a pesar que limitaba el principio socialista del pago por el trabajo. De inmediato la economía cubana experimentó un incremento de la productividad y la proporción entre el salario medio y la productividad se manifestó favorable a esta última. Che, consciente de la importancia del principio socialista y en una intervención que efectuó en una reunión, expresó:

Nosotros entramos en una revolución socialista y estamos construyendo el socialismo; ahora, el socialismo se construye con trabajo y con sacrificio, y, además, siguiendo una serie de normas.

Nosotros no podemos construir el socialismo con obreros que ganen quince pesos diarios por no hacer nada; ¡así no se construye el socialismo! Así tendremos que ver cómo hacemos para sobrevivir, pero el socialismo no lo vamos a hacer. Entonces, hay una cosa lógica y de elemental política, que es tratar de no bajar el salario a nadie. Bien, que no se baje el salario a nadie; pero el nuevo que entre ¿por qué va a entrar recibiendo los beneficios de una vieja lucha sindical que hoy no tiene nada que ver?[20]

D. *Las normas de trabajo*

Che pensaba que el sistema salarial a implantar debía estar acorde con el sistema de organización y normación del trabajo y, a su vez, consti-

---

[19] Guevara: "Acerca de la implantación de normas de trabajo y escala salarial en los sectores industriales", *Escritos y discursos,* ed. cit., tomo 7, p. 165-66.

[20] Guevara: "Intervención en una reunión", 16 de marzo de 1962, *El Che en la revolución cubana,* ed. cit., tomo IV, pp. 100-01.

tuir uno de los pilares fundamentales en los que se asentara esta normación del trabajo. Desde que fue nombrado ministro de Industrias se preocupó y participó en la tarea de normación del trabajo, discutiéndola e impulsándola en el Ministerio, en los centros obreros que visitaba semanalmente, en las reuniones con los sindicatos, plenarias y otras actividades.

Podemos extraer una conclusión muy importante, y es que dentro de la norma tiene que existir la norma de calidad y la norma no sólo es cantidad, es calidad. Y entonces, la obligación del obrero es producir tanto de tal calidad, si no produce tanto de tal calidad no ha cumplido su deber social.[21]

Y cuando nosotros establezcamos nuestras normas de trabajo para establecer los salarios, la norma de trabajo mínima, la que debe cumplir cada obrero, día a día, ese es su deber social. No es lo que él tiene que hacer para ganar un salario, sino que es lo que tiene que hacer por el deber social ante la colectividad, que le ofrece mediante un salario, mediante las prestaciones sociales, que cada día abundarán más, la oportunidad de vivir, de vestirse, de educar a sus hijos, de adquirir cultura, y de realizarse cada vez más como individuo humano. Es una pequeña y sutil diferencia siquiera, pero una diferencia educativa que va señalando un rumbo y una intención bien definida y siempre presente.[22]

Las normas de trabajo no pueden tener ningún resultado para la nación, e incluso para la clase obrera, si no se toman medidas organizativas y se mantienen estas medidas ya para siempre. En el momento en que caigan los controles, caerá todo el aparato organizativo que se ha montado, y volveremos a tener las mismas distorsiones que hemos padecido durante estos primeros cinco años de construcción de la nueva sociedad.[23]

---

[21] Guevara: "Intervención en una reunión con directores y jefes de capacitación de las empresas consolidadas y secretarios de educación y de trabajo de los 25 sindicatos nacionales de industrias", 16 de marzo de 1962, *El Che en la revolución cubana,* ed. cit., tomo IV, p. 109.

[22] Guevara: "Discurso pronunciado en la graduación en la escuela de administradores 'Patricio Lumumba' ", 21 de diciembre de 1962, *Escritos y discursos,* ed. cit., tomo 6, p. 277.

[23] Guevara: "Acerca de la implantación de normas de trabajo y escala salarial en los sectores industriales", *Escritos y discursos,* ed. cit., tomo 7, p. 184.

Nuestro sistema de normas tiene el mérito de que establece la obligatoriedad de la capacitación profesional para ascender de una categoría a otra, lo que dará, con el tiempo, un ascenso considerable del nivel técnico.

El no cumplimiento de la norma significa el incumplimiento del deber social; la sociedad castiga al infractor con el descuento de una parte de sus haberes. La norma no es un simple hito que marque una medida posible o la convención sobre una medida del trabajo; es la expresión de una obligación moral del trabajador, *es su deber social*. Aquí es donde deben juntarse la acción del control administrativo con el control ideológico. El gran papel del partido en la unidad de producción es ser su motor interno y utilizar todas las formas de ejemplo de sus militantes para que el trabajo productivo, la capacitación, la participación en los asuntos económicos de la unidad, sean parte integrante de la vida de los obreros, se vaya transformando en hábito insustituible.[24]

Con estos fragmentos hemos querido destacar, además de la importancia que él le daba a las normas, el modo en que Che, en la práctica, veía la interconexión entre el hecho económico, la elevación de la producción, la creación de la base material del socialismo y, a la par, la creación de la nueva conciencia. Con su desarrollo la conciencia también constituirá una fuerza material fundamental para el desarrollo de la producción, de la sociedad socialista. También hemos querido subrayar una vez más el papel primordial que él le asignaba al control.

E. *Las formas y sistemas de pago*[25]

El sistema establecía formas de pago para obreros y para los trabajadores administrativos, técnicos y personal dirigente. Para los obreros se establecía el trabajo a tiempo normado con primas que vinculaba el salario del obrero con su productividad y con su calificación. Se paga-

---

[24] Guevara: "Planificación y conciencia en la transición al socialismo: Sobre el Sistema Presupuestario de Financiamiento", *El socialismo y el hombre en Cuba,* Nueva York, Pathfinder, 1992, pp. 94-95. El subrayado es de Che.

[25] Las formas de pago se expusieron en detalle en el folleto *Bases para la organización de los salarios y sueldos de los trabajadores,* editado por el Ministerio del Trabajo. De este documento tomaremos lo esencial para la exposición del presente acápite.

ban primas por los sobrecumplimientos de la norma y del plan de producción. La suma de las primas y de la tarifa no podía exceder a la tarifa del grupo inmediato superior. Los obreros a tiempo que laboraban en trabajos básicos auxiliares donde era prácticamente imposible precisar la norma, recibían las primas por los resultados mensuales del trabajo ejecutado. La prima se computaba para ambos casos por el tiempo realmente trabajado. Se otorgaban primas por el sobrecumplimiento del plan de producción que debía cumplir además los requerimientos de calidad. La prima se pagaba a cuenta del fondo de salario.

Para los trabajadores administrativos, técnicos y personal dirigente se determinaba por el tiempo trabajado (ocho horas). En el sector productivo se medía su productividad por los resultados finales de la labor de la unidad a la que estos trabajadores estaban vinculados. Se establecieron dos formas de pago: pago a tiempo y pago a tiempo con primas.

El primero se usaba para los que laboraban en el sector improductivo y para los del sector productivo que trabajaban en los ministerios, oficinas intermedias y oficinas centrales de las empresas. El pago a tiempo se efectuaba por un sueldo fijo de acuerdo a una escala.

El pago a tiempo con primas se utilizó en las unidades de producción del sector productivo. Los índices fundamentales para tener derecho a las primas eran el sobrecumplimiento del plan de producción con la calidad requerida y la disminución del costo de producción.

Todos los pagos de las primas estaban debidamente reglamentados, y establecidos los porcentajes y las escalas.

La implantación general del sistema salarial: etapas

Durante 1963 se implantó —con éxito— el sistema en forma experimental en 36 establecimientos de la agricultura y en 247 unidades de la industria y los servicios. En junio de 1964 comenzó la segunda etapa con la implantación del sistema en todas las unidades del sector industrial no incluidas en la primera etapa.

La segunda etapa se enunció y llevó a cabo bajo la misma metodología establecida para la primera etapa. Orientaba el estudio de las ocupaciones, la elaboración de la plantilla y ubicación de los trabajadores en la misma, el Cálculo Económico salarial y la realización de asambleas de información del trabajo realizado.

Una vez generalizado el sistema salarial, el Ministerio del Trabajo dictó la Instrucción No. 1 del 24 de abril de 1965, que regulaba la aplicación del salario en los casos de ingresos de trabajadores así como de los ascensos y traslados.

El 17 de mayo de 1965 se dictó la Instrucción No. 2, con la que se inició la tercera etapa de la implantación del sistema para los trabajadores administrativos. Se comprendía en esta designación a aquellos que, posteriormente, fueron clasificados como personal de servicios. Esta tercera etapa quedó definida entre el 17 de mayo, fecha de la referida instrucción, y el mes de diciembre del propio año.

Che escribe en sus notas al *Manual de economía* de la URSS, refiriéndose a la importancia que él le daba a la disciplina laboral:

> La disciplina del trabajo se impone por la fuerza en una sociedad de clases, la socialista es una sociedad de clases, y por ende, debe ejercer la coerción sobre los trabajadores para implantar su disciplina, sólo que lo hará (lo debe hacer) auxiliada por la educación de las masas hasta que la disciplina sea espontánea.
>
> Para ser consecuentes aquí debían haber puesto la palanca del interés material como factor disciplinante, lo que es cierto, pero también lo es que va contra la educación comunista, en la forma actual de aplicarse. [26]

La transformación posterior del sistema salarial

La tendencia que preconizaba Che era acercarnos cada día más al principio socialista. No obstante, el sistema salarial creado por él sufrió una serie de modificaciones posteriores a abril de 1965, que unidas a la no observancia de algunas de sus estipulaciones, dieron al traste con aquel.

Resulta importante realizar esta diferenciación porque muchos confunden o identifican erróneamente esta etapa ulterior con el sistema desarrollado originalmente por Che.

Las modificaciones posteriores, en general, fueron las siguientes:

1. La creación de nuevos sectores productivos, cuyos salarios fueron establecidos por resoluciones especiales dictadas al efecto, las que no coincidían con las escalas establecidas.

2. La realización de promociones que no se atenían a los requerimientos de calificación y otros que establecía el sistema.

---

[26] Guevara: "Notas al *Manual de economía política* de la Academia de Ciencias de la URSS" [inédito].

3. La Instrucción No. 20, de fecha 4 de agosto de 1967, dictada por la Dirección de Trabajo y Salarios del Ministerio del Trabajo, que contiene el reglamento sobre las condiciones salariales, de manutención, avituallamiento, etcétera, que regirían las movilizaciones de jóvenes y adultos por dos años hacia el sector agropecuario. El decreto planteaba:

> Estos salarios son fijos y no serán afectados por el incumplimiento ni el sobrecumplimiento de las normas, ni por la realización de labores correspondientes a otros grupos, ya sean superiores o inferiores a lo que se ha tomado como base para la fijación de su salario.

4. La Instrucción No. 20A de la propia dirección, de fecha 10 de agosto de 1967, modificaba la anterior y establecía que el salario sería de acuerdo a lo establecido para los obreros habituales y estaría sujeto al cumplimiento de las normas de trabajo, aunque se mantendría la gratuidad del albergue y la alimentación.

5. Los acuerdos masivos de la ofensiva revolucionaria de 1968 de renuncia al cobro de horas extras, propinas, etcétera.[27]

6. La Instrucción No. 50 de la Dirección de Trabajo y Salarios del Ministerio del Trabajo, de fecha 17 de octubre de 1968, que contenía el reglamento para la aplicación del sistema de salario a tiempo con normas en el sector industrial. El reglamento incluía la eliminación del descuento como penalidad por el incumplimiento.

Es conveniente consignar que el deterioro del aparato administrativo iniciado a partir de los errores cometidos en la aplicación de las

---

[27] "En marzo de 1968 se llevó a cabo una ofensiva revolucionaria, en virtud de la cual un gran número de pequeñas empresas pasó a manos de la nación. Tal medida no era necesariamente una cuestión de principios en la construcción del socialismo en esa etapa, sino el resultado de la situación específica de nuestro país en las condiciones de duro bloqueo económico impuesto por el imperialismo y la necesidad de utilizar de modo óptimo los recursos humanos y financieros, a lo que se sumaba la acción política negativa de una capa de capitalistas urbanos, que obstruían el proceso. Esto, desde luego, no exonera a la Revolución de la responsabilidad y las consecuencias de una administración ineficiente de los recursos, que contribuyeron a agravar el problema financiero y la escasez de fuerza de trabajo. Como únicas formas de propiedad privada permanecieron las parcelas campesinas, que abarcaban un 30 por ciento de las tierras, y una parte reducida del transporte que siguió funcionando como propiedad personal de los que la explotaban directamente". Ver *Informe Central: I, II y III Congreso del Partido Comunista de Cuba*, La Habana, Editora Política, 1990, p. 47.

medidas tomadas contra el burocratismo en 1966, maduró alrededor de 1968 con la pérdida de los controles económicos —las normas entre ellos—, la fluidez y disciplina estadística.[28] Desapareció, incluso, la posibilidad de construir los necesarios macroindicadores para el análisis de la gestión administrativa.

Fidel, en su Informe Central al Primer Congreso del Partido, dijo con relación a este punto:

> El salario se desvincula de la norma en 1968. Se estimulan los horarios de conciencia y la renuncia al cobro de horas extras. [...] Al no tomarse en cuenta la retribución con arreglo al trabajo, el exceso de dinero circulante se incrementó notablemente ante una escasez de oferta de bienes y servicios, lo que creó condiciones favorables y el caldo de cultivo para el ausentismo y la indisciplina laboral.[29]

Esta situación determinó que la aplicación del salario a tiempo con normas no fuera cabal, ya que la ausencia de controles impedía medir el cumplimiento de las normas. Por otra parte, estas mismas circunstancias posibilitaban graves indisciplinas financieras, como el pago indebido a ausentistas y a trabajadores con licencias sin sueldo.

Los efectos negativos se resumen en la siguiente imagen: la fuerza laboral del país recibía un ingreso constante independientemente de las fluctuaciones en su producción y productividad, así como de su disciplina laboral, en unos momentos en que el volumen de bienes de consumo a su alcance decrecía, reduciéndose así también las posibilidades de recaudar ese circulante y provocándose un agudo desequilibrio financiero.

II. *Los estímulos*

Este es otro de los elementos del Sistema Presupuestario de Financiamiento desarrollado por Che que se desconoce, confunde o identifi-

---

[28] A mediados de los años sesenta, la dirección cubana inició una batalla contra el burocratismo, enfocándose en las plantillas infladas y las malas normas de trabajo en el aparato administrativo. Este esfuerzo se describe en una serie de editoriales en el diario *Granma* en marzo de 1967. Ver las ediciones de *Resumen Semanal Granma* del 5 y del 12 de marzo de 1967.

[29] Castro Ruz: *Informe Central: I, II y III Congreso del Partido Comunista de Cuba*, ed. cit., pp. 104-05.

ca con la etapa ulterior a su partida de Cuba. Pasemos, pues, a presentar en forma sintética algunos aspectos esenciales del problema y dejaremos que sea el propio Che, mediante citas, el que exponga su pensamiento al respecto.

La búsqueda de mecanismos de incentivación que difieran de los empleados por el capitalismo está dada por la comprensión de que el socialismo es no sólo un hecho económico, sino también un hecho de conciencia.

El socialismo se propone no sólo crear un régimen caracterizado por la abundancia de bienes de consumo, sino también una nueva actitud humana ante la sociedad y ante el bienestar que esta le brinde. De olvidarse el último factor y analizarse la cuestión en un sentido meramente económico y pragmático, conceptos tan antagónicos como "sociedad de consumo" y "comunismo" se identificarían.

En el Informe Central al Primer Congreso del Partido Comunista de Cuba, Fidel expresó:

> En la formación de nuestra conciencia comunista la elevación del nivel de vida material es, y debe ser, un objetivo noble y justo de nuestro pueblo a alcanzar con su trabajo abnegado, en el medio natural donde vivimos. Pero, a la vez, hemos de estar conscientes de que ese medio es limitado, que cada gramo de riqueza hay que arrancarlo a la naturaleza a base de esfuerzo; que los bienes materiales se crean para satisfacer necesidades reales y razonables del ser humano; que lo superfluo debe desecharse y que nuestra sociedad no puede guiarse por los conceptos, hábitos y desviaciones absurdas con que ha infestado al mundo el decadente sistema de producción capitalista. [...] El socialismo no sólo significa enriquecimiento material, sino también la oportunidad de crear una extraordinaria riqueza cultural y espiritual en el pueblo y formar un hombre con profundos sentimientos de solidaridad humana, ajeno a los egoísmos y mezquindades que envilecen y agobian a los individuos en el capitalismo.[30]

Es obvio que del bienestar material no brota automáticamente una nueva conciencia social. Se precisa de un trabajo sistemático y concreto dirigido a la formación de una nueva sensibilidad humana; trabajo paralelo, y estrechamente vinculado, a la construcción económica de la

---

[30] Ibídem, p. 92.

nueva sociedad. Para esta tarea de orden ideológico y de esenciales reformas estructurales, el socialismo debe crear sus propios *instrumentos* de trabajo, sus propios mecanismos de transformación.

La lenta y compleja transformación ideológica plantea durante un tiempo la contradicción "producción *vs.* conciencia". Es en este periodo que los hábitos de pensamiento inculcados por el capitalismo (ambición individual, egoísmo, etcétera) pesan negativamente en el esfuerzo productivo. El cambio de propiedad, o la supresión de la propiedad en los medios de producción, se produce en un instante; la educación mental al nuevo estado de cosas requiere de un proceso más largo.

Es en este periodo crítico cuando la tentación de liberar los resortes capitalistas —competencia, estímulo material, libre concurrencia, etcétera— pudiera ser muy grande, sobre todo porque cualquier aplicación de los mismos demostraría su eficiencia en el orden *económico.* Che afirmaba:

> En cuanto a la presencia en forma individualizada del interés material, nosotros la reconocemos (aun luchando contra ella y tratando de acelerar su liquidación mediante la educación) y lo aplicamos en las normas de trabajo a tiempo con premio y en el castigo salarial subsiguiente al no cumplimiento de las mismas.[31]
>
> Consideramos que, en economía, este tipo de palanca adquiere rápidamente categoría *per se* y luego impone su propia fuerza en las relaciones entre los hombres.
>
> Estímulo material directo y conciencia son términos contradictorios, en nuestro concepto.[32]

Sin embargo, tiene que haber una utilización inteligente y cualitativamente balanceada de ambos (estímulo material y moral).

El proceso debe tender más a la *extinción paulatina y natural* del estímulo material que a su *supresión.* La enunciación de una política de incentivación moral no implica la negación total del estímulo material.

Se trata simplemente de ir reduciendo —más a través de un intenso trabajo ideológico que de disposiciones burocráticas— el campo de acción de aquel.

---

[31] Guevara: "Planificación y conciencia en la transición al socialismo: Sobre el Sistema Presupuestario de Financiamiento", *El socialismo y el hombre en Cuba*, ed. cit., p. 92.

[32] Guevara: Ibídem, pp. 87-88. El subrayado es de Che.

Precisa aclarar bien una cosa: *no negamos la necesidad objetiva del estímulo material,* sí somos renuentes a su uso como palanca impulsora fundamental. [...] No hay que olvidarse que viene del capitalismo y está destinada a morir en el socialismo.[33]

Ya hemos dicho varias veces que el estímulo material no se considera como eliminado ni mucho menos, sino como a eliminar, y lo que hacemos es no situarlo como palanca indispensable, sino como una palanca que desgraciadamente hay que utilizar como residuo de la anterior sociedad.[34]

La etapa de la construcción socialista es de transición, aún en ella el estímulo material es importante, pero es también lo que va a morir; pero por el momento hay que darle la importancia que tiene. Hacemos énfasis en los estímulos morales de la sociedad socialista y consideramos que los estímulos materiales deben ir en descenso hasta que desaparezcan en la sociedad sin clases.[35]

El 2 de mayo de 1962 Guevara se reunió con los obreros delegados extranjeros asistentes al acto en la Plaza de la Revolución por el Primero de Mayo. El delegado de Canadá le preguntó, "¿Cuáles son los incentivos que usarán los cubanos para con los obreros? ¿Hay algunos para aumentar la producción?" De su respuesta extraemos el siguiente fragmento:

No sé si usted estuvo el 30 de abril en la reunión anual; allí entregamos 45 casas a los trabajadores más distinguidos de cada rama industrial; fueron 44, porque uno renunció a su premio.

Nosotros consideramos que en la etapa de construcción del socialismo deben reunirse los estímulos morales y materiales. En esta etapa de entusiasmo revolucionario le damos mucha importancia al estímulo moral, pero nos preocupamos del interés material de los trabajadores.[36]

---

[33] Guevara: Ibídem, p. 87. El subrayado es de Che.
[34] Guevara: "Reuniones bimestrales, 12 de octubre de 1963", *El Che en la revolución cubana,* ed. cit., tomo VI, p. 388.
[35] Guevara: "Entrevista con visitantes latinoamericanos", publicada en el periódico *Hoy* del 21 de agosto de 1963, reproducida en *El Che en la revolución cubana,* ed. cit., tomo IV, p. 482.
[36] Guevara: "Charla con delegados extranjeros al Primero de Mayo", 2 de mayo de 1962, *Escritos y discursos,* ed. cit., tomo 6, p. 186.

El estímulo material es el rezago del pasado, es aquello *con lo que hay que contar,* pero a lo que hay que ir quitándole preponderancia en la conciencia de la gente a medida que avance el proceso. [...] El estímulo material no participará en la sociedad nueva que se crea, se extinguirá en el camino.[37]

Pero, precisamente, la acción del partido de vanguardia es la de levantar al máximo la bandera opuesta, la del interés moral, la del estímulo moral, la de los hombres que luchan y se sacrifican y no esperan otra cosa que el reconocimiento de sus compañeros.[38]

Ahora bien, si el proceso histórico nos obliga a emplear durante cierto tiempo una palanca que ya sabemos es nociva, se trata de buscar las variantes menos nocivas de la misma, e incluso aquellas que coadyuven a su autoanulación.

Che estudió las posibles variantes y aplicó algunas de ellas. Pudiéramos enumerar las siguientes:

A. el estímulo material en relación con la escala salarial y el pago de primas por sobrecumplimiento de las normas de trabajo y/o el cumplimiento y sobrecumplimiento del plan de producción;

B. el estímulo material en relación con el incumplimiento de las normas de trabajo y de calidad, y el incumplimiento del plan de producción;

C. el estímulo material como premio colectivo;

D. el incremento de la calidad de vida.

El primer caso consistía en la aplicación de una escala salarial que premiaba con sueldos altos los cargos que requerían de una mayor calificación. Se trataba, pues, del empleo del estímulo material para incentivar el ansia de superación en un país inculto, donde una gran masa de trabajadores no tenía hábito de estudio. Por otra parte, como ya expusimos en páginas precedentes, la escala salarial misma resultaba una limitante al estímulo material, ya que el pago de horas extras

---

[37] Guevara: "Discurso en la asamblea general de trabajadores de la 'Textilera Ariguanabo' ", pronunciado en el acto de presentación de los obreros de la planta electos como militantes del Partido Unido de la Revolución Socialista, 24 de marzo de 1963. Ver *Escritos y discursos,* ed. cit., tomo 7, pp. 43-44. El subrayado es del autor.

[38] Ibídem, pp. 43-44.

laboradas no podía exceder en ningún caso el monto salarial de la escala inmediata superior al obrero que las había trabajado.

El segundo caso se desprendía de la comprensión de la norma laboral como un deber social, "deber" que no sólo tiene un sentido ético, sino también económico:

> Cada cargo tendrá una norma de calidad y cantidad y entonces, habrá calificación de la calidad y la cantidad del trabajo que haga, y éste será pagado desde la escala inferior, si el trabajo es malo en cuanto a cantidad o calidad, o hasta la escala superior si el trabajo es extraordinariamente bueno en calidad o cantidad.[39]

Pero no sólo el desestímulo material abarcaba a los obreros. También el sistema contempla reducciones en los sueldos a técnicos y dirigentes de los establecimientos productivos cuando los resultados de la producción eran inferiores al plan o cuando aumentaba el costo de producción.

Si partimos del hecho de que el dinero continúa siendo un medio de distribución (situación que lógicamente se prolongará durante un periodo considerable) y no le restamos una cantidad mediante el descuento al obrero que no cumple las normas de trabajo, estamos permitiendo que el individuo en cuestión reciba una cantidad de valores y beneficios sociales a cuya creación ha contribuido en escasa medida.

Es sabido que ningún obrero recibe íntegramente el fruto de su trabajo. El propio Marx señalaba en las *Glosas marginales al programa del Partido Obrero Alemán* que del total de valores creados por la sociedad hay que deducir:

> *Primero:* una parte para reponer los medios de producción consumidos.
>
> *Segundo:* una parte suplementaria para ampliar la producción.
>
> *Tercero:* el fondo de reserva o de seguro contra accidentes, trastornos debidos a calamidades, etc. [...] Queda la parte restante del producto global, destinada a servir de medios de consumo.

Pero, antes de que esta parte llegue al reparto individual, de ella hay que deducir todavía:

> *Primero*: los gastos generales de administración, no concernientes a la producción. [...]

---

[39] Guevara: "Charla con delegados extranjeros al Primero de Mayo", *Escritos y discursos,* ed. cit., tomo 6, p. 187.

Segundo: la parte que se destine a la satisfacción colectiva de las necesidades, tales como escuelas, instituciones sanitarias, etc. [...]

Tercero: los fondos de sostenimiento, de las personas no capacitadas para el trabajo, etc. [...]

Sólo después de esto podemos proceder a la "distribución", es decir, a lo único que, bajo la influencia de Lassalle y con una concepción estrecha, tiene presente el programa, es decir, a la parte de los medios de consumo que se reparten entre los productores individuales de la colectividad.

El "fruto íntegro del trabajo" se ha transformado ya, imperceptiblemente, en el "fruto parcial", aunque lo que se le quite al productor en calidad de individuo vuelva a él, directamente o indirectamente, en calidad de miembro de la sociedad.[40]

Las normas de trabajo sirven como medida de la productividad y del aparato productivo en su conjunto. Cuando un obrero en la sociedad socialista las incumple y sin embargo percibe su salario íntegro además de los servicios sociales gratuitos —educación, medicina, espectáculos deportivos y culturales, retiro, etcétera— se convierte en un parásito del esfuerzo colectivo. Ello, aparte de las consecuencias que esta situación, de ser generalizada, acarrea en el orden inflacionario a la economía.

La norma de producción es la cantidad media de trabajo que crea un productor en determinado tiempo, con la calificación media y en condiciones específicas de utilización de equipo; es la entrega de una cuota de trabajo que se hace a la sociedad por parte de uno de sus miembros, *es el cumplimiento de su deber social.*[41]

Las normas de trabajo y de salario, las escalas de salarios, no se hacen para dar más, no se hacen sólo para igualar mejor las normas básicas de salarios; se hacen también para poder detectar y

---

[40] Marx: "Crítica del Programa de Gotha", *Obras escogidas,* Moscú: Editorial Progreso, 1973, tomo III, p. 13 (el subrayado es de Marx). Marx estaba criticando las concesiones innecesarias hechas por sus partidarios en Alemania al adoptar el programa político del recién fundado Partido Obrero Socialista de Alemania, que estaba fuertemente influenciado por las concepciones pequeñoburguesas de Ferdinand Lassalle.

[41] Guevara: "Planificación y conciencia en la transición al socialismo: Sobre el Sistema Presupuestario de Financiamiento", *El socialismo y el hombre en Cuba,* ed. cit., p. 92. El subrayado es del autor.

distinguir a los mejores y detectar y castigar, mediante el salario, a los peores, a los que no son capaces de cumplir con su deber.[42]

Cada norma de trabajo hay que unirla con la conciencia de que es un deber social y no el nivel mínimo con que se cumple el contrato entre la empresa y el sindicato. Ese contrato no existe porque empresa y trabajadores no son distintos y la propiedad es una sola.[43]

En relación con el tercer caso, se comenzaron a estudiar en 1964 las posibilidades de los premios colectivos en algunas industrias. Se prefirió ser cauto en este terreno. La orientación fue en este caso la de que el premio, en lugar de ser en metálico, asumiera la forma de algún servicio social necesario y útil para la colectividad de trabajadores.

Allí donde un colectivo hubiera demostrado su condición de destacamento de avanzada al sobrecumplir las metas del plan, se debería entrar a resolver una serie de problemas, o alguno de ellos, lo que incluso redundaría en beneficio de la producción. Estos podrían ser la construcción de un círculo infantil, facilidades para becar a los hijos de los trabajadores, un comedor obrero, mejoras en las condiciones laborales, entrega de ropa de trabajo, facilidades para las vacaciones, o incluso una posible microinversión para mejorar la tecnología de la industria en cuestión y alcanzar un mayor grado de productividad con un esfuerzo menor.

Por último, en el terreno del estímulo material, el más legítimo, sano y siempre válido, es el estímulo material que recibe la sociedad toda cuando se establece en los planes económicos la proporción inversión-consumo y se programa científicamente el elevamiento progresivo y sistemático de los niveles de vida históricos de la población. En el mejoramiento cuantitativo y cualitativo de la calidad de la vida cotidiana, el obrero palpa los resultados de su empeño revolucionario y de sus esfuerzos en el campo de la producción.

Al mismo tiempo, todo lo anteriormente expuesto está basado en la más cabal y realista comprensión marxista de que durante el periodo de

---

[42] Guevara, "Discurso pronunciado en el acto homenaje a trabajadores y técnicos más destacados en el año 1962", 30 de abril de 1963, *El Che en la revolución cubana*, ed. cit., tomo IV, p. 425.

[43] Guevara: "Discurso pronunciado en el acto de entrega de premios a los obreros más destacados del Ministerio de Industrias en los meses de noviembre y diciembre de 1962", 2 de febrero de 1963, *El Che en la revolución cubana*, ed. cit., tomo IV, p. 352. El subrayado es del autor.

transición al comunismo cada cual ha de recibir de acuerdo a su trabajo, o sea, de acuerdo al cumplimiento de su deber social.

Es cierto que tal enunciado determina una serie de injusticias. Hay obreros que por tener más calificación ganan altos salarios sin tener que sostener una gran familia mientras otros, no menos trabajadores, pero con menor nivel cultural, ganan menos aun cuando de ellos depende una extensa prole. Marx lo explicaba así:

> Pero estos defectos son inevitables en la primera fase de la sociedad comunista, tal y como brota de la sociedad capitalista después de un largo y doloroso alumbramiento. El derecho no puede ser nunca superior a la estructura económica ni al desarrollo cultural de la sociedad por ella condicionado.[44]

Una vez expuesta la concepción de Che sobre el estímulo y desestímulo materiales, pasamos a mostrar su pensamiento sobre el papel y el peso del *estímulo moral* y el modo en que él lo practicó.

Hemos presentado, en las páginas precedentes, su concepción integral del periodo de transición al comunismo, particularmente de su primera fase, el socialismo:

- su negativa al divorcio entre la creación de la base material y el surgimiento de una nueva conciencia en los hombres de la sociedad que se construye;

- su rechazo al orden de subordinación que realizan algunos teóricos en el que supeditan el desarrollo de la conciencia al "gradual aumento de los bienes de consumo para el pueblo".[45]

- su clara comprensión de que ambos aspectos deben marchar intrínsecamente unidos y que el desarrollo de la conciencia acelera más la creación de la base económica.

El estímulo moral es el vehículo idóneo para la formación de la nueva conciencia. Como bien lo expresa Fidel en el Informe Central al Primer Congreso del Partido Comunista de Cuba:

> Ningún sistema en el socialismo puede sustituir la política, la ideología, la conciencia de la gente, porque los factores que determi-

---

[44] Marx: "Crítica del Programa de Gotha", *Obras escogidas,* ed. cit., tomo III, p. 15.

[45] Guevara: "Planificación y conciencia en la transición al socialismo: Sobre el Sistema Presupuestario de Financiamiento", *El socialismo y el hombre en Cuba,* ed. cit., p. 87.

nan la eficiencia en la economía capitalista son otros que no pueden existir de ninguna manera en el socialismo, y sigue siendo un factor fundamental, y decisivo el aspecto político, el aspecto ideológico y el aspecto moral.[46]

En una reunión del Ministerio de Industrias, Che afirmaba:

> No hay que caer tampoco en el espejismo de considerar que el estímulo moral es el centro del Sistema Presupuestario, el centro del Sistema Presupuestario es el conjunto de acciones, dentro del cual lo fundamental es la organización, la capacidad organizativa para dirigir y al mismo tiempo el desarrollo de la conciencia y el elemento de desarrollo, sobre todo a niveles de masa, a niveles más generales, es la conjunción del estímulo material correctamente aplicado y del estímulo moral, dándole un énfasis cada vez mayor al estímulo moral, a medida que van avanzando las condiciones.[47]

> Entonces, se está haciendo el centro de todas las cuestiones la discusión "el estímulo moral" y el estímulo moral no es en sí el centro de toda la cuestión, ni mucho menos. El estímulo moral es la forma, digamos, la forma que nosotros pensamos, la forma predominante que tiene que adoptar el estímulo en esta etapa de construcción del socialismo, pero la forma predominante que tiene que adoptar el estímulo, es decir, tampoco la forma única.[48]

Che continúa clarificando su punto de vista unos años después sobre la incentivación de un modo que no deja lugar a dudas:

> El error consiste en tomar el estímulo material en un sólo sentido, el capitalista, pero centrado. Lo importante es señalar el deber social del trabajador y castigarlo económicamente cuando no lo cumpla. Cuando lo sobrepase premiarlo material y espiritualmente, pero sobre todo con la posibilidad de calificarse y pasar a un grado superior de técnica.[49]

---

[46] Castro Ruz: *Informe Central: I, II y III Congreso del Partido Comunista de Cuba*, ed. cit., p. 111.

[47] Guevara: "Reuniones bimestrales, 22 de febrero de 1964", *El Che en la revolución cubana*, ed. cit., tomo VI, p. 438.

[48] Ibídem, p. 435.

[49] Guevara: "Notas al *Manual de economía política* de la Academia de Ciencias de la URSS" [inédito].

De este modo exponemos la concepción de Che sobre el tema y nos adelantamos a las conclusiones, afirmando que resulta necesario durante la transición una inteligente y revolucionaria combinación de estímulos morales y materiales.

III. La emulación

Che, en el desarrollo del modelo de dirección económica, consideraba la emulación socialista como un elemento fundamental dentro de la estructura de todo el sistema. A la competencia generada por la ley del valor, Che contraponía la competencia fraternal basada en la camaradería socialista que propiciaba la emulación.

La Revolución cubana se caracterizó desde sus inicios por la amplia participación de las masas. El estilo de dirección y de trabajo de Fidel y de la vanguardia siempre ha consistido en que las masas intervengan tanto en las decisiones simples como en las más complejas.

Che canalizó e instrumentó este estilo en la esfera económica, en el proceso de construcción de la base material y técnica del socialismo. Él velaba porque la emulación no fuera formal y fría y revisaba constantemente los mecanismos del sistema para no frenarla. Se interesaba no sólo por los conceptos y procedimientos del sistema, sino por su traducción en la base. En las visitas a las unidades de producción y servicios, palpaba cómo se concretaba la dinámica revolucionaria de dirección a nivel del obrero con la responsabilidad más simple. Y encontró para ello un vehículo idóneo en la emulación.

Che fue uno de los primeros promotores de la emulación socialista en Cuba. Participó personalmente en su organización en el Ministerio de Industrias, involucrando en ella a otros colectivos de trabajadores que respondían administrativamente a otros ministerios y a la Central de Trabajadores de Cuba.

Organizó y participó en decenas de actos que culminaban etapas emulativas, entregando los certificados y premios a los obreros y colectivos vanguardias. En las reuniones de trabajo del Ministerio de Industrias se refería a los conceptos que debían regir la emulación y a sus mecanismos. Veía en ella un magnífico mecanismo de incentivación que permitía engarzar la producción de bienes y la creación de la conciencia comunista.

A continuación transcribimos fragmentos de sus intervenciones en diversas reuniones obreras:

La emulación tiene que cumplir una gran tarea de movilización de las masas.[50]

que todos estén interesados en la emulación; que todos los trabajadores comprendan bien la importancia que tiene el resultado de la emulación que es producir más y mejor, aumentar la producción, aumentar la productividad y aumentar la calidad de los productos, ahorrar el consumo de todas las materias primas. [...]

La construcción del socialismo está basada en el trabajo de las masas, en la capacidad de las masas para poder organizarse y dirigir mejor la industria, la agricultura, toda la economía del país, en la capacidad de las masas para superar día a día sus conocimientos [...] en la capacidad de las masas para crear más productos para toda nuestra población; en la capacidad de las masas para ver el futuro, saber verlo cercano como está en este momento —cercano en dimensión de historia, no de la vida de un hombre— y emprender con todo entusiasmo el camino hacia ese futuro.[51]

La emulación debe ser la base fundamental del desarrollo de la conciencia socialista y de los logros en la producción y en la productividad.

¿Qué es la emulación? La emulación es simplemente una competencia, pero una competencia que está dirigida al más noble de los propósitos, como es el de mejorar, el de tener cada centro de trabajo, cada empresa, cada unidad, a la cabeza de la construcción del socialismo. [...]

Para ello, necesariamente, debemos recurrir a las masas. Prácticamente, no debiera haber otra fuerza que la fuerza de dirección de las masas; y solamente dar nosotros los consejos técnicos, la forma de valorar, la forma de medir la emulación, para que los distintos trabajos puedan llevarse a medidas comunes que permitan después cotejar unos con otros.

Al mismo tiempo, también en la emulación tenemos que establecer estímulos, estímulos morales, como son los de verse los obreros individualmente o colectivamente en un centro de trabajo, como

---

[50] Guevara: "Intervención en una reunión", 16 de marzo de 1962, *El Che en la revolución cubana*, ed. cit., tomo IV, p. 98.

[51] Guevara: "Discurso pronunciado en homenaje a trabajadores destacados", 21 de agosto de 1962, *Escritos y discursos*, ed. cit., tomo 6, pp. 227-38.

los mejores entre los mejores, y también emulación que establezca los estímulos materiales adecuados al momento en que vivimos.[52]

La emulación es una competencia fraternal. ¿Para qué? Para que todo el mundo aumente la producción. Es un arma para aumentar la producción. Pero no solamente eso: es un arma para aumentar la producción y es un instrumento para profundizar la conciencia de las masas, y siempre tienen que ir unidos.

Siempre insistimos en este doble aspecto del avance de la construcción del socialismo. No es sólo trabajo la construcción del socialismo, no es sólo conciencia la construcción del socialismo. Es trabajo y conciencia, desarrollo de la producción, desarrollo de los bienes materiales mediante el trabajo, y desarrollo de la conciencia. La emulación tiene que cumplir estas dos metas; es decir, estas dos funciones.[53]

En sus "Notas al *Manual de economía* de la Academia de Ciencias de la URSS", escribe:

> Este es un concepto mecánico (arbitrario) de la emulación, proceso deportivo en su esencia, colectivizado al máximo por la educación, debe tener el menor contacto posible con la retribución para calar realmente donde hace falta: en la conciencia de las masas

y acto seguido en otra nota Che escribe refiriéndose a la Emulación Socialista:

> Este es un auténtico movimiento socialista, al que se debe dar prioridad sobre los otros. En la emulación socialista debe recibir mayores estímulos el que logre mayores éxitos en la educación de sus compañeros para el trabajo.[54]

Con estos fragmentos también mostramos cómo en el trabajo cotidiano Che no separaba el trabajo técnico de dirección económica de la labor de formación política e ideológica de las masas.

---

[52] Guevara: "Discurso pronunciado en la clausura del Consejo Nacional de la Central de Trabajadores de Cuba", 15 de abril de 1962, *Escritos y discursos,* ed. cit., tomo 6, pp. 134-35.

[53] Guevara: "Discurso pronunciado en la Plenaria Nacional Azucarera", 9 de febrero de 1963, *Escritos y discursos,* ed. cit., tomo 7, pp. 15-16.

[54] Guevara: "Notas al *Manual de economía política* de la Academia de Ciencias de la URSS" [inédito].

Che continuó profundizando en estos temas cruciales después de abril de 1965. Sabemos por Inti Peredo que en plena vida guerrillera en Bolivia, no sólo continuó investigando y escribiendo, sino que organizaba debates para preparar y profundizar en la formación de los cuadros de la guerrilla para cuando la revolución triunfara, no se cometieran en Bolivia y demás países del Cono Sur, los errores cometidos por los países del campo socialista en la construcción del socialismo y no se perdiera el camino hacia una sociedad desalienada y libre del capital y de sus mecanismos de funcionamiento. Creo que el simple conocimiento de estas cavilaciones del Che, nos puede ayudar a pensar, pues una de las aristas principales de la obra de Ernesto Guevara de la Serna, es invitarnos a pensar con cabeza propia, a indagar, a cuestionar las verdades eternas; a no buscar respuestas incólumes, sin variaciones, sino a sabernos mover en este mundo tan cambiante que nos ha tocado vivir y donde tantas verdades que se han edificado como eternas, entran en crisis y apuntan a desmoronarse y a arrastrar a países enteros a la involución y al capitalismo. Paso a transcribirlas con el propósito de que el lector comprenda que Che continuaba en plena búsqueda, en pleno estudio y análisis, muy alejado de las verdades eternas que nos llegan en los Manuales y que nos obligan a recitar y a aceptar para obtener un aprobado en filosofía o en economía en nuestros institutos y universidades.

Veamos:

> La tendencia del capitalismo monopolista es la de la producción en serie y automática. En estos tipos de producción el obrero no puede bajar ni sobrepasar mucho la norma. La intensificación del trabajo con pago por tiempo, con castigos por no cumplir la norma y pequeños premios por sobrepasarla, es la característica de la producción en serie, y el cumplimiento de una norma de calidad, con salario por tiempo, el de la producción automatizada, donde la maquinaria impone el ritmo. La tendencia de la producción moderna es a hacer menos fuerte físicamente el trabajo del hombre. Nota: Deben existir publicaciones de la OIT o estudios norteamericanos sobre el tema. Se puede comparar con los tipos de salarios de la URSS y los recientes cambios que apuntan al sistema norteamericano moderno.[55]

Refiriéndose a lo afirmado por el Manual citado, en cuanto a la tendencia decreciente del nivel medio salarial, escribe:

---

[55] Ibídem.

> Es uno de los puntos más controvertidos de las afirmaciones de Marx, ya tocado en el (II). Me parece que aquí se impone un estudio en tres partes: la tendencia del capitalismo a rebajar el salario medio; la necesidad de aumentar la venta de productos, lo que tiende al aumento del valor de la fuerza de trabajo; el imperialismo como sistema mundial que tiende a fronterizar países mientras reparte migajas a su clase obrera. Nota: Se puede repasar "Salario, precio y ganancia", y los escritos sobre el tema en el tomo I de *El Capital*. Es necesario estudiar a fondo esta cuestión.[56]

Y en otra nota vinculada a la tendencia decreciente del nivel medio salarial unas páginas después, Che escribe:

> No estoy de acuerdo con esta afirmación para los países imperialistas. Precisamente, el que no sea cierto hace que la masa de trabajadores de los países imperialistas haya dejado de ser la vanguardia de la revolución mundial. Nota: Estadísticas actualizadas. Criterios únicos para determinar el salario real.[57]

Y otra más que da la amplitud de miras del Che para realizar un análisis económico, sé que muchos economistas se escandalizarán al leer esto y se preguntarán qué tiene que ver lo que viene a continuación con la tendencia decreciente del nivel medio salarial:

> La misma observación anterior. Obsérvese la cifra de mortalidad de los Estados Unidos en un período largo de años. Consultar algunos manuales de Sicología Industrial, y ver si hay estadística del esfuerzo exigido por hora de trabajo y por día.[58]

En la parte en que se aborda en el manual la aristocracia obrera, Che escribe:

> Se insiste en el concepto de aristocracia obrera, que es real, pero se ignora la importancia de la "aristocracia obrera del imperialismo", uno de los fenómenos más importantes del momento actual. Nota: Ver el "Imperialismo....etc... [se refiere a *El imperialismo, fase superior del capitalismo*], y aristocracia obrera, índice temático.[59]

---

[56] Ibídem.
[57] Ibídem.
[58] Ibídem.
[59] Ibídem.

En cuanto al porqué el hombre trabaja, escribe Che:

> Hay que examinar el párrafo completo [se refiere al párrafo del Manual citado], en la forma que está escrito es un error, el hombre no trabaja para sí mismo, trabaja para la sociedad de que es parte, cumple con su deber social.[60]

En cuanto al uso de las primas en el sistema del cálculo económico, Che escribe:

> Las diferencias establecidas en cuanto a las primas en empresas y en zonas importantes falsea esta ley [Ley de la distribución con arreglo al trabajo] (y, hasta qué punto será ley?) [...] Todo esto se produce porque han fallado los estímulos morales, es una derrota del socialismo. [...] Sostengo que este es uno de los graves fallos del sistema soviético, pues los estímulos morales son olvidados o relegados.[61]

Hemos dado variados elementos prácticos y teóricos del modo en que Che abordaba y pretendía organizar y estructurar el sistema de incentivación. En sus últimos escritos que he conocido, afirmaba:

> El interés personal debe ser reflejo del interés social, basarse en aquel para movilizar la producción es retroceder ante las dificultades, darle alas a la ideología capitalista. Es en el momento crucial de la URSS, saliendo de una guerra civil larga y costosa, cuando Lenin, angustiado ante el cuadro general, retrocede en sus concepciones teóricas y el comienzo de un largo proceso de hibridación que culmina con los cambios actuales en la estructura de la dirección económica. [...] Pretender elevar la productividad por el estímulo individual es caer más bajo que los capitalistas. Están aumentando la explotación al máximo de esta manera, pero es la técnica la que permite dar los grandes saltos de calidad en cuanto a la productividad.[62]

Nuestra experiencia, en los recientes años en que hemos aplicado el modelo económico soviético o cálculo económico, apunta a presenciar los males, distorsiones, y alejamiento del ideal socialista que Che nos alertó que ocurrirían si no retomábamos la senda de intentar crear un

---

[60] Ibídem.

[61] Ibídem.

[62] Ibídem.

camino propio ajeno a los mecanismos de funcionamiento del capitalismo.[63] En nuestro caso es aún más dramático, porque a noventa millas del imperialismo más agresivo de la historia de la humanidad, los cubanos no podemos darnos el lujo y el derroche de extraviarnos, porque no sólo perdemos la posibilidad de crear una sociedad más humana, más elevada ética y económicamente, sino que podemos perder la independencia, la soberanía, la dignidad, el acceso a la cultura, al trabajo, todo lo que la Revolución de 1959 significó y dio a nuestro pueblo.

---

[63] Esta afirmación de mi parte, no sólo viene avalada por los estudios teóricos que he venido haciendo desde 1969, sino a mi quehacer práctico durante una década (1975-1984) al frente de la dirección económica de una gran empresa nacional estatal [Empresa de Producciones Varias (EMPROVA)], donde hemos aplicado el cálculo económico y hemos podido constatar los cambios que produce, no sólo en las relaciones económicas de producción, sino en la naturaleza humana, en las conductas de los trabajadores, funcionarios y dirigentes a todos los niveles. Che tenía razón en sus convicciones al respecto.

Capítulo 10

Los problemas de dirección, organización y gestión de la producción social en el Sistema Presupuestario de Financiamiento

En las páginas precedentes hemos abordado diversos temas en los que directa o indirectamente se expone la importancia que Che le asignaba a los principios, a las funciones y a los métodos de organización y gestión. En el presente acápite queremos exponer, brevemente, la importancia que Che le confería también a las funciones de control y supervisión.

La actividad práctica y teórica de Che en el periodo 1959-1967,[1] en el proceso de eliminación del capitalismo y la creación del régimen socialista en Cuba, le llevó a concebir y desarrollar el Sistema Presupuestario de Financiamiento. Dicho sistema está formado a su vez por los subsistemas de planificación, organización y normación del trabajo, contabilidad y costos, finanzas, precios, control y supervisión, mecanismos de incentivación, política de cuadros, capacitación, desarrollo científico-técnico, información, estadísticas, dirección y participación de los trabajadores, entre otros.

Al introducirse en el mundo de la organización y la gestión, Che trató otros asuntos: la lucha contra la burocracia, el establecimiento de las instituciones económicas de la sociedad socialista y las relaciones entre ellas, las relaciones entre el Partido y el Estado, las relaciones entre la administración y el sindicato, la utilización del principio del

---

[1] Che no abandonó sus estudios del periodo de transición. Llevó consigo a los campos de batalla, los libros indispensables para su estudio. No se limitó a esto, sino que impartió clases de economía política a sus compañeros en la selva boliviana.

centralismo democrático, los estudios socio-sicológicos de la organización y la gestión, la computación y los métodos económico-matemáticos y la empresa socialista.

Desde octubre de 1959, cuando le fue encomendada la dirección del Departamento de Industrialización del Instituto Nacional de Reforma Agraria, y posteriormente, al hacerse cargo del Banco Nacional y del Ministerio de Industrias, Che se dio a la tarea de articular un subsistema en el que toda la gestión económico-administrativa estuviera sometida al máximo control. Podemos afirmar que fue el primero que estableció un subsistema de control y supervisión riguroso en los agitados y convulsos primeros cinco años de nuestra Revolución.

De cierto modo, el Sistema Presupuestario de Financiamiento, en el aspecto técnico, surgió, se fue delineando y se estableció por el subsistema de control y supervisión.

Che, entre otras materias, estudió concienzudamente la ciencia de la organización, control y gestión de la producción social en Marx, Engels y Lenin. En Marx y Engels halló la exposición de las leyes principales que rigen el tránsito del capitalismo al comunismo y las particularidades generales del socialismo y el comunismo, así como determinados principios fundamentales, algunos de los cuales hemos expuesto en el presente trabajo.

En Lenin, Che se detuvo y lo estudió al detalle pues el líder de la Revolución de Octubre fue el primer marxista que trató y desarrolló los problemas de organización y gestión de la sociedad socialista. Además de aprender los principios leninistas de la organización y la gestión, Che estudió y tomó lo mejor de las técnicas que los monopolios habían implantado en las subsidiarias cubanas.

El subsistema creado por Che abarcaba desde el nivel de la nación hasta el del establecimiento más insignificante. Es digna de estudio la forma en que lo implantó y logró que funcionara en el Ministerio de Industrias. Afirmaba que "sin control no podemos construir el socialismo".[2]

Che pensaba que el Sistema Presupuestario de Financiamiento tenía que poner, entre sus pilares fundamentales, subsistemas de contabilidad general y de costos, con el fin de garantizar una óptima dirección y

---

[2] Guevara: "El trabajo voluntario, escuela de conciencia comunista", discurso en el acto de entrega de Certificados de Trabajo Comunista, 15 de agosto de 1964, *El socialismo y el hombre en Cuba,* Nueva York, Pathfinder, 1992, p. 128.

gestión de las empresas y de todo el aparato estatal. Una buena contabilidad y rigurosos análisis de costos permitirían aprovechar al máximo los recursos materiales, laborales y financieros.

Hoy los costes nos preocupan mucho y tenemos que trabajar sobre ellos insistentemente. Es nuestro modo fundamental de medir la gestión de las unidades o de las empresas cuando los precios se han mantenido fijos. Y a través del coste —cuando son costes llevados por proceso de producción o por unidad producida—, cuando se ha fijado el coste, cualquier administrador puede detectar inmediatamente hasta problemas tecnológicos: mayor consumo de vapor, defectos en una tapadora, por ejemplo, que desperdicia demasiadas chapas; en una máquina que desperdicia envases en el momento del llenado; en una pesa automática que envía una cantidad mayor de productos en una caja. Cualquiera de esas cosas se puede detectar simplemente por el análisis de los costes.

No quiere decir que, además, no tengan que estar todos los controles de tipo tecnológico, pero simplemente tener un análisis de coste bien hecho, le permite a cualquier director de empresa o administrador de unidad dominarla totalmente.[3]

El papel primordial que Che le otorgaba a la contabilidad y a los análisis de costos lo llevaba además a la revisión de los detalles que garantizan en última instancia la confiabilidad del dato elaborado y registrado. Se preocupaba tanto del aspecto técnico como del personal que trabajaría en el aparato económico. Opinaba que los encargados de llevar la contabilidad de una fábrica o de cualquier dependencia estatal debían ser compañeros de una disciplina absoluta porque eran los constantes guardianes del patrimonio nacional, incluso en oposición al director de la empresa.

El problema es que la gente no es perfecta ni mucho menos, y que hay que perfeccionar los sistemas de control para detectar la primera infracción que se produzca, porque ésta es la que conduce a todas las demás. La gente puede ser muy buena, la primera vez, pero cuando basados en la indisciplina cometen actos de sustracciones de tipo personal para reponer a los dos o tres días, después

---

[3] Guevara: "En el programa de televisión 'Información Pública' ", 25 de febrero de 1964, *El Che en la revolución cubana*, La Habana, Ministerio del Azúcar, 1966, tomo V, p. 44.

se va enlazando esto y se convierten en ladrones, en traidores y se van sumiendo cada vez más en el delito.[4]

El sistema de controles, sigue deficiente, tarea ésta más importante de resolver en la empresa por lo atrasada que estaba y que no ha sido satisfecha y adelantada a cabalidad. Entre las tareas fundamentales, el Análisis Económico con énfasis en los Costos y la Disciplina Financiera, no ha sido cumplido por estas razones apuntadas. No se puede hacer un análisis correcto y tampoco de los costos, si no hay una Contabilidad muy precisa que permite actuar para que después la tecnología o la técnica administrativa resuelvan los problemas que se presentan. Una vez más los problemas de los ajustes que ha sido un mal endémico y una lacra a la administración revolucionaria, simplemente por falta de controles y sanciones adecuadas que ha hecho incluso que contadores de larga experiencia profesional que sabían lo que significaba un ajuste en el período capitalista, los hacen actualmente con irresponsabilidad manifiesta, sin el menor escrúpulo. Este tipo de indisciplina permite la existencia de un mercado negro por la vía sencilla de la sustracción al Estado. Es lo que sucede en los almacenes de piezas de repuestos, en todos los lugares donde hay productos susceptibles de ser enviados al mercado, sencillamente por esta vía, por la vía de la indisciplina con falta de controles, creándose bandas organizadas, ladrones [...] hay muchos individuos que pueden ser magníficos funcionarios y honrados en los controles, pero si fallan los controles se convierten en ladrones, pues como conocemos, la naturaleza humana no es perfecta ni mucho menos.[5]

En los consejos de dirección del Ministerio, en las empresas, en las periódicas visitas a las unidades de producción, en las reuniones con los sindicatos y los trabajadores, Che no perdía oportunidad para insistir en la importancia de la organización, el control y la gestión:

> Para todo este proceso organizativo es necesario tener controles muy exactos. Los controles empiezan en la base, empiezan en la

---

[4] Guevara: "Consejos de Dirección: Informe de la Empresa Consolidada de Equipos Eléctricos", 11 de mayo de 1964, *El Che en la revolución cubana,* ed. cit., tomo VI, pp. 106-07.

[5] Guevara: "Informe de la Empresa Consolidada de Tenerías", 8 de agosto de 1964, *El Che en la revolución cubana,* ed. cit., tomo VI, pp. 130 -31.

unidad productiva, y la base estadística suficientemente digna de confianza para sentir la seguridad de que todos los datos que se manejan son exactos, así como el hábito de trabajar con el dato estadístico, saber utilizarlo, que no sea una cifra fría como es para la mayoría de los administradores de hoy, salvo quizás un dato de la producción, sino que es una cifra que encierra toda una serie de secretos que hay que develar detrás de ella. Aprender a interpretar estos secretos es un trabajo de hoy.

Dentro del trabajo de control también todo lo relacionado con los inventarios: cantidad de materias primas y cantidad de productos, o, digamos, piezas de repuesto, de productos terminados que están en una unidad o en una empresa, deben tener una contabilidad perfecta y al día, y que nunca se pierda esa contabilidad, única garantía de que podamos trabajar con cierta soltura de acuerdo con la distancia de donde tenemos que traer nuestros abastecimientos.

Y dentro de los inventarios, también para poder trabajar en una forma científica, hacer el inventario de medios básicos, o de fondos básicos. Es decir: el inventario de todos los equipos que posee la fábrica, para que también se puedan manejar centralmente, para tener una idea clara de su depreciación, o sea del tiempo en que se va a desgastar, del momento en que hay que remplazarlo, y ver dónde y en qué lugar hay un equipo que no se está utilizando al máximo y pueda ser trasladado de un lugar a otro.

[...] tenemos que hacer análisis de costes, cada vez más detallados que nos permitan aprovechar hasta las últimas partículas de trabajo que se pierde del hombre. El socialismo es la racionalización del trabajo...

No se puede dirigir si no se sabe analizar, y no se puede analizar si no hay datos verídicos, y no hay datos verídicos si no hay todo un sistema de recolección de datos confiables, y no hay un sistema de recolección de datos confiables si no hay una preparación de un sistema estadístico con hombres habituados a recoger el dato y transformarlo en números. De manera que ésta es una tarea esencial.[6]

---

[6] Guevara: "En el programa de televisión 'Información Pública' ", 25 de febrero de 1964, *El Che en la revolución cubana*, ed. cit., tomo V, pp. 36-38, 46.

En los acápites anteriores hemos apreciado la importancia que Che le confería a las finanzas. Trabajó para que estas fueran utilizadas en el control. Refiriéndose a este aspecto, dijo:

> La disciplina financiera es uno de los aspectos más importantes de la gestión de las empresas, de las fábricas. Y consiste en todo lo que se refiere a la gestión en cuanto a las finanzas, tenerlo al día, por ejemplo los pagos y los cobros, todos los problemas con los contratos, por ejemplo, un arbitraje que haya que hacer por un producto malo que llega; todas esas cosas constituyen la disciplina financiera, los controles.[7]

Che no percibía la tarea de control y supervisión ceñida sólo a la que tienen que desplegar las diversas instancias administrativas. Pensaba que unida a esta tarea marcha la que los trabajadores, el Sindicato y el Partido tienen que ejercer puntualmente.

La construcción del socialismo y del comunismo era para Che un fenómeno de producción, organización y conciencia. No era sólo una tarea administrativo-técnico-económica, sino una tarea ideológica, técnica, política, económica.

Che opinaba, como Fidel, que hay que preocuparse por producir más con eficiencia y con óptima calidad, y que, simultáneamente, hay que producir al nuevo hombre que construye y crea la nueva sociedad socialista, que es el hombre que produce, dirige, controla y supervisa. Y que hace falta tener control y supervisión para producir con eficiencia y para que el hombre no se nos corrompa.

También el sistema tiene que obtener la óptima comunicación en el colectivo de trabajo. Voy a transcribir un fragmento de un consejo de dirección de Che, donde se puede apreciar lo que Ernesto perseguía y aspiraba:

> Un día que fui a inspeccionar su sistema estaba trabajando,[8] pero a cada rato dejaba el trabajo, se daba una vueltecita, preguntaba una cosa, un sistema de comunicación con la gente que hace que la gente se sienta gente. Y esa es una prueba, la paradoja que

---

[7] Guevara: "Discurso en la Asamblea de Emulación Socialista del Ministerio de Industrias", 22 de octubre de 1964, en *Escritos y discursos,* La Habana, Editorial de Ciencias Sociales, 1985, tomo 8, p. 193.

[8] Se refiere a lo realizado por el compañero Regino Boti en la fábrica que estaba dirigiendo en aquel momento.

nosotros tenemos. Un sistema socialista hecho por la gente, por gente honesta, por gente sacrificada para la gente y que todas esas otras gentes no sienten siempre poner la comunicación. Se siente desligado, siente que todas esas horas de trabajo no son parte de su vida. Y eso hay que romperlo. Hay una parte de esa, que es la parte, digamos, que es la cualidad innata. Es lo Boti o lo Arcos y no todos podemos ser Boti o Arcos, eso es evidente. Y hay otra parte que se aprende. Se aprende porque los capitalistas lo hacen y seguramente ellos no están muy ligados a la masa y no tienen cariño a la masa, ni les importa para nada. Como productor. Pero lo hacen y los sistematizan y tienen especialistas en esos aspectos y desarrollan toda una rama científica que se llama la Psicología Industrial. Nosotros tenemos aquí a la doctora Del Cueto, precisamente para tratar de impulsar al máximo eso, pero muchas veces, vamos a decir siempre ha trabajado sola en todas estas cosas. Y todos ustedes son testigos que ha habido una separación y muchas veces una mucha indiferencia y otras veces desconfianza, a veces de tipo filosófico, porque habían falsos conceptos marxistas de que los hombres son iguales, que no se puede medir la inteligencia del hombre, no se puede medir el carácter del hombre, etc., etc., dogmatismo trasnochado.[9]

---

[9] Guevara: "Reuniones bimestrales, 5 de diciembre de 1964", *El Che en la revolución cubana,* ed. cit., tomo VI, pp. 561- 62.

Capítulo 11

La política de cuadros: la dirección política y el desarrollo del personal administrativo y técnico

¿Cuál era el panorama en los primeros años de la Revolución en cuanto a cuadros se refiere?

Innecesario sería insistir en las características de nuestra revolución, en la forma original, con algunos rasgos de espontaneidad, con que se produjo el tránsito de una revolución nacional libertadora, a una revolución socialista y en el cúmulo de etapas vividas a toda prisa en el curso de este desarrollo, que fue dirigido por los mismos actores de la epopeya inicial del Moncada, pasando por el *Granma* y terminando en la declaración del carácter socialista de la revolución cubana. Nuevos simpatizantes, cuadros, organizaciones, se fueron sumando a la endeble estructura orgánica del movimiento inicial, hasta constituir el aluvión de pueblo que caracteriza nuestra revolución.

Cuando se hizo patente que en Cuba una nueva clase social tomaba definitivamente el mando, se vieron también las grandes limitaciones que tendría en el ejercicio del poder estatal a causa de las condiciones en que encontráramos el estado, sin cuadros para desarrollar el cúmulo enorme de tareas que debían cumplirse en el aparato estatal, en la organización política y en todo el frente económico. [...]

Pero, con el aceleramiento del proceso, ocurrido a partir de la nacionalización de las empresas norteamericanas y, posteriormente, de las grandes empresas cubanas, se produce una verdadera hambre de técnicos administrativos. Se siente, por otro lado, una necesidad angustiosa de técnicos en la producción, debido al éxodo de muchos de ellos, atraídos por mejores posiciones ofrecidas por las compañías imperialistas en otras partes de América o en los mismos Estados Unidos, y el aparato político debe someterse a un intenso esfuerzo, en medio de las tareas de estructuración, para dar atención ideológica a una masa que entra en contacto con la revolución, plena de ansias de aprender.[1]

En estas líneas Che pone de manifiesto la angustiosa situación entonces existente: cuadros forjados en la lucha sin los conocimientos necesarios para administrar; aceleración del enfrentamiento con los yanquis y sus secuelas; éxodo hacia EE.UU. o América Latina de los cuadros intermedios que poseían la teoría y la práctica del *management*; asunción por el pueblo de responsabilidades que hasta ese instante le estuvieron vedadas. No existía una cultura de la administración al margen de los intereses imperialistas.

De este modo, la necesidad de cuadros se convirtió para la Revolución en uno de sus problemas más graves y más difíciles de resolver. Surgió la necesidad simultánea de cuatro tipos de cuadros: el cuadro político, el cuadro militar, el cuadro económico y el cuadro administrativo.

Como un subsistema del Sistema Presupuestario de Financiamiento, está el de la política de cuadros, basado en las ideas de Che sobre lo que debe ser un cuadro revolucionario. Esta es una idea fundamental por sus múltiples y raras conexiones con todo el mecanismo interno que hace posible el desarrollo y avance de la Revolución.

Esbozaremos a continuación algunas de las cualidades que para Che debía tener, cultivar y desarrollar el cuadro para dirigir en la Revolución cubana.

A. *El valor del ejemplo*

Esta cualidad es sumamente importante para Che. En la entrega de Certificados de Trabajo Comunista a los obreros destacados que cumplieron con su compromiso moral lo destacaba:

---

[1] Guevara: "El cuadro, columna vertebral de la Revolución", en *Cuba Socialista*, No. 13, septiembre de 1962. También se encuentra en *Escritos y discursos,* La Habana, Editorial de Ciencias Sociales, 1985, tomo 6, pp. 239-40.

Por eso nosotros lo defendemos con tanto ahínco, por eso nosotros tratamos de ser fieles al principio de que los dirigentes deben ser el ejemplo que ha planteado Fidel en reiteradas oportunidades.

Y hemos venido a este acto también, con el compañero [Orlando] Borrego,[2] a recibir nuestros diplomas. No es un acto pueril y no es un acto de demagogia, es simplemente la demostración necesaria de que nosotros —los que hablamos constantemente de la necesidad imperiosa de crear una nueva conciencia para desarrollar el país y para que se pueda defender frente a las enormes dificultades que tiene y a los grandes peligros que lo amenazan— podamos mostrar nuestro certificado de que estamos siendo conscientes y consecuentes con lo que decimos, y que, por lo tanto, tenemos derecho a pedir algo más de nuestro pueblo.[3]

B. El dirigente debe sentir el trabajo como una necesidad natural

El dirigente que vaya al trabajo a ver cómo puede trabajar ocho horas y si puede dentro de las ocho robarse una y estar pensando en el horario de salida, pues no es dirigente, no sirve, no tiene cualidades, no sirve para el momento ni para el futuro tampoco. En el futuro esa clase de hombres tiene que ir desapareciendo porque evidentemente en el comunismo los controles de este tipo desaparecen, tienen que desaparecer. No puede existir el control para que el hombre trabaje o no, el trabajo debe ser una necesidad natural.[4]

C. El espíritu de sacrificio

Porque eso de creer que el socialismo se va a hacer sin el sacrificio de nadie, en medio de la reacción capitalista, eso es un cuento; eso es imposible, porque alguien se tiene que sacrificar, y todo el mundo tiene que sacrificarse algo de lo que eventualmente podría

---

[2] Orlando Borrego Díaz fue el primer viceministro del Ministerio de Industrias bajo la dirección de Che.

[3] Guevara: "El trabajo voluntario, escuela de conciencia comunista", *El socialismo y el hombre en Cuba,* Nueva York, Pathfinder, 1992, p. 116.

[4] Guevara: "Reuniones bimestrales, 22 de febrero de 1964", *El Che en la revolución cubana,* La Habana, Ministerio del Azúcar, 1966, tomo VI, pp. 453-54.

tener para poder irse desarrollando. Ahora los hombres de vanguardia, en todos los momentos deben ir sacrificándose, hasta que de pronto el sacrificio se transforma en un modo de ser. Porque evidentemente le digo, ya aunque sea un poquito fatuo, poner un ejemplo personal, uno está constantemente metido en el trabajo y ha hecho del trabajo una cosa única.

Es decir, el hecho de no salir en verano a bañarse en una piscina, al cine incluso, pues realmente cuando a uno el trabajo le interesa, está metido en el trabajo, y está viendo que todo ese esquema responde a una tarea muchísimo más interesante que una distracción de un momento dado; es en verdad elegir entre dos distracciones, entre dos lugares o dos formas de interpretar la vida y realmente en un momento dado ya no cuenta, ya es simplemente un modo de ser.

Entonces, no se tiene que llegar al extremo de decir que aquí tenemos que convertirnos todos en gente que no va a ningún lado, y que se transformen en lectores de papeles y en ratones de oficina, pero sí toda esta acción de los hombres de vanguardia tiene que traducirse al principio fuerte, después tiene que traducirse en una cosa natural y se va haciendo el hábito hacia el trabajo, es decir, el momento ese que el trabajo no sea una obligación penosa sino que sea realmente un acto creativo.[5]

D. *La austeridad*

Claro que hay peligros presentes en las actuales circunstancias. No sólo el del dogmatismo, no sólo el de congelar las relaciones con las masas en medio de la gran tarea; también existe el peligro de las debilidades en que se puede caer. Si un hombre piensa que, para dedicar su vida entera a la revolución, no puede distraer su mente por la preocupación de que a un hijo le falte determinado producto, que los zapatos de los niños estén rotos, que su familia carezca de determinado bien necesario, bajo este razonamiento deja infiltrarse los gérmenes de la futura corrupción.

En nuestro caso, hemos mantenido que nuestros hijos deben tener y carecer de lo que tienen y de lo que carecen los hijos del hombre

---

[5] Ibídem, p. 453.

común; y nuestra familia debe comprenderlo y luchar por ello. La revolución se hace a través del hombre, pero el hombre tiene que forjar día a día su espíritu revolucionario.[6]

E. La sensibilidad humana

Porque yo digo una cosa, sistemáticamente yo voy a una fábrica y encuentro una cantidad grande de críticas de todo tipo, críticas que algunas de las cuales realmente indican que hay algo en todo este aparato que hay que arreglar. En una visita a una unidad de calzado en Matanzas, un obrero me dice, "mire cómo estoy de polvo aquí, he pedido un ciclón, alguna forma de resolver este problema o que me cambien de trabajo. Mire cómo estoy, que el asma me va a matar".

Entonces hablo con el jefe de la fábrica y le digo: "Oye, mira este pobre hombre. El asma tiene estas cosas. El asma, donde hay polvo de este tipo, un hombre no puede estar, no se puede hacer esa barbaridad.

"—Pero es que no se puede cambiar.

"—Bueno, pues hay que cambiarlo o si no conseguirle un ciclón.

"—Bueno es que en realidad el hombre no tiene asma, lo que tiene es tuberculosis".

Entonces, ¿qué es lo que pasa? Hay una falta de sensibilidad en estos aspectos.[7]

F. El estar en continuo y permanente contacto con la masa

Pero, al mismo tiempo, estar en continuo y permanente contacto con la masa y, además de eso, compañeros, practicar también el trabajo físico que es muy bueno, y que hace estar en mayor contacto con la masa e impide esa tendencia un poco natural que hay del hombre que se sienta aquí en esta sillita y que, además, si

---

[6] Guevara: "El socialismo y el hombre en Cuba", en el libro del mismo nombre, ed. cit., pp. 69-70.

[7] Guevara: "Reuniones bimestrales, 22 de febrero de 1964", *El Che en la revolución cubana,* ed. cit., tomo VI, p. 443.

heredó una oficina de un antiguo gran industrial tiene aire acondicionado y a lo mejor tiene un termo con café caliente y otro con agua fría, y entonces tiene cierta tendencia a dejar cerrada la puerta del despacho para que el aire caliente no lo moleste. Ese tipo de dirigente sí no sirve para nada, hay que desterrarlo.[8]

G. El capacitarse constantemente

Ahora, eso es fundamental, elemental: capacitación a todos los niveles, tarea esencial del país. [...] Tenemos que plantearnos —claro que esto no va a ser para hoy— un analfabeto de la era de la técnica [es el] sexto grado. Ahora un administrador analfabeto de esta misma era, lo mínimo el bachillerato completo, lo mínimo.[9]

Además, a todos los administradores que están escuchándome o que tengan la desgracia de leer o de enterarse mañana vamos a seguir haciéndoles estudiar de todas maneras, y van a seguir estudiando mientras sean administradores.[10]

H. La discusión colectiva y la responsabilidad de la decisión única

Hace un tiempo se escribió un artículo sobre las tareas del Administrador Revolucionario, todos los conceptos más o menos son conocidos por ustedes y no quiero insistir sobre ellos, pero sí hay uno que es muy importante, que es el concepto de la discusión colectiva, este en que hemos insistido y de la responsabilidad de la decisión y de la responsabilidad única, es decir, que ustedes deben acordarse siempre que son, en el momento de tomar las decisiones de acuerdo con las indicaciones y la línea general del ministerio o de la empresa a que pertenezcan, los capitanes del barco que en ese momento están conduciendo.

---

[8] Guevara: "En el programa de televisión 'Información pública' ", 25 de febrero de 1964, *El Che en la revolución cubana,* ed. cit., tomo V, p. 45.

[9] Gracias a una campaña sistemática de educación para adultos, Cuba se fijó la meta de elevar el nivel educativo de la población general. En 1973 este esfuerzo se concretó con la Batalla por el Sexto Grado, que logró este objetivo aun antes de su meta de 1980. Entonces Cuba lanzó la Batalla por el Noveno Grado.

[10] Guevara: "En el programa de televisión 'Información pública' ", *El Che en la revolución cubana,* ed. cit., tomo V, pp. 41-42.

Sepan individualizar estas dos funciones, compañeros, sepan que se debe discutir y se debe aprender de la discusión y saber discutir inteligentemente, para encontrar todos los conceptos necesarios para tomar la decisión, pero esa decisión, va a ser responsabilidad de ustedes, de lo bueno o de lo malo que hagan, que se haga en todo el centro de trabajo, serán ustedes los responsables en definitiva, de modo que hay que aprender a trabajar colectivamente, pero con un concepto de dirección.[11]

I. El administrador, un cuadro político: necesidad permanente de superarse ideológica y políticamente

Hace bastante tiempo, una vez que tuve que hacer una rectificación pública (aunque la gente no se acuerde mucho de lo que uno dice, por cierto). En un congreso de la Central de Trabajadores de Cuba dije una cosa que hoy digo que es totalmente absurda y es que "El administrador no debe ser, no es un dirigente político como ustedes, es un dirigente administrativo".

Y esa afirmación no solamente es absurda, sino que además está contra los principios que nosotros defendemos en el Sistema Presupuestario. Nosotros tenemos que convertir al administrador en un cuadro político-administrativo de calidad de dirigente.[12]

Otra serie de cualidades que aparecen señaladas a lo largo de los discursos y escritos de Fidel, Raúl Castro, Che y demás dirigentes de la Revolución son, a saber, que dirigir es conducir y educar; poseer y cultivar la modestia, la sencillez, el valor, la firmeza y la honestidad; ser disciplinado y a la vez combativo; saber tener una actitud correcta ante el señalamiento de errores.

La Revolución abrió diversas escuelas de administradores para preparar cultural y técnicamente cuadros para la dirección de las empresas capitalistas nacionalizadas. Para suplir la falta de experiencia y los es-

---

[11] Guevara: "Graduación del Curso de Administradores del Ministerio de Industrias", 21 de diciembre de 1961, *El Che en la revolución cubana,* ed. cit., tomo III, p. 554.

[12] Guevara: "Reuniones bimestrales, 5 de diciembre de 1964", *El Che en la revolución cubana,* ed. cit., tomo VI, pp. 551-52.

casos conocimientos de los administradores, Che ordenó emitir un manual de hojas intercambiables para administradores de fábricas y talleres. Participó en su confección y siguió muy de cerca que se renovaran periódicamente las hojas obsoletas (ver Apéndice).

Como se puede apreciar, en su estructura y contenido, este manual, de por sí, suministraba al administrador los conocimientos necesarios para su labor. Su lectura nos da la naturaleza y profundidad del pensamiento de Che y su forma insuperable de unir la teoría a la práctica, el modo de poner la teoría en función de la práctica, y el genuino estilo leninista y fidelista como forma de enriquecer la teoría y desarrollarla.

Conclusiones

A riesgo de ser repetitivo, he querido recoger a manera de conclusiones las ideas desarrolladas hasta aquí.

1. A lo largo del estudio del pensamiento económico de Che se puede captar en toda su dimensión la importancia de la conjugación dialéctica de tres factores: la inviolabilidad de las leyes generales que rigen la formación económico-social comunista, el aprovechamiento de las experiencias de los países socialistas hermanos, y las características concretas nacionales o de una región. No tener en cuenta el primero de estos factores es caer en brazos del idealismo y del voluntarismo. No prestar atención a los otros dos es hundirse en el desconocimiento dogmático antidialéctico.

2. El socialismo no es un sistema acabado, perfecto en el que se conocen todos los detalles y están inscritas todas las respuestas. Nuestro sistema tiene fallas, deficiencias y aspectos por desarrollar.

   El pensamiento económico-político-ideológico de Che buscó soluciones dentro de los principios socialistas a los problemas concretos de la implantación del régimen socialista en Cuba y a las fallas que se presentan en nuestra sistema.

   Che, siguiendo las orientaciones de Fidel, buscó "fórmulas socialistas a los problemas y no fórmulas capitalistas, porque no nos damos cuenta y empiezan a corroernos, empiezan a contaminarnos".[1]

3. Che realiza en sus trabajos sobre el periodo de transición la síntesis de dos elementos que en la obra de Marx y Engels aparecen indisolublemente ligados, como un todo único. El primero de estos elementos es la producción económica. El segundo es la producción y reproducción del modo de actividad mediante el cual se realiza la producción económica; esto es, las relaciones sociales que los hombres establecen en el proceso de producción y fuera de este.

   La originalidad de Che en este aspecto está en el hecho de haber defendido estos y otros importantes principios del marxismo-leninismo en la teoría económica del periodo de transición al comunismo a partir de las nuevas variables presentes, derivadas del sistema socio-económico-político que le tocó vivir.

4. De la sentencia anterior se deriva que existe una vinculación dialéctica entre el modelo de dirección económica de la sociedad socialista y las formas de la conciencia social que lo acompaña. Las relaciones económicas que emergen de las estructuras del modelo de dirección económica condicionan esencialmente y deciden la configuración y posibilidades de desarrollo de la conciencia social. Por ello, la efectividad del modelo transicional *no* se puede evaluar exclusivamente por la optimización de los recursos a su alcance, ni por el monto cuantitativo de los beneficios y utilidades obtenidos por sus empresas, sino por su capacidad para armonizar los objetivos estratégicos y tácticos, sociales y económicos.

5. El Sistema Presupuestario de Financiamiento creado por Che "es parte de una concepción general del desarrollo de la construcción del socialismo y debe ser estudiado entonces en su conjunto".[2] Ernesto Che Guevara de la Serna desarrolló el Sistema Presupuestario de Financiamiento hasta en la misma lucha guerrillera del Congo y de Bolivia, porque estaba persuadido que el cálculo económico no conducía ni al socialismo ni al comunismo.

---

[1] Discurso de clausura del IV Congreso de la Unión de Jóvenes Comunistas, el 4 de abril de 1982, *Fidel Castro: Discursos en tres congresos*, La Habana, Editora Política, 1982, p. 109.

[2] Guevara: "Reuniones bimestrales, 12 de octubre de 1963", *El Che en la revolución cubana,* La Habana, Ministerio del Azúcar, 1966, tomo VI, p. 387.

Siempre ha sido oscuro el significado de "cálculo económico", cuya significación real parece haber sufrido variaciones en el transcurso del tiempo, lo extraño es que se pretenda hacer figurar esta forma de gestión administrativa de la URSS como una categoría económica definitivamente necesaria. Es usar la práctica como rasero, sin la más mínima abstracción teórica, o peor, en hacer un uso indiscriminado de la apologética. El cálculo económico constituye un conjunto de medidas de control, de dirección y de operación de empresas socializadas, en un período, con características peculiares.[3]

Che llama la atención sobre el contrasentido de los soviéticos: "Todos los residuos del capitalismo son utilizados al máximo para el eliminar el capitalismo. La dialéctica es una ciencia no una jerigonza. Nadie explica científicamente este contrasentido."[4]

6. Para Che:

El socialismo económico sin la moral comunista no me interesa. Luchamos contra la miseria, pero al mismo tiempo luchamos contra la alienación. Uno de los objetivos fundamentales del marxismo es hacer desaparecer el interés, el factor "interés individual" y provecho de las motivaciones sicológicas.

Marx se preocupaba tanto de los hechos económicos como de su traducción en la mente. El llamaba eso un "hecho de conciencia". Si el comunismo descuida los hechos de conciencia puede ser un método de repartición, pero deja de ser una moral revolucionaria.[5]

7. Che pensaba que la transformación de la conciencia humana debía comenzar en la primera fase del periodo de transición del capitalismo al comunismo. Opinaba que la creación de la nueva conciencia social requería el mismo esfuerzo que el que dedicáramos al desarrollo de la base material del socialismo. Y veía en la conciencia un elemento activo, una fuerza material, un motor de desarrollo de la base material y técnica.

---

[3] Guevara: "Notas al *Manual de economía política* de la Academia de Ciencias de la URSS" [inédito].

[4] Ibídem.

[5] Guevara: "Entrevista concedida a Jean Daniel", Argelia, julio de 1963, *El Che en la revolución cubana*, ed. cit., tomo IV, pp. 469-70.

Che estimaba que la sociedad socialista hay que construirla con los hombres que luchan por salir del cieno burgués, pero no sometiéndose a sus motivaciones pasadas. Hay que conjugar lo viejo y lo nuevo de forma dialéctica desde principios socialistas.

8. Como economista revolucionario, Che no perdía de vista por un instante que en el socialismo, la formación de un nuevo tipo de relación humana habría de ser objetivo central de todo esfuerzo, y que los demás factores serían positivos o negativos en la medida en que contribuyeran a acelerarlo o alejarlo. De otro modo se correría el gravísimo riesgo de que la necesidad de trascender la miseria acumulada durante siglos llevara a la vanguardia revolucionaria a situar el éxito productivo como la única meta central, y que perdiera de vista la razón de ser de la Revolución. La persecución de logros puramente económicos podría llevar en tal caso a la aplicación de métodos que, aunque resultaran económicamente exitosos a corto plazo, podrían hipotecar el futuro revolucionario, por el progresivo deterioro del proceso de concientización.

En este sentido, Fidel afirmaba:

> A mi juicio, el desarrollo de la sociedad comunista es algo en que el crecimiento de las riquezas y de la base material tiene que ir aparejado con la conciencia, porque puede ocurrir, incluso, que crezcan las riquezas y bajen las conciencias... y tengo la convicción de que no es sólo la riqueza o el desarrollo de la base material lo que va a crear una conciencia ni mucho menos. Hay países con mucha más riqueza que nosotros, hay algunos. No quiero hacer comparaciones de ninguna clase, no es correcto. Pero hay experiencias de países revolucionarios donde la riqueza avanzó más que la conciencia, y después vienen, incluso, problemas de contrarrevoluciones y cosas por el estilo. Puede haber, quizás, sin mucha riqueza mucha conciencia.[6]

Con clara visión de estos problemas, Che seleccionó cuidadosamente los elementos que integrarían el sistema presupuestario de dirección de la economía, sus formas institucionales, sus mecanismos de control y motivación, etcétera. A noventa millas de las

---

[6] Discurso de clausura del IV Congreso de la Unión de Jóvenes Comunistas, *Fidel Castro: Discursos en tres congresos*, ed. cit., pp. 99-100.

costas imperialistas el socialismo no se podía dar el lujo de "que los árboles impidan ver el bosque y errar el camino".[7]

Para Che:

> El comunismo es un fenómeno de conciencia y no solamente un fenómeno de producción; y que no se puede llegar al comunismo por la simple acumulación mecánica de cantidades de productos puestos a disposición del pueblo. Ahí se llegará a algo, naturalmente, de alguna forma especial de socialismo.
>
> Eso que está definido por Marx como comunismo y lo que se aspira en general como comunismo, a eso no se puede llegar si el hombre no es consciente. Es decir, si no tiene una conciencia nueva frente a la sociedad.[8]

Para Che, "productividad, más producción, conciencia, eso es la síntesis sobre la que se puede formar la sociedad nueva".[9]

9. Uno de los principales méritos teóricos de Che es, sin duda, su comprensión acerca de las complejas relaciones entre la base y la superestructura durante la transición socialista. La forma en que cada una de las nuevas estructuras económicas e instituciones repercute, se expresa y condiciona las motivaciones del hombre corriente, resulta un aspecto vital a ser estudiado en cualquier ensayo sobre el periodo de transición.

Esta comprensión del fenómeno base-superestructura en esa etapa le permitía a Che asumir una posición revolucionaria en relación con la economía socialista, en la que la racionalidad económica *per se* no aparecía como indicador seguro de la transformación revolucionaria. Y le servía a Che para no perder el rumbo y tener muy bien en cuenta las relaciones que se iban desarrollando en la base para que la superestructura correspondiera con la determinación de construir verdaderamente una sociedad ajena a los princi-

---

[7] Guevara: "El socialismo y el hombre en Cuba", *El socialismo y el hombre en Cuba*, Nueva York, Pathfinder, 1992, p. 57.

[8] Guevara: "Reuniones bimestrales, 21 de diciembre de 1963", *El Che en la revolución cubana,* ed. cit., tomo VI, p. 423.

[9] Guevara: "Discurso en homenaje a trabajadores destacados", 21 de agosto de 1962, *Escritos y discursos,* La Habana, Editorial de Ciencias Sociales, 1985, tomo 6, p. 229.

pios capitalistas. Y viceversa. Che tenía como espejo lo que acaecía en la URSS:

> Se sabe desde viejo que es el ser social el que determina la conciencia y se conoce el papel de la superestructura; ahora asistimos a un fenómeno interesante, que no pretendemos haber descubierto pero sobre cuya importancia tratamos de profundizar: la interrelación de la estructura y de la superestructura. Nuestra tesis es que los cambios producidos a raíz de la Nueva Política Económica (NEP) han calado tan hondo en la vida de la URSS que han marcado con su signo toda esta etapa. Y sus resultados son desalentadores: La superestructura capitalista fue influenciando cada vez en forma más marcada las relaciones de producción y los conflictos provocados por la hibridación que significó la NEP se están resolviendo hoy a favor de la superestructura: se está regresando al capitalismo.[10]

10. Che pensaba que la perdurabilidad y el desarrollo de las leyes y categorías económicas del capitalismo perpetúan las relaciones sociales de producción burguesa y con ellas los hábitos de pensamiento y motivaciones de la sociedad capitalista, aunque ahora el fenómeno se ha metamorfoseado bajo formas socialistas. Estas exigencias de Che no eran fruto de un extremismo dogmático, ni del temor al "contagio" capitalista. Al mismo tiempo que denunciaba con vehemencia los peligros implícitos en el intento, por parte de algunos economistas, de entender la economía socialista mediante las categorías de la economía política del capitalismo, él señalaba la posibilidad de apoderarse de las últimas adquisiciones técnico-económicas capitalistas en materia de control, organización y contabilidad de las empresas y la producción.

Sin embargo, Che no propugnaba el uso de categorías de la economía política del capitalismo, tales como mercado, interés, estímulo material directo, beneficio. El pensaba que:

> Todo parte de la errónea concepción de querer construir el socialismo con elementos del capitalismo sin cambiarles *realmente* la significación. Así se llega a un sistema híbrido que arriba a un callejón sin salida difícil perceptiblemente que obliga a

---

[10] Guevara: Prólogo para un libro de economía política que Che escribía en los momentos en que murió. Obra inédita.

nuevas concesiones a las palancas económicas, es decir, al retroceso.[11]

En este sentido es de recalcar también la insistencia de Che en que no se empleasen términos tomados de la economía política capitalista para describir o expresar los fenómenos de la transición. El insistía en esto no sólo por la confusión que implica en el análisis sino porque el empleo de tales categorías va configurando una lógica en la que el pensamiento marxista queda desnaturalizado. "Es muy discutible la existencia de estas llamadas categorías económicas. A los más, se podría decir que son categorías económicas de la URSS, no del socialismo (cálculo económico, por ejemplo)."[12]

11. El Sistema Presupuestario de Financiamiento fue el modo en que se organizó la economía cubana en el sector industrial en una fase muy temprana de la Revolución socialista.

12. Che, para la conformación del sistema, se basó en:
    - las técnicas de computación aplicadas a la economía y a la dirección, y los métodos matemáticos aplicados a la economía;
    - las técnicas de programación y control de la producción;
    - las técnicas del presupuesto como instrumento de planificación y control por medio de las finanzas;
    - las técnicas de control económico por métodos administrativos;
    - las experiencias de los países socialistas.

13. La planificación debe calificarse como la primera posibilidad humana de regir las fuerzas económicas. Constituye el elemento que caracteriza y define en su conjunto al periodo de transición y a la sociedad comunista.

    Este es el punto más débil, pero importante, de la llamada economía política socialista. La Ley fundamental citada puede ser de orden moral, colocarse a la cabeza del programa político del gobierno proletario, pero nunca económico. Por otra parte, ¿cuál

---

[11] Guevara: "Notas al *Manual de economía política* de la Academia de Ciencias de la URSS" [inédito].

[12] Ibídem.

sería esta ley económica fundamental, en caso de existir? Creo que sí existe y que debe considerarse a la planificación como tal. La planificación debe calificarse como la primera posibilidad humana de regir las fuerzas económicas. Esto daría que la ley económica fundamental es la de interpretar y dirigir las leyes económicas del período.

Para mí no está suficientemente claro. Hay que insistir en el tema.[13]

Che pensaba que el plan no se debe reducir a una noción económica, lo cual significaría deformarlo *a priori* y limitar sus posibilidades. El plan, para Che, abarca más bien el conjunto de las relaciones *materiales* (en la acepción que del término da Marx). Por esa razón, la planificación debe contemplar y conjugar dos elementos:

- la creación de las bases para el desarrollo económico de la nueva sociedad, su regulación y control;
- la creación de un nuevo tipo de relaciones humanas, del hombre nuevo.

La eficacia del plan no la podemos enjuiciar solamente por la optimización de la gestión económica y, por ende, por los bienes económicos que posea la sociedad, ni por las ganancias obtenidas en el proceso productivo. Su eficacia estriba en su potencialidad para optimizar la gestión económica en función del objetivo que se persigue: la sociedad comunista. Vale decir, estriba en la medida en que logre que el aparato económico cree la base material de la nueva sociedad y al mismo tiempo coadyuve a la transformación de los hábitos y valores de los hombres que participan en el proceso productivo y ayude a crear e inculcar los nuevos valores comunistas.

14. Che negaba la vigencia rectora de la ley del valor en el periodo de transición al comunismo.

Es posible admitir la existencia en el periodo de transición de una serie de relaciones capitalistas que obligadamente han subsistido. Esto explica, por ejemplo, el hecho de que siga existiendo la ley del valor, por su carácter como ley económica, o sea, como expre-

---

[13] Ibídem.

sión de ciertas tendencias. Pero la caracterización del periodo de transición al comunismo, ni aún en sus primeros momentos, tiene que venir dada por la ley del valor y demás categorías mercantiles que su uso conlleva.

Por el contrario, otros argumentaban algo muy distinto: la posibilidad de utilizar de forma consciente en la gestión económica la ley del valor y demás categorías que implica su uso. Algunos no sólo preconizaban la utilización de la ley del valor y de las relaciones monetario-mercantiles en el sector estatal en el periodo de transición, sino que además afirmaban la necesidad de desarrollar dichas relaciones capitalistas como vehículo para alcanzar la sociedad comunista.

Che rechazaba esa concepción. El libre juego de la ley del valor en el periodo de transición al comunismo implica la imposibilidad de reestructurar las relaciones sociales en su esencia. Significa perpetuar "el cordón umbilical" que une al hombre enajenado con la sociedad. Y conduce cuando más a la aparición de un sistema híbrido donde el cambio trascendental de la naturaleza social del hombre y de la sociedad no llegará a producirse.

15. Un aspecto no menos importante que los abordados hasta ahora lo constituye la relación que ha de existir entre la planificación y las categorías y mecanismos a través de los cuales la planificación ha de expresarse.

La posición de Che en este aspecto es la siguiente: el hecho de que subsista producción mercantil en el periodo de transición durante un determinado tiempo no implica que el plan deba usar mecanismos capitalistas para su funcionamiento y expresarse a través de categorías capitalistas.

> ¿Por qué *desarrollar?* Entendemos que durante cierto tiempo se mantengan las categorías del capitalismo y que este término no puede determinarse de antemano, pero las características del periodo de transición son las de una sociedad que liquida sus viejas ataduras para ingresar rápidamente a la nueva etapa.
>
> La *tendencia* debe ser, en nuestro concepto, a liquidar lo más vigorosamente posible las categorías antiguas entre las que se incluye el mercado, el dinero y, por tanto, la palanca del interés material o, por mejor decir, las condiciones que provocan la existencia de las mismas. Lo contrario haría suponer que la tarea de la construcción del socialismo en una sociedad atrasa-

da, es algo así como un accidente histórico y que sus dirigentes, para subsanar el *error,* deben dedicarse a la consolidación de todas las categorías inherentes a la sociedad intermedia, quedando sólo la distribución del ingreso de acuerdo al trabajo y la tendencia a liquidar la explotación del hombre por el hombre como fundamentos de la nueva sociedad, lo que luce insuficiente por sí solo como factor del desarrollo del gigantesco cambio de conciencia necesario para poder afrontar el tránsito, cambio que deberá operarse por la acción multifacética de todas las nuevas relaciones, la educación y la moral socialista, con la concepción individualista que el estímulo material directo ejerce sobre la conciencia frenando el desarrollo del hombre como ser social.[14]

16. El dinero constituye un producto de las relaciones mercantiles y, por tanto, expresa determinadas relaciones de producción. Es, por ello, una categoría social, históricamente condicionada por dichas relaciones. No es posible destruir en un solo día las relaciones mercantiles; estas están presentes en el periodo de transición. Su presencia será más o menos larga según el ritmo de desarrollo de las nuevas relaciones de producción y según la política que se adopte hacia ellas, pero en todo caso son relaciones que deben ser combatidas. La tendencia debe ser la de que se vayan extinguiendo hasta su total desaparición.

De las cinco funciones que la forma dinero posee en toda producción mercantil, según el estudio de Marx, sólo dos de ellas deben existir en el periodo de transición. La primera es el dinero aritmético, esto es, medida de valores. La segunda es el dinero como medio de circulación y/o distribución entre el Estado y los pequeños propietarios privados que aún subsistan y el pueblo como consumidor. La convicción de Che de que el dinero funcione como dinero aritmético viene avalada, entre otras cosas, por el desarrollo de las técnicas más modernas en lo que a organización, control de dirección y análisis económicos ha desarrollado el sistema imperialista.

---

[14] Guevara: "Planificación y conciencia en la transición al socialismo: Sobre el Sistema Presupuestario de Financiamiento", *El socialismo y el hombre en Cuba,* ed. cit., pp. 97-98. El subrayado es de Che.

17. El Sistema Presupuestario de Financiamiento le otorga a las finanzas un contenido y un papel distintos. Las finanzas dejan de ser el mecanismo mediante el cual se controla, dirige, analiza y organiza la economía. La compulsión financiera se sustituye por una compulsión técnico-administrativa.

    El Sistema Presupuestario de Financiamiento concibe a las empresas como partes de un todo, de una gran empresa: el Estado. Ninguna empresa puede, ni necesita, tener fondos propios. Las empresas pueden tener en el banco cuentas separadas para la extracción y el depósito.

18. El sistema bancario está llamado a desaparecer a largo plazo en el periodo de transición al comunismo. Sobrevivirá durante el periodo en que perduren las relaciones mercantiles porque "la existencia del banco está condicionada a las relaciones mercantiles de producción, por elevado que sea su tipo".[15]

    El que el Sistema Presupuestario de Financiamiento sea partidario de la centralización no entraña que sea el banco, precisamente, el que asuma la máxima responsabilidad de la contabilidad y el control del Estado, ni que dicte la política económica de la nación.

19. Bajo el Sistema Presupuestario de Financiamiento el banco no tiene como función la concesión de créditos, menos aún la de obtener dividendos por conceptos de interés. Cuando el banco cobra determinado interés a las empresas estatales por los fondos suministrados a estas, está cobrando por el uso de un dinero que no le pertenece, función típica de la banca privada. El que lo haga de acuerdo a un plan y no surja la tasa de interés de forma espontánea, como sucede en el capitalismo, no altera en lo más mínimo nuestro razonamiento.

    Los bancos socialistas efectúan una operación fetichista cuando prestan dinero a interés. Prestan el dinero de otra empresa y, en última instancia, es el trabajador el que efectivamente da crédito.

20. Partiendo de los presupuestos explicados en los acápites anteriores, Che hace su incursión en los mecanismos de formación de los precios. Le resulta de inmediato evidente que al estipular los pre-

---

[15] Guevara: "La banca, el crédito y el socialismo", marzo de 1964, *Escritos y discursos,* ed. cit., tomo 8, p. 40.

cios, los mecanismos de control de mercado buscan la coincidencia entre la oferta y la demanda en cada unidad o mercancía, dejando incluso un margen de utilidad para la empresa. De hecho, el plan se doblega, en esta concepción, a la ley del valor y no a la inversa. El mercado, por lo tanto, sigue operando, con la incomodidad propia de un capitalismo concurrencial que fuera víctima de la intromisión estatal en su gestión administrativa. En un sistema centralizado se podrían plantear otras soluciones.

El Sistema Presupuestario de Financiamiento no tiene entre sus métodos el estímulo de la producción mediante el precio, lo cual haría una economía de mercado.

21. Che fue pionero en la denuncia de la injusticia que entraña el intercambio desigual. Fue el promotor de la revisión del orden económico internacional. Expuso en esta primera etapa de la Revolución cubana estos aspectos del pensamiento de Fidel, que se desarrollan y maduran plenamente en la actualidad con sus planteamientos sobre la deuda externa y el nuevo orden económico internacional. Ernesto vinculaba el intercambio desigual y el internacionalismo proletario. Refiriéndose a la división internacional socialista del trabajo dentro del CAME, escribió:

> De nuevo, esta idea, tan justa en su expresión teórica, tropieza con caracterizaciones éticas. Si el internacionalismo proletario presidiera los actos de los gobernantes de cada país socialista, a pesar de ciertos errores de concepto en que pudieran incurrir, sería un éxito. Pero el internacionalismo es reemplazado por el chovinismo (de poca potencia o pequeño país) o la sumisión a la URSS manteniendo las discrepancias entre otras democracias populares (CAME). ¿Cómo puede catalogarse todo esto? Difícil decirlo sin un análisis profundo y documentado de las motivaciones de cada actitud, pero lo cierto es que atentan contra todos los sueños honestos de los comunistas del mundo.

> La referencia a las relaciones económicas con el capitalismo hace pensar en la planificación con vistas a este comercio, donde se deben considerar toda una serie de categorías capitalistas, pero de un modo científico.[16]

---

[16] Guevara: "Notas al *Manual de economía política* de la Academia de Ciencias de la URSS" [inédito].

22. Che comprendía que la nueva conciencia era el resultado de un proceso progresivo de transformación de las estructuras sociales de las que inevitablemente, surge la conciencia. Reconocía que, por tanto, las posibilidades de transformar al hombre estaban dadas —más que por llamados a la conciencia— por la transformación de las relaciones sociales de producción y la correcta selección de las palancas motivadoras de su acción. Para ello Che articuló un sistema basado, entre otros, en los pilares siguientes: el sistema salarial, los estímulos y la emulación.

23. Che pensaba que el sistema salarial debía tener por base el principio del pago con arreglo a la cantidad y calidad del trabajo. Al mismo tiempo debía también potenciar los valores comunistas que iban surgiendo en el proceso revolucionario, potenciar la utilización de los estímulos morales y que la política salarial adoptada hiciera uso de los estímulos materiales heredados del capitalismo aún vigentes, de modo tal que no produjera un desarrollo de estos, sino su eliminación.

    El sistema elaborado por Che conjuntamente con el Ministerio del Trabajo resolvía el caos salarial heredado del capitalismo y acrecentado en los primeros tres años del triunfo revolucionario. Aplicaba los principios marxista-leninistas y se desplegaba dentro de las fórmulas socialistas. El sistema salarial creado por Che sufrió una serie de modificaciones posteriores a abril de 1965 que, unidas a la no observancia de algunas de sus estipulaciones, dieron al traste con aquel.

24. El estímulo constituye un subsistema del Sistema Presupuestario de Financiamiento desarrollado por Che que se desconoce, confunde o identifica con la etapa ulterior a su partida de Cuba. Podemos sintetizar algunos de sus aspectos esenciales, del modo siguiente:

    · La búsqueda de mecanismos de incentivación que difieran de los empleados por el capitalismo está dada por la comprensión de que el socialismo es no sólo un hecho económico sino también un hecho de conciencia.

    > El interés personal debe ser reflejo del interés social, basarse en aquel para movilizar la producción es retroceder ante las dificultades, darle alas a la ideología capitalista. Es en el momento crucial de la URSS, saliendo de una guerra civil larga

y costosa, cuando Lenin, angustiado ante el cuadro general, retrocede en sus concepciones teóricas y el comienzo de un largo proceso de hibridación que culmina con los cambios actuales en la estructura de la dirección económica. [...] Pretender elevar la productividad por el estímulo individual es caer más bajo que los capitalistas. Están aumentando la explotación al máximo de esta manera, pero es la técnica la que permite dar los grandes saltos de calidad en cuanto a la productividad.[17]

- La lenta y compleja transformación ideológica plantea durante un tiempo la contradicción "producción *vs.* conciencia". Es en este periodo cuando los hábitos de pensamiento inculcados por el capitalismo (ambición individual, egoísmo, etcétera) pesan negativamente en el esfuerzo productivo. El cambio de propiedad, o la supresión de la propiedad privada en los medios de producción, se produce en un instante. La adecuación mental al nuevo estado de cosas requiere de un proceso más largo.

- Sin embargo, tiene que haber una utilización inteligente y cualitativamente balanceada del estímulo material y del estímulo moral. El proceso debe tender más a la extinción paulatina y natural del estímulo material que a su supresión. La enunciación de una política de incentivación moral no implica la negación total del estímulo material. Se trata de ir reduciendo —más a través de un intenso trabajo ideológico que de disposiciones burocráticas— el campo de acción de aquel.

- Durante determinado periodo tenemos que emplear los estímulos materiales. Se trata de buscar las variantes menos nocivas de estos, e incluso aquellas que coadyuven a su autoanulación. Che estudió las posibles variantes y aplicó algunas de ellas. Resulta necesario durante la transición una inteligente y revolucionaria combinación de estímulos morales y materiales.

25. Che consideraba la emulación socialista como un elemento fundamental dentro de la estructura de todo el sistema. A la competencia generada por la ley del valor, Che contraponía la competencia fraternal basada en la camaradería socialista que propiciaba la emulación.

---

[17] Ibídem.

Che fue uno de los primeros promotores de la emulación socialista en nuestra patria. Encontró en la emulación el vehículo idóneo para la vinculación del sistema con las masas.

26. En el trabajo cotidiano Che no separaba el trabajo técnico de dirección económica de la labor de formación política e ideológica de las masas.

27. "Sin control no podemos construir el socialismo", dijo Che.[18] En los consejos de dirección del Ministerio de Industrias, en las empresas, en las visitas periódicas a las unidades de producción, en las reuniones con los sindicatos y los trabajadores, Che no perdía la oportunidad para insistir en la importancia de la organización, control y gestión.

28. Che fue el principal impulsor de la implantación de la planificación en Cuba. Fue el artífice de los métodos de control y supervisión, el creador de un sistema de formación de cuadros para la economía que es digno de estudio.

Che dirigió la industria y facilitó en aquella la implantación del sistema socialista de producción. Fue él quien hizo realidad que la industria cubana se organizara bajo los principios de dirección socialista, aplicándolos hasta el nivel del establecimiento o unidad de producción más pequeño.

Che enseñó a los obreros y a los cuadros de dirección el modo de gestión socialista, aplicando brillantemente las ideas que Fidel tenía al respecto.

La Habana
1969-1984

---

[18] Guevara: "El trabajo voluntario, escuela de conciencia comunista", *El socialismo y el hombre en Cuba*, ed. cit., p. 128.

APÉNDICE

MANUAL PARA LOS ADMINISTRADORES

Creemos importante transcribir los principales elementos del "índice general" del manual que Che ayudó a preparar para los administradores de fábricas y talleres, a fin de que el lector tenga una idea cabal del mismo.

Sección 1. Introducción

1. Índice general
2. Objetivos del manual
3. Funcionamiento del manual
4. Responsabilidad del cumplimiento de lo establecido en el manual
5. Inspección sobre la aplicación y cumplimiento del manual
6. Recopilación de sugerencias de los administradores para enriquecer el manual
7. La economía planificada
12. Extracto del reglamento orgánico de las delegaciones provinciales del Ministerio de Industrias (MININD)
14. Reglamento orgánico y organograma de la empresa
15. Reglamento orgánico y organograma de la unidad administrativa y unidad de producción

Nota: Los directores de empresa e institutos y los administradores de unidad administrativa o de producción colocarán las copias de los reglamentos de sus empresas y unidades en los espacios reserva-

dos para los asuntos 14 y 15.
16. El reglamento orgánico de la unidad administrativa o unidad de producción
17. Consejos y comisiones, funciones, caracteres y objetivos
18. El dirigente
19. El administrador

Sección 2. Conceptos fundamentales

2. Análisis de costos
3. Análisis económico
4. Asamblea de producción
9. Cuadros — formación
10. Dirección socialista — principios
11. La disciplina en el trabajo
12. Disciplina financiera
15. Emulación socialista
17. Liberalismo — peligros y daños
19. Productividad
21. Simplificación del trabajo administrativo — método de análisis y enfoque
22. El campo de la aplicación de la justicia laboral y las violaciones de la disciplina del trabajo
24. Superación del administrador en conocimientos técnicos, económicos y políticos
25. Tareas fundamentales del año

Sección 3. Los planes técnico-económico, operativo, perspectivo y de desarrollo técnico

1. El plan técnico-económico
2. El plan operativo
3. El plan perspectivo industrial
4. El plan de desarrollo técnico
5. Introducción al mantenimiento industrial

Sección 4. Funciones del administrador. Deberes, derechos y responsabilidades de los funcionarios y de los trabajadores

1. Funciones del administrador
2. Deberes, derechos y responsabilidades de los funcionarios de la unidad administrativa o de producción
3. Deberes, derechos y responsabilidades de los trabajadores de la unidad administrativa o de producción
5. Asuntos que el administrador debe aprobar personalmente
6. Asuntos que el administrador debe delegar
7. Asuntos que el administrador debe supervisar personalmente
8. Interrelaciones y niveles de decisión
9. Sobre la necesidad de detectar y seleccionar futuros cuadros

Sección 5. La gestión técnico-económica del administrador

1. Control de inventarios: tarea fundamental del Ministerio de Industrias
2. Adelantos mundiales en la tecnología y en nuevos productos
3. Capacidad o potencial productivo de la unidad administrativa o de producción
7. La comisión de arbitraje
10. Gestión continua de ahorros y rebajas de los costos de producción
11. Inversiones
12. Índices fundamentales de control técnico-económico
17. Visitas a los talleres y otras unidades organizativas de la unidad administrativa o de producción
18. Cuentas bancarias
19. Inspecciones-informes

Sección 6. Características requeridas en el administrador

1. Cualidades personales que debe cultivar el administrador
2. Defectos que debe superar el administrador
3. Ejemplos administrativos que debe dar el administrador
4. Aprovechamiento del tiempo de trabajo
6. Formación del carácter

Sección 7. Organización, métodos efectivos de trabajo y técnicas administrativas

1. Dirección del trabajo
2. Organización y técnica del trabajo de los dirigentes
3. Organización de flujos de producción
4. Glosario de términos usados en organización
5. Directrices — métodos para tomar decisiones
6. Representación gráfica de informes estadísticos
7. El arte de delegar autoridad
8. Guías para delegar autoridad
9. Fórmula convencional de "1+1"
10. Principios de organización
11. Principios de dirección
12. Despachos
13. Seguimiento de asuntos pendientes de estudio, de contestación, de control o de decisión
15. Jineteo — Sustituto erróneo de una actividad organizada
17. Estadística — concepto y uso
    18. Métodos de dirección en la administración

Sección 8. Capacitación

2. Adiestramiento de jefes de despacho y/o secretarios
3. Bibliografía mínima de estudio y lectura para el administrador
4. La planificación, ejecución y control de la capacitación en la unidad administrativa o de producción — la comisión de educación

Sección 9. Desarrollo técnico

2. Control de calidad
3. Invenciones e innovaciones
4. Metrología
5. Normalización técnica
6. Desarrollo de maquinarias

Sección 10. Comunicaciones

1. Comunicaciones
2. Actas de reuniones — recomendaciones generales
3. Correspondencia
5. Murales, pizarras de aviso, etc. — uso adecuado
6. El teléfono
7. Organización y normas de funcionamiento de los consejos

Sección 11. Legislación laboral y asuntos del personal

1. Objetivo de esta sección de legislación laboral y asuntos del personal
2. Relación de leyes, decretos y resoluciones laborales
4. El jefe de personal
5. La Comisión Disciplinaria Administrativa
7. Ausentismo — clasificación
8. Contratación de personal — escolaridad mínima
9. Separación de personal dirigente de las unidades administrativas o de producción y demás dependencias del ministerio en las provincias
10. Plazas vacantes — reglas sobre amortización o mantenimiento de las mismas

Sección 12. Normación del trabajo

1. Introducción a la normación del trabajo
2. Primas por sobrecumplimiento de las normas de trabajo
3. Producción defectuosa — formas de pago
4. Pagos de periodos de interrupción de la producción
5. Orientaciones sobre las normas y la escala salarial

Sección 13. Escalas salariales

1. Introducción al sistema de escalas salariales
2. Escala salarial en vigor para obreros y trabajadores administrativos
3. Pago a los aprendices y sus maestres

Sección 14. Emulación socialista

Sección 15. Trabajo voluntario

1. Comunicado conjunto de los Ministerios de Industrias, Justicia y de la Industria Azucarera y la CTC-Revolucionaria sobre el trabajo voluntario

Sección 16. Consejo de Industrias Locales (Cilo)

1. Organización de los Cilos
2. Sanciones por ausentismo en las clases de superación administrativa de los Cilos

Sección 17. Relaciones en general

2. Relaciones con las organizaciones revolucionarias y de masa
3. Relaciones con el partido
4. Relaciones con el sindicato
5. Relaciones con las delegaciones provinciales del MININD
6. Relaciones con el Cilo
8. Relaciones con los superiores jerárquicos
9. Relaciones con los funcionarios de la empresa

Sección 18. Seguridad e higiene del trabajo

1. Introducción a la seguridad e higiene del trabajo
2. Decreto ministerial No. 21 — prestación de seguridad establecida por la Ley 1 100
3. Cromatismo industrial — aplicación
4. Inspecciones de seguridad e higiene del trabajo

Sección 19. Defensa popular y protección de la fábrica

1. Introducción a la defensa popular — su papel, organización y funcionamiento en tiempo de paz y durante la guerra
2. Prevención de incendios
3. Cómo deben distribuirse las actividades de un programa de prevención de accidentes

Bibliografía[*]

Álvarez Rom, Luis: "Sobre el método de análisis de los sistemas de financiamiento". En revista *Cuba Socialista*, No. 35, La Habana, julio de 1964.

Bekarevich, Anatoli Danilovich: *El gran octubre y la revolución cubana*. La Habana, Editorial de Ciencias Sociales, 1982.

Berri, L.: *Planificación de la economía socialista*. Moscú, Editorial Progreso, 1975.

Bettelheim, Charles: *Formas y métodos de la planificación socialista y nivel de desarrollo de las fuerzas productivas*. La Habana, Publicaciones económicas, 1966.

_____: *Los marcos socio-económicos y la organización de la planificación social*. La Habana, Publicaciones económicas, 1966.

Brus, Wlodzimierz: *El funcionamiento de la economía socialista*. Barcelona, Colección OIKOS, 1966.

Castro Ruz, Fidel: Documentos, discursos, cartas, conferencias y libros publicados sobre el periodo comprendido entre 1953 y junio de 1984.

Castro Ruz, Raúl: Discursos publicados hasta la fecha.

---

[*] Para la elaboración de la presente investigación hemos consultado, leído y estudiado innumerables libros, documentos, artículos, etcétera. Sólo vamos a relacionar aquellos que tuvieron directa o indirecta incidencia en nuestra obra.

Cerniansky, V.: *Economía del comercio exterior socialista*. La Habana, Editora Universitaria, 1965.

Ciolkwna, Auna y Strzoda, Joachim: *Planificación en la empresa industrial*. La Habana, Editora Universitaria, 1965.

Darushenkov, Oleg: *Cuba, el camino de la revolución*. Moscú, Editorial Progreso, 1978.

Dobb, Maurice: *El cálculo económico en una economía socialista*. Barcelona, Ediciones Ariel, 1970.

Engels, Federico: *Anti-Dühring*. Montevideo, Ediciones Pueblos Unidos, 1960.

_____: "Carlos Marx". En Carlos Marx y Federico Engels: *Obras escogidas*. Moscú, Editorial Progreso, 1973-76, tomo III, pp. 80-90.

_____: "Del socialismo utópico al socialismo científico". Ibídem, pp. 98-141.

_____: "Discurso ante la tumba de Marx". Ibídem, pp. 171-73.

_____: "El origen de la familia, la propiedad privada y el estado". Ibídem, 203-352.

Guevara, Ernesto Che:

_____: *El Che en la revolución cubana*. La Habana, Editorial Ministerio del Azúcar, 1966. Esta recopilación en siete tomos es la más completa de la obra de Guevara. A continuación se enumera el contenido de los primeros seis tomos (el tomo siete, aunque estudiado, no lo mencionaremos por tratarse de su pensamiento guerrillero). Relacionaremos los materiales respetando el orden dado por el editor. Los subtítulos en cursivas corresponden a las subdivisiones en ellos incluidas.[1]

---

[1] La mayoría de las obras de Guevara puede hallarse también en la colección en nueve tomos titulada *Ernesto Che Guevara: Escritos y discursos*, publicada en La Habana en 1985 por la Editorial de Ciencias Sociales. Además, *El Socialismo y el hombre en Cuba*, publicado por Pathfinder, contiene los siguientes artículos de Che Guevara: "El socialismo y el hombre en Cuba", "Planificación y conciencia en la transición al socialismo: Sobre el Sistema Presupuestario de Financiamiento", y "El trabajo voluntario, escuela de conciencia comunista".

Tomo I

Cuestiones internacionales

_____: "La República Árabe Unida: un ejemplo", pp. 1-6

_____: "La India: país de grandes contrastes", pp. 7-12.

_____: "Recupérase Japón de la tragedia atómica", pp. 13-18.

_____: "Indonesia y la sólida unidad de su pueblo", pp. 19-24.

_____: "Intercambio comercial y amistad con Ceilán y Pakistán", pp. 25-29.

_____: "Yugoslavia, un pueblo que lucha por sus ideales", pp. 31-36.

_____: "América, desde el balcón afroasiático", pp. 37-40.

_____: "Cuba: excepción histórica o vanguardia en la lucha anticolonialista", pp. 41-58.

_____: "Cuba y el plan Kennedy", pp. 59-76.

_____: "La Conferencia para el Comercio y Desarrollo en Ginebra", pp. 77-85.

Problemas de la construcción del socialismo en Cuba

_____: "Rumbos de la industrialización" (antes inédito), pp. 87-93.

_____: "Discusión colectiva; decisión y responsabilidades únicas", pp. 95-113.

_____: "Tareas industriales de la revolución en los años venideros", pp. 115-36.

_____: "El cuadro, columna vertebral de la revolución", pp. 137-43.

_____: "Contra el burocratismo", pp. 145-53.

_____: "Consideraciones sobre los costos de producción como base del análisis económico en las empresas sujetas al sistema presupuestario", pp. 155-65.

_____: "Sobre la ley del valor, contestando algunas afirmaciones sobre el tema", pp. 167-75.

_____: "Sobre el Sistema Presupuestario de Financiamiento", pp. 177-212.

_____: "La banca, el crédito y el socialismo", pp. 213-34.

_____: "La planificación socialista, su significado", pp. 235-48.

_____: "Cuba, su economía, su comercio exterior, su significado en el mundo actual", pp. 249-65.

_____: "El socialismo y el hombre en Cuba", pp. 267-86.

Crítica periodística

_____: "El francotirador", p. 287.

_____: "El payaso macabro y otras alevosías", pp. 289-91.

_____: "El más peligroso enemigo y otras boberías", pp. 293-95.

_____: "El desarme continental y otras claudicaciones", pp. 297-99.

_____: "No seas bobo, compadre, y otras advertencias", pp. 301-02.

_____: "La democracia representativa sudcoreana y otras mentiras", pp. 303-05.

_____: "Cacareco, los votos argentinos y otros rinocerontes", pp. 307-09.

_____: "Los dos grandes peligros: los aviones piratas y otras violaciones", pp. 311-13.

_____: "El salto de rana, los organismos internacionales y otras genuflexiones", pp. 315-16.

_____: "Moral y disciplina de los combatientes revolucionarios", pp. 317-22.

Consejos al combatiente

_____: "Solidaridad en el combate", pp. 323-27.

_____: "El aprovechamiento del terreno", pp. 329-38.

Historia de la revolución

_____: "Camilo", pp. 339-44.

_____: "Un pecado de la revolución", pp. 345-50.

_____: "Notas para el estudio de la ideología de la revolución cubana", pp. 351-61.

Prólogos

_____: "Al libro *Biografía del tabaco habano*", pp. 363-65.

_____: "Al libro *El partido marxista-leninista*", pp. 367-78.

_____: "Al libro *Guerra del pueblo, ejército del pueblo*", pp. 379-86.

_____: "Cartas", pp. 387-460.

Tomo II

Discursos

_____: "Discurso pronunciado en el acto en su honor, organizado por el Colegio Médico" (texto completo publicado en el periódico *Revolución,* el 16 de enero de 1959), pp. 1-4.

_____: "Discurso pronunciado en el acto organizado por la Central de Trabajadores de Cuba para rendirle homenaje" (resumen publicado en el periódico *Hoy* el 20 de enero de 1959), pp. 5-7.

_____: "Conferencia pronunciada en la Sociedad Nuestro Tiempo titulada 'Proyecciones sociales del Ejército Rebelde' ", el 27 de enero de 1959 (versión taquigráfica), pp. 9-21.

_____: "Comparecencia en el programa de televisión 'Comentarios Económicos' " (resumen publicado en el periódico *Revolución* el 12 de febrero de 1959), pp. 23-26.

_____: "Discurso pronunciado en la conferencia organizada por Unidad Femenina Revolucionaria, en la Escuela Normal" (resumen publicado en el periódico *Hoy* el 12 de abril de 1959), pp. 27-29.

_____: "Breves palabras pronunciadas en el acto de clausura de la exposición de productos cubanos en la Escuela de Medicina de la Universidad de La Habana" (resumen publicado en el periódico *Hoy* el 19 de abril de 1959), pp. 31-32.

_____: "Discurso pronunciado en el acto de graduación del primer grupo de soldados que terminaron su entrenamiento militar en la Escuela de Reclutas de la Fortaleza de La Cabaña" (resumen publicado en el periódico *Hoy* el 29 de abril de 1959), pp. 33-35.

_____: "Comparecencia en el programa de televisión 'Telemundo Pregunta' " (resumen publicado en el periódico *Revolución* el 29 de abril de 1959), pp. 37-46.

_____: "Discurso pronunciado en el acto del Primero de Mayo en Santiago de Cuba" (versión taquigráfica), pp. 47-55.

_____: "Discurso pronunciado en el acto organizado por las milicias obreras y populares de Bejucal, el 3 de mayo de 1959" (resumen publicado en el periódico *Hoy* el 7 de mayo de 1959), pp. 57-58.

_____: "Conferencia pronunciada en el Salón Teatro de la Universidad de La Habana, organizada por la Asociación de Alumnos de la Facultad de Arquitectura" (resumen publicado en el periódico *Revolución* el 26 de mayo de 1959), pp. 59-62.

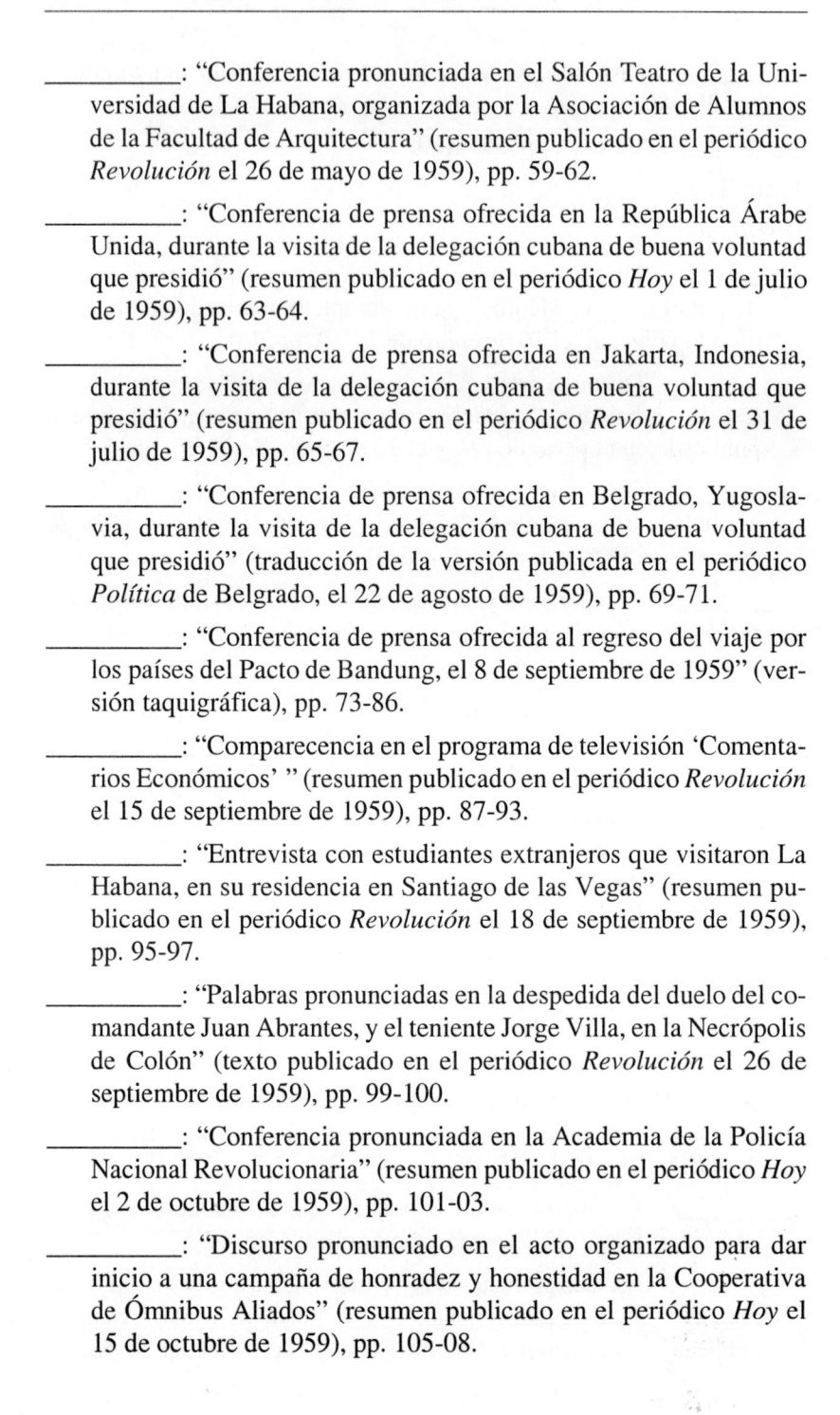

_____: "Conferencia de prensa ofrecida en la República Árabe Unida, durante la visita de la delegación cubana de buena voluntad que presidió" (resumen publicado en el periódico *Hoy* el 1 de julio de 1959), pp. 63-64.

_____: "Conferencia de prensa ofrecida en Jakarta, Indonesia, durante la visita de la delegación cubana de buena voluntad que presidió" (resumen publicado en el periódico *Revolución* el 31 de julio de 1959), pp. 65-67.

_____: "Conferencia de prensa ofrecida en Belgrado, Yugoslavia, durante la visita de la delegación cubana de buena voluntad que presidió" (traducción de la versión publicada en el periódico *Política* de Belgrado, el 22 de agosto de 1959), pp. 69-71.

_____: "Conferencia de prensa ofrecida al regreso del viaje por los países del Pacto de Bandung, el 8 de septiembre de 1959" (versión taquigráfica), pp. 73-86.

_____: "Comparecencia en el programa de televisión 'Comentarios Económicos' " (resumen publicado en el periódico *Revolución* el 15 de septiembre de 1959), pp. 87-93.

_____: "Entrevista con estudiantes extranjeros que visitaron La Habana, en su residencia en Santiago de las Vegas" (resumen publicado en el periódico *Revolución* el 18 de septiembre de 1959), pp. 95-97.

_____: "Palabras pronunciadas en la despedida del duelo del comandante Juan Abrantes, y el teniente Jorge Villa, en la Necrópolis de Colón" (texto publicado en el periódico *Revolución* el 26 de septiembre de 1959), pp. 99-100.

_____: "Conferencia pronunciada en la Academia de la Policía Nacional Revolucionaria" (resumen publicado en el periódico *Hoy* el 2 de octubre de 1959), pp. 101-03.

_____: "Discurso pronunciado en el acto organizado para dar inicio a una campaña de honradez y honestidad en la Cooperativa de Ómnibus Aliados" (resumen publicado en el periódico *Hoy* el 15 de octubre de 1959), pp. 105-08.

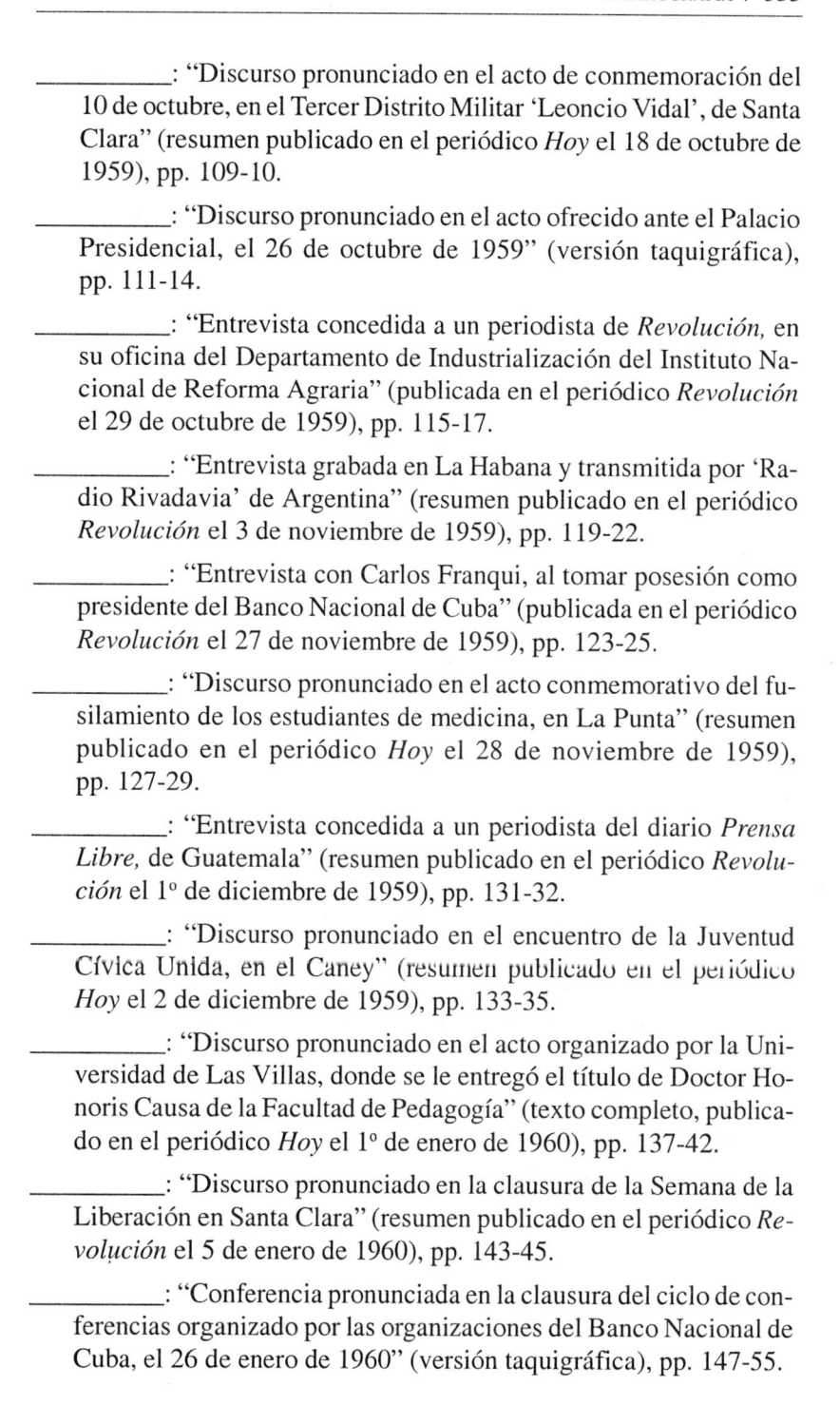

_____: "Discurso pronunciado en el acto de conmemoración del 10 de octubre, en el Tercer Distrito Militar 'Leoncio Vidal', de Santa Clara" (resumen publicado en el periódico *Hoy* el 18 de octubre de 1959), pp. 109-10.

_____: "Discurso pronunciado en el acto ofrecido ante el Palacio Presidencial, el 26 de octubre de 1959" (versión taquigráfica), pp. 111-14.

_____: "Entrevista concedida a un periodista de *Revolución*, en su oficina del Departamento de Industrialización del Instituto Nacional de Reforma Agraria" (publicada en el periódico *Revolución* el 29 de octubre de 1959), pp. 115-17.

_____: "Entrevista grabada en La Habana y transmitida por 'Radio Rivadavia' de Argentina" (resumen publicado en el periódico *Revolución* el 3 de noviembre de 1959), pp. 119-22.

_____: "Entrevista con Carlos Franqui, al tomar posesión como presidente del Banco Nacional de Cuba" (publicada en el periódico *Revolución* el 27 de noviembre de 1959), pp. 123-25.

_____: "Discurso pronunciado en el acto conmemorativo del fusilamiento de los estudiantes de medicina, en La Punta" (resumen publicado en el periódico *Hoy* el 28 de noviembre de 1959), pp. 127-29.

_____: "Entrevista concedida a un periodista del diario *Prensa Libre*, de Guatemala" (resumen publicado en el periódico *Revolución* el 1º de diciembre de 1959), pp. 131-32.

_____: "Discurso pronunciado en el encuentro de la Juventud Cívica Unida, en el Caney" (resumen publicado en el periódico *Hoy* el 2 de diciembre de 1959), pp. 133-35.

_____: "Discurso pronunciado en el acto organizado por la Universidad de Las Villas, donde se le entregó el título de Doctor Honoris Causa de la Facultad de Pedagogía" (texto completo, publicado en el periódico *Hoy* el 1º de enero de 1960), pp. 137-42.

_____: "Discurso pronunciado en la clausura de la Semana de la Liberación en Santa Clara" (resumen publicado en el periódico *Revolución* el 5 de enero de 1960), pp. 143-45.

_____: "Conferencia pronunciada en la clausura del ciclo de conferencias organizado por las organizaciones del Banco Nacional de Cuba, el 26 de enero de 1960" (versión taquigráfica), pp. 147-55.

_____: "Discurso pronunciado en el acto de homenaje a José Martí, en el Hemiciclo de la Cámara, Capitolio Nacional, el 28 de enero de 1960" (versión taquigráfica), pp. 157-62.

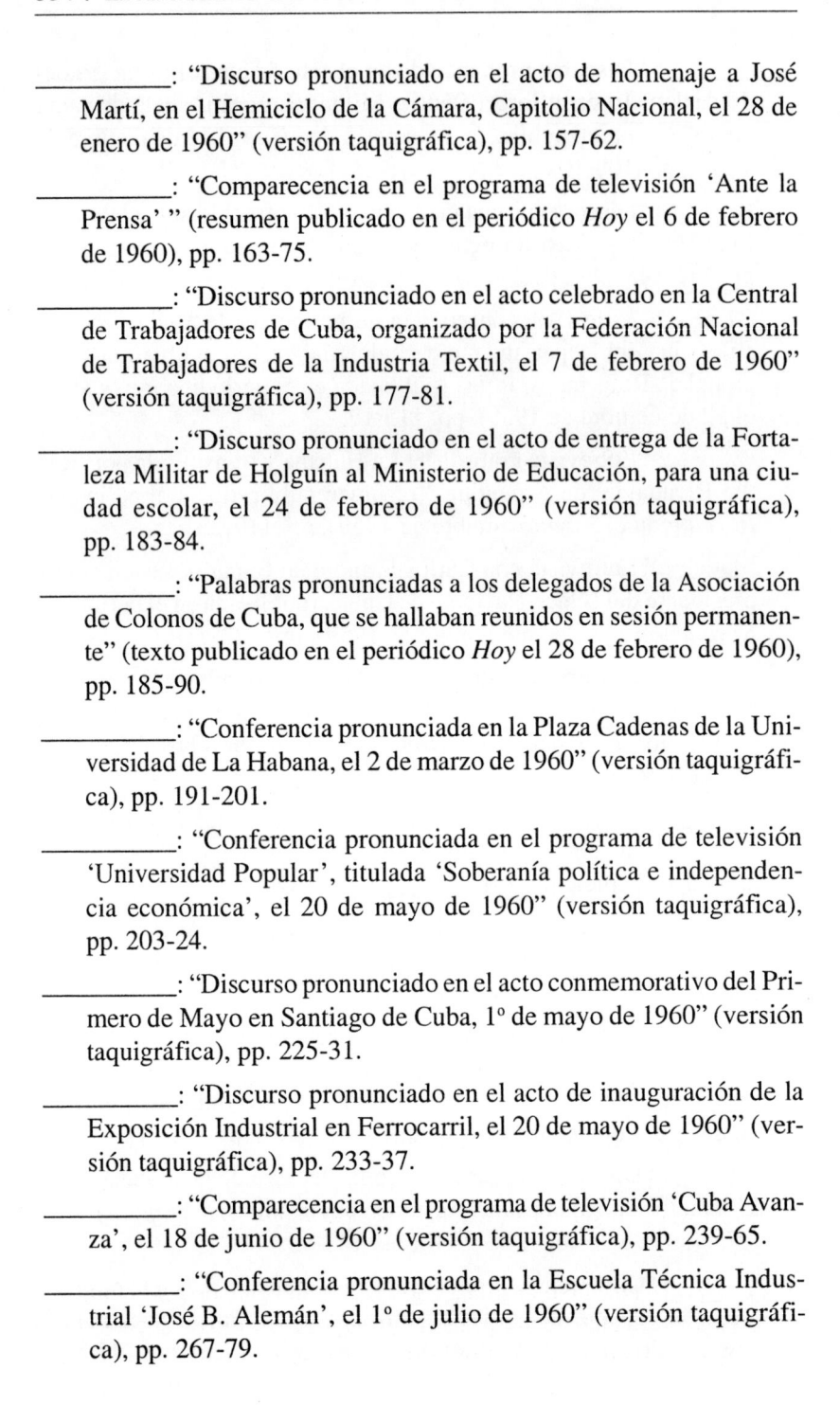

_____: "Comparecencia en el programa de televisión 'Ante la Prensa'" (resumen publicado en el periódico *Hoy* el 6 de febrero de 1960), pp. 163-75.

_____: "Discurso pronunciado en el acto celebrado en la Central de Trabajadores de Cuba, organizado por la Federación Nacional de Trabajadores de la Industria Textil, el 7 de febrero de 1960" (versión taquigráfica), pp. 177-81.

_____: "Discurso pronunciado en el acto de entrega de la Fortaleza Militar de Holguín al Ministerio de Educación, para una ciudad escolar, el 24 de febrero de 1960" (versión taquigráfica), pp. 183-84.

_____: "Palabras pronunciadas a los delegados de la Asociación de Colonos de Cuba, que se hallaban reunidos en sesión permanente" (texto publicado en el periódico *Hoy* el 28 de febrero de 1960), pp. 185-90.

_____: "Conferencia pronunciada en la Plaza Cadenas de la Universidad de La Habana, el 2 de marzo de 1960" (versión taquigráfica), pp. 191-201.

_____: "Conferencia pronunciada en el programa de televisión 'Universidad Popular', titulada 'Soberanía política e independencia económica', el 20 de mayo de 1960" (versión taquigráfica), pp. 203-24.

_____: "Discurso pronunciado en el acto conmemorativo del Primero de Mayo en Santiago de Cuba, 1º de mayo de 1960" (versión taquigráfica), pp. 225-31.

_____: "Discurso pronunciado en el acto de inauguración de la Exposición Industrial en Ferrocarril, el 20 de mayo de 1960" (versión taquigráfica), pp. 233-37.

_____: "Comparecencia en el programa de televisión 'Cuba Avanza', el 18 de junio de 1960" (versión taquigráfica), pp. 239-65.

_____: "Conferencia pronunciada en la Escuela Técnica Industrial 'José B. Alemán', el 1º de julio de 1960" (versión taquigráfica), pp. 267-79.

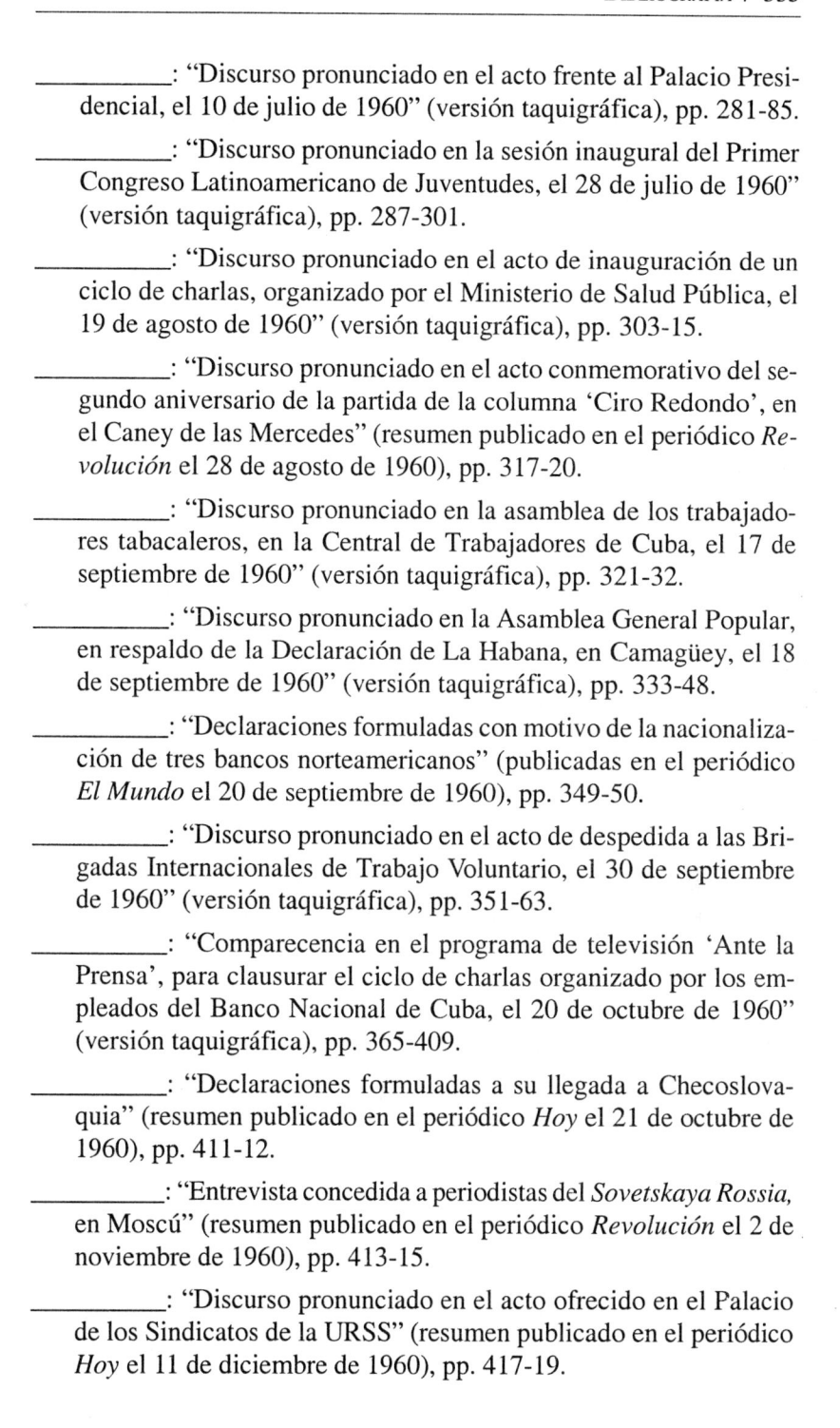

_____: "Discurso pronunciado en el acto frente al Palacio Presidencial, el 10 de julio de 1960" (versión taquigráfica), pp. 281-85.

_____: "Discurso pronunciado en la sesión inaugural del Primer Congreso Latinoamericano de Juventudes, el 28 de julio de 1960" (versión taquigráfica), pp. 287-301.

_____: "Discurso pronunciado en el acto de inauguración de un ciclo de charlas, organizado por el Ministerio de Salud Pública, el 19 de agosto de 1960" (versión taquigráfica), pp. 303-15.

_____: "Discurso pronunciado en el acto conmemorativo del segundo aniversario de la partida de la columna 'Ciro Redondo', en el Caney de las Mercedes" (resumen publicado en el periódico *Revolución* el 28 de agosto de 1960), pp. 317-20.

_____: "Discurso pronunciado en la asamblea de los trabajadores tabacaleros, en la Central de Trabajadores de Cuba, el 17 de septiembre de 1960" (versión taquigráfica), pp. 321-32.

_____: "Discurso pronunciado en la Asamblea General Popular, en respaldo de la Declaración de La Habana, en Camagüey, el 18 de septiembre de 1960" (versión taquigráfica), pp. 333-48.

_____: "Declaraciones formuladas con motivo de la nacionalización de tres bancos norteamericanos" (publicadas en el periódico *El Mundo* el 20 de septiembre de 1960), pp. 349-50.

_____: "Discurso pronunciado en el acto de despedida a las Brigadas Internacionales de Trabajo Voluntario, el 30 de septiembre de 1960" (versión taquigráfica), pp. 351-63.

_____: "Comparecencia en el programa de televisión 'Ante la Prensa', para clausurar el ciclo de charlas organizado por los empleados del Banco Nacional de Cuba, el 20 de octubre de 1960" (versión taquigráfica), pp. 365-409.

_____: "Declaraciones formuladas a su llegada a Checoslovaquia" (resumen publicado en el periódico *Hoy* el 21 de octubre de 1960), pp. 411-12.

_____: "Entrevista concedida a periodistas del *Sovetskaya Rossia*, en Moscú" (resumen publicado en el periódico *Revolución* el 2 de noviembre de 1960), pp. 413-15.

_____: "Discurso pronunciado en el acto ofrecido en el Palacio de los Sindicatos de la URSS" (resumen publicado en el periódico *Hoy* el 11 de diciembre de 1960), pp. 417-19.

Tomo III

_____: "Discurso pronunciado durante su visita a la Planta de Nicaro" (resumen publicado en el periódico *Revolución* el 1 de enero de 1961), pp. 1-2.

_____: "Comparecencia ante las cámaras y micrófonos de la 'Cadena de la Libertad', el 6 de enero de 1961" (versión taquigráfica), pp. 3-56.

_____: "Discurso pronunciado en el acto organizado para recibir a las milicias, a su regreso de las trincheras, en Cabañas, Pinar del Río, el 22 de enero de 1961" (versión taquigráfica), pp. 57-65.

_____: "Discurso pronunciado en el acto de clausura de la Convención Nacional de los Consejos Técnicos Asesores, en el Círculo Social Obrero 'Charles Chaplin', el 11 de febrero de 1961" (versión taquigráfica), pp. 67-70.

_____: "Discurso pronunciado en el acto de entrega de premios a los obreros que se han destacado en la producción, en el Salón de Actos del Ministerio de Industrias, el 22 de febrero de 1961" (versión taquigráfica), pp. 71-76.

_____: "Entrevista concedida a un periodista del periódico *Revolución*, al ser designado Ministro de Industrias" (publicada en el periódico *Revolución* el 27 de febrero de 1961), pp. 77-80.

_____: "Conferencia pronunciada en el Cine-Teatro MINFAR, titulada 'El papel de la ayuda exterior en el desarrollo de Cuba', el 9 de marzo de 1961" (versión taquigráfica), pp. 81-101.

_____: "Discurso pronunciado en el Encuentro Nacional Azucarero, celebrado en el Stadium de Santa Clara, el 28 de marzo de 1961" (versión taquigráfica), pp. 103-14.

_____: "Discurso pronunciado en la inauguración de la fábrica de lápices 'José A. Fernández', en Batabanó" (resumen publicado en el periódico *Revolución* el 1º de abril de 1961), pp. 115-16.

_____: "Declaraciones formuladas en la reunión sobre el problema de las piezas de repuesto, en el Salón de Actos del Ministerio de Industrias" (resumen publicado en el periódico *Revolución* el 10 de abril de 1961), pp. 117-20.

_____: "Palabras pronunciadas en el acto de entrega de los productos de la exposición china al Gobierno Revolucionario" (resumen publicado en el periódico *Hoy* el 30 de abril de 1961), pp. 121-22.

_____: "Conferencia pronunciada en el programa de televisión 'Universidad Popular' titulada 'La economía en Cuba', el 30 de abril de 1961" (versión taquigráfica), pp. 123-81.

_____: "Discurso pronunciado en el acto conmemorativo del asesinato de Antonio Guiteras, en los salones de la Industria Eléctrica, el 8 de mayo de 1961" (versión taquigráfica), pp. 183-202.

_____: "Entrevista con 47 extranjeros que visitaron Cuba, junto con el Comandante Raúl Castro, en Santiago de Cuba" (resumen publicado en el periódico *Revolución* el 24 de mayo de 1961), pp. 203-04.

_____: "Discurso pronunciado en el acto organizado con motivo de la visita del general Enrique Líster, en el Centro Gallego, el 2 de junio de 1961" (versión taquigráfica), pp. 205-12.

_____: "Palabras pronunciadas en el acto de clausura del Campo Internacional de Trabajo Voluntario, en el que participaron los delegados de la Unión Internacional de Estudiantes, el 4 de junio de 1961" (publicadas en *Obra Revolucionaria,* número 28-A, el 14 de agosto de 1961), pp. 213-18.

_____: "Conferencia pronunciada en el curso de adiestramiento para funcionarios y empleados del Ministerio de Industrias y sus Empresas Consolidadas, sobre el Plan de Desarrollo de la Economía Nacional, en el Teatro de la Central de Trabajadores de Cuba, el 23 de junio de 1961" (versión taquigráfica), pp. 219-37.

_____: "Entrevista con Adele Lauzon van Schendel, de *Le Magazine McLean,* de Montreal, en junio de 1961" (versión completa), pp. 239-44.

_____: "Discurso pronunciado en el acto de entrega de Diplomas de Mérito a cien obreros destacados en la producción" (resumen publicado en el periódico *Revolución* el 23 de junio de 1961), pp. 245-47.

_____: "Discurso pronunciado como delegado de Cuba ante el Consejo Interamericano Económico y Social (CIES), en Punta del Este, el 8 de agosto de 1961" (versión taquigráfica), pp. 249-90.

_____: "Conferencia de prensa ofrecida en Punta del Este, el 9 de agosto de 1961" (texto completo publicado en el periódico *Hoy* el 11 de agosto de 1961), pp. 291-305.

_____: "Palabras pronunciadas ante una de las comisiones del CIES, en Punta del Este" (resumen publicado en el periódico *Hoy* el 10 de agosto de 1961), pp. 307-09.

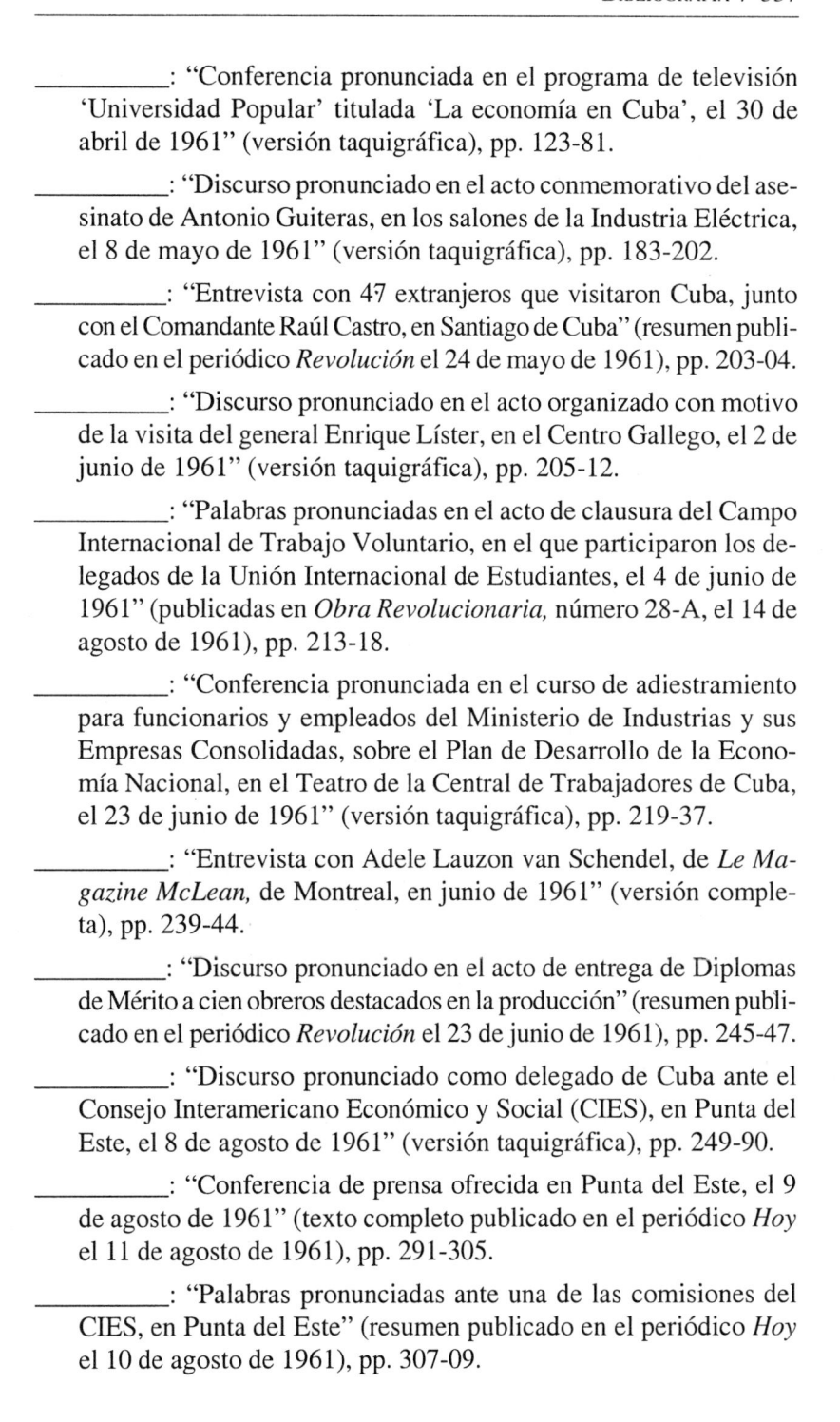

_____: "Discurso pronunciado en la séptima sesión del CIES en Punta del Este, el 16 de agosto de 1961" (versión taquigráfica), pp. 311-22.

_____: "Discurso pronunciado en la Universidad de Montevideo, el 18 de agosto de 1961" (versión taquigráfica), pp. 323-41.

_____: "Entrevista concedida a un periodista del periódico *El Popular,* de Montevideo" (resumen publicado en el periódico *Hoy* el 19 de agosto de 1961), pp. 343-44.

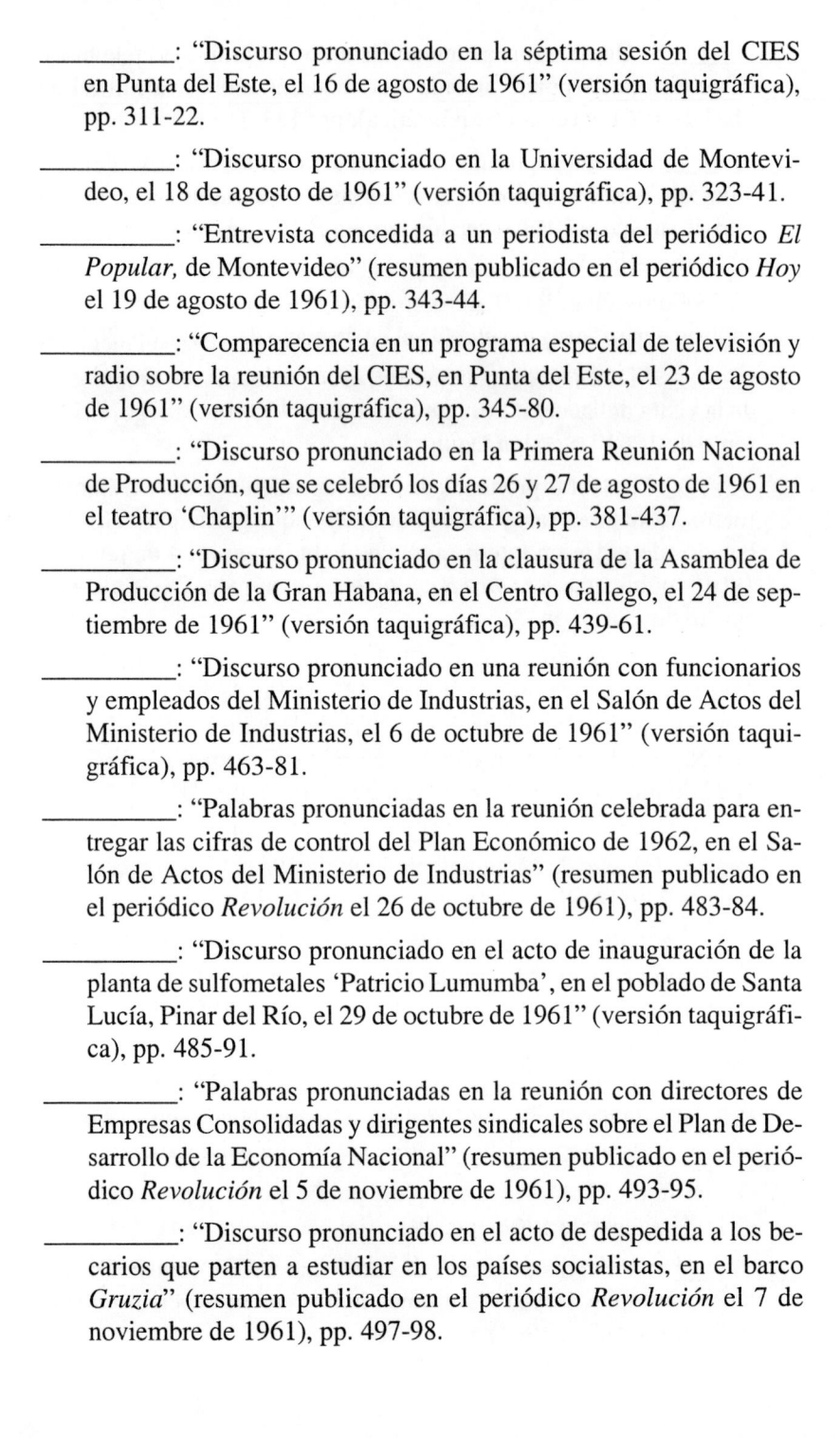

_____: "Comparecencia en un programa especial de televisión y radio sobre la reunión del CIES, en Punta del Este, el 23 de agosto de 1961" (versión taquigráfica), pp. 345-80.

_____: "Discurso pronunciado en la Primera Reunión Nacional de Producción, que se celebró los días 26 y 27 de agosto de 1961 en el teatro 'Chaplin'" (versión taquigráfica), pp. 381-437.

_____: "Discurso pronunciado en la clausura de la Asamblea de Producción de la Gran Habana, en el Centro Gallego, el 24 de septiembre de 1961" (versión taquigráfica), pp. 439-61.

_____: "Discurso pronunciado en una reunión con funcionarios y empleados del Ministerio de Industrias, en el Salón de Actos del Ministerio de Industrias, el 6 de octubre de 1961" (versión taquigráfica), pp. 463-81.

_____: "Palabras pronunciadas en la reunión celebrada para entregar las cifras de control del Plan Económico de 1962, en el Salón de Actos del Ministerio de Industrias" (resumen publicado en el periódico *Revolución* el 26 de octubre de 1961), pp. 483-84.

_____: "Discurso pronunciado en el acto de inauguración de la planta de sulfometales 'Patricio Lumumba', en el poblado de Santa Lucía, Pinar del Río, el 29 de octubre de 1961" (versión taquigráfica), pp. 485-91.

_____: "Palabras pronunciadas en la reunión con directores de Empresas Consolidadas y dirigentes sindicales sobre el Plan de Desarrollo de la Economía Nacional" (resumen publicado en el periódico *Revolución* el 5 de noviembre de 1961), pp. 493-95.

_____: "Discurso pronunciado en el acto de despedida a los becarios que parten a estudiar en los países socialistas, en el barco *Gruzia*" (resumen publicado en el periódico *Revolución* el 7 de noviembre de 1961), pp. 497-98.

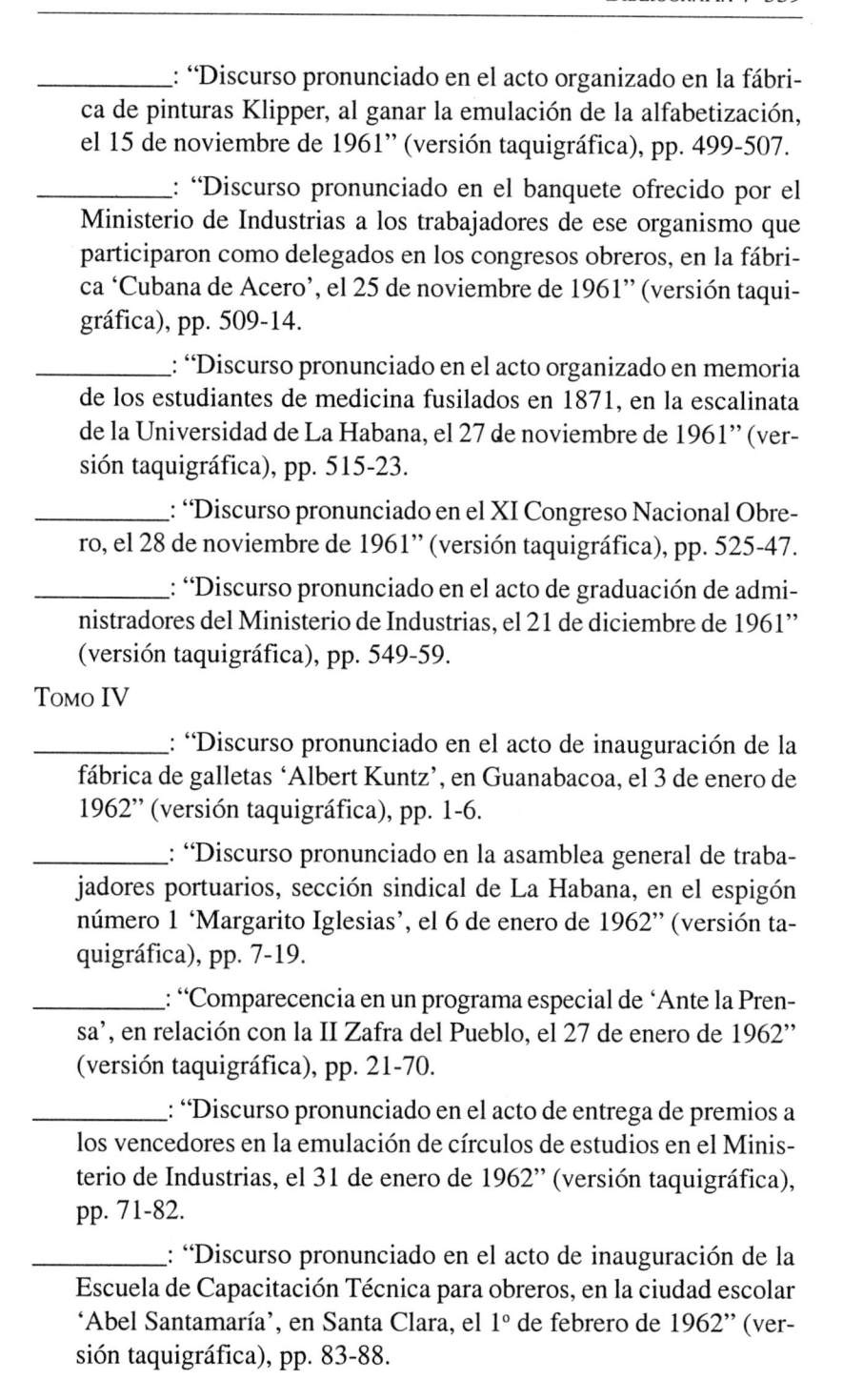

_____: "Discurso pronunciado en el acto organizado en la fábrica de pinturas Klipper, al ganar la emulación de la alfabetización, el 15 de noviembre de 1961" (versión taquigráfica), pp. 499-507.

_____: "Discurso pronunciado en el banquete ofrecido por el Ministerio de Industrias a los trabajadores de ese organismo que participaron como delegados en los congresos obreros, en la fábrica 'Cubana de Acero', el 25 de noviembre de 1961" (versión taquigráfica), pp. 509-14.

_____: "Discurso pronunciado en el acto organizado en memoria de los estudiantes de medicina fusilados en 1871, en la escalinata de la Universidad de La Habana, el 27 de noviembre de 1961" (versión taquigráfica), pp. 515-23.

_____: "Discurso pronunciado en el XI Congreso Nacional Obrero, el 28 de noviembre de 1961" (versión taquigráfica), pp. 525-47.

_____: "Discurso pronunciado en el acto de graduación de administradores del Ministerio de Industrias, el 21 de diciembre de 1961" (versión taquigráfica), pp. 549-59.

Tomo IV

_____: "Discurso pronunciado en el acto de inauguración de la fábrica de galletas 'Albert Kuntz', en Guanabacoa, el 3 de enero de 1962" (versión taquigráfica), pp. 1-6.

_____: "Discurso pronunciado en la asamblea general de trabajadores portuarios, sección sindical de La Habana, en el espigón número 1 'Margarito Iglesias', el 6 de enero de 1962" (versión taquigráfica), pp. 7-19.

_____: "Comparecencia en un programa especial de 'Ante la Prensa', en relación con la II Zafra del Pueblo, el 27 de enero de 1962" (versión taquigráfica), pp. 21-70.

_____: "Discurso pronunciado en el acto de entrega de premios a los vencedores en la emulación de círculos de estudios en el Ministerio de Industrias, el 31 de enero de 1962" (versión taquigráfica), pp. 71-82.

_____: "Discurso pronunciado en el acto de inauguración de la Escuela de Capacitación Técnica para obreros, en la ciudad escolar 'Abel Santamaría', en Santa Clara, el 1º de febrero de 1962" (versión taquigráfica), pp. 83-88.

_____: "Discurso pronunciado en el acto de inauguración del curso académico 1962-63 de la Universidad de Las Villas" (resumen publicado en el periódico *Hoy* el 3 de febrero de 1962), pp. 89-92.

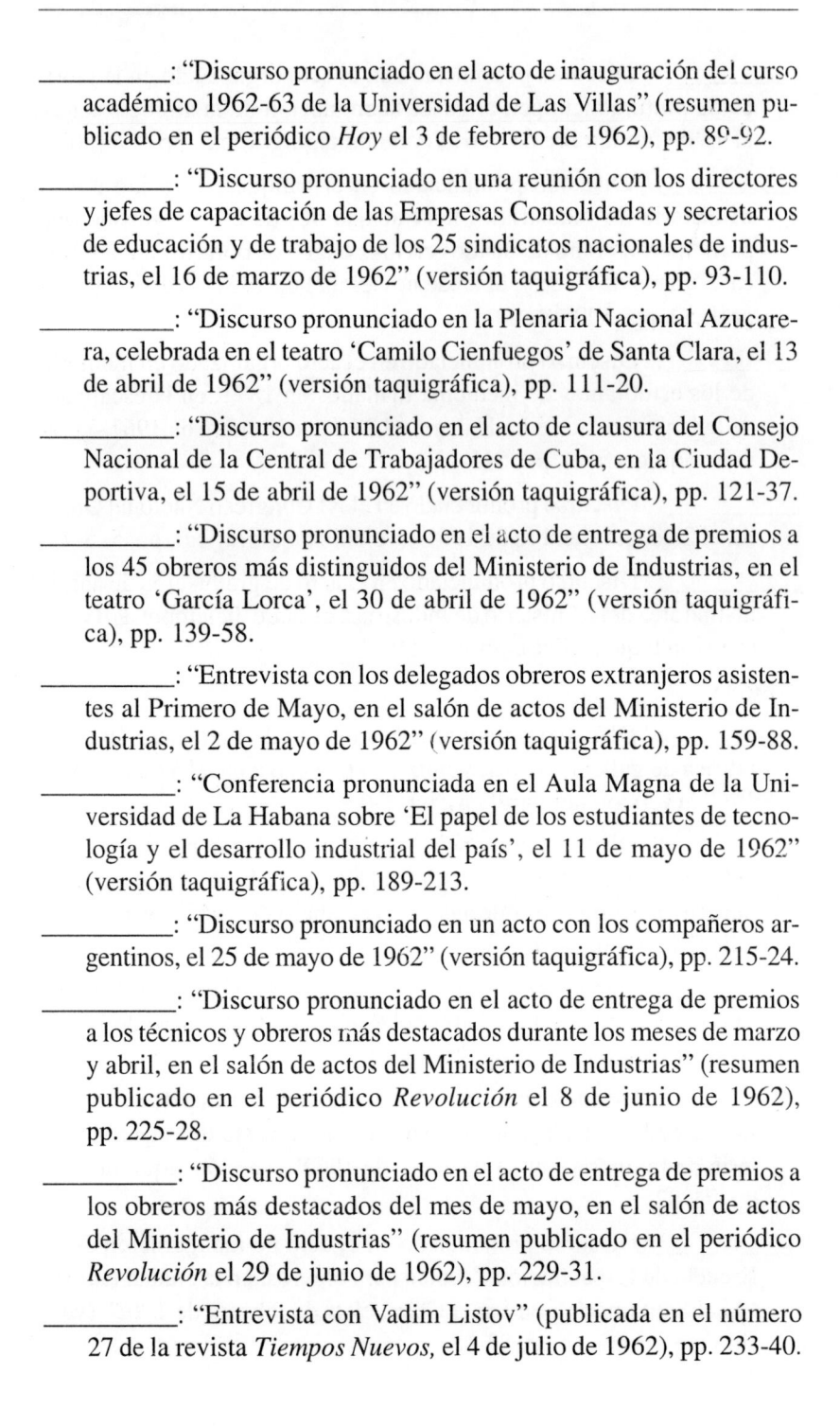

_____: "Discurso pronunciado en una reunión con los directores y jefes de capacitación de las Empresas Consolidadas y secretarios de educación y de trabajo de los 25 sindicatos nacionales de industrias, el 16 de marzo de 1962" (versión taquigráfica), pp. 93-110.

_____: "Discurso pronunciado en la Plenaria Nacional Azucarera, celebrada en el teatro 'Camilo Cienfuegos' de Santa Clara, el 13 de abril de 1962" (versión taquigráfica), pp. 111-20.

_____: "Discurso pronunciado en el acto de clausura del Consejo Nacional de la Central de Trabajadores de Cuba, en la Ciudad Deportiva, el 15 de abril de 1962" (versión taquigráfica), pp. 121-37.

_____: "Discurso pronunciado en el acto de entrega de premios a los 45 obreros más distinguidos del Ministerio de Industrias, en el teatro 'García Lorca', el 30 de abril de 1962" (versión taquigráfica), pp. 139-58.

_____: "Entrevista con los delegados obreros extranjeros asistentes al Primero de Mayo, en el salón de actos del Ministerio de Industrias, el 2 de mayo de 1962" (versión taquigráfica), pp. 159-88.

_____: "Conferencia pronunciada en el Aula Magna de la Universidad de La Habana sobre 'El papel de los estudiantes de tecnología y el desarrollo industrial del país', el 11 de mayo de 1962" (versión taquigráfica), pp. 189-213.

_____: "Discurso pronunciado en un acto con los compañeros argentinos, el 25 de mayo de 1962" (versión taquigráfica), pp. 215-24.

_____: "Discurso pronunciado en el acto de entrega de premios a los técnicos y obreros más destacados durante los meses de marzo y abril, en el salón de actos del Ministerio de Industrias" (resumen publicado en el periódico *Revolución* el 8 de junio de 1962), pp. 225-28.

_____: "Discurso pronunciado en el acto de entrega de premios a los obreros más destacados del mes de mayo, en el salón de actos del Ministerio de Industrias" (resumen publicado en el periódico *Revolución* el 29 de junio de 1962), pp. 229-31.

_____: "Entrevista con Vadim Listov" (publicada en el número 27 de la revista *Tiempos Nuevos,* el 4 de julio de 1962), pp. 233-40.

_____: "Discurso pronunciado en el acto de inauguración del astillero 'Chullima', en La Habana" (resumen publicado en el periódico *Revolución* el 16 de agosto de 1962), pp. 241-44.

_____: "Discurso pronunciado en el acto de homenaje a los obreros, empleados y administradores de las fábricas que rompieron récords de producción; y para recibir las herramientas y equipos que donaron los trabajadores de la República Democrática Alemana, en el teatro de la Central de Trabajadores de Cuba, el 21 de agosto de 1962" (versión taquigráfica), pp. 245-58.

_____: "Entrevista con el periodista Pedro Rojas, al terminar una jornada de trabajo voluntario en la textilera 'Camilo Cienfuegos'" (publicada en el periódico *Hoy* el 11 de septiembre de 1962), pp. 259-60.

_____: "Discurso pronunciado en el acto de entrega de premios a los obreros más destacados del mes de julio" (resumen publicado en el periódico *Hoy* el 15 de septiembre de 1962), pp. 261-63.

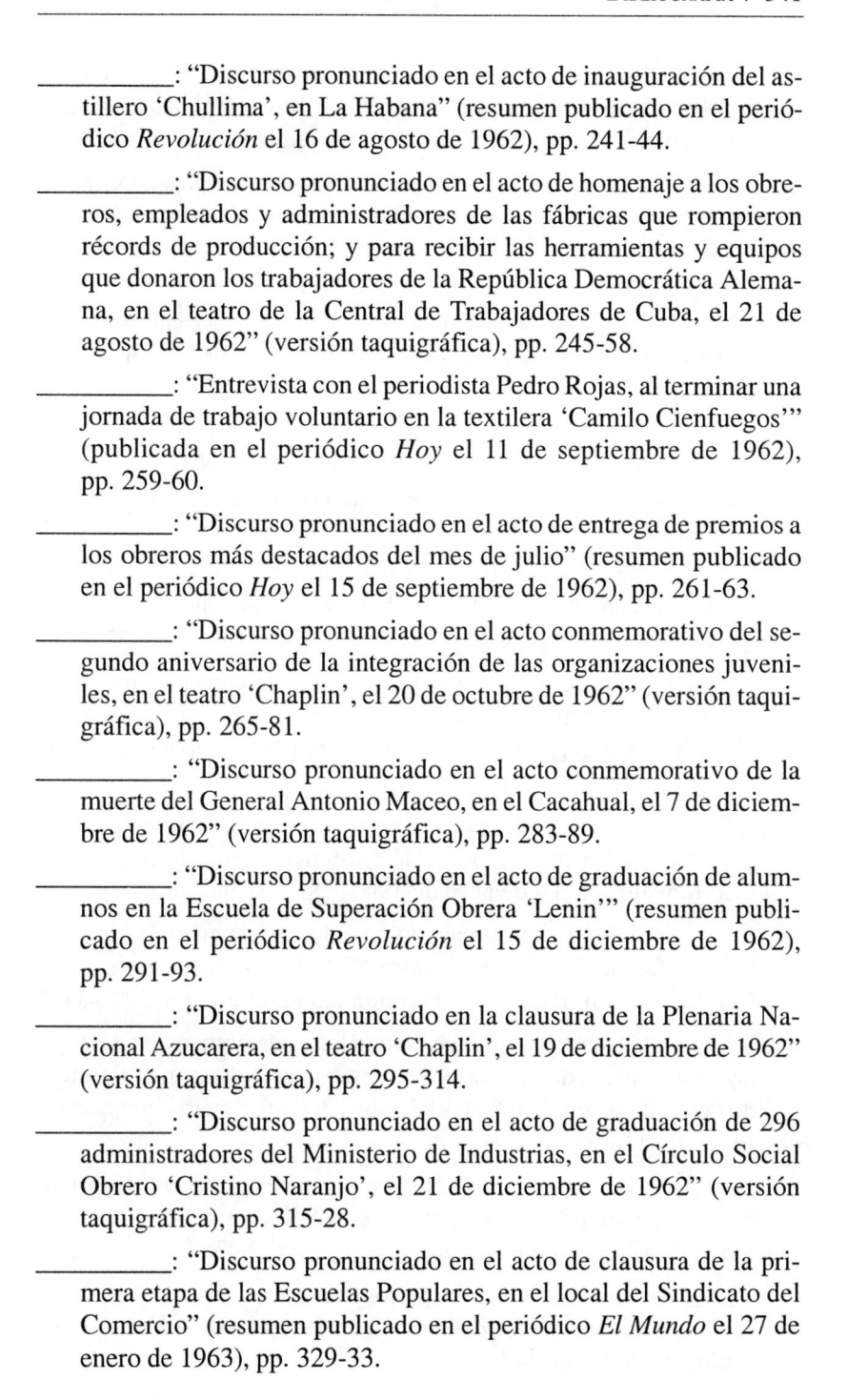

_____: "Discurso pronunciado en el acto conmemorativo del segundo aniversario de la integración de las organizaciones juveniles, en el teatro 'Chaplin', el 20 de octubre de 1962" (versión taquigráfica), pp. 265-81.

_____: "Discurso pronunciado en el acto conmemorativo de la muerte del General Antonio Maceo, en el Cacahual, el 7 de diciembre de 1962" (versión taquigráfica), pp. 283-89.

_____: "Discurso pronunciado en el acto de graduación de alumnos en la Escuela de Superación Obrera 'Lenin'" (resumen publicado en el periódico *Revolución* el 15 de diciembre de 1962), pp. 291-93.

_____: "Discurso pronunciado en la clausura de la Plenaria Nacional Azucarera, en el teatro 'Chaplin', el 19 de diciembre de 1962" (versión taquigráfica), pp. 295-314.

_____: "Discurso pronunciado en el acto de graduación de 296 administradores del Ministerio de Industrias, en el Círculo Social Obrero 'Cristino Naranjo', el 21 de diciembre de 1962" (versión taquigráfica), pp. 315-28.

_____: "Discurso pronunciado en el acto de clausura de la primera etapa de las Escuelas Populares, en el local del Sindicato del Comercio" (resumen publicado en el periódico *El Mundo* el 27 de enero de 1963), pp. 329-33.

_____: "Discurso pronunciado en el acto de entrega de premios a los obreros más destacados durante el año 1962, en el hotel 'Habana Libre', el 27 de enero de 1963" (versión taquigráfica), pp. 335-45.

_____: "Discurso pronunciado en el acto de entrega de premios a los obreros más destacados del Ministerio de Industrias en los meses de noviembre y diciembre de 1962" (resumen publicado en el periódico *Revolución* el 2 de febrero de 1963), pp. 347-52.

_____: "Discurso pronunciado en la Plenaria Nacional Azucarera, celebrada en Camagüey, el 9 de febrero de 1963" (versión taquigráfica), pp. 353-74.

_____: "Discurso pronunciado en el acto de inauguración de la primera etapa de la fábrica de alambre de púas en Nuevitas" (resumen publicado en el periódico *Revolución* el 11 de febrero de 1963), pp. 375-76.

_____: "Entrevista filmada para la televisión canadiense, en los campos de caña del central 'Ciro Redondo', Camagüey" (publicada en el periódico *Revolución* el 12 de febrero de 1963), pp. 377-80.

_____: "Discurso pronunciado en el acto de presentación de los miembros del Partido Unido de la Revolución Socialista de la 'Textilera Ariguanabo', el 25 de marzo de 1963" (versión taquigráfica), pp. 381-95.

_____: "Discurso pronunciado en la inauguración de la planta procesadora de cacao en Baracoa" (resumen publicado en el periódico *Revolución* el 2 de abril de 1963), pp. 397-98.

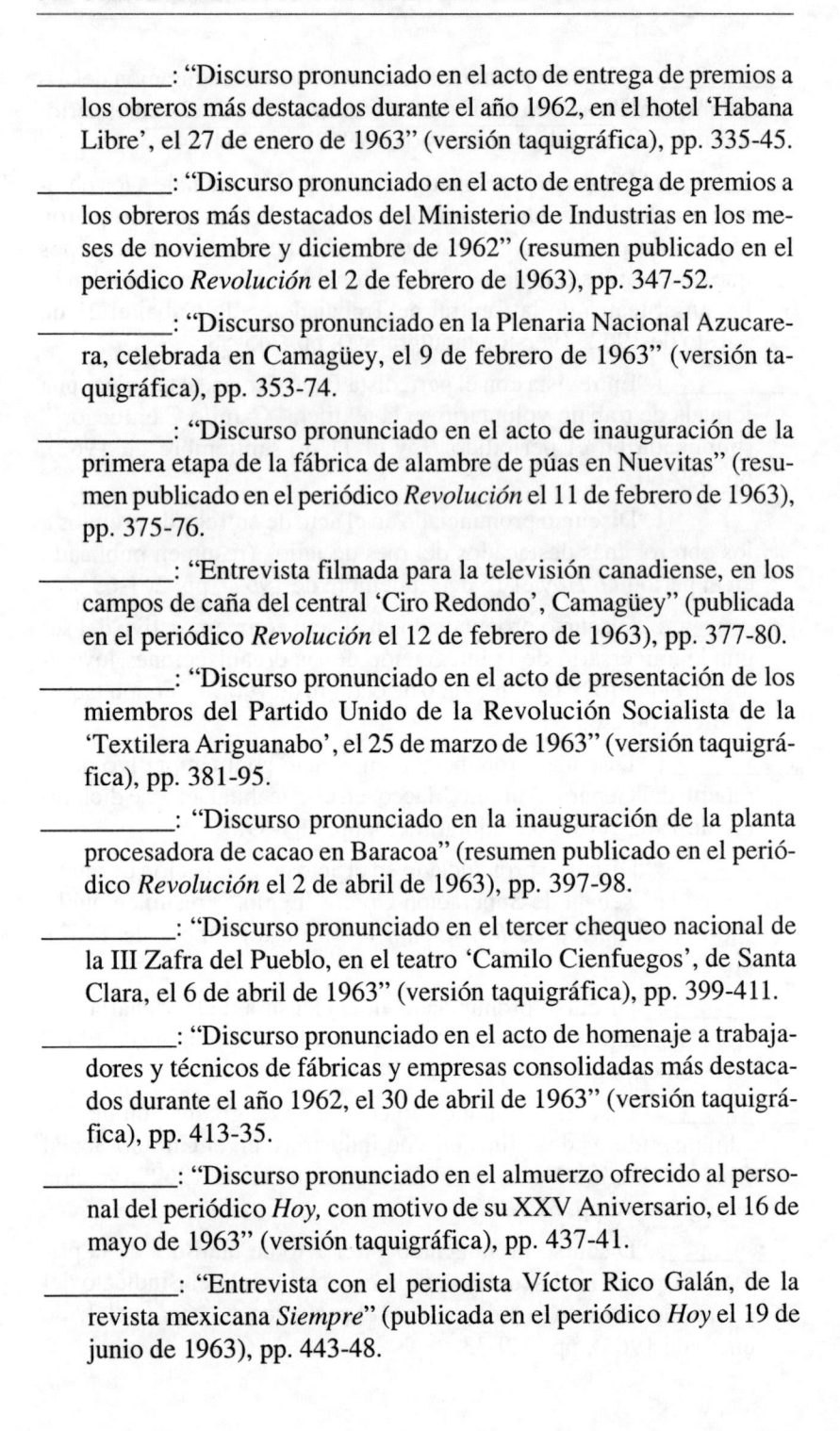

_____: "Discurso pronunciado en el tercer chequeo nacional de la III Zafra del Pueblo, en el teatro 'Camilo Cienfuegos', de Santa Clara, el 6 de abril de 1963" (versión taquigráfica), pp. 399-411.

_____: "Discurso pronunciado en el acto de homenaje a trabajadores y técnicos de fábricas y empresas consolidadas más destacados durante el año 1962, el 30 de abril de 1963" (versión taquigráfica), pp. 413-35.

_____: "Discurso pronunciado en el almuerzo ofrecido al personal del periódico *Hoy*, con motivo de su XXV Aniversario, el 16 de mayo de 1963" (versión taquigráfica), pp. 437-41.

_____: "Entrevista con el periodista Víctor Rico Galán, de la revista mexicana *Siempre*" (publicada en el periódico *Hoy* el 19 de junio de 1963), pp. 443-48.

_____: "Intervención en el Seminario sobre Planificación, en Argelia, el 16 de julio de 1963" (versión taquigráfica), pp. 449-64.

_____: "Entrevista concedida a Jean Daniel, en Argelia (traducción de *L'Express,* París, el 25 de julio de 1963), pp. 465-70.

_____: "Entrevista con estudiantes norteamericanos que visitaron Cuba" (publicada en el periódico *Revolución* el 2 de agosto de 1963), pp. 471-79.

_____: "Entrevista con visitantes latinoamericanos que vinieron a Cuba" (publicada en el periódico *Hoy* el 21 de agosto de 1963), pp. 481-91.

_____: "Breves palabras al terminar una jornada de trabajo voluntario en la fábrica 'Antonio Cornejo' de la Empresa Consolidada de la Madera" (resumen publicado en el periódico *Revolución* el 26 de agosto de 1963), pp. 493-94.

_____: "Discurso pronunciado en el acto de clausura del Primer Encuentro Internacional de Profesores y Estudiantes de Arquitectura, el 29 de septiembre de 1963" (versión taquigráfica), pp. 495-506.

_____: "Discurso pronunciado en el acto de entrega de premios a los obreros más destacados durante los meses de enero, febrero y marzo" (resumen publicado en el periódico *El Mundo* el 27 de octubre de 1963), pp. 507-11.

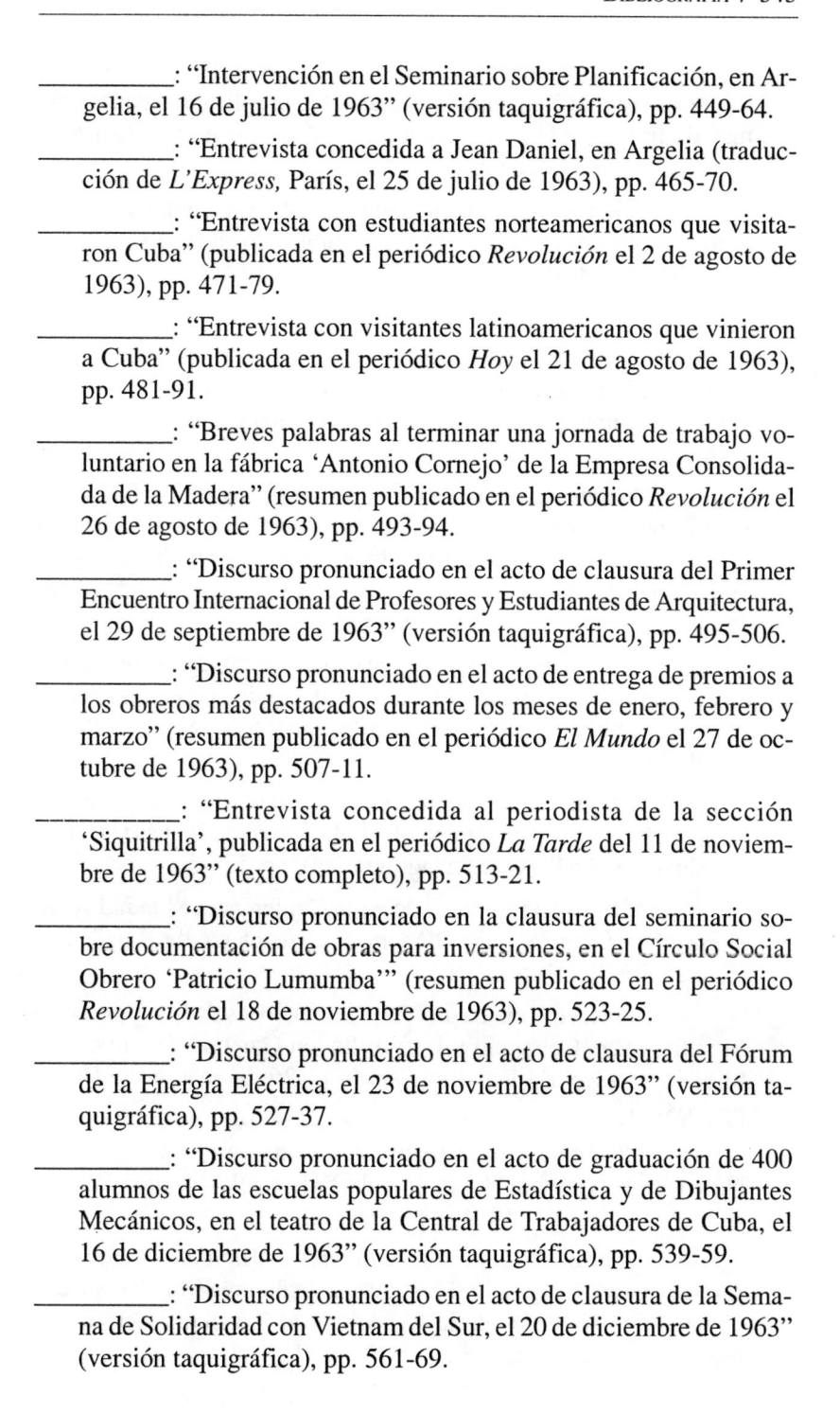

_____: "Entrevista concedida al periodista de la sección 'Siquitrilla', publicada en el periódico *La Tarde* del 11 de noviembre de 1963" (texto completo), pp. 513-21.

_____: "Discurso pronunciado en la clausura del seminario sobre documentación de obras para inversiones, en el Círculo Social Obrero 'Patricio Lumumba'" (resumen publicado en el periódico *Revolución* el 18 de noviembre de 1963), pp. 523-25.

_____: "Discurso pronunciado en el acto de clausura del Fórum de la Energía Eléctrica, el 23 de noviembre de 1963" (versión taquigráfica), pp. 527-37.

_____: "Discurso pronunciado en el acto de graduación de 400 alumnos de las escuelas populares de Estadística y de Dibujantes Mecánicos, en el teatro de la Central de Trabajadores de Cuba, el 16 de diciembre de 1963" (versión taquigráfica), pp. 539-59.

_____: "Discurso pronunciado en el acto de clausura de la Semana de Solidaridad con Vietnam del Sur, el 20 de diciembre de 1963" (versión taquigráfica), pp. 561-69.

_____: "Comparecencia en un programa especial de televisión, con otros compañeros, para informar sobre la aplicación de las normas de trabajo y la escala salarial, el 26 de diciembre de 1963" (versión taquigráfica), pp. 571-602.

_____: "Discurso pronunciado en el acto de inauguración de la fábrica 'Plásticos Habana'" (resumen publicado en el periódico *Revolución* el 30 de diciembre de 1963), pp. 603-05.

Tomo V

_____: "Discurso pronunciado en el acto de entrega de los Certificados de Trabajo Comunista, en el teatro de la Central de Trabajadores de Cuba, el 11 de enero de 1964" (versión taquigráfica), pp. 1-14.

_____: "Comparecencia en el programa de televisión 'Información Pública', pronunciando la charla titulada 'Necesidad para el desarrollo de nuevas industrias. Cómo juega esa política con el empleo pleno, automatización y mecanización', el 25 de febrero de 1964" (versión taquigráfica), pp. 15-47.

_____: "Discurso pronunciado en el acto de entrega de premios a los Trabajadores Vanguardia del Ministerio de Industrias" (resumen publicado en el periódico *Revolución* el 5 de marzo de 1964), pp. 49-52.

_____: "Discurso pronunciado en el acto de entrega de premios a los ganadores de la Emulación en el Ministerio de Industrias, el 14 de marzo de 1964" (versión taquigráfica), pp. 53-75.

_____: "Discurso pronunciado en la Conferencia Mundial sobre Comercio y Desarrollo, en Ginebra, el 25 de marzo de 1964" (versión taquigráfica), pp. 77-103.

_____: "Intervención en una de las comisiones de la Conferencia Mundial sobre Comercio y Desarrollo, en Ginebra" (resumen publicado en el periódico *Revolución* el 26 de marzo de 1964), pp. 105-06.

_____: "Conferencia de prensa celebrada en el Palacio de las Naciones, en Ginebra" (versión publicada en el periódico *Revolución* el 1º de abril de 1964), pp. 107-11.

_____: "Entrevista concedida a *Economía Mundial y Relaciones Internacionales,* órgano del Instituto de Economía Mundial y Relaciones Internacionales de la Academia de Ciencias de la URSS" (publicada en el número 5 de 1964), pp. 113-22.

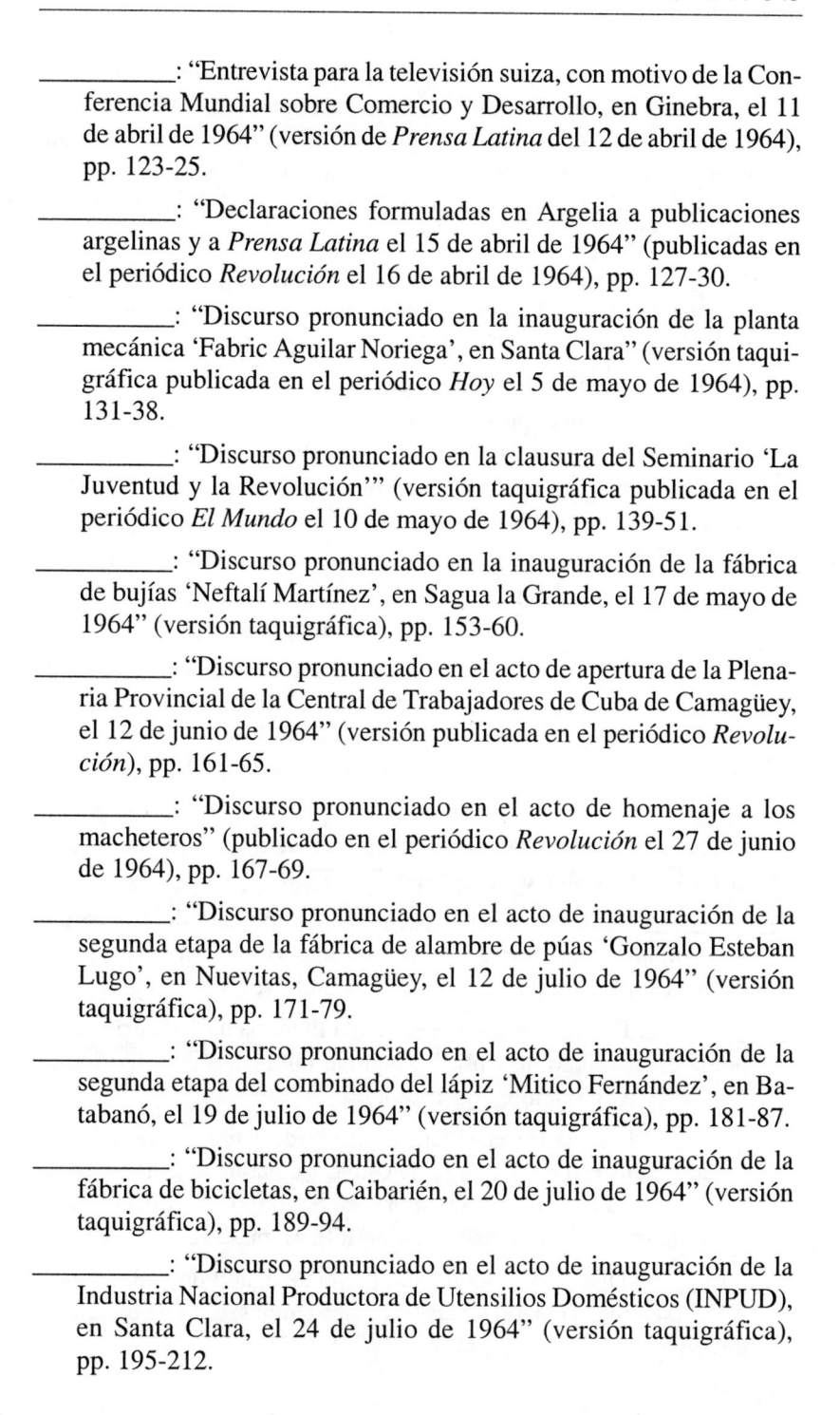

_____: "Entrevista para la televisión suiza, con motivo de la Conferencia Mundial sobre Comercio y Desarrollo, en Ginebra, el 11 de abril de 1964" (versión de *Prensa Latina* del 12 de abril de 1964), pp. 123-25.

_____: "Declaraciones formuladas en Argelia a publicaciones argelinas y a *Prensa Latina* el 15 de abril de 1964" (publicadas en el periódico *Revolución* el 16 de abril de 1964), pp. 127-30.

_____: "Discurso pronunciado en la inauguración de la planta mecánica 'Fabric Aguilar Noriega', en Santa Clara" (versión taquigráfica publicada en el periódico *Hoy* el 5 de mayo de 1964), pp. 131-38.

_____: "Discurso pronunciado en la clausura del Seminario 'La Juventud y la Revolución'" (versión taquigráfica publicada en el periódico *El Mundo* el 10 de mayo de 1964), pp. 139-51.

_____: "Discurso pronunciado en la inauguración de la fábrica de bujías 'Neftalí Martínez', en Sagua la Grande, el 17 de mayo de 1964" (versión taquigráfica), pp. 153-60.

_____: "Discurso pronunciado en el acto de apertura de la Plenaria Provincial de la Central de Trabajadores de Cuba de Camagüey, el 12 de junio de 1964" (versión publicada en el periódico *Revolución*), pp. 161-65.

_____: "Discurso pronunciado en el acto de homenaje a los macheteros" (publicado en el periódico *Revolución* el 27 de junio de 1964), pp. 167-69.

_____: "Discurso pronunciado en el acto de inauguración de la segunda etapa de la fábrica de alambre de púas 'Gonzalo Esteban Lugo', en Nuevitas, Camagüey, el 12 de julio de 1964" (versión taquigráfica), pp. 171-79.

_____: "Discurso pronunciado en el acto de inauguración de la segunda etapa del combinado del lápiz 'Mitico Fernández', en Batabanó, el 19 de julio de 1964" (versión taquigráfica), pp. 181-87.

_____: "Discurso pronunciado en el acto de inauguración de la fábrica de bicicletas, en Caibarién, el 20 de julio de 1964" (versión taquigráfica), pp. 189-94.

_____: "Discurso pronunciado en el acto de inauguración de la Industria Nacional Productora de Utensilios Domésticos (INPUD), en Santa Clara, el 24 de julio de 1964" (versión taquigráfica), pp. 195-212.

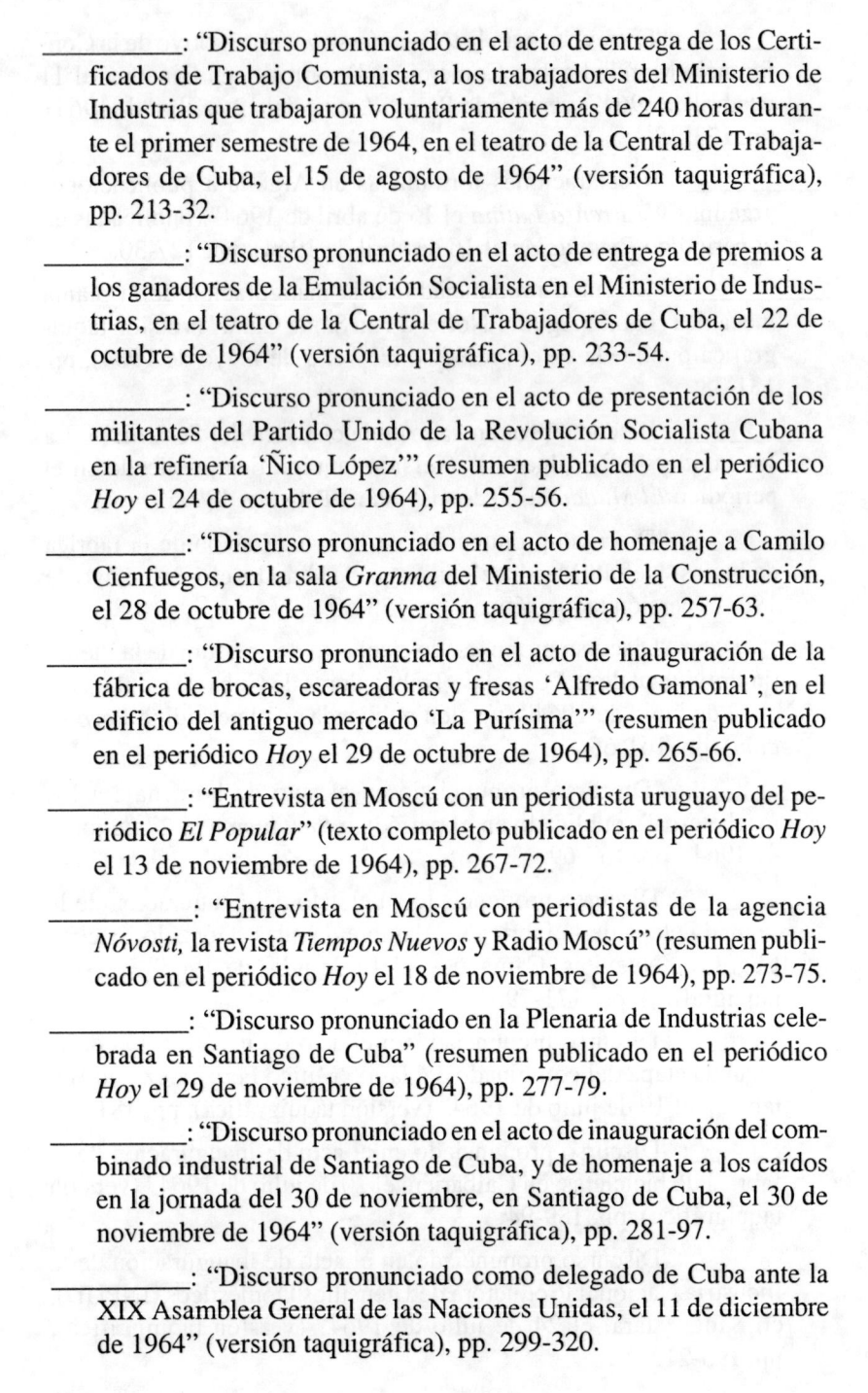

_____: "Discurso pronunciado en el acto de entrega de los Certificados de Trabajo Comunista, a los trabajadores del Ministerio de Industrias que trabajaron voluntariamente más de 240 horas durante el primer semestre de 1964, en el teatro de la Central de Trabajadores de Cuba, el 15 de agosto de 1964" (versión taquigráfica), pp. 213-32.

_____: "Discurso pronunciado en el acto de entrega de premios a los ganadores de la Emulación Socialista en el Ministerio de Industrias, en el teatro de la Central de Trabajadores de Cuba, el 22 de octubre de 1964" (versión taquigráfica), pp. 233-54.

_____: "Discurso pronunciado en el acto de presentación de los militantes del Partido Unido de la Revolución Socialista Cubana en la refinería 'Ñico López'" (resumen publicado en el periódico *Hoy* el 24 de octubre de 1964), pp. 255-56.

_____: "Discurso pronunciado en el acto de homenaje a Camilo Cienfuegos, en la sala *Granma* del Ministerio de la Construcción, el 28 de octubre de 1964" (versión taquigráfica), pp. 257-63.

_____: "Discurso pronunciado en el acto de inauguración de la fábrica de brocas, escareadoras y fresas 'Alfredo Gamonal', en el edificio del antiguo mercado 'La Purísima'" (resumen publicado en el periódico *Hoy* el 29 de octubre de 1964), pp. 265-66.

_____: "Entrevista en Moscú con un periodista uruguayo del periódico *El Popular*" (texto completo publicado en el periódico *Hoy* el 13 de noviembre de 1964), pp. 267-72.

_____: "Entrevista en Moscú con periodistas de la agencia *Nóvosti*, la revista *Tiempos Nuevos* y Radio Moscú" (resumen publicado en el periódico *Hoy* el 18 de noviembre de 1964), pp. 273-75.

_____: "Discurso pronunciado en la Plenaria de Industrias celebrada en Santiago de Cuba" (resumen publicado en el periódico *Hoy* el 29 de noviembre de 1964), pp. 277-79.

_____: "Discurso pronunciado en el acto de inauguración del combinado industrial de Santiago de Cuba, y de homenaje a los caídos en la jornada del 30 de noviembre, en Santiago de Cuba, el 30 de noviembre de 1964" (versión taquigráfica), pp. 281-97.

_____: "Discurso pronunciado como delegado de Cuba ante la XIX Asamblea General de las Naciones Unidas, el 11 de diciembre de 1964" (versión taquigráfica), pp. 299-320.

_____: "Discurso pronunciado en la XIX Asamblea General de las Naciones Unidas, usando el derecho de réplica, para responder a los pronunciamientos anticubanos de los representantes de Costa Rica, Nicaragua, Venezuela, Colombia, Panamá y Estados Unidos, el 11 de diciembre de 1964" (versión taquigráfica), pp. 321-35.

_____: "Comparecencia en el programa de televisión 'Ante la Nación' de la Columbia Broadcasting System (CBS), el 14 de diciembre de 1964" (traducción de la versión taquigráfica en inglés), pp. 337-48.

_____: "Entrevista concedida a periodistas del periódico *La Etancel,* de Ghana, y de *Prensa Latina*" (resumen publicado en el periódico *Revolución* el 19 de enero de 1965), pp. 349-53.

_____: "Declaraciones formuladas en Dar-es-Salam, Tanzania, al completar su gira por siete países africanos" (cable de Prensa Latina publicado en el periódico *Revolución* el 19 de febrero de 1965), pp. 355-56.

_____: "Declaraciones formuladas en una reunión con dirigentes sindicales de Ghana" (cable de Prensa Latina publicado en el periódico *Revolución* el 20 de enero de 1965), pp. 357-58.

_____: "Discurso pronunciado en el Segundo Seminario Económico de Solidaridad Afroasiática, en Argelia, el 24 de febrero de 1965" (versión taquigráfica), pp. 359-71.

_____: "Discurso pronunciado en Egipto, el 10 de marzo de 1965" (versión taquigráfica), pp. 373-76.

_____: "Charla pronunciada en el salón de actos del Ministerio de Industrias, al regreso de su viaje por los países afroasiáticos, marzo de 1965" (versión taquigráfica), pp. 377-97.

Tomo VI

Observaciones hechas en visitas a centros de producción:

_____: "Visita a la Empresa Consolidada del Níquel", pp. 3-4.

_____: "Visita a la escuela 'Bernardo Ponce' ", p. 5.

_____: "Visita a Tejidos Planos", p. 6.

_____: "Visita a la fábrica No. 2 de la Química Liviana", p. 7.

_____: "Visita a la fábrica de productos farmacéuticos", p. 8.

_____: "Visita a la Empresa Consolidada de Servicios 'Dionisio San Román' ", p. 9.

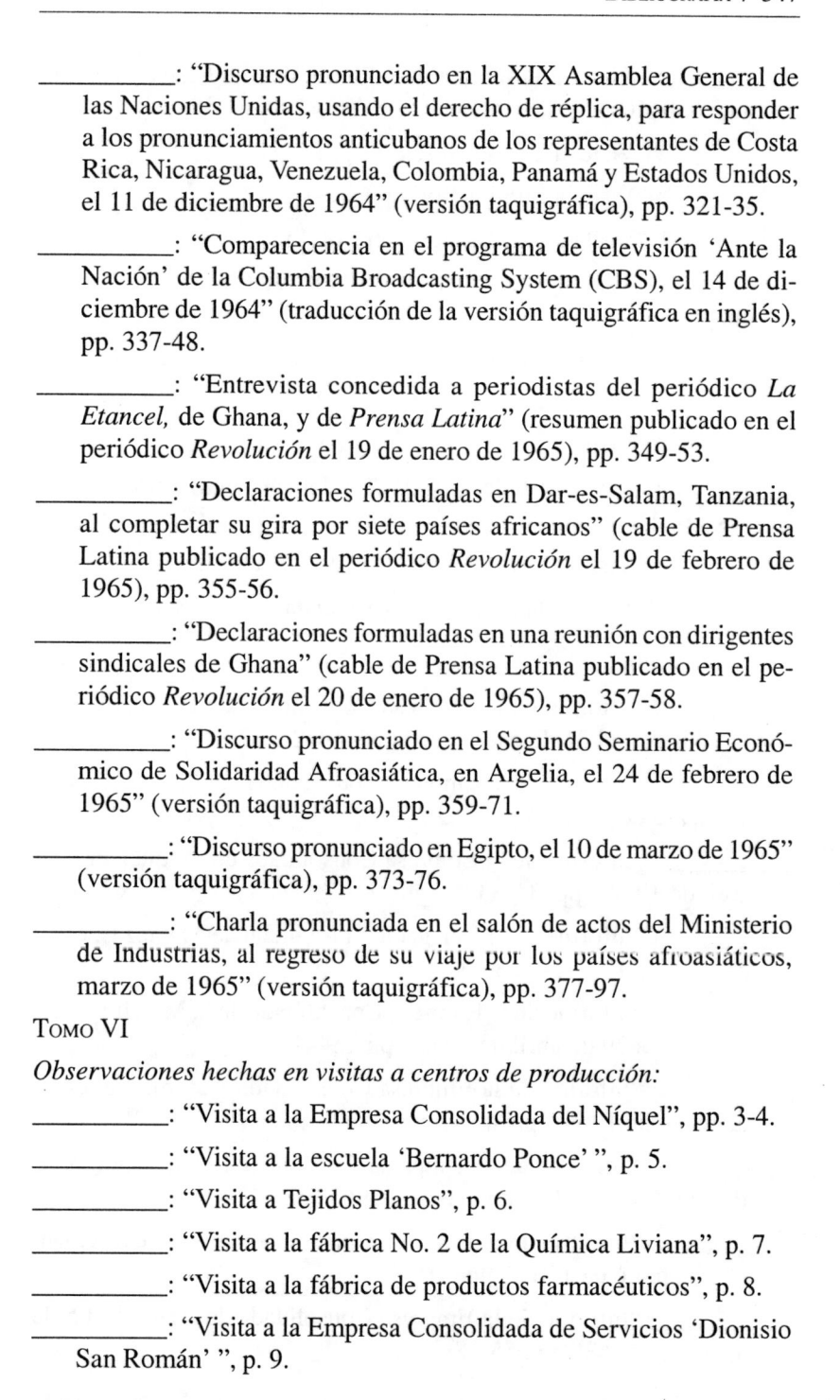

_____: "Visita a la fábrica de pintura 'Vicente Chávez Fernández' ", p. 10.

_____: "Visita a Tabaco Torcido", p. 11.

_____: "Visita a Suministros", pp. 12-13.

_____: "Visita a Fertilizantes", pp. 14-15.

_____: "Visita a construcción naval 'Astillero Chullima'", pp. 16-17.

_____: "Visita a Licores y Vinos, fábrica No. 201", p. 18.

_____: "Visita a Recuperación de Materias Primas", p. 19.

_____: "Visita a la fábrica No. 601 de la Sal", p. 20.

_____: "Visita al taller 202-19 Tejidos de Punto y Confecciones", p. 21.

_____: "Visita a la fábrica No. 207 de Silicatos", p. 22.

_____: "Visita a la Empresa Consolidada Automotriz", p. 23.

Consejos de dirección:

_____: "Informe de la Empresa Consolidada de Productos Farmacéuticos, el 21 de enero de 1963", pp. 25-26.

_____: "Informe de la Empresa Consolidada del Cemento, el 25 de marzo de 1963", pp. 27-29.

_____: "Informe de la Empresa Consolidada del Níquel, el 8 de abril de 1963", pp. 31-33.

_____: "Informe de la Delegación Provincial de Matanzas, el 15 de abril de 1963", pp. 35-37.

_____: "Informe de la Empresa Consolidada de la Metalurgia no Ferrosa, el 29 de abril de 1963", pp. 39-41.

_____: "Informe de la Empresa Consolidada Automotriz, el 13 de mayo de 1963", pp. 43-45.

_____: "Informe de la Empresa Consolidada Convertidora de Papel y Cartón, el 27 de mayo de 1963", pp. 47-49.

_____: "Informe de la Empresa Consolidada de la Electricidad, el 3 de junio de 1963", pp. 51-54.

_____: "Informe de la Empresa Consolidada de Azúcar, el 5 de agosto de 1963", pp. 55-58.

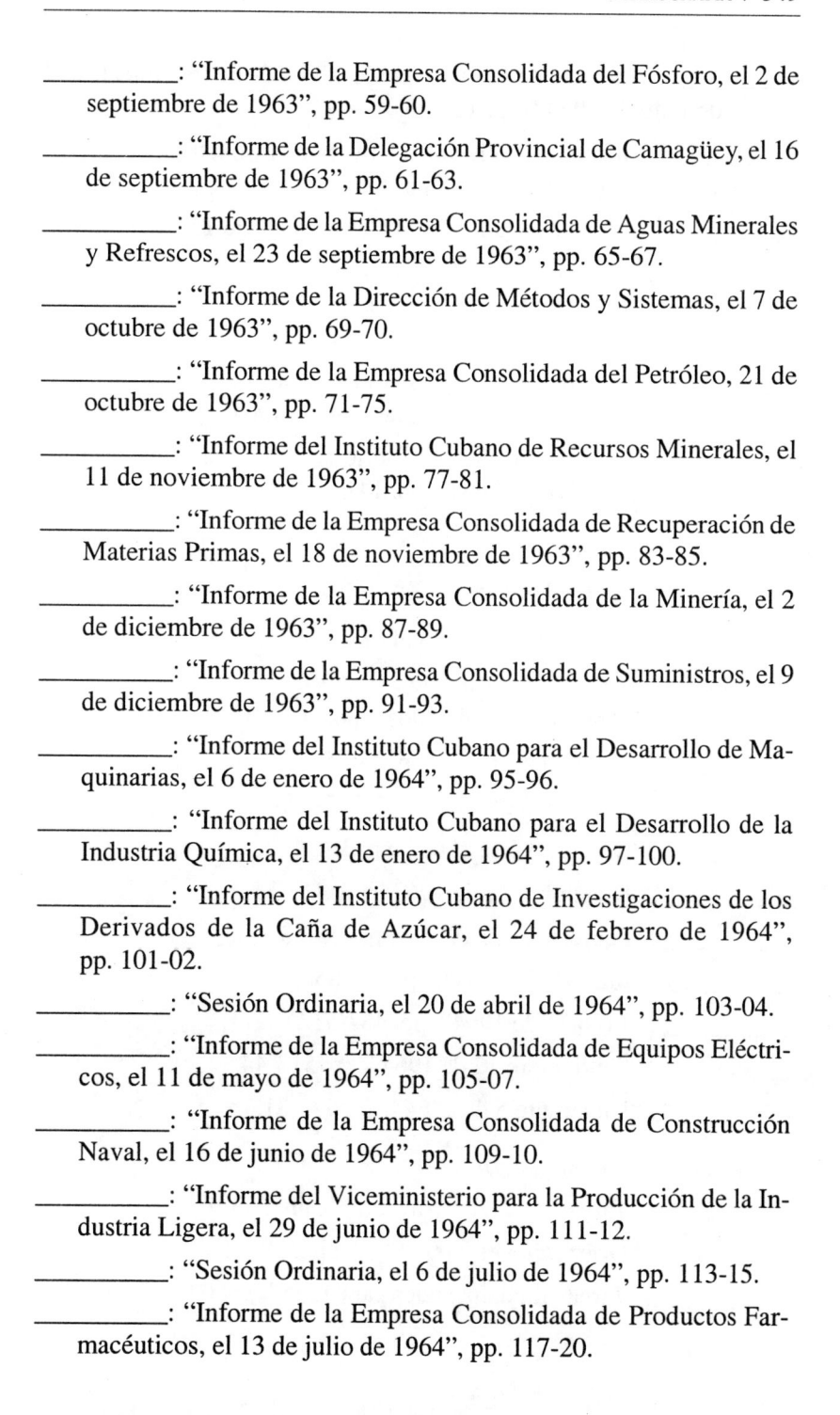

_____: "Informe de la Empresa Consolidada del Fósforo, el 2 de septiembre de 1963", pp. 59-60.

_____: "Informe de la Delegación Provincial de Camagüey, el 16 de septiembre de 1963", pp. 61-63.

_____: "Informe de la Empresa Consolidada de Aguas Minerales y Refrescos, el 23 de septiembre de 1963", pp. 65-67.

_____: "Informe de la Dirección de Métodos y Sistemas, el 7 de octubre de 1963", pp. 69-70.

_____: "Informe de la Empresa Consolidada del Petróleo, 21 de octubre de 1963", pp. 71-75.

_____: "Informe del Instituto Cubano de Recursos Minerales, el 11 de noviembre de 1963", pp. 77-81.

_____: "Informe de la Empresa Consolidada de Recuperación de Materias Primas, el 18 de noviembre de 1963", pp. 83-85.

_____: "Informe de la Empresa Consolidada de la Minería, el 2 de diciembre de 1963", pp. 87-89.

_____: "Informe de la Empresa Consolidada de Suministros, el 9 de diciembre de 1963", pp. 91-93.

_____: "Informe del Instituto Cubano para el Desarrollo de Maquinarias, el 6 de enero de 1964", pp. 95-96.

_____: "Informe del Instituto Cubano para el Desarrollo de la Industria Química, el 13 de enero de 1964", pp. 97-100.

_____: "Informe del Instituto Cubano de Investigaciones de los Derivados de la Caña de Azúcar, el 24 de febrero de 1964", pp. 101-02.

_____: "Sesión Ordinaria, el 20 de abril de 1964", pp. 103-04.

_____: "Informe de la Empresa Consolidada de Equipos Eléctricos, el 11 de mayo de 1964", pp. 105-07.

_____: "Informe de la Empresa Consolidada de Construcción Naval, el 16 de junio de 1964", pp. 109-10.

_____: "Informe del Viceministerio para la Producción de la Industria Ligera, el 29 de junio de 1964", pp. 111-12.

_____: "Sesión Ordinaria, el 6 de julio de 1964", pp. 113-15.

_____: "Informe de la Empresa Consolidada de Productos Farmacéuticos, el 13 de julio de 1964", pp. 117-20.

_____: "Informe de la Empresa Consolidada de los Silicatos, el 20 de julio de 1964", pp. 121-25.

_____: "Informe del Viceministerio para la Construcción Industrial, el 3 de agosto de 1964", pp. 127-28.

_____: "Informe de la Empresa Consolidada de Tenerías, el 8 de agosto de 1964", pp. 129-31.

_____: "Informe de la Delegación de Matanzas, el 10 de agosto de 1964", pp. 133-36.

_____: "Informe de la Empresa Consolidada de Tejidos de Punto y sus Confecciones, el 14 de septiembre de 1964", pp. 137-40.

_____: "Informe del Viceministerio para el Desarrollo Técnico, el 28 de septiembre de 1964", pp. 141-44.

Reuniones bimestrales:

_____: "Enero 20 de 1962", pp. 145-71.

_____: "Marzo 10 de 1962", pp. 173-252.

_____: "Julio 14 de 1962", pp. 253-306.

_____: "Septiembre 28 de 1962", pp. 307-33.

_____: "Marzo 9 de 1963", pp. 335-54.

_____: "Agosto 10 de 1963", pp. 355-79.

_____: "Octubre 12 de 1963", pp. 381-412.

_____: "Diciembre 21 de 1963", pp. 413-31.

_____: "Febrero 22 de 1964", pp. 433-68.

_____: "Mayo 9 de 1964", pp. 469-85.

_____: "Julio 11 de 1964", pp. 487-512.

_____: "Septiembre 12 de 1964", pp. 513-44.

_____: "Diciembre 5 de 1964", pp. 545-81.

Tareas anuales del ministerio:

_____: "Tareas generales para 1963", pp. 583-98.

_____: "Orientaciones para 1964", pp. 599-622.

_____: "Tareas fundamentales para 1965", pp. 623-63.

Informe de actividades al Consejo de Ministros:
Memoria Anual 1961-62:

_____: "Tareas y fines del Ministerio", pp. 665-77.

_____: "Conclusiones generales", pp. 679-94.

_____: "Calificación del personal dirigente del Ministerio", pp. 695-99.

_____: "Problemas fundamentales del Ministerio", pp. 701-03.

_____: "Autocrítica y sugerencias críticas", pp. 705-08.

_____: "Sugerencias de tipo general a los organismos", pp. 709-12.

Memoria Anual 1963:

_____: "Conclusiones", pp. 713-18.

Otros documentos y escritos:

_____: "Editorial en la revista *Nuestra Industria Tecnológica,* no. 1, mayo de 1962", pp. 719-22.

_____: "Plan especial de integración al trabajo", octubre de 1964, pp. 723-27.

_____: "Opiniones del Ministerio sobre el Plan Perspectivo", 1964, pp. 729-40.

_____: "Prólogo del libro *Geología de Cuba* del Instituto Cubano de Recursos Minerales", pp. 741-43.

HUBERMAN, LEO: *Los bienes terrenales del hombre.* La Habana, Imprenta Nacional de Cuba, 1961.

JANTICHY: "Análisis económico a nivel de empresa". *Nuestra Industria: Revista Económica,* La Habana, 1963.

JESSIN, NICOLÁS: "El concepto de cálculo económico y su significación metodológica para la economía política del socialismo". *Nuestra Industria: Revista Económica,* La Habana, octubre de 1964.

KAGANOV, GDALI V.: *Organización y planificación de la circulación monetaria en la URSS.* La Habana, Editorial de Ciencias Sociales, 1977.

LANGE, OSCAR: *Problemas de la economía política del socialismo.* La Habana, Publicaciones económicas, 1966.

LAPTIN, M.: *V.I. Lenin: Acerca de los estímulos materiales y morales en el trabajo.* Moscú, Editorial Progreso.

LAVRETSKI, I.: *Ernesto Guevara*. Moscú, Editorial Progreso, 1975.

LENIN, VLADIMIR ILICH: "Carlos Marx". En V.I. Lenin: *Obras completas*. tomo 26, pp. 45-95. Moscú, Editorial Progreso, 1981-90. En la presente edición, las referencias a los escritos y discursos de Lenin corresponden a esta edición en 54 tomos de sus *Obras completas*. Esta es la más actualizada en español y concuerda con la quinta edición de las obras de Lenin en ruso.

_____: "Tres fuentes y tres partes del marxismo", tomo 23, pp. 41-49.

_____: "Marxismo y revisionismo", tomo 17, pp. 15-26.

_____: "¿Qué hacer?", tomo 6, pp. 1-203.

_____: "Dos tácticas de la socialdemocracia en la revolución democrática", tomo 11, pp. 1-138.

_____: "Sobre la reorganización del partido", tomo 12, pp. 83-94.

_____: "Las enseñanzas de la insurrección de Moscú", tomo 13, pp. 395-403.

_____: "El imperialismo, fase superior del capitalismo", tomo 27, pp. 301-426.

_____: "Informe sobre la revolución de 1905", tomo 30, pp. 315-34.

_____: "Cartas desde lejos", tomo 31, pp. 13-62.

_____: "Las tareas del proletariado en la presente revolución", tomo 31, pp. 120-25.

_____: "Las tareas del proletariado en nuestra revolución", tomo 31, pp. 157-98.

_____: "VII Conferencia —de abril— de toda Rusia del POSDR(b)". De ella, "Informe sobre el programa agrario", tomo 31, pp. 435-42; y "Resolución sobre el programa agrario", Ibídem, pp. 445-48.

_____: "I Congreso de Diputados Campesinos de toda Rusia". De él, "Proyecto de resolución sobre el problema agrario", tomo 32, pp. 177-79; y "Discurso sobre el problema agrario", Ibídem, pp. 180-202.

_____: "El estado y la revolución", tomo 33, pp. 1-124.

_____: "La catástrofe que nos amenaza y cómo combatirla", tomo 34, pp. 157-206.

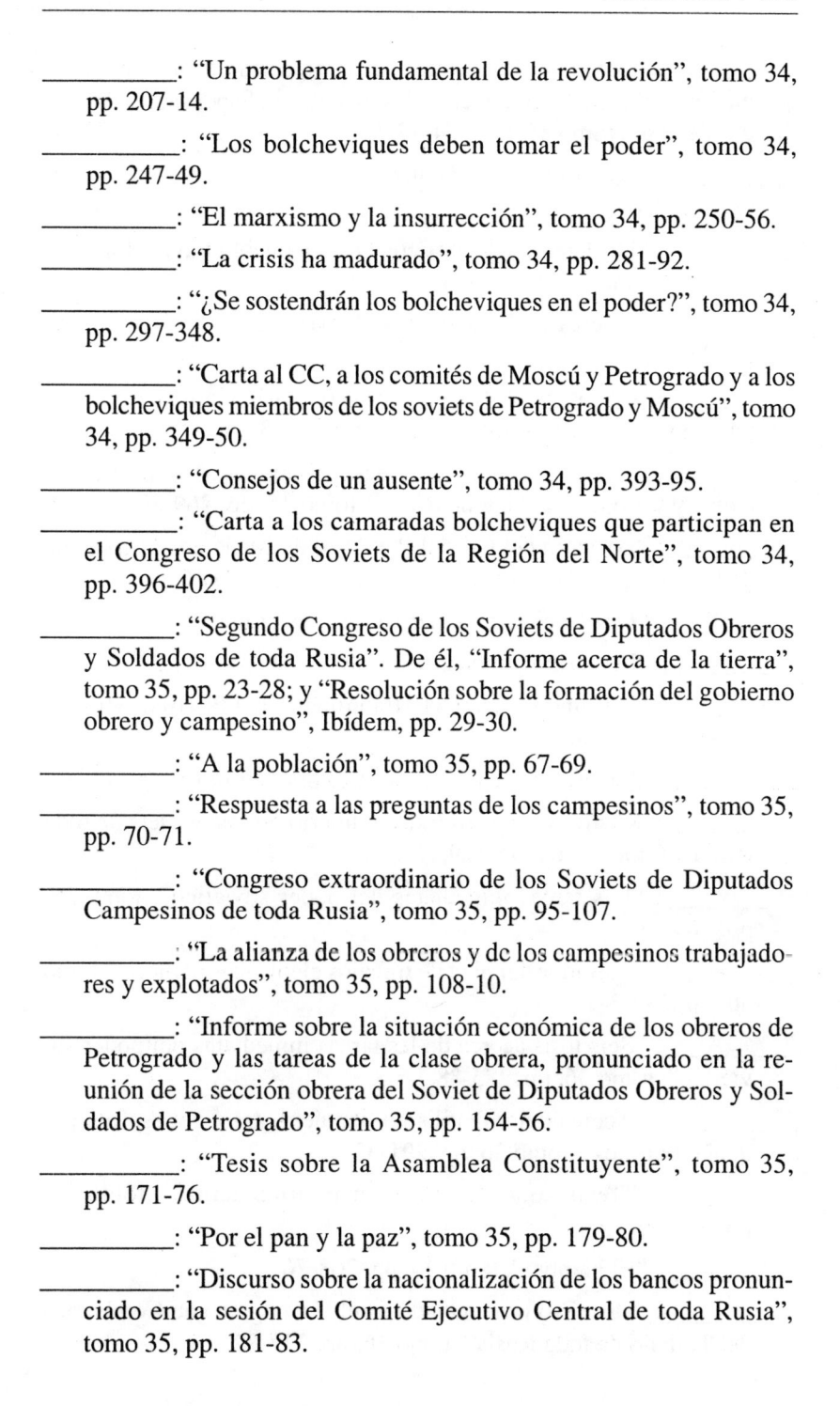

_____: "Un problema fundamental de la revolución", tomo 34, pp. 207-14.

_____: "Los bolcheviques deben tomar el poder", tomo 34, pp. 247-49.

_____: "El marxismo y la insurrección", tomo 34, pp. 250-56.

_____: "La crisis ha madurado", tomo 34, pp. 281-92.

_____: "¿Se sostendrán los bolcheviques en el poder?", tomo 34, pp. 297-348.

_____: "Carta al CC, a los comités de Moscú y Petrogrado y a los bolcheviques miembros de los soviets de Petrogrado y Moscú", tomo 34, pp. 349-50.

_____: "Consejos de un ausente", tomo 34, pp. 393-95.

_____: "Carta a los camaradas bolcheviques que participan en el Congreso de los Soviets de la Región del Norte", tomo 34, pp. 396-402.

_____: "Segundo Congreso de los Soviets de Diputados Obreros y Soldados de toda Rusia". De él, "Informe acerca de la tierra", tomo 35, pp. 23-28; y "Resolución sobre la formación del gobierno obrero y campesino", Ibídem, pp. 29-30.

_____: "A la población", tomo 35, pp. 67-69.

_____: "Respuesta a las preguntas de los campesinos", tomo 35, pp. 70-71.

_____: "Congreso extraordinario de los Soviets de Diputados Campesinos de toda Rusia", tomo 35, pp. 95-107.

_____: "La alianza de los obreros y de los campesinos trabajadores y explotados", tomo 35, pp. 108-10.

_____: "Informe sobre la situación económica de los obreros de Petrogrado y las tareas de la clase obrera, pronunciado en la reunión de la sección obrera del Soviet de Diputados Obreros y Soldados de Petrogrado", tomo 35, pp. 154-56.

_____: "Tesis sobre la Asamblea Constituyente", tomo 35, pp. 171-76.

_____: "Por el pan y la paz", tomo 35, pp. 179-80.

_____: "Discurso sobre la nacionalización de los bancos pronunciado en la sesión del Comité Ejecutivo Central de toda Rusia", tomo 35, pp. 181-83.

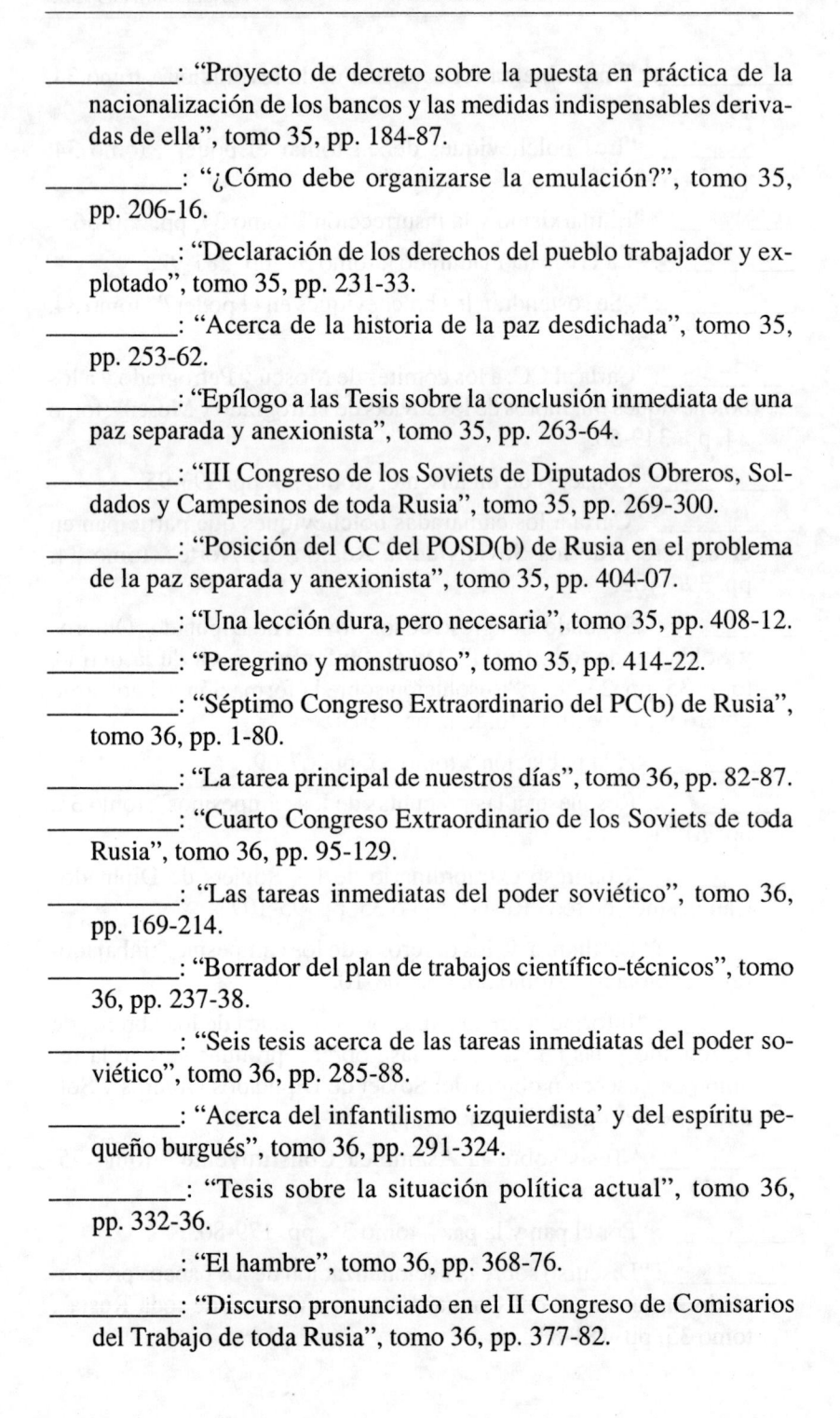

_____: "Proyecto de decreto sobre la puesta en práctica de la nacionalización de los bancos y las medidas indispensables derivadas de ella", tomo 35, pp. 184-87.

_____: "¿Cómo debe organizarse la emulación?", tomo 35, pp. 206-16.

_____: "Declaración de los derechos del pueblo trabajador y explotado", tomo 35, pp. 231-33.

_____: "Acerca de la historia de la paz desdichada", tomo 35, pp. 253-62.

_____: "Epílogo a las Tesis sobre la conclusión inmediata de una paz separada y anexionista", tomo 35, pp. 263-64.

_____: "III Congreso de los Soviets de Diputados Obreros, Soldados y Campesinos de toda Rusia", tomo 35, pp. 269-300.

_____: "Posición del CC del POSD(b) de Rusia en el problema de la paz separada y anexionista", tomo 35, pp. 404-07.

_____: "Una lección dura, pero necesaria", tomo 35, pp. 408-12.

_____: "Peregrino y monstruoso", tomo 35, pp. 414-22.

_____: "Séptimo Congreso Extraordinario del PC(b) de Rusia", tomo 36, pp. 1-80.

_____: "La tarea principal de nuestros días", tomo 36, pp. 82-87.

_____: "Cuarto Congreso Extraordinario de los Soviets de toda Rusia", tomo 36, pp. 95-129.

_____: "Las tareas inmediatas del poder soviético", tomo 36, pp. 169-214.

_____: "Borrador del plan de trabajos científico-técnicos", tomo 36, pp. 237-38.

_____: "Seis tesis acerca de las tareas inmediatas del poder soviético", tomo 36, pp. 285-88.

_____: "Acerca del infantilismo 'izquierdista' y del espíritu pequeño burgués", tomo 36, pp. 291-324.

_____: "Tesis sobre la situación política actual", tomo 36, pp. 332-36.

_____: "El hambre", tomo 36, pp. 368-76.

_____: "Discurso pronunciado en el II Congreso de Comisarios del Trabajo de toda Rusia", tomo 36, pp. 377-82.

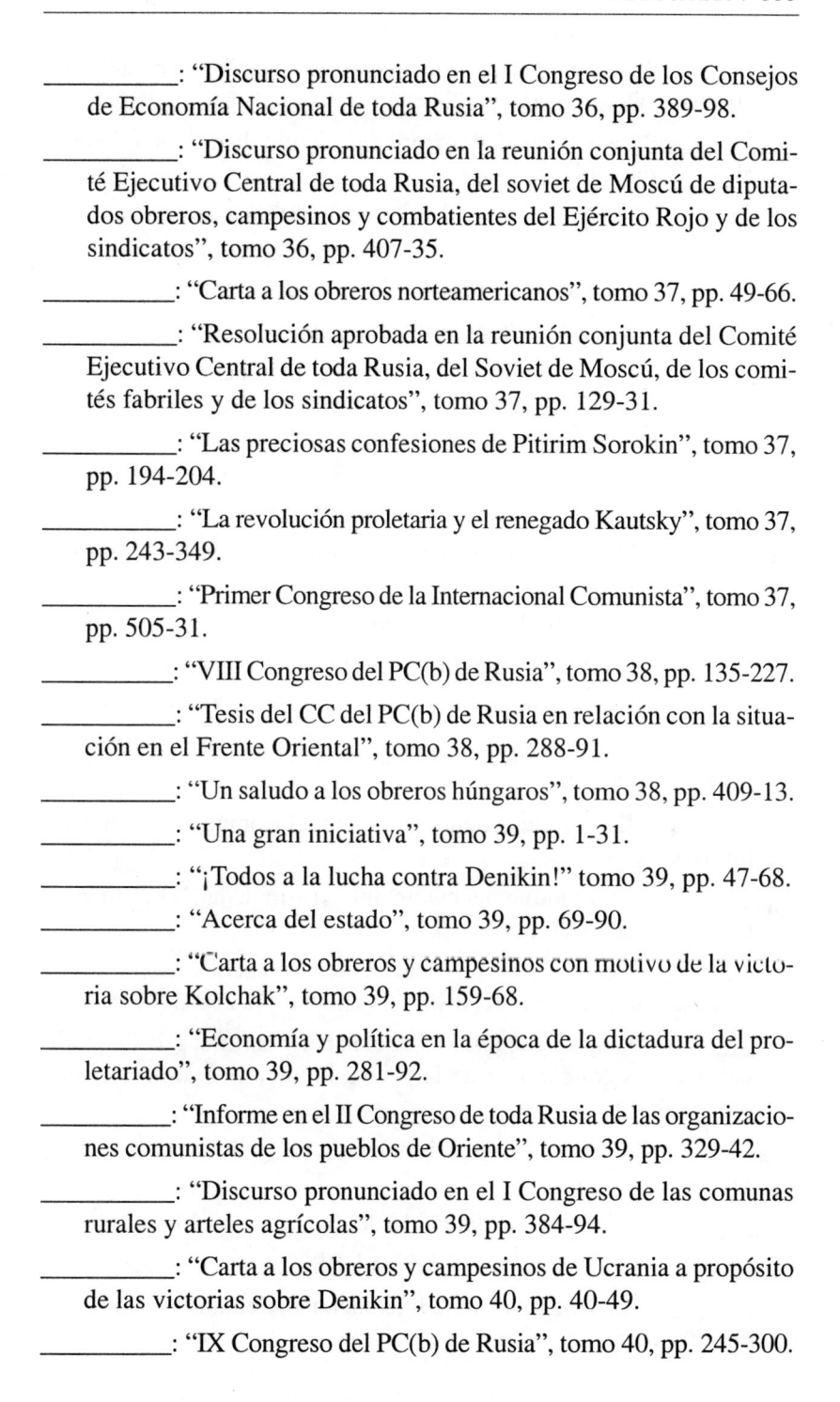

_____: "Discurso pronunciado en el I Congreso de los Consejos de Economía Nacional de toda Rusia", tomo 36, pp. 389-98.

_____: "Discurso pronunciado en la reunión conjunta del Comité Ejecutivo Central de toda Rusia, del soviet de Moscú de diputados obreros, campesinos y combatientes del Ejército Rojo y de los sindicatos", tomo 36, pp. 407-35.

_____: "Carta a los obreros norteamericanos", tomo 37, pp. 49-66.

_____: "Resolución aprobada en la reunión conjunta del Comité Ejecutivo Central de toda Rusia, del Soviet de Moscú, de los comités fabriles y de los sindicatos", tomo 37, pp. 129-31.

_____: "Las preciosas confesiones de Pitirim Sorokin", tomo 37, pp. 194-204.

_____: "La revolución proletaria y el renegado Kautsky", tomo 37, pp. 243-349.

_____: "Primer Congreso de la Internacional Comunista", tomo 37, pp. 505-31.

_____: "VIII Congreso del PC(b) de Rusia", tomo 38, pp. 135-227.

_____: "Tesis del CC del PC(b) de Rusia en relación con la situación en el Frente Oriental", tomo 38, pp. 288-91.

_____: "Un saludo a los obreros húngaros", tomo 38, pp. 409-13.

_____: "Una gran iniciativa", tomo 39, pp. 1-31.

_____: "¡Todos a la lucha contra Denikin!" tomo 39, pp. 47-68.

_____: "Acerca del estado", tomo 39, pp. 69-90.

_____: "Carta a los obreros y campesinos con motivo de la victoria sobre Kolchak", tomo 39, pp. 159-68.

_____: "Economía y política en la época de la dictadura del proletariado", tomo 39, pp. 281-92.

_____: "Informe en el II Congreso de toda Rusia de las organizaciones comunistas de los pueblos de Oriente", tomo 39, pp. 329-42.

_____: "Discurso pronunciado en el I Congreso de las comunas rurales y arteles agrícolas", tomo 39, pp. 384-94.

_____: "Carta a los obreros y campesinos de Ucrania a propósito de las victorias sobre Denikin", tomo 40, pp. 40-49.

_____: "IX Congreso del PC(b) de Rusia", tomo 40, pp. 245-300.

_____: "De la destrucción de un régimen secular a la creación de otro nuevo", tomo 40, pp. 328-30.

_____: "La enfermedad infantil del 'izquierdismo' en el comunismo", tomo 41, pp. 1-108.

_____: "II Congreso de la Internacional Comunista", tomo 41, pp. 219-73.

_____: "Tareas de las Uniones de Juventudes", tomo 41, pp. 304-24.

_____: "Sobre la cultura proletaria", tomo 41, pp. 342-44.

_____: "Discurso pronunciado en la conferencia de toda Rusia de los organismos de educación política de las secciones provinciales y distritales de instrucción pública", tomo 41, pp. 407-17.

_____: "VIII Congreso de los Soviets de toda Rusia", tomo 42, pp. 93-205.

_____: "Una vez más acerca de los sindicatos", tomo 42, pp. 274-317.

_____: "Sobre el plan económico único", tomo 42, pp. 352-61.

_____: "X Congreso del PC(b) de Rusia", tomo 43, pp. 1-128.

_____: "Sobre el impuesto en especie", tomo 43, pp. 204-48.

_____: "X Conferencia de toda Rusia del PC(b) de Rusia", tomo 43, pp. 301-48.

_____: "III Congreso de la Internacional Comunista", tomo 44, pp. 1-60.

_____: "Con motivo del cuarto aniversario de la Revolución de Octubre", tomo 44, pp. 150-59.

_____: "Acerca de la significación del oro ahora y después de la victoria completa del socialismo", tomo 44, pp. 230-38.

_____: "Proyecto de tesis sobre el papel y las tareas de los sindicatos en las condiciones de la Nueva Política Económica", tomo 44, pp. 352-64.

_____: "El significado del materialismo militante", tomo 45, pp. 24-34.

_____: "XI Congreso del PC(b) de Rusia", tomo 45, pp. 71-147.

_____: "Sobre la formación de la URSS", tomo 45, pp. 225-27.

_____: "IV Congreso de la Internacional Comunista", tomo 45, pp. 291-310.

_____: "Discurso pronunciado en el pleno del soviet de Moscú", tomo 45, pp. 291-310.

_____: "Carta al congreso", tomo 45, pp. 359-64.

_____: "Páginas del diario", tomo 45, pp. 379-84.

_____: "Sobre la cooperación", tomo 45, pp. 385-93.

_____: "Nuestra revolución", tomo 45, pp. 394-98.

_____: "Cómo tenemos que reorganizar la inspección obrera y campesina", tomo 45, pp. 399-404.

_____: "Más vale poco y bueno", tomo 45, pp. 405-22.

Lowy, Michael: *El pensamiento del Che Guevara*. México, Editorial Siglo XXI, 1971.

Maidanik, Kiva: "El revolucionario". En revista *América Latina*. No. 4, Moscú, 1977; pp. 185-213.

Martínez Sánchez, Augusto: "La implantación del nuevo sistema salarial en las industrias de Cuba". En revista *Cuba Socialista*, No. 26, La Habana, octubre de 1963.

Marx, Carlos: *El capital*, 8 tomos. México, Siglo XXI Editores, 1975-85. (El autor para su investigación usó otra edición: *El capital*, 3 tomos, La Habana, Editorial Nacional de Cuba, 1962.)

_____: *Contribución a la crítica de la economía política*. La Habana, Edición Revolucionaria, 1970.

_____: "Crítica del Programa de Gotha". En *Obras escogidas*, Moscú, Editorial Progreso, 1973-76, tomo III, pp. 5-27.

_____: *Fundamentos de la crítica de la economía política (Grundrisse)*. La Habana, Editorial de Ciencias Sociales, 1970.

_____: *La ideología alemana* ("Prólogo," "Capítulo I," y "Apéndices"). La Habana, Editorial Pueblo y Educación, 1982.

_____: *El manifiesto comunista*, Nueva York: Pathfinder, 1992.

_____: "Salario, precio y ganancia". En *Obras escogidas*, tomo II, pp. 28-76.

_____: "Tesis sobre Feuerbach". En Marx y Engels, *Obras escogidas*, tomo I, pp. 7-10.

_____: "Trabajo asalariado y capital". En *Obras escogidas*, tomo I, pp. 145-78.

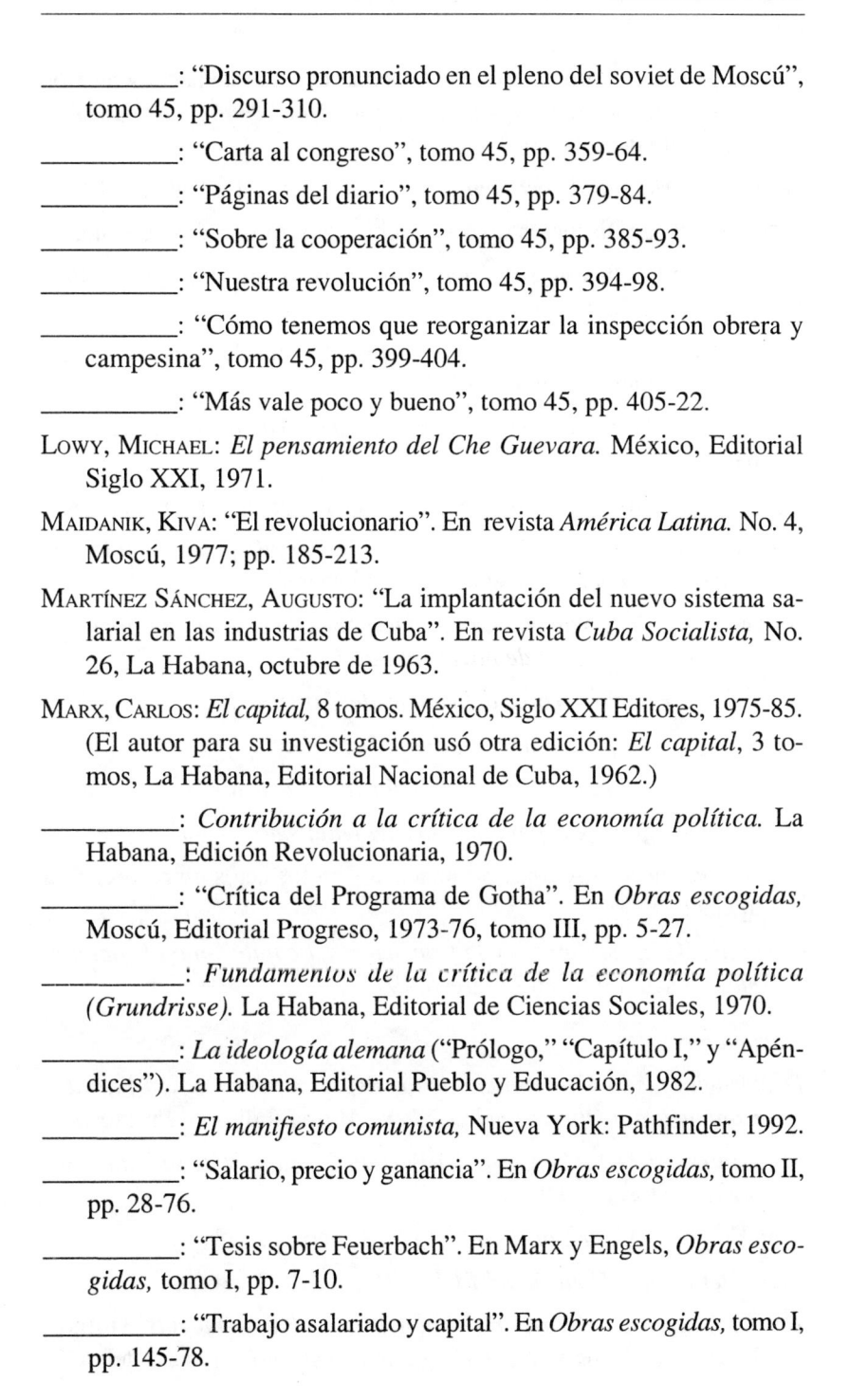

Mora, Alberto: "Sobre algunos problemas actuales de la construcción del socialismo". *Nuestra Industria: Revista Económica,* La Habana, agosto de 1965.

Oleinik, I.: *Manual de economía política.* 3 tomos, La Habana, 1977.

Risquet, Jorge: Discursos diversos publicados en la prensa cubana.

Roca, Blas: *Los fundamentos del socialismo en Cuba.* La Habana, Ediciones Populares, 1960.

Rodríguez, Carlos Rafael: *Letra con filo.* 2 tomos, La Habana, Editorial de Ciencias Sociales, 1983.

_____: *La revolución cubana y el periodo de transición.* La Habana, 1966.

_____: Discursos diversos publicados en la prensa cubana.

Rumiantsev, A.: *Categorías y leyes de la economía política de la formación comunista.* Moscú, Editorial Progreso.

Stalin, José: *Observaciones sobre cuestiones de economía relacionadas con la discusión de noviembre de 1951.*

_____: *Otros errores del camarada Yarostrenko.*

_____: *Respuesta al camarada Alexander Ilich Notkin.*

_____: *Sobre el materialismo dialéctico e histórico.*

_____: *Sobre los fundamentos del leninismo.*

Valdés, Ramiro: Discursos pronunciados en los actos de recordación al Che.

Zaródov, K.: *El leninismo y la transición del capitalismo al socialismo.* Moscú, Editorial Progreso, 1973.

Documentos

Declaración de la Conferencia de los Representantes de los Partidos Comunistas y Obreros celebrada en Moscú, Editorial Progreso.

Materiales del XXV Congreso del Partido Comunista de la Unión Soviética, Moscú, 1976.

Materiales del XXVI Congreso del PCUS, Moscú, 1981.

Pleno del Comité Central del PCUS, Moscú, 1982.

Primer Congreso del Partido Comunista de Cuba: Memorias. 3 tomos, La Habana, Departamento de Orientación Revolucionaria del PCC,

1976. (Incluye la "Plataforma Programática del Partido", "Informe Central", "Tesis y Resoluciones" y demás documentos.)

Programa del PCUS, Moscú, 1971.

Segundo Congreso del Partido Comunista de Cuba: Documentos y discursos. La Habana, Editora Política, 1981.

VI, VII, VIII y IX Plenos del Comité Central del Partido Comunista de Cuba.

Publicaciones

Revista *América Latina.*

Revista *Cuba Socialista.*

Departamento de Orientación Revolucionaria (DOR), Comité Central del Partido Comunista de Cuba: *La organización salarial en Cuba (1959-1981),* conferencia, La Habana, 1983.

Revista *Economía y Desarrollo.*

Gaceta Oficial de la República de Cuba.

Nuestra Industria: Revista Económica.

ÍNDICE TEMÁTICO

A

"Acerca de la ley del valor" (Guevara), 199.

ACUÑA, VILO (JOAQUÍN), 82.

Adiestramiento, 261.

Administración. *Ver* Gestión administrativa.

África, 33, 71, 181, 187.

AGRAMONTE, IGNACIO, 252.

Agricultura, 21, 70, 95, 98, 116, 144-145, 156, 166, 221, 230, 253, 270, 284.

e intercambio desigual, 272.

salarios en la, 261, 270, 272.

Ver también Reforma agraria.

Alemania, 159, 170, 279.

Alianza obrero-campesina, 165.

Alimentos, 264.

ALLENDE, SALVADOR, 131.

ÁLVAREZ ROM, LUIS, 217-218.

América, 45, 253.

América Latina, 25, 33, 71-72, 80, 131, 298.

y el Caribe, 71.

Ángola, 99.

Arbitraje, 322.

Argelia, 132.

Argentina, 5-6, 71.

ARIET GARCÍA, MARÍA DEL CARMEN, 5-6.

Arjangelsk, 157.

Apuntes sobre la revolución (Sujánov), 159.

Ausentismo, 273, 324.

Autogestión financiera. *Ver* Cálculo Económico, sistema de.

Autonomía económica. *Ver* Cálculo Económico, sistema de.

Azúcar, 56, 239.

B

"Banca, el crédito y el socialismo, La" (Guevara), 206.

Banca y sistema bancario, 206, 207, 210, 212-217, 322.

  papel de, 210-218, 315.

  y relaciones mercantiles, 21, 208, 210-211.

  Ver también Banco Nacional; Crédito; Dinero; Intereses; Inversiones.

Banco Mundial, 33, 71-72.

Banco Nacional, 29, 37, 47, 90, 117, 175, 178, 291.

  Ley del, 180.

Bases para la organización de los salarios y sueldos de los trabajadores (Ministerio del Trabajo), 269.

Batalla de Santa Clara, 34.

Batalla por el Sexto Grado, 302.

Batalla por el Noveno Grado, 302.

BATISTA, FULGENCIO, 38, 81, 125, 176.

Bloqueo norteamericano, 79-80, 102, 119, 238-239, 242-243, 272.

Bolivia, 6, 22, 25, 27, 57, 77, 83, 181, 187, 285-286, 306.

Borrego, Orlando, 3, 5, 21, 26, 34-35, 255, 299.

Brasil, 71.

Brest-Litovsk, Tratado de, 69, 157, 164, 165, 167.

BRUS, WLODZIMIERZ, 158, 197.

Burocratismo, 87, 93, 118, 185, 251, 273, 275, 290, 318.

  lucha contra 273, 290.

  y el Sistema Presupuestario de Financiamiento, 185.

  y trabajo voluntario, 87, 92, 248.

C

Cálculo Económico, sistema de, 1, 15, 24, 26, 51, 56, 61, 91, 113, 116, 147, 158, 169, 183, 199, 206, 208-209, 217-219, 225, 229-230, 246, 270, 288, 306, 311.

  y controles, 209, 216-217, 221, 225.

  dinero y banca bajo el, 206-208, 211-213.

  y ley de valor, 199-203.

  y Nueva Política Económica, 165-166.

  y precios, 219, 225-226.

  en Yugoslavia, 178-179.

ÍNDICE TEMÁTICO / 363

Calidad de vida, 277.

Calificación, 255, 259, 261-265, 269, 271, 277-278, 281-282.

CAME, 244, 316.

Campo Socialista, 33, 56, 147, 187, 232-234, 239, 244-246.

Canadá, 19, 276.

Capacitación técnica, 111, 118, 252, 269, 290, 302, 321-322.

para obreros desempleados, 177.

y promociones, 269, 271.

Capital, El (Marx), 150, 188, 191-193, 208, 213, 236, 287.

Capital, 214-215, 236, 245, 257.

Capitales, fuga de, 150.

Capitalismo, 1-2, 10, 18, 32-33, 36, 39-42, 44, 46, 53-54, 59-61, 63-65, 67, 69-71, 73, 75-76, 88-90, 93, 96, 107-110, 117-120, 127, 128, 143, 155, 162, 165, 182, 190, 192, 197, 199-200, 204, 206, 211-212, 214, 226, 230, 232, 234, 238, 241, 242, 248, 256-259, 274, 276, 281-282, 286, 288-288-291, 296, 305, 316.

de Estado, 145, 155-156, 161.

legado del, 134, 144-145, 248, 260, 274-275, 317-318.

"Castrismo", 125.

Castro, Fidel: sobre Carlos Tablada, 90.

como comandante del Ejército Rebelde, 125, 176.

conducción revolucionaria, 17, 41, 51,79, 175, 231, 239, 241, 243, 252-253, 298-299, 303, 316, 319.

interpretación marxista, 39, 40, 44-45, 125-126.

sobre conciencia comunista, 112, 117, 152-153, 281-282, 308.

sobre cualidades de Guevara, 78-81, 89-90, 97, 115.

sobre errores económicos, 75, 152-153.

sobre estancamiento del pensamiento marxista, 126.

sobre el pensamiento económico de Guevara, 25, 46, 55, 90-91, 94-98.

sobre el proceso de rectificación, 91.

sobre el trabajo voluntario, 87.

sobre la Unión Soviética, 239, 241-243.

sobre uso de fórmulas capitalistas, 88-90, 96, 153.

Castro, Raúl, 52, 303.

Categorías capitalistas, 53, 146, 152, 211, 215, 219, 230, 275.

Castro sobre el uso de, 88, 93, 94, 96, 153.

Guevara sobre el uso de, 46, 90, 140, 146, 150, 155, 184,

193-194, 199, 201, 218, 305, 310, 316.

Marx sobre el uso de, 127, 191.

Ver también Ganancia y rentabilidad; Intereses; Ley del valor; Relaciones mercantiles.

Categorías marxistas, 134, 190.

Central de Trabajadores de Cuba (CTC), 283, 303.

Centralismo democrático, 118, 291.

Centralización, 129.

de gestión administrativa y contabilidad, 41, 146, 180-181, 186, 311

de planificación, 190, 196, 202, 224.

y el Sistema Presupuestario de Financiamiento, 176-177, 212-219, 315.

Certificados de Trabajo Comunista, 298.

Céspedes, Carlos Manuel de, 252.

Checoslovakia, 170, 197.

Chile, 239.

China, 245.

Cienfuegos, Camilo, 81, 252.

Círculos infantiles, 93, 100.

Clasificación de oficios, 261-265.

Coexistencia pacífica, 246.

Colectividades agrícolas, 221.

Comercio: exterior, 116, 196, 200, 218, 227, 233, 236-237, 245, 316.

intercambio desigual de, 231-246.

interior, 196, 220.

libertad de, 165.

con países coloniales, 236-237.

entre países socialistas, 202, 223, 227-228.

Competencia, 275.

en el capitalismo, 1-2, 183, 202, 226, 237.

y empresas estatales, 178.

y emulación, 164, 283-285, 318.

y la ley del valor, 219, 316.

Compulsión financiera, 209.

Computadoras, uso de, 98, 101, 181, 291, 311.

Comunicaciones, 82, 145, 146, 180, 324.

Comunidad europea, 71.

Comunismo, 2, 4, 33, 35, 41-42, 45, 47-49, 68, 74-75, 88, 89, 95-96, 102, 106-108, 111-113, 118, 141, 143, 198, 207, 211, 238, 243, 245, 247, 255-256, 271, 274.

y conciencia, 90, 95, 132-143, 148-153, 164, 183, 189-190, 195, 199, 208, 254, 259, 274, 281, 283, 291,

295, 299, 306-307, 309, 311-312.

de guerra, 155.

y valores morales, 190, 256, 307

Ver también Transición al socialismo y comunismo.

Conciencia, 42, 201, 259, 274, 275, 277, 281, 285, 295, 317.

Castro sobre, 153, 274, 281, 308.

y construcción del socialismo, 14, 43, 89-90, 95, 102, 111-112, 128-129, 132, 143, 306.

y estímulos, 136, 275, 281-282, 284.

Guevara sobre, 15, 44, 46, 89-90, 95, 110, 133-137, 140, 149-151, 183, 195, 201-202, 249, 254, 264, 269, 281-282, 284-285, 295, 299, 307, 309, 314, 317.

Marx y Engels sobre, 48, 133, 137, 151, 306, 309.

y normas de trabajo, 261, 273, 279-280.

y relaciones de producción, 254, 275.

y Sistema Presupuestario de Financiamiento, 199.

y taras del capitalismo, 132, 143, 183, 199, 275.

y trabajo voluntario, 249.

Ver también Hombre nuevo.

Congo, 57, 306.

Consejo de Industrias Locales (CILO), 325.

"Consideraciones sobre los costos de producción" (Guevara), 202.

Construcción, 92, 95, 97-98.

de círculos infantiles, 93, 100.

Consumidores y artículos de consumo, 134, 152, 200, 208, 222, 273-274, 278-279, 281.

y controles económicos, 220, 273, 281.

papel del estado en, 202, 207, 220, 314.

Contabilidad, 41, 97, 118, 178, 211-212, 219, 225, 290-293, 310.

de costos, 97, 290-296.

ficción de, 181, 219-220.

métodos modernos de, 146-147, 180, 183-184, 208, 310, 314.

Contribución a la crítica de la economía política (Marx), 188.

Control de inventarios, 294, 322.

sistemas de, 52, 55, 251, 255, 258-260, 269, 290.

Control, 291, 293, 299, 308, 310, 319.

Controles económicos, 97, 111, 118, 190, 195, 199, 218-219, 225, 255, 259, 273, 308.

   y empresas imperialistas, 146, 184, 258, 310, 314.

   y finanzas, 209, 295.

   y gestión administrativa, 181, 183, 209, 220-221, 312, 314.

   Guevara sobre, 97, 146, 184, 185, 217, 290, 296, 319.

   e inversiones, 217.

   y planificación económica, 181, 290-296.

   Ver también Contabilidad.

Costos, 91, 97, 118, 223-225, 227, 227, 279, 290-293, 320.

   como índice de gestión, 225,, 291-293.

   y precios, 195-197, 203-204, 220, 223-224.

   de producción, 146, 202-203, 213, 221, 257-258, 270, 322.

Cooperación económica: acuerdos de, 241.

Crédito, 181, 200, 212-216, 218, 233, 240-242, 245.

   y países subdesarrollados, 240-244.

   en el socialismo, 200, 215.

Crisis de Misiles (1962), 80.

Crítica del Programa de Gotha (Marx), 135, 188.

Cuba, 143-146, 169, 180, 182.

Cuba Socialista, 266.

Cuadros, política de, 79, 81, 99, 118, 293-304.

D

Daniel, Jean, 132.

Declaración de La Habana: Primera, 79, 80.

   Segunda, 79, 80.

Defensa, 79-80, 325.

Democracia participativa, 45.

Depreciación, 226-227, 294.

Desarrollo: científico y tecnológico, 145, 221, 223, 226, 228, 290, 322.

   económico y social, 93-94, 150, 261.

Desempleo, 70, 72, 145, 177-177, 196.

Determinismo, 10, 42, 144.

Deuda externa, 7, 33, 71-73, 241-242, 316.

Día Internacional del Trabajo, 125, 276.

Dictadura del proletariado, 40, 48, 129, 137, 139, 188-189.

Dinero, 19, 23, 71, 88, 109, 158, 194, 200, 206-208, 210, 213-216, 257, 273, 278, 314.

aritmético, 207-210, 213, 223, 314.

su papel en la transición al socialismo, 52, 206-230, 278.

Ver también Partido revolucionario.

Dirección, 146, 148, 153-154, 188, 193, 196, 200, 229, 290, 297-304.

Disciplina financiera y organizativa, 228.

Distribución, 72, 109, 186, 195-196, 202, 258, 262, 279.

y mecanismos de mercado, 210, 258.

y socialismo, 132, 151, 156, 178, 196, 200-201, 204, 221, 262, 306.

Dogmatismo, 300, 305, 310.

E

Economía planificada. Ver Sistema Presupuestario de Financiamiento.

Educación, 49, 55, 72, 99, 101, 109, 115, 157, 302.

y conciencia, 62, 90, 112, 150, 185, 201, 279, 314.

y estímulos materiales, 95, 261, 263, 266, 275, 278.

EE. UU., 18, 31, 38, 74, 170, 238, 243, 260, 287, 298.

Egipto, 178.

Ejército Rebelde, 79, 81, 176.

Ejército Rojo, 162.

Elgueta, Belarmino, 5.

Empresa Consolidada de la Harina, 180.

Empresa Consolidada del Petróleo, 180.

Empresa de Producciones Varias (EMPROVA), 289.

Empresas estatales, 9, 14, 21, 27, 52, 55, 72, 87, 91, 136, 214, 217-218, 291-292.

evaluación de gestión de, 209, 223, 225.

relaciones entre, 178. 194, 202, 210, 217-218, 313.

Emulación, 164, 317-319, 254, 283-285.

Enajenación, 36, 48, 50, 132, 307.

Engels, Federico, 36-37, 40, 43, 47, 49, 51, 58, 61, 63, 106, 108, 123, 128, 133, 137, 188, 204, 239, 248, 291, 306.

Escolasticismo, 124.

Estadísticas, 37, 198, 290, 294, 323.

Estado y la revolución, El (Lenin), 204.

Ver también Bloqueo norteamericano.

Estimulación: mecanismos de, 313.

Estímulos materiales, 3, 26, 89, 110, 119, 124, 136, 142, 230, 254, 256, 273, 275-277, 280-283, 285, 288290, 317, 318.

abuso de, 87-88.

de carácter social, 124, 185, 280.

y desarrollo de la conciencia, 136, 275.

eliminación gradual de, 132, 275-276.

Ver también Primas y castigos.

Estímulos morales, 3, 26, 89, 110, 119, 124, 254, 256, 273, 275-276, 281-284, 288, 317, 318 .

Europa, 45.

Europa del Este, 1, 25, 34-35, 45.

Europa Occidental, 159-160.

Excesos de plantilla, 102.

Explotación 234, 237, 248, 288, 314.

F

Feudalismo, 42, 204, 255.

Feuerbach, Ludwig, 47, 134.

Financiamiento, 218.

Finanzas. 118, 200-201, 209, 290, 295, 315.

Ver Banca y sistema bancario; Contabilidad; Controles económicos.

Fondo Monetario Internacional, 33, 41, 72.

Fuerza de trabajo, 92-93, 102, 193, 196, 219, 248.

venta de 259-260.

Fundamentos de la crítica de la economía política (Marx), 236.

G

Ganancia y rentabilidad, 46, 76, 88, 96-97, 146, 150, 152, 157, 194, 197, 215, 225, 236, 237, 243.

y competencia entre empresas, 70, 87.

y eficiencia, 136, 141-142, 197, 307.

y equilibrio económico, 197, 219-220, 224-225, 315.

como estímulo, 132, 307.

y la Nueva Política Económica, 166.

y oferta y demanda, 96, 196-197, 219-226.

y valor, 236-237.

GATT, 33.

Gestión administrativa, 11, 51, 61-62, 115, 117-118, 121, 150, 194, 227, 258, 273, 278, 290-293, 297, 302-303, 312, 316.

centralización de, 145-146, 185-186, 319.

eficiencia de, 149, 151, 227, 273, 293.

participación de los obreros en, 269, 290.

técnicas de 183-185, 209.

Globalización, 72.

Glosas marginales al programa del Partido Obrero Alemán (Marx), 278.

GÓMEZ, MÁXIMO, 252.

Granma (diario), 34, 75, 77, 243.

Granma (expedición), 79, 81, 106, 297.

Guerra, 155, 157, 159-160, 162, 320.

Guerra Mundial: Primera, 160.

Segunda, 129.

GUEVARA, ERNESTO CHE: como combatiente, 176, 243.

acerca del dinero, 206.

como defensor del marxismo, 45, 123, 307.

como dirigente económico, 175, 177, 183-185, 190, 295, 305, 309.

construcción del socialismo, 126, 132-135, 146, 149-151, 159, 168, 213.

e intercambio, 232, 237.

ejemplo de, 84-85, 100, 102.

sobre economía, 216, 283.

sobre estancamiento del marxismo, 125.

estudio del marxismo por, 123, 126, 291.

interpretaciones erróneas sobre, 91.

muerte de, 77, 84.

como organizador de trabajo voluntario, 87, 247, 248, 253.

sus responsabilidades en el gobierno revolucionario, 176, 178, 180, 291.

sobre cálculo económico, 167, 169.

y dictadura del proletariado, 131.

y la NEP 154, 157, 166.

teoría sobre el periodo de transición 124, 137, 139, 140, 144, 181, 205.

H

HART DÁVALOS, ARMANDO, 5.

HEGEL, 183.

Holanda, 170.

Hombre nuevo, 2, 27, 85, 133, 143, 150, 190, 295, 312.

y construcción del socialismo, 148, 150.

Homo economicus, 143.

I

Idealismo, 91, 116-117, 119, 121, 305.

Ideología alemana, La (Marx y Engels), 133, 137, 188.

Imperialismo: fase superior del capitalismo, El, 287.

Imperialismo, 18, 59, 204, 209, 233-235, 238, 242, 245, 252, 272, 289, 309.

   ataques contra la revolución rusa por el, 155, 157.

   lucha contra, 54, 80, 84, 234.

   ruptura del eslabón más débil del, 182, 204.

   Ver también Bloqueo norteamericano; Estados Unidos y Cuba.

Impuestos, 220.

India, 178.

Indisciplina laboral, 273.

Individualismo, 36.

Indonesia, 178.

Industria, 144, 253, 284.

   control estatal sobre, 176, 298.

Inflación, 273, 279.

Instituto Nacional de Reforma Agraria (INRA), 23, 37, 90, 185.

   Departamento de Industrialización del, 37, 175-178, 180, 291.

Intercambio desigual, 33, 202, 231-246, 316.

Intereses, 146, 215-216, 233, 241-242, 245, 310.

Internacionalismo, 88, 99, 202, 231-232, 238-239, 243-244, 316.

Inversiones, 216-217, 224-225, 227, 241, 322.

   y gastos sociales, 280-281.

   en los países subdesarrollados, 202, 232-233, 240-241.

J

Japón, 178.

JRUSCHOV, NIKITA, 59, 80.

Junta Central de Planificación (JUCEPLAN), 217.

Ley Orgánica de la, 180.

K

Kampuchea, 99.

KENNEDY, JOHN, 33, 80.

KOLCHAK, ALEXANDR, 162-163.

KRONSTADT, 160.

L

LANGE, OSCAR, 145, 183.

LASSALLE, FERDINAND, 179, 279.

LENIN, V. I., 16-17, 21, 37-38, 40, 45-47, 49, 58, 60-62, 64-65,

68-69, 106, 108-109, 123, 125-126, 129-130, 142, 148, 154, 159-161, 164-167, 182, 204, 238, 247-248, 288, 291, 318.

sobre la ruptura del eslabón más débil del imperialismo, 182, 204.

sobre la Nueva Política Económica (NEP), 142, 154, 171.

Ley de la distribución con arreglo al trabajo, 288.

Ley de la ganancia, 236.

Ley del valor, 3, 5, 23, 54, 61, 110-111, 169-170, 191-203, 206, 219, 222, 224, 226, 230, 232-233, 237-238, 258, 312-313, 316.

y comercio internacional, 232, 236-238.

y transición al socialismo, 165-166, 191, 193-204, 224, 258, 313.

Ver también Categorías capitalistas; Relaciones mercantiles; Valor.

Leyes laborales, 321, 324.

Liberalismo, 50, 321.

Libre cambio, 165, 275.

Libre concurrencia. *Ver* Libre cambio.

Londres, 157.

LÓPEZ, NARCISO, 252.

LÖWY, MICHAEL, 3, 6.

M

MACEO, ANTONIO, 81.

Manifiesto del Partido Comunista (Marx y Engels), 128, 188.

Manual de economía política, 130, 187, 199, 206, 211, 245, 271.

MARCH, ALEIDA, 6.

MARTÍ, JOSÉ, 39, 44, 51, 103, 112, 252.

MARTÍNEZ HEREDIA, FERNANDO, 5.

MARX, CARLOS, 1, 11-14, 17, 36-38, 40, 43-44, 46-51, 58-61, 63, 66, 106-109, 113, 117, 120, 128, 133-134, 137, 183, 189, 196, 204, 215, 236, 239, 248, 278-279, 286, 291, 306, 312, 314.

sobre el capital a interés, 215.

sobre la conciencia, 132-133, 135, 137, 151, 307, 309.

sobre la guerra campesina, 159.

sobre el intercambio desigual, 189.

sobre la transición al socialismo y comunismo, 123, 126-127, 130, 135, 144, 166, 188, 191-193, 281.

sobre el valor, 191-193, 278.

Marxismo, 3, 12-13, 16, 33-40, 115-116.

Marxismo-leninismo, 112, 123-125, 134, 152, 219, 231, 317.

   y "castrismo", 42-47, 49-50, 57, 60, 61, 64, 68, 70, 125, 128, 148, 188, 191, 296.

   estancamiento del, 125-126.

   e internacionalismo, 231.

   y teorías revisionistas, 124, 151-152.

Masetti, Jorge Ricardo, 82.

Materias primas, 56, 223, 226, 233, 235, 242, 245, 294.

   caída de precios de, 235.

Mecanismos de mercado, 54, 58, 62-63, 142, 146, 192, 194, 197-198, 200-201, 219, 310.

   Guevara sobre el uso de, 52, 99, 275.

   Ver también Categorías capitalistas; Ley del valor; Relaciones mercantiles.

Médicos, 79, 99.

Medios de producción, 34, 61, 68, 195, 199, 258.

   como propiedad social, 130, 136-137, 204, 210, 218, 248, 275, 318.

Mella, Julio Antonio, 252.

Mencheviques, 159.

Mercado, 142, 221-222, 228, 257.

   capitalista, 222-223, 235.

   internacional, 223, 235, 240, 245.

   mecanismos de, 197, 202, 237, 310, 316.

Mercancías, 208-209, 211, 218-219, 222, 227, 236, 237, 248, 257.

   en el capitalismo, 72, 150, 193.

   y fuerza de trabajo, 248, 257.

   y valor, 14, 192-196, 208, 237, 257.

Métodos capitalistas. *Ver* Mecanismos de mercado.

México, 71, 79.

Microbrigadas. *Ver* Trabajo voluntario.

Ministerio del Azúcar, 3, 175.

Ministerio de Comercio Exterior, 185, 203.

Ministerio de Comercio Interior (MINCIN), 185, 226-227.

Ministerio de Hacienda, 99, 180, 212, 217, 229, 261, 282-283, 291, 293, 299, 319-320, 322.

   Ley Orgánica del, 180.

Ministerio de Industrias, 3, 10, 37, 54-55, 90, 132, 169, 175, 178, 180, 182, 250-252, 255, 261, 268, 283, 291.

Ministerio del Trabajo, 176, 261, 263, 269-270, 272, 317.

Moncada, cuartel 125, 297.

Programa del, 39.

Monopolios, 222-223.

MORA, ALBERTO, 203.

Moscú, 80, 169

Movimientos sociales, 33.

Mozambique, 99.

Mujer, 2, 93, 101-102.

   discriminación de la 33, 36, 49, 70.

Murmansk, 157.

N

Nicaragua, 99.

Normas de trabajo, 256, 259-260, 279, 324.

   de bajo nivel, 87, 88.

   y calidad, 88, 264-265, 268, 277-278.

   y conciencia, 98, 186, 268-269.

   y estímulos, 269-270, 272-273, 275-277.

"Notas al *Manual de economía política* de la Academia de Ciencias de la URSS", 285.

Nuestra Industria: Revista Económica, 55, 203, 230.

Nueva Política Económica (NEP), 16, 46, 65, 310.

   como repliegue táctico, 21, 142, 154-155, 157-159, 161-163, 165-166.

Nuevo orden económico internacional, 316.

O

Ofensiva revolucionaria (1968), 27, 272.

OLTUSKY, ENRIQUE, 3, 34.

Organización, 255, 257, 260-261, 267-268, 290-291, 295, 310.

Organización de Estados Americanos (OEA), 80.

Organizaciones de masas, 220, 325.

Organización de Naciones Unidas (ONU), 239, 242.

Organización Mundial del Comercio (OMC), 71.

P

Pacto de Varsovia, 179.

Países socialistas: comercio entre, 201-202, 223, 227-228.

   y Cuba, 129, 145, 202, 240.

   y el intercambio desigual, 231-246.

   sistemas de gestión económica en, 146, 201, 312.

Partido Bolchevique, 162.

Partido Comunista de Cuba, 77, 91, 116, 243.

   primer congreso (diciembre de 1975), 91, 116, 273-274, 281.

Partido revolucionario, 103, 220, 269, 277, 290, 325.

Partido Obrero Socialista de Alemania, 279.

PEREDO, INTI, 57, 285.

Personal administrativo y técnico, 290, 292-293, 321-323.

desarrollo de, 261, 297-304.

falta de, 145, 185, 298.

y salarios, 263-267, 269-270.

Ver también Cuadros, política de.

Pioneros, 85.

Planificación económica, 4, 11, 14, 16, 24, 26, 53, 109, 111, 118, 146, 178, 188-205, 224, 255, 258, 260, 290, 311-312, 316, 319-320.

carácter político de, 126-127, 139-141, 190.

y computarización, 97-98, 101, 181, 311.

y conciencia, 132-133, 149-150, 181, 306-307.

y controles, 181, 209, 296.

y eficiencia, 142, 149, 190, 222-225, 255, 259-260.

y gastos sociales, 93, 281.

y la ley del valor, 219-220, 258, 316, 318.

leyes de, 305.

y mecanismos de mercado, 158, 199, 313.

objetivos de, 148, 308, 312.

y organizaciones de masas, 220

y racionalidad social, 132, 136, 140, 149-151, 309.

y sistema bancario, 208, 216-217.

Ver también Junta Central de Planificación; Cálculo Económico, sistema de; Sistema Presupuestario de Financiamiento.

"Planificación y conciencia en la transición al socialismo: Sobre el Sistema Presupuestario de Financiamiento" (Guevara), 145, 154, 183, 199, 206, 225, 238.

Plantillas infladas, 87.

Playa Girón, 79, 252.

Plusvalía, 71, 128, 236, 257-258.

Polonia, 197, 229-230.

Praga, 57, 87.

Pragmatismo, 13, 65, 137, 256.

Precios, 54, 118, 195, 197-198, 200, 203, 206, 213, 219, 221-227, 241, 290, 315-316.

en comercio con países socialistas, 223-224, 239.

en el mercado mundial, 222-223, 226-227, 232.

en sistema de Cálculo Económico, 219, 255.

en Sistema Presupuestario de Financiamiento, 219-230, 316.

normación de 240, 245, 290.

Prensa Latina, 82.

Presupuesto, 217, 240.

nacional, 216.

Primas y castigos, 87, 93, 96, 267, 270, 273, 275, 277-280, 288.

topes a los, 95, 264, 269.

Ver también Estímulos materiales.

Primero de Mayo. *Ver* Día Internacional del Trabajo.

Proceso de rectificación, 4, 86-87, 91, 94, 97, 105-106.

Producción, 55, 123, 127, 142, 295, 298, 310, 316.

relaciones de 34, 42-43, 45, 48, 51, 53, 60-61.

Producción: calidad de, 88, 98-99, 102, 110, 268, 278, 323.

en el capitalismo, 207, 210, 218, 230, 250, 257-258, 264-265, 267-269, 276, 278, 284-285.

y conciencia, 62, 136, 143, 151, 195, 264, 273, 279-280, 284, 317-318.

costos de, 70, 202-203, 213, 221, 257-258, 322.

y precios, 196, 221.

Ver también Controles económicos; Normas de trabajo.

Productividad, 76, 97-98, 101, 113, 144-145, 177, 321.

Producto, 240-242.

manufacturados, 235, 240.

valor del, 226.

Producto Interno Bruto (PIB), 71-72.

PROUDHON, PIERRE JOSEPH, 59, 214.

Proletariado: papel del, 29, 43, 50-51, 61.

y gestión administrativa, 52, 62, 269.

R

Racionalidad, 257-259, 309.

administrativa, 185.

económica, 132, 135-136, 148-150, 309.

social, 132, 136, 148-149.

Racismo, 33.

Redistribución de riquezas, 149, 220-221.

Reforma agraria, 50.

Primera Ley de, 176.

Segunda Ley de, 176.

Relaciones internacionales, 230, 232, 238, 245-246.

Relaciones mercantiles, 16, 45, 109-110, 137, 155-157, 201, 207, 211, 255, 306, 314.

y dinero, 195, 207, 215.

entre empresas estatales, 21, 178, 193-195, 202-203, 210, 217, 311-315.

y la Nueva Política Económica (NEP), 162-167.

durante la transición al socialismo, 198-205, 248.

Ver también Dinero; Ley del valor; Mecanismos de mercado.

Relaciones sociales de producción, 22, 123, 142, 149, 191, 215, 226, 248, 254.

Religión, 134.

Renta, 43, 46, 96, 127.

República Democrática Alemana (RDA), 170.

Revolución argelina, 33.

Revolución de Octubre. *Ver* Revolución rusa.

Revolución francesa, 129.

Revolución rusa, 68, 129, 157, 159-160, 162, 182, 238, 246, 291.

primeros años de, 154, 157-171.

Revolución cubana, 15, 32-33, 38-39, 45, 79-80, 112, 124-125, 127, 129-130, 133, 145, 149, 152-153, 175-176, 195-196, 222, 228, 231, 236, 239, 243, 250-251, 254-256, 263,

267, 272, 283, 289, 291, 297-298, 300, 303, 316.

Robo, 228.

RODRÍGUEZ, CARLOS RAFAEL, 21-22, 176.

Rusia, 146, 154-156, 159, 163, 166.

S

Salario, 70, 73, 93, 95, 186, 227, 254-273, 277-279, 281, 287, 317, 324.

por horas extraordinarias, 272.

y "salario histórico", 266-267.

y transición al socialismo, 177, 254-273.

Ver también Estímulos materiales; Primas y castigos.

Salud, 49, 72, 99, 100, 195.

Segunda Internacional, 108, 123, 159.

Sierra Maestra, 81, 82, 176, 252.

SIK, OTA, 197.

Sindicatos, 35, 70, 118, 220, 260-261, 266, 268, 280, 290, 293, 319, 325.

y controles económicos, 295.

y gestión administrativa, 290.

y "salario histórico", 266-267.

Ver también Central de Trabajadores de Cuba (CTC).

Sistema de Dirección y Planificación de la Economía, 91-92.

Sistema Presupuestario de Financiamiento, 3, 10-11, 14, 21, 24, 26, 40-41, 51, 56, 63, 112, 116, 118-119, 153, 185-186, 206, 209-210, 212-213, 217-218, 221-223, 225, 229-230, 254, 273, 282, 291, 298, 303, 306, 308, 311, 315, 317.

y cálculo económico, 154, 199, 208.

y centralización, 145-146, 175-177, 181, 212, 219-225, 315.

y compulsión administrativa, 210, 221, 315.

y conciencia comunista, 199.

y construcción del socialismo, 132, 148-149, 153, 171, 176-177, 179-180, 182-183.

y controles económicos, 199, 290, 319.

creación del, 175-187.

sus debilidades, 185-186.

y emulación, 283-289, 319.

y estímulos, 273-283, 318.

evaluación de su eficiencia, 149.

y ley del valor, 193-204.

y política de cuadros, 298-304.

y precios, 219-230, 315, 316.

y salarios, 254-273.

y sistema bancario, 207-219, 315.

Smena Vej, 162-164.

"Sobre el Sistema Presupuestario de Financiamiento". Ver "Planificación y conciencia en la transición al socialismo: Sobre el Sistema Presupuestario de Financiamiento".

Socialdemocracia, 8, 13, 20, 123, 125.

Socialismo, 129, 146, 148-149, 151, 153-156, 160-161, 182, 195, 197, 203, 211, 213, 221-223, 230, 232-234, 243, 246-248, 251-252, 257-259, 267, 269, 272, 274-276, 279, 283-285, 288, 290-291, 294-295, 299, 305-306, 308-309, 317, 319.

Ver también Transición al socialismo.

STALIN, JOSÉ, 45, 47, 58, 60, 64-65, 168, 183, 212.

SUÁREZ SALAZAR, LUIS, 5.

Subvenciones, 220, 227.

Suiza, 170.

SUJÁNOV, N. N., 159.

T

Tanzania, 57.

Tarifas, 261-263, 265-266, 270.

Tecnocratismo, 256.

Tercer Mundo, 43, 246.

Tesis de Abril (Lenin), 159.

Tesis sobre Feuerbach (Marx), 134, 188.

Trabajadores de vanguardia, 280, 283-284.

Trabajo voluntario, 247- 252, 274-277, 324-325.

   Castro sobre, 87.

   Guevara sobre, 247-253.

   y microbrigadas, 292-294.

   oposición burocrática a, 87, 92.

   Ver también Emulación.

Trabajo: actitudes sociales sobre, 85, 97, 248.

   disciplina en el, 248-249, 273, 292-293, 321.

   división internacional socialista del, 135, 232, 241, 316.

   y jornada laboral, 88, 101.

   como necesidad, 100, 135, 259, 264-265, 268-269, 279-280, 299-300.

   y salud y seguridad en el, 100, 262-263, 265, 301, 325.

   socialmente necesario, 198, 225.

   plus-trabajo social, 216, 157.

   transformación del, 136, 177, 285.

   normación del, 257-258, 260-262, 267-269, 272, 275, 279-280, 290.

Ver también Trabajo voluntario.

Transición al socialismo y comunismo, 2-5, 10-12, 16-17, 32, 34, 36, 39-40, 42-44, 47-49, 53, 55, 60-61, 67, 69, 107-113, 118, 123, 126, 129-131, 147-148, 152, 165, 182, 188, 190, 193-199, 200, 206-207, 211, 248, 253-256, 259, 263, 268, 276, 280-281, 283-284, 306, 309, 311-314.

   dinero, banca y, 206-219.

   escritos sobre, 123-126, 139-143, 190.

   y estímulos, 273-283, 318, 319.

   formación de precios en, 219-230.

   y ley del valor, 192-205.

   Marx sobre, 135, 166, 188, 281.

   y métodos capitalistas, 90.

   en países subdesarrollados, 154-157, 201-202, 204-205, 313-314.

   papel de la conciencia en, 95, 133, 136, 306.

   producción en, 258-259.

   y sacrificios, 267, 299-300.

   y salarios, 254-273.

   y trabajo voluntario, 247-253.

   Ver también Conciencia; Nueva Política Económica; Planificación económica.

U

Unión de Jóvenes Comunistas, 98, 152.

URSS, 2, 4, 7, 10-11, 15-17, 29, 32-36, 40, 42, 44, 46, 51, 54, 56, 59, 62-66, 68-69, 80, 108, 131, 142, 146-147, 154-155, 157, 166-169, 184, 200, 206, 209, 211, 238-241, 243, 245-246, 286, 288, 310, 311, 316, 318.

    comercio con Cuba, 202, 232, 241.

    Partido Comunista de la, 168-169.

    Ustriálov, N.V., 163-164.

V

Valor, 3, 5, 23, 54, 61, 110, 192, 196, 198, 200-201, 208-209, 215, 224-226, 237, 257.

    dinero como medida de, 207-211, 216, 223, 314.

    como medida de eficiencia, 88, 90, 223-224, 278.

    y precios, 196, 199, 203-204, 220, 222, 226.

    teoría de Marx sobre, 11-14, 191-193.

    Ver también Intercambio desigual; Ley del valor; Precios, Plusvalía.

Vanguardia, 50, 61, 124, 133, 139, 283, 300, 308.

Ver también Partido revolucionario.

Venezuela, 71.

Vietnam, 33, 99, 246.

VILASECA, SALVADOR, 181.

Vivienda, 50, 87, 92-93, 100, 195.

Vladivostok, 157.

Voluntarismo, 23, 42, 117, 144, 305.

VUSKOVIC, PEDRO, 5.

Y

Yugoslavia, 15, 146, 170, 178-179.

W

Washington, 80, 157.

Este libro se terminó de imprimir en enero
de 2005, en los talleres de **IDEA GRÁFICA**,
Av. Presidente Perón (ex-Gaona) 3785,
El Palomar, Provincia de Buenos Aires.
Tel./Fax: 4450-5987.